本书得到教育部哲学社会科学研究后期资助项目（12JHQ028）
和国家自然科学基金面上项目（71473009）的支持

中国农村金融组织
结构优化研究

张正平　著

中国金融出版社

责任编辑：张　铁　黄　羽
责任校对：孙　蕊
责任印制：张也男

图书在版编目（CIP）数据

中国农村金融组织结构优化研究（Zhongguo Nongcun Jinrong Zuzhi
Jiegou Youhua Yanjiu）/张正平著．—北京：中国金融出版社，2017.5
ISBN 978－7－5049－8940－6

Ⅰ.①中…　Ⅱ.①张…　Ⅲ.①农村金融—金融机构—组织结构—
研究—中国　Ⅳ.①F832.35

中国版本图书馆 CIP 数据核字（2017）第 055750 号

出版
发行　**中国金融出版社**

社址　北京市丰台区益泽路 2 号
市场开发部　（010）63266347，63805472，63439533（传真）
网 上 书 店　http://www.chinafph.com
　　　　　　　（010）63286832，63365686（传真）
读者服务部　（010）66070833，62568380
邮编　100071
经销　新华书店
印刷　保利达印务有限公司
尺寸　169 毫米×239 毫米
印张　24
字数　378 千
版次　2017 年 5 月第 1 版
印次　2017 年 5 月第 1 次印刷
定价　50.00 元
ISBN 978－7－5049－8940－6
如出现印装错误本社负责调换　联系电话（010）63263947

前　言

　　1978 年以来，中国经济改革取得了举世瞩目的成就，但在国民经济快速发展的同时，以"农业、农村、农民"为核心的"三农"问题却日益突出，城乡收入差距不断扩大、农民收入增长乏力、农业经济发展受阻是其最直观的表现，而农村金融发展的滞后已经被广泛看作是"三农"问题的重要原因之一。

　　党中央、国务院高度重视农村金融的改革与发展问题，几乎每年的"中央一号文件"都强调了农村金融问题的重要性。在中央政策的大力推动下，农村金融改革如火如荼地展开，从金融组织变革的角度看，值得一提的重大改革举措包括：

　　2003 年，启动了农村信用社改革试点工作，因地制宜地推进农村信用社改制为农村商业银行和农村合作银行；

　　2005 年末，启动了"只贷不存"小额贷款公司试点工作，为民间资本进入农村金融市场打开了通路；

　　2006 年，发布了农村金融新政、进一步降低农村金融市场准入门槛，准入了村镇银行、农村资金互助社、贷款公司三类新型农村金融机构；

　　2007 年，邮政储蓄银行正式成立，定位于服务"三农"；

　　2008 年以来，中国农业发展银行将业务范围拓展到县域城镇建设贷款、县域内公众存款业务以及涉农金融租赁等领域；

　　2008 年，中国农业银行通过设立"三农"金融事业部的形式重新回归农村，2010 年中国农业银行在香港和上海成功上市。

　　此外，中国工商银行、中国建设银行等大型商业银行以及民生银行、华夏银行、包商银行等股份制银行也通过各种方式纷纷涉足"三农"金融业务，加大服务农村经济的力度。

　　值得注意的是，2012 年以来，互联网金融迅速崛起：一方面，以电商或 IT 企业为主的 P2P 平台、第三方支付、互联网保险、互联网理财等新兴金融业态发展迅猛；另一方面，传统金融机构包括大量的农村金融机构纷纷触网，大力推进网点、业务转型，发展手机银行、直销银行，甚至自建电商平台或 P2P 平台。其中，典型的如蚂蚁金服、京东金融、百度金融等还将纷纷进军农村市场，为农村金融市场注入了新的活力。

　　正如《国务院办公厅关于金融服务"三农"发展的若干意见》（国办发〔2014〕17 号）指出的，中国农村金融机构虽然已经获得了较大的发展，初步形成了广覆盖、多层次、较完善的农村金融服务体系，服务"三农"的水平有明显提高，但在多种因素的共同影响下，农村金融在整个金融体系中最为脆弱的地位并没有改变。在《中国银监会办公厅关于做好2016 年农村金融服务工作的通知》（银监办发〔2016〕26 号）中，银监会则进一步明确：为贯彻中央扶贫开发工作会议和中央农村工作会议精神，落实 2016 年"中央一号文件"和国务院关于《推进普惠金融发展规划(2016—2020 年)》有关要求，银行业金融机构应进一步加强和改进农村金融服务工作，切实补足金融服务短板，丰富金融服务主体，提升农村金融竞争充分性和服务满足度。可以说，如何进一步提升农村金融机构服务"三农"的水平、增强农村金融市场的竞争仍是未来相当长一段时期内中国农村金融需要面对的问题。

　　面对这一富有挑战的命题，我们从产业组织理论的角度进行了分析，提出的解决思路为：只有不断优化中国农村金融组织结构，才能从根本上增强农村金融市场的竞争，进而提高农村金融机构服务"三农"的水平。本书正是对上述问题分析、探索的成果，全书共九章：

　　第一章，绪论。本章交代了本书的研究背景、研究意义、研究目标、研究方法以及可能的创新等内容。

　　第二章，理论基础。本章旨在为本书后文的分析提供理论指导，系统梳理了产业组织理论和农村金融理论的发展和演变，并说明其在研究农村金融组织结构方面的一些应用。

　　第三章，中国农村金融组织结构概述。本章阐述了中国农村金融组织结构的演变、发展的现状以及存在的问题等内容。

　　第四章，中国农村正规金融组织结构分析。本章将正规金融组织区分为传统型和新型两大类进行研究，并对农村正规金融组织结构进行评价。

第五章，中国农村非正规金融组织结构分析。本章分析了农村非正规金融组织的现状、存在的原因和基本特征，并对非正规金融组织结构进行了评价。

第六章，中国农村金融组织结构 SCP 实证分析。本章以农村信用社和邮政储蓄银行为例，基于产业组织理论中经典的 SCP 框架实证检验了中国农村金融组织"结构、行为、绩效"间的关系，并指出了相应的政策启示。

第七章，中国农村金融组织结构失衡的表现及原因分析。本章为理论分析部分，在对制度变迁理论进行概述的基础上，分析了中国农村金融组织结构失衡的表现，进而构建了一个中国农村金融组织结构演变的理论模型，从宏观层面探讨了其演变和失衡的原因。

第八章，国外农村金融组织结构发展经验及启示。本章分别从美国、德国、日本等发达国家和印度、孟加拉、墨西哥等发展中国家两个层面对国外农村金融组织结构发展的经验进行梳理和总结，并分析了对中国农村金融发展的若干启示。

第九章，优化中国农村金融组织结构的政策建议。本章为结论部分。在前文理论分析、实证研究、国际经验总结的基础上，本章从宏观（政策构建）、中观（制度建设）、微观（机构能力）三个层面提出了优化中国农村金融组织结构的政策建议。

总之，本书以产业组织理论和农村金融理论为基础，从产业组织的角度出发，以农村金融组织结构作为切入点，试图揭示中国农村金融产业组织的演变规律，剖析中国农村金融组织"结构、行为、绩效"间的内在关系，研究中国农村金融组织结构失衡的原因，为进一步优化中国农村金融组织结构提出政策建议。本书严格遵循学术研究的基本规范，力图在理论阐释、实证检验、经验借鉴、政策讨论等方面作出合乎逻辑、具有说服力的分析结论，竭力在研究中有所创新，为中国农村金融问题的学术研究和政策设计贡献自己的一份力量。

需要说明的是，作为本书研究主题的一个有益补充，附录部分汇集了近年来笔者发表的有关农村金融问题的 4 篇学术论文和 10 篇时事评论，内容涵盖农村金融市场竞争、外资参与中国农村金融市场的历程与影响、农村金融机构的互联网化、互联网金融服务"三农"、民间资本进入农村金融市场的效果、农商行异地扩展的风险、农商行上市的问题、农村信息化建设与农村金融发展等方面，特别感谢发表这些论文和时评的期刊和报纸。因此，从某种程度上说，本书不仅是笔者关于中国农村金融组织优化的一项研究成果，也是对笔者多年从事农村金融研究的一个总结。

　　笔者是一名青年研究者，由于研究能力和知识结构的不足，导致本书不可避免地存在一些错误和问题，希望各位专家、读者能及时地指出来，帮助笔者成长。有任何建议或问题请联系笔者，邮箱为 haizzp@ 126. com。

张正平

2016 年 11 月 28 日

目　　录

第一章　绪　　论

第一节　研究背景与研究意义

一、研究背景

改革开放以来，中国经济发生了革命性巨变，取得了举世瞩目的成就，但在国民经济快速发展的同时，以"农业、农村、农民"为核心的"三农"问题却日益突出，成为制约统筹城乡、经济可持续发展的重要因素。有研究表明，合理的配置资源是解决问题的关键，因此，要解决"三农"问题必须重点关注资源配置问题，尤其是农村金融制度这种在"三农"问题中最重要的要素配置制度，它无疑将成为（甚至已成为）农村经济改革的焦点之一（姚耀军，2005）。为此，党中央、国务院历来高度重视农村金融的改革与发展，特别是自2003年以来，以启动农村信用社改革试点为标志的新一轮农村金融改革在党中央、国务院的领导和各有关部门的大力推动下稳步推进，取得了初步的成效。

首先，农村信用社（以下简称农信社）改革取得阶段性成果，有效减轻历史包袱，优化运行机制，进一步提高了服务"三农"主力军的地位；中国农业银行、中国农业发展银行和中国邮政储蓄银行（以下分别简称农行、农发行、邮储银行）等涉农金融机构大力推进改革的深化，积极拓宽涉农业务，取得了明显的成效。

其次，各地涉农金融机构根据中国农村经济特点和农户实际需求，有效推进农村金融产品和服务方式的创新，基于"三农"特点开发了多种新的金融产品，开展了多项农村金融服务试点工作，显著增强了金融机构服务"三农"的水平和质量。

最后，不断完善农村金融基础设施建设，逐步建立健全农村支付体系和信用体系，改善农村金融生态环境。

的确，在中国农村金融改革不断深化的背景下，涉农金融机构对农业产业发展的支持力度持续提升，促进城乡协调发展，缩小城乡收入差距，提升农民收入，增加农业产值，提高农村金融的服务水平，并最终促使传统农业向现代农业转型。在相关政策的支持下，金融机构面向"三农"的贷款呈现持续增长态势，但增速放缓。据中国人民银行统计，截至2015年末，全部金融机构本外币农村（县及县以下）贷款余额21.61万亿元，同比增长11.2%，增速比上年末低1.2个百分点，全年增加2.23万亿元，同比少增2 251亿元；农户贷款余额6.15万亿元，同比增长14.8%，增速比上年末低4.2个百分点，全年增加7 823亿元，同比少增733亿元；农业贷款余额3.51万亿元，同比增长5.2%，增速比上年末低4.5个百分点，全年增加1 897亿元，同比少增1 167亿元。[①]

然而，正如《国务院办公厅关于金融服务"三农"发展的若干意见》（国办发〔2014〕17号）指出的，中国农村金融机构虽然已经获得了较大的发展，初步形成了广覆盖、多层次、较完善的农村金融服务体系，服务"三农"的水平有明显提高。但是，在多种因素的共同影响下，农村金融在整个金融体系中最为脆弱的地位并没有改变。目前，中国农村金融体系仍存在很多不足，主要表现为：

（一）主要农村金融机构的改革仍不到位

1. 农发行政策性金融作用有限

自2008年以来，农发行不断拓展新业务，在主推粮棉油收购贷款业务的同时，积极开展农业产业化经营，发放农业农村中长期贷款，大力支持社会主义新农村建设。2009年6月，农发行根据《中国银监会关于中国农业发展银行扩大县域存款业务范围和开办县域城镇建设贷款业务的批复》，对其业务范围进行了再次拓宽，新增了两项业务：县域城镇建设贷款和县域内公众存款业务。随着支农力度的逐年加大，2011年，农发行开展了农业农村基础设施建设中长期信贷业务，主要以新农村建设和水利建设为重

---

① 资料来源：http：//money.163.com/16/0122/16/BDUSRQIO00254TI5.html。

点，这对农发行的"两轮驱动"业务发展战略起到举足轻重的作用。2012年，农发行正式成立投资部，进军直接投资和资产证券化等领域，开办涉农金融租赁业务，从租赁大型农业机械作为突破口，重点支持黑龙江省推行农业机械化和新疆地区解决棉花采摘问题。2014年9月24日，国务院第63次常务会议审议通过了中国农业发展银行改革实施总体方案，制定实施了"两轮驱动"业务发展战略，重点支持粮棉油收储和农业农村基础设施建设。2015年9月，农发行与国务院扶贫办签署了《政策性金融扶贫合作协议》，率先成立扶贫金融事业部，为信贷扶贫攻坚提供强力组织保障，以易地扶贫搬迁业务为突破口，扶贫工作全面铺开。截至2016年9月末，农发行在贫困地区贷款余额达到10 028亿元，比年初增加2 029亿元，增幅为25.4%，高出全行平均增幅12.3个百分点。①

但是，农发行作为唯一的政策性金融机构的作用仍十分有限。中国人民银行发布的《中国农村金融服务报告（2014）》指出，中国当前的政策性金融服务还不能满足农村地区政策性金融需求。近年来，在中国积极推进社会主义新农村建设、持续调整经济结构等因素影响下，农村地区金融需求更加旺盛。其中，也产生了相当比例的、具有较强的政策性性质的农村金融需求，这进一步加大了当前政策性金融供给与金融需求间的矛盾。这意味着农发行金融服务水平仍有很大的提升空间，需要在产品设计、操作流程、信贷运作模式等方面继续创新，更好地支持新农村建设和农业现代化发展。另外，随着利率市场化进程的推进，农发行发债成本显著增加，利差大幅收窄，给农发行的经营绩效带来极大的挑战。面对各种挑战，农发行应提出相应的措施，使其业务更加适应利率市场化改革，保持健康可持续发展的良好态势。

2. 农行市场定位的重大变化弱化了其支农力量

2010年7月15日、16日，农行股票相继在上海证券交易所和香港联合交易所挂牌上市，农行采取"A＋H"股同步发行的方式成功募集资金达221亿美元。农行上市后，主要通过以下机制创新继续服务"三农"：

（1）稳步推进"三农"金融事业部改革试点工作。2008年3月起，农行从东、中、西部地区分别选取部分一级、二级分行，开展"三农"金

---

① 资料来源：http://www.adbc.com.cn/n5/n15/c18397/content.html.

融事业部改革试点。经过几年的发展，试点工作取得了重要的阶段性成果：初步探索出符合"三农"需要的可持续的新模式；"三级督导、一级经营"的管理体制基本建成；基本达到预期的政策目标，"三农"金融服务能力显著改善等。据《中国农业银行 2016 年度半年报》统计，截至 2016 年 6 月 30 日，县域金融业务发放贷款和垫款总额 30 140.55 亿元，较上年末增长 5.4%，在四大行中占比超过 35%；吸收存款余额 62 277.52 亿元，较上年末增长 7.4%，在四大行中的市场份额达到 42%；县域金融业务的存贷款利差为 3.42%，高于全行 41 个基点；县域金融业务的不良贷款率为 3.00%，较上年末下降了 0.02 个百分点。[①]

（2）加大重点领域涉农信贷的投放力度。根据中国农业银行发布的《2015 年"三农"金融服务报告》，截至 2015 年末，农行涉农贷款余额 2.58 万亿元，比年初增加 2 054 亿元，增速为 8.64%，高于全行平均增速 1.2 个百分点；农行县域法人贷款余额 1.9 万亿元，县域小微企业贷款余额 5 465 亿元，比年初增加 824 亿元[②]；在全国发放惠农卡 1.7 亿张，覆盖超过 1 亿农户，设立"金穗惠农通"工程服务点 65 万个，行政村覆盖率达到 75%[③]。

（3）积极创新"三农"产品及服务。农行创设的"三农"金融品牌"金益农"旗下的金融产品已达 400 多种，"三农"专属产品已经增加到 140 多种，包括惠农卡、农户小额贷款、贸易融资等一系列创新惠农新产品，不断提升服务"三农"的质量。

（4）深入挖掘新型"三农"金融服务方式。通过对"公安模式""泉州模式""定西模式"等服务"三农"经典案例的研究，农行形成了一系列服务"三农"的新型方式，包括流动客户经理组、农村小额提现、供应链金融等。

然而，需要指出的是，转型为商业银行尤其是成功上市以后，农行确立了利润最大化的发展目标，这势必影响其市场定位和经营策略：业务重心从广大农村地区逐步转向相对发达的城市，贷款投向也从传统的以农为主逐步发展成为农业、工业、商业并重。显然，这与农行的宗旨有明显差

---

① 资料来源：http://stock.10jqka.com.cn/20160829/c593201183.shtml.
② 资料来源：http://bank.hexun.com/2016 - 04 - 19/183394422.html.
③ 资料来源：http://www.chinadaily.com.cn/hqcj/xfly/2015 - 03 - 17/content_ 13382988.html.

异。可以说，农行在中国农村金融市场的主导地位正逐渐弱化，其业务经营范围与其他国有商业银行基本无异。《中国农村金融服务报告（2014）》也明确指出，农业效益低导致农村金融回报低，同时农村地区提供金融服务的成本较高，使农村地区高效率吸收存款和低效率发放贷款并存。金融机构支持"三农"的内生动力不足，一些地区仍不同程度地存在着资金外流现象。对农行来说，在实现服务"三农"目标的同时实现自身可持续发展，是其在未来改革道路上面临的巨大挑战。

3. 农村信用合作社改革有待进一步深化

2003 年农村信用合作社（简称农信社）改革之初，国有商业银行纷纷撤销县域分支机构，农信社承担了"一社支三农"的重担。农信社改革的总体思路是：设计正向激励机制，引导农信社逐步"上台阶"，真正实现"花钱买机制"；允许建立股份制或股份合作制；国家适当支持，地方政府负责，将管理权交给地方。此次改革取得了显著的成效，农信社连年实现利润大幅增长，资本充足率持续改善，系统性风险大大降低。据《2015 银监会年报》统计，从规模上看，截至 2015 年末，全国共有农信社 1 373 家、农村商业银行（简称农商行）859 家、农村合作银行（简称农合行）71 家，从业人员数分别为 36.94 万人、46.41 万人、2.58 万人。据中国人民银行发布的《中国农村金融服务报告（2014）》，截至 2014 年末，全国农信社有 4.22 万个网点，农商行网点数为 3.28 万个，农合行网点数为 0.33 万个。从覆盖面看，2015 年末，农信社涉农贷款余额达 7.8 万亿元，农户贷款余额 3.7 万亿元，占其涉农贷款余额的 29.55%，占全部金融机构农户贷款余额的 60.16%，是中国农村地区机构网点分布最广、支农功能发挥最充分的银行业金融机构。截至 2015 年底，农信系统实现净利润 2 233.5亿元，占银行业金融机构总利润的 11.32%。其中，农商行 1 487.4 亿元、农合行 82.4 亿元、农信社 663.7 亿元。农商行创造的利润最多，数量最多的农信社并没有贡献同样分量的利润。2007 年，农信系统实现利润仅占银行业金融机构总利润的 6.51%，随着越来越多的农信社改制成为农商行，这一比例不断提高，2015 年占比高达 11.32%[①]。

但是，农信社仍存在着诸多问题，严重制约着其可持续发展。首先，

---

① 资料来源：http://business.sohu.com/20160914/n468388798.shtml.

资产质量偏低，金融风险较大。部分农信社资本充足率仍在 8% 以下，甚至处于零以下的水平，少数农信社还存在存款化股金、贷款化股金问题，这使得其资本承担损失的能力进一步弱化。其次，产权不清晰的情况并未得到实质性的改变，人权、财产权、事权无法独立，法人治理结构不合理。最后，内部人控制和行政化管理问题仍普遍存在。

4. 邮储银行的发展有待进一步推进

2007 年初，根据中央关于金融体制改革的总体安排，邮储银行正式挂牌成立。成功改制之后，邮储银行被赋予服务"三农"的使命，同时开始探索按照商业化原则服务农村的有效新形式。中国银监会在《关于做好 2016 年农村金融服务工作的通知》中强调：深化农村信用社改革，积极稳妥推进农村商业银行组建工作，深化农业银行"三农"金融事业部改革，并支持邮储银行建立"三农"金融事业部。2016 年 9 月，邮储银行"三农"金融事业部正式建立。

自 2007 年以来，邮储银行服务"三农"业务不断拓展，特别是在农村地区利用网点优势，为广大农民提供基础金融服务，其小额贷款业务得到较快发展。截至 2016 年 3 月末，邮储银行网点超过 4 万个，其中，县及县以下地区网点占比超过 71%，覆盖近 99% 的县域地区，助农取款服务点 15 万个，自助设备 10 万余台；邮储银行服务客户超过 5 亿户，其中约 70% 的个人账户分布在县域地区。2015 年，邮储银行代付业务服务超过 2.5 亿人次，新农保代收业务服务约 1 700 万人次。截至 2016 年 3 月末，邮储银行涉农贷款余额 7 832 亿元，2013 年至 2015 年涉农贷款年均复合增长率达 38%[1]。邮储银行大力推进县及县以下地区电子银行的普及应用，在全国首家试点开展农村手机进入服务，截至 2016 年 10 月，邮储银行电子银行客户超过 1.7 亿户，其中手机银行的客户已经超过了 1.2 亿户，县及县以下网点客户占比超过 61%[2]。2014 年 9 月，邮储银行与农业部签署协议，双方将围绕粮食等重要农产品有效供给和农民收入持续较快增长等任务，提高农村金融服务覆盖面；与共青团中央合作举办"邮储银行杯"中国青年涉农产业创业创富大赛。2015 年，邮储银行还与农业部合作开发了新型职业农民培育项目，用"农业科技+金融资金"带动"三农"领域

---

①　资料来源：http://www.psbc.com/cn/index/syycxw/33783.html.

②　资料来源：http://finance.sina.com.cn/money/bank/2016 - 10 - 15/doc - ifxwvpar8128461.shtml.

的创业创新。2015 年 10 月，邮储银行提出，计划未来五年内投放涉农贷款超过 3 万亿元，力争在经济社会发展中发挥更加独特的作用。① 2016 年 9 月 8 日，邮储银行与国家农业信贷担保联盟在北京签署战略合作协议，双方将在全国范围内搭建"银担"合作平台，促进邮储银行各一级分行与各省级农业信贷担保公司深入合作。双方将重点为从事粮食种植和农业适度规模经营的新型农业经营主体提供信贷和担保服务，以家庭农场、专业大户、农民专业合作社等新型农业经营主体为重点支持对象，着重解决农业生产经营过程中的"融资难""担保难"等问题。

但值得注意的是，邮储银行相比其他商业银行（如中国工商银行、中国建设银行②）来说，整体实力相对较弱，其业务范围和能力还有待改进。

5. 新型农村金融机构发展缓慢、服务能力有限

自 2006 年开始试点以来，经过十年多的发展，新型农村金融机构的培育工作已经取得了明显成效，尤其是在丰富县域金融体系、提高农村地区金融机构网点覆盖率、增强农村金融市场竞争水平、改善农村金融服务质量等方面发挥了重要作用。

从发展规模看，截至 2016 年 5 月末，全国已成立村镇银行、贷款公司和农村资金互助社三类新型农村金融机构达 1 418 家（含筹建和开业），其中，村镇银行 1 356 家，贷款公司 14 家（已开业），农村资金互助社 48 家（已开业）。从覆盖面看，截至 2016 年 5 月末，地处中西部地区的机构占比达 63.4%；截至 2015 年末，直接和间接入股村镇银行的民间资本占比超过 72%，各项贷款余额中农户贷款和小微企业贷款合计占比达 92.98%③。

但整体来看，村镇银行、贷款公司和农村资金互助社等三类新型金融机构的数量增长相对缓慢（其中，贷款公司和农村资金互助社两类机构数量近三年发展陷入停滞状态，机构数量没有增加），其机构种类和覆盖区域有限，可持续发展能力不足，服务能力仍比较差。

6. 小额贷款公司经营风险较高、监管有待完善

2008 年 5 月，人民银行、银监会正式发布了《关于小额贷款公司试点

---

① 资料来源：http://www.psbc.com/portal/zh_CN/Home/PSBCNews/66103.html.
② 后文分别简称为工行和建行。
③ 资料来源：http://www.chyxx.com/industry/201609/448430.html.

的指导意见》（后文简称《意见》），此后各地纷纷出台地方性小额贷款公司管理办法，小额贷款公司（后文简称为小贷公司）试点工作得以迅速推进。《意见》就小贷公司的性质、设立要求、资金来源及运用等方面做了详尽说明；同时，《意见》明确指出，小贷公司在实现金融资源的有效配置、促使资金流向农村和欠发达地区、改善农村金融服务水平等方面发挥了不可忽视的作用。事实上，小贷公司确实为很多中小企业尤其是涉农企业提供了新的融资渠道。在引导民营资本开展农村金融业务方面，小贷公司也发挥了一定的作用，并在与银行和小贷公司合作过程中获得了经验，架起了大资金与小客户之间的桥梁。据中国人民银行统计，截至 2016 年 6 月末，全国共有小贷公司 8 810 家，较 2015 年底的 8 910 家减少了 100 家，减少了 1.12%；全国小贷公司从业人员数 115 199 人，较 2015 年底的 117 344 人减少了 2 145 人，减少了 1.83%；全国小贷公司实收资本 8 379.2 亿元，较 2015 年底的 8 459.29 亿元减少了 80.09 亿元，减少了 0.95%；全国小贷公司贷款余额 9 364 亿元，较 2015 年底的 9 411.51 亿元，减少了 47.51 亿元，减少了 0.05%。[①] 这些数据表明，小额贷款公司的发展已经进入了一个新的调整阶段。

值得注意的是，小贷公司在法律政策、公司治理、资本实力方面还存在明显的缺陷。首先，小贷公司身份错位——从事金融业务却只能获得工商企业身份，这大大提高了它获取外部融资的困难和成本。根据《意见》的规定，小贷公司必须坚持"只贷不存"原则，即可经营小额贷款业务，但不允许吸收任何形式的公众存款。由于小贷公司一直没有获得金融牌照，因此难以享受国家对金融机构开展小微企业和涉农贷款的优惠政策，其业务发展一直受到制约。其次，小贷公司有三种途径获取资金来源：一是股东缴纳的资本金；二是捐赠资金；三是来自不超过两家金融机构的融入资金（比例不得超过自有资本金的 50%）。融资能力有限使得小贷公司不能做大做强，限制了其业务发展规模和能力。再次，大部分小贷公司还未接入中国人民银行征信系统，导致其在贷款过程中信息不对称问题更加严重，往往面临更大的信贷风险。最后，小贷公司的行业监管制度依然不够清晰，人民银行、银监会、地方金融办、工商局、税务局等部门均承担

① 资料来源：http://www.cfen.com.cn/sjpd/hg/201607/t20160728_ 2369867.html.

部分监管职责，却没有明确的监管安排。由于一些小贷公司经营风险加大，2016 年 2 月末，广东省率先出台针对小贷公司规范退出机制的指导文件，引导小贷公司市场化退出。截至 2016 年 9 月，广东（不含深圳地区）378 家小贷公司当中，正常经营的不到 100 家，而仍有增量业务的小贷公司只有 50 ~ 60 家，个别小贷公司不良贷款率甚至超过 50%[①]。焦瑾璞（2014）指出，小贷公司已进入洗牌阶段，有些经营好的正在上台阶，而有少数困难的在勉强支撑，还有相当一部分在观望。[②]

（二）农村金融产业市场集中度高、产品差别化程度低

按是否接受监管划分，中国农村金融市场可以分为两类：一类是正规金融，主要包括合作性金融、商业性银行、政策性银行等重要组成部分；另一类是非正规金融，主要包括民间借贷、私人钱庄、民间集资等形式。在正规金融组织中，农发行（政策性金融）的功能仍然较为单一，农行（商业性金融）完成商业化改革后在农村金融市场的主导地位有所弱化，由此打破了由政策性金融、商业性金融、合作性金融三者构建的农村金融市场竞争格局，而被保留下来的农信社则"一家独大"，成为在中国农村金融市场占据垄断地位的机构。当然，农信社垄断地位的确立是因为商业性金融的主动退出，而不是通过激烈的市场竞争获得的，除了在数量上具有优势外，农信社的服务能力和发展规模与其垄断地位有较大差距。事实上，多年来，农信社的发展并不理想，在缺乏有效外部竞争的背景下，农信社自身存在的问题（例如管理制度不健全、信贷审批不规范、人员素质低下等）导致其经营效率和盈利能力均没有达到理想水平。

总体上看，中国农村金融市场存在着明显的供需不一致问题，各类农村金融组织尚无法满足农民、农户和农业产业化企业等需求主体巨大的金融需要。更加重要的是，在中国推进社会主义新农村建设的背景下，农村经济发展加快，城乡差距缩小，"三农"的金融需求也由从前单一的短期贷款发展成为包含保险、信托、租赁等在内的多元化金融产品，对中国农村金融组织形成了更大的挑战。但是，中国迄今为止的农村金融改革表

---

① 2016 年 2 月 24 日，广东省金融办发布了《广东省小额贷款公司减少注册资本和解散工作指引（试行）》。资料来源：http://www.askci.com/news/finance/20160413/1547574661.shtml.

② 资料来源：http://www.dtamc.com/show.asp? id =518.

明，以农信社为主体的农村金融组织体系在提供相关金融产品的过程中缺乏创新，农村金融需求主体在服务方式、品种等方面的需求依然无法获得满足。

（三）民间金融活动十分活跃但缺乏规范

在持续推进正规金融改革的同时，中国农村地区的民间金融则几乎长期处于受压制的制度安排下，成长环境异常艰难，即使如此，仍无法抑制农村民间金融活动的发展。农村民间金融活动已建立了四种规范化程度不同的组织：第一种类型是无组织的民间借贷，由私人、企业之间的借贷和集资组成；第二种类型是具有一定组织化的民间金融机构，其规范程度高于前一种类型，由各种"银背"、当铺、私人钱庄等构成；第三种类型是高级组织化的民间金融机构，包括农村合作基金会、农村互助储金会等；第四种类型是正规金融化的民间金融机构，其内在体系严密，规范程度高，已在中国四大金融监管部门的统一管制之下依法开展金融业务。

值得注意的是，中国农村民间金融组织虽多次遭受政府的禁止或取缔，但由于其参与主体的广泛性、借贷方式的灵活性、借贷金额扩大化等特点，至今仍在许多地区或明或暗、或多或少的存在。其可能的原因是：民间金融的存在有效地发挥了增加"三农"发展所需的资金、提升农村金融市场的活跃度、提高资金市场的运行效率、改善农村需求主体的融资困境等作用，尤其是极大地促进了农村个体私营经济的发展。但是，农村民间金融组织运作极不规范，存在较大的风险隐患，发展前景不明，亟须解决以下几个问题：（1）存贷款利率普遍较高。民间金融偏高的存贷款利率不仅增加了农村借款者的成本，还降低了其价格方面的竞争力，阻碍了借款者的可持续发展。（2）潜在的金融风险较大。各类民间金融组织发展水平参差不齐，有些组织管理规范，赢得了广泛的信誉，经营业绩突出；有些组织在成立初期运行较好，之后则因为各种原因导致管理失范，业绩下滑；另外还有少数组织的经营者在成立之初便心存歹意，希望借此发大财，由此导致一些非法集资、携款潜逃的事件发生，这些事件严重扰乱了金融秩序，影响金融体系的稳定性。（3）由于政府的禁止与取缔，民间金融组织基本上处于地下或半公开状态，发展规模小、机构数量少，对农村市场经济发展的推动作用有限。

（四）农村金融产业组织效率问题凸显、治理结构混乱

尽管中国农村金融市场已初步建立了合作性金融、商业性金融和政策性金融三类金融组织，但从产业组织理论的角度观察，三类农村金融组织的效率均不高，治理结构仍不清晰。

首先，农行在 20 世纪 90 年代中期大幅撤并农村地区营业网点，其支农力度大幅下降，在完成商业化改革尤其是上市后业务重心转向城市，进一步降低了其农业贷款比重。近年来，在中央政府的号召下，农行通过设立"三农"事业部的形式再次回归农村市场，并不断创新金融产品和服务方式，但总体上看，"三农"业务仍只是农行的一个副业。并且，农行这类大型商业银行在服务"三农"方面的效率仍有待提高，设立的"三农"事业部经营效率并不高，与总行在经营管理和治理结构方面的关系仍没有完全厘清，影响该部门业务的发展。

其次，农发行长期以来业务种类比较单一，支农力度有限，近年来虽然扩大了业务种类，但与农村金融需求和作为唯一政策性银行的地位相比仍有较大差距，而且农发行在获取营业网点、资金来源、制度建设等方面存在诸多问题，直接影响了其经营效率和服务"三农"的能力。更为重要的是，农发行多年来的改革仍未触动其产权结构，因此其搭建的治理结构效率也就可想而知了。

最后，农村信用社在经历多次体制改革后，形成了农村合作银行、农村商业银行、省级联社等多种模式，但从实际运行效果来看，农信社原有的体制弊病并没有完全消除。一个侧面的证明是，银监会在相关统计中仍然将农村商业银行列入农信社统计口径，而不是将其列入商业银行，这表明农信社及其改制后的组织形式在本质上没有变化，虽然构建了相应的治理结构，但并未发挥真正的治理作用，内部人控制问题依然十分严重，经营效率仍远远低于其他同类金融机构。以贵州省为例，经测算，2007 年，该省 88 家农村合作金融法人机构实现盈亏平衡需要的规模为员工人均存款 250 万～350 万元左右，其中，有 26 家机构的员工人均存款规模在 201 万～300 万元之间，占比为 29.55%；有 36 家机构员工人均存款在 301 万～400 万元之间，占比为 40.91%；有 9 家机构员工人均存款在 401 万～500 万元之间，占比为 10.23%。而与之对应的是，2007 年，农村合作金融机构的机构网点平均存款规模只相当于全省金融机构网点平均的 36%，

机构网点平均盈利只相当于全省的 9%，员工平均盈利只相当于全省的 20%（辛耀，2008）。

值得关注的是，一些农村金融机构存在"离农、脱农"的倾向（中国人民银行农村金融服务研究小组，2011）。事实上，部分农村金融机构倾心于做大做强，发展方向与最初的经营理念背道而驰，金融服务也有脱离农村、远离农民的趋势。这种发展态势不仅影响其经营优势的发挥，也不利于完善农村金融组织体系。

二、研究意义

针对中国农村金融改革和发展中存在的问题，党的十七届三中全会明确提出建立"现代农村金融制度"。按照十七届三中全会的要求，应继续推进农村金融机构改革，大力提升农村金融服务质量；促使新型农村金融机构走上健康、可持续发展的道路；增加社会资金的投放力度，推动组建新型农村金融组织以满足"三农"需要，大力发展由信贷、证券、保险、期货等组成的多元化农村金融市场；积极扩大直接融资比例；做好金融风险管理与防范工作；不断降低农村金融服务成本；建立并完善差别化的农村金融监管制度；完善地方政府财税优惠政策，加大金融支农力度等。

吴晓灵（2005）明确指出，虽然近年来中国开始关注农村金融产业在组织创新、结构优化和政府管制等方面的问题，但尚未形成系统的理论分析框架，农村金融发展的产业组织创新机制有待研究，总体上看，应着力研究促进农村金融可持续发展的产业政策，为相关政策提供必要的理论指导。王煜宇和温涛（2007）认为，就深化中国农村金融体制改革、进一步完善农村金融服务体系来说，加强对农村金融产业组织创新的理论研究和政策研究，已经成为必须提上议事日程的重要课题了。蔡四平、岳意定（2007）提出，农村金融组织体系重构后其功能是否能真正发挥效用，关键在于能否建立起适应外部环境的产权制度、微观组织设计和运营模式。为了推动功能视角下的农村金融组织体系重构，从宏观方面上讲，就必须对农村进行制度创新与管理再造，对农村民间金融进行政策引规范。姚建军、范方志、姜国强（2014）认为，政府是农村金融组织创新的主体动力，实践中地方政府支持发展农村新型金融组织的动力不足，必须提高支持农村新型金融组织建设在地方政府政治锦标赛中的权重，从而为深化改革、加快农村金融组织创新提供更夯实的制度保障基础。杨亦民、叶明欢（2016）指出，根据机构观和功能观的实践演进和经验教训，是深化农村金融组织变革的应然选择。

需要注意的是，对中国农村金融问题的研究及其政策建议，大多是从农村金融体制改革、发展战略等宏观角度出发的，或者是从农村金融机构经营行为、产品设计等微观角度出发的，而从农村金融产业组织这个中观视角出发进行理论分析和政策研究的并不多见。因此，在中国大力深化经济体制改革、积极推进社会主义新农村建设、不断缩小城乡收入差距的背景下，从产业组织理论视角出发研究优化中国农村金融组织结构具有重要的理论价值和现实意义。

（一）优化农村金融组织结构是提升农村金融市场效率的有效途径

长期以来，农村金融在整个金融体系中处于弱势地位，这不仅与农村经济先天的脆弱性、高风险性等特征有关，也与农村金融市场的低效率有密切关系。从产业组织理论中经典的 SCP（结构—行为—绩效）模型的角度分析，农村金融市场的效率最终取决于农村金融组织结构，因此，优化农村金融组织结构应当成为中国农村金融改革与发展的重要方向。

事实上，形式单一、数量有限、竞争不足的农村金融组织体系已经成为中国农村金融市场健康发展的障碍。尽管从名义上看，中国已经初步建立了由合作性金融、政策性金融、商业性金融共同构成的农村金融组织体系，但就中国农村金融市场的实际情况来看，政策性金融仅有一家中国农业发展银行，其业务范围狭窄、网点数量有限，政策性金融功能发挥并不理想，政策性金融发展不到位（何广文，2004）。商业性金融主要包括中国农业银行、邮政储蓄银行以及改制后的农村商业银行，其中，外生的农村国有商业性金融（即农行）在改革中逐渐显露出"嫌贫爱富"的本性，大规模撤出农业和农村（张杰，2003），只是近年来通过设立"三农"事业部的形式重新返回农村市场，在县域范围的营业网点增加不多，邮储银行规模虽大，但基本属于农村金融业务的"生手"，在业务经验、人力资源构成等方面与其他农村金融机构还有较大差距，在农村金融市场的作用有限；农信社因此成为农村金融市场的主角，在一些相对落后、偏远的农村市场，农信社几乎成为当地唯一的金融机构，但其发展多年来备受内部人控制、不良贷款率居高不下、经营效率低下等问题的困扰。正如夏斌（2003）所指出的，"被赋予垄断地位的农信社及其在改革中衍生出来的农村商业性或股份制银行为了脱困，也走上了规模经营、撤并集中、权限上收、业务非农化之路"，因此，即便是经历了2005年以来的新一轮改制，上述问题仍以更加隐蔽的形式存在。而且，村镇银行、小额贷款公司、农村资金互助社等新型农村金融机构则因为发展时间过短、市场声誉不高等问题而面临挑战。与此同时，一个惊人的现实是，大量农村资金通过金融渠道流出：2005年末农村信用社存款余额3.2万亿元，存贷差高达上万亿元，保守估计农村资金的年净流出量至少在3 000亿元以上（汤敏，2006）。正如吴晓灵（2006）所指出的，农村金融资源不断从贫困地区流向发达地区，从农村流向城市，从农业流向非农产业的现象，如得不到及时解决，新农村建设效果可能会大打折扣。潘朝顺（2012）指出，偏好和协调成本的差异造成了不同金融组织的比较优势，形成了农村金融市场中生机勃勃的混同均衡和分离均衡。对待不同类型金融组织的政策一方面应削弱支撑它们的差异性因素，增强竞争；另一方面当削弱差异性因素的成本大于由此带来的收益时，应积极地利用它们为农村经济服务。孔祖根、叶银龙（2013）认为，适度竞争的农村金融组织体系是农村金融发展和制度变迁的历史逻辑，其过程是从两个领域同时逐步推进的：一是在政府主导下的正规金融领域内的农村金融组织结构存量结构重组和增量改进；二是民间非正规金融领域自我发育形成的一些创新型金融组织，其最终结果表现为农村金融机构组织种类多元化，市场竞争格局逐步形成。

因此，从满足中国农村经济发展的金融需求来看，亟待改变农村金融市场机构数量少、组织形式单一的局面，着力优化农村金融市场结构，大力提高市场竞争水平，提升农村金融市场效率。

（二）优化农村金融组织结构是促进农村金融可持续发展的内在要求

一段时期以来，中国农村金融的历次改革多着力于"组织机构的拆分与整合"，而对农村金融市场的发展缺乏总体考虑，对农村金融组织结构缺少基本研究，这不利于中国农村金融的可持续发展。

首先，农村金融组织结构处于高度垄断的状态阻碍了农村金融的可持续发展。一方面，作为农村金融市场的垄断者，农信社自身的发展缺乏效率，缺少持续的激励去提升金融服务的水平和质量，难以满足"三农"发展的需要，因此，在不改变农信社体制机制、打破其垄断者地位的前提下，农信社在任何微观层面的改革恐怕都难以真正提升市场效率；另一方面，由于有垄断者的存在，农村金融市场的其他机构或潜在进入者（包括外资银行、民营资本以及民间金融等）的发展也因此受阻，这进一步恶化了中国农村金融市场的结构，不利于市场竞争的开展，进而直接影响农村金融的可持续发展。

其次，农村金融供给不足会导致农村经济发展滞后，反过来还会进一步约束农村金融的可持续发展，并由此陷入"恶性循环"。具体表现在两个方面：一方面，由于农村金融机构数量少，服务种类单一，服务水平低下，导致具有发展潜力的农业项目、农业企业以及农户难以获得有效的金融支持，抑制了农村经济的发展；另一方面，农村经济发展水平低下，农业项目的盈利能力差，农户风险意识淡薄等，直接决定了农村金融机构贷款的质量不可能很高，制约了农村金融机构的可持续发展。李小鹤（2013）指出，在为"三农"中的经济个体和中小企业提供信贷服务问题上，地下钱庄、小额贷款公司和村镇银行有相似点，但发展绩效非常不同，其中唯一得到大量政府补贴的村镇银行发展最为缓慢。由此，农村金融与农村经济陷入相互压制的"恶性循环"之中，而打破这种循环的有效方法就是促进农村金融组织结构优化，提升农村金融市场竞争水平。

在历年"中央一号文件"的基础上，2017 年发布的"中央一号文件"进一步强调"加快农村金融创新"，包括："支持金融机构增加县域网点，适当下放县域分支机构业务审批权限"；"支持农村商业银行、农村合作银行、村镇银行等农村中小金融机构立足县域，加大服务'三农'力度"；"深化农业银行'三农'金融事业部改革"；"加快完善邮储银行'三农'金融事业部运作机制"；"抓紧研究制定农村信用社省联社改革方案"；"优化村镇银行设立模式，提高县市覆盖面"；"鼓励金融机构积极利用互联网技术为农业经营主体提供小额存贷款、支付结算和保险等金融服务"等。由此可见，从改善农村金融服务的角度看，各类农村金融组织机构均需要进一步改革创新。综上可知，本书以优化农村金融组织结构为目标的理论

研究和政策分析对中国农村金融的可持续发展以及与农村经济的协调发展
具有重要意义。

第二节　研究目标与研究思路

一、研究目标

本书以产业组织理论作为基本分析框架，在对中国农村金融组织①发
展演变的历程、现状、存在的问题进行必要的梳理的基础上，实证研究中
国农村金融组织的结构、行为以及绩效之间的关系，并基于制度变迁理论
剖析导致中国农村金融组织结构失衡的原因，力图揭示中国农村金融组织
结构的演变规律和"结构—行为—绩效"（SCP）范式在中国农村金融市
场上的具体表现以及相互作用关系，为中国进一步优化农村金融组织结
构、促进农村经济更快地发展提供有针对性的政策建议。

具体地，本书的研究目标包括：

（1）以产业组织理论和农村金融理论为理论基础，分析中国农村金融
组织结构的演变及其内在动力机制，揭示农村金融市场结构变化的内在规
律和影响因素；

（2）通过中国农村正规金融与非正规金融组织结构的分析与比较，研
究不同政策环境下两类农村金融组织的特点和存在的问题，尤其是对中国
农村金融市场结构和效率的影响；

（3）基于SCP范式，从机构和功能两个层面对中国农村金融市场结
构、行为和绩效的关系进行实证分析，检验中国农村金融改革对农村金融
结构、农村金融机构行为和绩效的影响；

（4）建立一个分析中国农村金融组织演进的制度变迁理论模型，据此
剖析中国农村金融组织结构失衡的内在原因，并给出相应的政策启示；

（5）借鉴国外农村金融组织结构发展的经验，在宏观、中观、微观三
个层面为优化中国农村金融组织结构提供政策建议。

---

① 需要特别说明的是，本书中的农村金融组织主要是指提供信贷服务的正规和非正规农村
金融机构，不包括农业担保、农业保险等业态。

二、研究思路

基于上述研究目标，本书以产业组织理论和农村金融理论为理论基础，深入研究中国农村金融组织结构、行为和绩效的关系，以产业组织理论中经典的"结构—行为—绩效"（SCP）范式为分析框架，选择农村金融组织结构作为切入点，根据农村金融机构与农村金融市场行为、绩效的变化，研究中国农村金融组织结构及其失衡问题。具体包括：一方面，本书运用制度变迁理论解析了农村金融组织结构的演变及其内在动力机制；另一方面，本书沿着产业组织理论的"结构—行为—绩效"框架展开实证分析，研究导致中国农村金融组织结构失衡的内在原因，并据此提出相关的政策建议。本书的研究思路如图1-1所示。

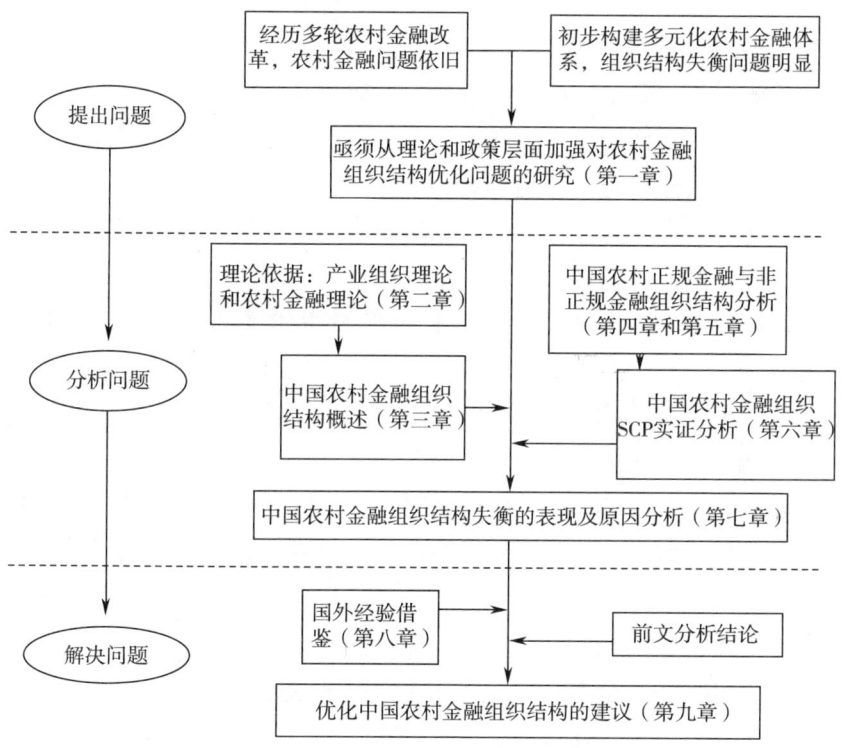

图1-1 本书的研究思路

第三节　研究方法与可能的创新

一、研究方法

作为产业组织理论与农村金融理论的结合，本书的研究方法可以概括为：

（一）实证分析与规范分析相结合

在本书中，实证分析方法主要体现在第六章对农信社和邮储银行的 SCP 分析中，当然，其他章节在分析各类农村金融机构发展情况时也尽量采用统计数据进行分析；规范分析法则在对中国农村正规金融组织结构（第四章）与非正规金融组织结构（第五章）的分析中都有体现，这两章都是对典型事例的经验型归纳和具体经济环境的分类整理，这对总结经验、改善中国农村金融结构等方面具有积极意义，此外，规范性方法在研究中国农村金融结构的演进、现状、成因等方面发挥了重要作用。

（二）定性分析与定量分析相结合

定性分析方面：首先，进行理论基础阐述，系统总结和梳理产业组织理论和农村金融理论的相关进展（第二章），为后文的理论分析和实证研究提供基础；其次，分析了中国农村金融组织体系的历史演进和制度安排，基于中国农村金融组织结构的特征，深入分析这些特征背后的历史原因和现实原因（第三章至第五章）；最后，借鉴国外农村金融组织结构发展的经验教训（第七章至第八章）。

定量分析方面：以邮储银行和农信社为例，基于对农村金融市场结构、行为、绩效数据的梳理、计算和比较，对农村金融市场的结构与绩效进行深入的实证分析（第六章）。

（三）比较分析法

基于外部经济、金融和制度环境对农村金融组织结构、行为与绩效的影响，本书在以下两方面进行了比较研究。

首先，从正规金融机构和非正规金融机构的组织结构特点入手，比较了其行为特征及绩效表现；更进一步，将正规金融机构和非正规金融机构两大类中不同组织形式的类型、特点、分布地区进行比较分析，得出农村金融组织存在的问题及原因（第四章和第五章）。

其次，国际经验部分，对不同发展水平国家农村金融组织结构进行分析总结。其中，发达国家选取美国、日本、法国、德国四个国家为例，发展中国家选取印度、孟加拉国、墨西哥、赞比亚四个国家为例，将其组织结构及特征分别进行比较，并得出相应的启示（第八章）。

（四）总结归纳法

本书从正规金融机构、非正规金融机构的观察中探寻中国农村金融组织存在的问题及原因，以邮储银行和农信社两家机构为例（个体问题），基于SCP范式实证分析农村金融市场的"结构—行为—绩效"间的相互关系，揭示农村金融改革对农村金融机构的影响（普遍问题），在此基础上对中国农村金融组织结构中存在的问题进行总结归纳。

二、可能的创新

基于研究目标和内容，本书的创新包括以下三个方面：

（一）研究方法的创新

本书认为，产业组织理论是分析中国农村金融组织结构效率以及失衡原因的重要理论，且对分析金融产业组织结构的指导作用也日益凸显，所以本书将产业组织理论应用于农村金融市场的研究。具体来看，在理论方法上，本书建立了一个制度变迁模型，剖析农村金融组织结构的演变及其失衡的内在原因；在实证分析上，本书基于产业组织理论的SCP框架展开实证分析，以农信社和邮储银行为例，实证检验中国农村金融市场上"结构—行为—绩效"的相互关系。

（二）研究视角的创新

本书以农村金融组织结构作为切入点，研究中国农村金融市场发展问题，并对中国农村金融组织结构的优化提出建设性的解决方案。从微观经济学角度看，在农村经济发展过程中，最为重要的要素配置制度是农村金融制度，所以在"三农"问题中，怎样解决好资源配置问题是十分关键的；但当前中国农村金融服务体系仍不完善，仍存在诸多问题，严重制约中国农村经济发展，减缓城乡一体化进程，限制农民收入的增长；同时，中国鲜有科学意义上基于农村金融与农村经济协调发展的中观视角。我们认为，从农村金融组织结构这一中观角度分析资源配置问题是本书另一创新。

（三）研究内容的创新

本书以农村金融理论和产业组织理论为理论依据，以中国农村金融组织结构失衡问题为研究对象，重点关注中国农村正规金融和非正规金融的组织结构优化问题。具体看来，本书不仅讨论了正规金融组织结构的演变及其特点，还分析了非正规金融组织结构的演变和特点，并针对这两种类型的组织结构进行评价，研究了导致中国农村金融组织结构失衡的原因；而且，以中国农村金融产业组织创新为内容的理论与政策研究不多，因此这也是本书的一个创新点。

参考文献

［1］何广文．农村政策金融制度创新和机制转型［J］．经济研究参考，2004（47）：25－26.

［2］王煜宇，温涛．推进我国农村金融产业组织创新的战略思考［J］．金融理论与实践，2007（9）：3－7.

［3］吴晓灵．完善农村金融服务体系　支持社会主义新农村建设［J］．中国农村信用合作，2006（6）：4－6.

［4］杨亦民，叶明欢．目标观：深化农村金融组织变革的应然选择——基于机构观和功能观的实践演进视角［J］．湖南农业大学学报（社会科学版），2016（1）：1－8.

［5］姚建军，范方志，姜国强．农村金融组织创新中地方政府的行为分析［J］．财经问题研究，2014（8）：113－117.

［6］李小鹤．农村金融组织运行效率比较：地下钱庄、小贷公司与村镇银行［J］．改革，2013（4）：57－65.

［7］孔祖根，叶银龙．构建适度竞争的农村金融组织体系：目标与路径［J］．浙江金融，2013（6）：9－13.

［8］潘朝顺．偏好、协调成本与多样化的农村金融组织［J］．华南农业大学学报（社会科学版），2012（2）：92－101.

［9］蔡四平，岳意定．中国农村金融组织体系重构［M］．北京：经济科学出版社，2007.

［10］吴晓灵．中国小额信贷的现状［M］//杜晓山等．中国小额信

贷十年［M］．北京：社会科学出版社，2005．

　　［11］辛耀．研究农村金融产业组织效率的意义及方法探索［J］．贵州社会科学，2008（12）：59 – 62．

　　［12］姚耀军．中国农村金融研究的进展［J］．浙江社会科学，2005（4）：177 – 183．

　　［13］张杰．中国农村金融制度：结构、变迁与政策［M］．北京：中国人民大学出版社，2003．

　　［14］中国人民银行农村金融服务研究小组．中国农村金融服务报告（2010）［M］．北京：中国金融出版社，2011．

　　［15］中国人民银行农村金融服务研究小组．中国农村金融服务报告（2012）［M］．北京：中国金融出版社，2013．

　　［16］中国人民银行农村金融服务研究小组．中国农村金融服务报告（2014）［M］．北京：中国金融出版社，2015．

第二章　理论基础

产业组织理论和农村金融理论是分析中国农村金融组织结构效率以及失衡原因的重要理论工具，也是本书分析农村金融组织结构的理论基础。为此，本章将对产业组织理论和农村金融理论及其进展进行梳理，并重点分析运用产业组织理论和农村金融理论研究中国（农村）金融问题的相关文献。通过本章的研究，可为后文从理论和实证角度深入分析中国农村金融组织结构优化问题提供理论支持。

第一节　产业组织理论及其发展

所谓产业，是指生产同类产品或服务及其可替代品或服务的企业群在同一市场上的相互关系的集合。这些企业之间相互分工、利益相关，尽管在经营方式、经营形态、企业模式和流通环节等方面有所不同，但是，它们的经营对象和经营范围都是围绕着共同产品和服务展开的，并且可以在构成集合的各个行业内部完成各自的循环。从中观层面来讲，产业是一个居于微观经济的细胞（企业）与宏观经济的整体（国民经济）之间的一个集合概念，它既是同一属性企业的集合，也是根据某一标准对国民经济进行划分的一部分。

与之对应的，所谓产业组织，是指产业内企业间的市场关系和组织形态。产业内企业间的市场关系是指同类企业间的垄断、竞争关系；产业内企业间的组织形态是指同类企业相互联结的组织形态。在学术界影响深远的产业组织理论产生于 20 世纪 30 年代，随后迅速发展。该理论以特定产业内部的市场结构、市场行为和市场绩效及其内在联系为主要研究对象，通过揭示产业内企业关系结构的状况、性质及其发展规律，为现实经济活动的参与者提供合理的决策依据，为政策的制定者提供有价值的政策建议（牛晓帆，2004）。从严格意义上讲，产业组织理论是介于微观和宏观之间的中观经济理论。

产业组织理论经过几十年的发展，已经从传统产业组织理论演进为现代产业组织理论，理论体系逐渐完善，对经济学甚至经济学之外的学科都产生了深远影响。更重要的是，产业组织理论在经济分析中的应用也越来越广泛，对分析各类组织结构尤其是金融产业组织结构的指导作用日益凸显。

一、产业组织理论的产生与发展

（一）产业组织理论的产生

产业组织理论的理论起源可追溯至马歇尔的规模经济理论、罗宾逊夫人的不完全竞争理论以及张伯伦的垄断竞争理论。

1890 年，马歇尔（Marshall）在其《经济学原理》一书中论及生产要素时，提出"组织"为第四种生产要素[①]：如果其他三种要素投入是相同的，但两家企业具有不同的组织形式，那么其产出往往是不一样的。在《经济学原理》中，马歇尔还提出了经济规模与竞争之间的矛盾，即市场机制（价格、竞争、供求）使经济充满活力并能自发地实现资源的优化配置，但是竞争会导致生产集中和经济规模扩大化，在获得规模经济好处的同时却形成了市场垄断，阻碍价格这只"看不见的手"发挥作用，这会对竞争的原动力产生抑制，这就是所谓的"马歇尔困境"（Marshall's Dilemma）。显然，要解决"马歇尔困境"，就需要研究市场结构与实现有效竞争间的内在关系，换言之，要研究怎样的企业组织规模才能实现竞争活力与规模效益的均衡。

到了 20 世纪 30 年代，发达国家工业进入了批量生产阶段，而这也是产业组织理论体系逐渐成熟的时期。该时期的代表人物是梅森（Mason），哈佛大学是其研究活动的中心，哈佛学派也因此得名。从产业组织理论发展史的角度看，哈佛学派最大的贡献在于建立并完善了"结构—行为—绩效"（SCP）理论范式。这一范式的最初形式是由贝恩在 1956 年提出的市

---

① 第四种要素实际是以萨伊的劳动、资本和土地"生产三要素"学说为理论基础的。

场结构、市场绩效两段论范式。1959 年，贝恩出版了《产业组织》一书，在书中，贝恩强调了市场结构对行为和绩效的决定作用。《产业组织》的出版标志着产业组织理论的基本形成，哈佛学派又被称为"结构主义学派"。

1970 年，谢勒（Scherer）出版了《产业市场结构和经济绩效》一书，该书深受哈佛结构主义学派观点的影响，进一步提出了"结构—行为—绩效"（SCP）范式（见图 2 - 1）。谢勒认为，市场结构首先决定市场行为，继而决定市场绩效。SCP 范式的正式形成是产业组织理论体系架构初步完成的重要标志，也使得产业组织理论逐渐从经济学科中分离出来，成为一个新的分支。

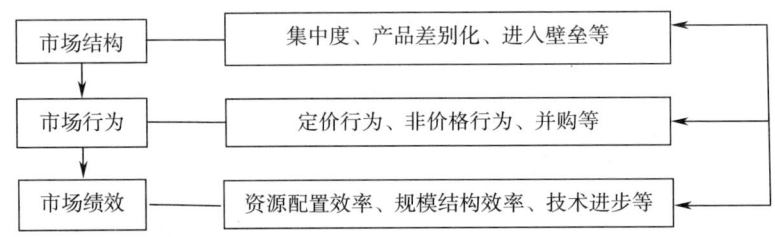

图 2 - 1　谢勒（1970）提出的 SCP 分析框架

（二）产业组织理论的发展

值得注意的是，在哈佛学派形成之后，尤其是在对哈佛学派理论体系进行批判和继承的过程中，产业组织理论获得了新的发展，芝加哥学派、新奥地利学派以及新产业组织理论等流派相继诞生。相对于哈佛学派的理论来说，这些新理论对产业组织的形成和变化的观点有所不同，但仍以市场结构、市场行为、市场绩效间的关系以及对产业政策的影响为研究重点。

芝加哥学派的崛起源于与哈佛学派的论争。施蒂格勒（George Stigler）、鲍默尔（William Baumol）、德姆塞茨（Demsetz）等是该学派的主要代表人物，他们认为自由竞争理论应该成为产业组织分析的基本思想和相应的公共政策的理论基础，这也是芝加哥学派产业组织理论的核心。在芝加哥学派看来，在自由市场经济中，竞争机制以及市场中"看不见的手"的作用是最关键的，在市场竞争过程中，价格机制这只"看不见的手"便会发挥作用，市场竞争是一个适者生存、劣者淘汰的过程，也就是所谓的"生存检验"过程。施蒂格勒（1950）提出，如果政府不设定进入的规则或制度，那么从长期来看，市场中存在着的某些垄断势力或不完全竞争是不会妨碍现实竞争均衡的实现的。这是因为垄断势力下获取的高利润率会吸引大量新企业进入该行业，从而削弱原有的垄断势力，所以，如果一个产业持续获得高额利润，这极有可能是因为该产业中的企业拥有较高的效率或持续进行创新导致的。而更重要的是，获得了高利润率的企业往往更有可能形成大企业、高集中度的市场结构，因为它们扩大企业规模、提高市场集中度的能力更强。因此，SCP 之间的关系集中体现为 P（绩效）→C（行为）→S（结构）的作用关系。鲍默尔（1982）强调，市场结构与市场行为之间存在着双向逻辑关系，并据此提出了著名的"可竞争市场"和沉淀成本理论：在可竞争市场中，潜在进入者的存在使得现有企业更加注重成本和创新，因此，这种持续压力不仅会改变市场结构，还会影响市场绩效。

新奥地利学派对哈佛学派有关政府管制的政策主张进行了批判，进而确立了新的理论体系。米塞斯（Mises）和哈耶克（Hayek）是新奥地利学派的主要代表人物，在他们看来，有必要分析市场的动态运行过程，理解在这个过程中市场和企业家是如何发挥作用的。一方面，在规模经济和市场竞争活力的选择上，新奥地利学派认为，大企业的企业家拥有的信息量更大、分析能力更强、预测能力和冒险能力更突出，在市场运行过程中往往有更好的捕捉市场机会的能力，并借此将企业做大获得规模经济效益和垄断利润；另一方面，市场资源的配置比例在企业家创造利润的过程中也随之发生改变，进而导致原有的市场平衡被打破，因此，企业家事实上成为市场持续变动过程的制造者。新奥地利学派对规模经济和垄断的认识也有别于哈佛学派，他们认为，导致规模经济产业中出现垄断的根本原因是政府利用规模经济之名对产业的进入所作出的规制，而不是企业为了实现规模经济所造成的较高的市场集中度；对于一家企业来说，最重要的是支配市场的权力能否为自己所有而不是企业自身的规模，因为企业可以突破在规模经济下形成的天然垄断，却难以跨越政府规制形成的政策垄断。为了确保企业家能力的发挥，政府关于市场准入的特许权或限制是不应该的，政府应确保企业自由进入市场的条件。

以科斯（Coase）、威廉姆森（Williamson）为主要代表的新产业组织理论提出，芝加哥学派关于"企业适度规模由平均成本最低的产出决定的分析"存在明显错误。新产业组织理论认为，在现实经济活动中，企业进出市场不可能完全没有障碍，即使技术性障碍可以被克服，但由于不对称和不充分信息、企业生产的外部性、寡头企业之间实施的各种策略等因素，市场均衡也是难以实现的。对此，可竞争市场理论并不能为政府的放松管制政策提出充分理由。在企业适度边界问题上，新产业组织理论认为，应综合考虑技术、交易费用和组织费用等相关因素，若仅凭技术因素确定企业的适度边界，结果必定是不准确、无法反映市场实际情况的。例如，科斯认为，企业和市场交换是两种不能等同的交易机制，利用企业进行交易会产生管理费用，而在市场上进行交易则会产生交易费用；如果用市场替代企业进行交易，这样做虽然可以节省管理费用，但同时也会产生额外的交易费用，反之则会产生额外的管理费用。因此，无论采取何种替代方式，只有当增加的市场交易费用或企业管理费用与节省的企业管理费用或市场交易费用相等时，企业的规模才能趋于稳定，此时确定的企业边界才是准确的适度边界。后来，威廉姆森进一步发展了科斯关于交易费用的观点。他指出，市场上的交易双方需要借助一体化来克服市场的不完全并使交易成本最小化，同时也给出了影响一体化的主要因素，如交易次数、不确定性和资产专用性等。此外，他还运用经过进一步扩展的交易费用理论解释了企业的组织调整行为。

由此可见，以上三种产业组织理论产生的根源在于哈佛学派政策主张的不适用性。人们普遍认为，导致美国许多传统优势产业的国际竞争力不断下降的一个重要原因就是反垄断政策的实施，哈佛学派所推崇的反垄断政策自然也受到了人们越来越多的批判，因此，人们对其与此相关的整个产业组织理论的质疑也越来越多。在这样的背景下，芝加哥学派和新奥地利学派因其理论研究的重点是企业自身而非政府反垄断政策，其主要观点甚至否定了政府反垄断政策而受到人们的关注和认可，成为当时产业组织理论的主流，撼动了哈佛学派在产业组织理论中惯有的主导地位。在研究企业绩效和高集中度的关系时，芝加哥学派与新奥地利学派都排除了垄断市场这一因素，认为企业自身的行为才是影响企业绩效和高集中度之间相互关系的重要原因，并在对企业行为、企业绩效和高集中度研究的基础上得出了相同的结论：企业要想获得高利润，必须努力提高其生产效率，而不是依赖于垄断市场，企业获取的是"效率租"，而不是"垄断租"，因此，完全可以同时实现高利润和高集中度这两个在哈佛学派看起来相互对立的目标。相应地，政府在实施产业政策时应转变思路，加强对垄断行为的鉴别而不是一味地控制垄断。新产业组织理论则对新奥地利学派理论作了进一步的细化研究，从企业自身及其内部活动出发，分析交易成本与产业组织的集中度和企业规模的关系问题，进而得出企业的内部活动是影响市场行为和产业结构的重要原因的结论。总体上，这三种理论都是围绕着产业组织进行有关结构、行为和绩效的研究。

（三）产业组织理论新进展

1. 企业竞争优势理论的引入

1980 年，迈克尔·波特（Michael Porter）提出了区别于交易费用理论的竞争优势理论。该理论认为，选择何种形式的产业组织不是由交易费用决定的，而是由企业的竞争优势决定的。企业获得竞争优势有许多不同的方法，如成本优势、差别化和集中完成位于其价值链上的活动。不同的企业其竞争优势的形成过程不同，竞争优势的表现也就呈现不同程度的差异性，即企业异质性。迈克尔·波特认为，归根结底，企业价值链的不同是导致企业异质性的根本原因，并根据企业竞争优势来源的不同层次，将企业异质性表现分为几个不同的方面：企业文化、竞争性组织、主导型竞争领域、核心能力和产品以及市场竞争等。20 世纪 90 年代初，迈克尔·波特在结合菱形理论与区位理论方面相关研究的基础上，进一步提出了产业集聚概念，并分析了产业集聚形成的原因与发展趋势。此后，理论界又出现了可持续竞争优势理论，该理论发展和突破了迈克尔·波特的竞争优势理论，以资源为基础，核心内容也从研究企业竞争优势的形成和产业组织的选择转向解释为什么企业绩效会不同以及企业为什么及如何在市场中存在。

2. 博弈论的引入

产业组织理论是博弈论较早的一个研究领域。博弈论者认为，产业结构变化的产生发生在现实经济活动中，自然与经济主体的行为不可分割，因而需要从参与者的行为属性进行研究。早期的博弈论者运用推理演绎的方法来预测和说明寡头厂商的各种策略和行为，并试图寻找均衡解。博弈论引入产业组织理论的相关研究，大致可以分为三个阶段：第一阶段是 20世纪 40 年代，冯·诺伊曼（Von Neumann）和摩根斯坦（Morgenstern）在产业组织理论的研究中运用了博弈论的方法，这是博弈论的首次引入；第二阶段是纳什（Nash）、泽尔滕（Selten）和海萨尼（Harsanyi）等人在冯·诺伊曼和摩根斯坦研究的基础上，对这种方法进行了系统性的研究与论证，使得应用博弈论研究产业组织理论的方法逐渐成熟；第三阶段是经过四十多年的发展进入 20 世纪 80 年代后，西方一些学者利用博弈论的研究方法，完成了对整个产业组织理论体系的系统性再造，主要代表人物为法国经济学家简·泰勒（Tirole），他出版了完全基于博弈论基础的巨著《产业组织理论》。然而，由于行为属性的不确定性和博弈论分析方法本身的缺陷（例如，需要大量的假设，分析常常得到"次优均衡"结果，难以真正实现资源配置的帕累托最优状态），博弈论方法也并未得到全面的认可。

当然，从研究内容来看，新产业组织理论和旧产业组织理论研究产业组织体系的主体框架仍然是 SCP 分析框架，只不过不同学派的理论研究中有关 SCP 的方法和对象不同，如 SCP 分析框架的重点因素，以及它们之间的因果关系、循环系统（金碚，1999）。

二、产业组织理论的主要内容

贝恩等将产业组织理论的主要内容分为三个方面，相关研究也是从这三个方面展开，即结构—行为—绩效，除此之外，公共政策和一些基本条件也是必不可少的。如图 2 - 2 所示，三者之间的关系是：市场绩效取决于市场行为，而市场行为取决于市场结构。由此可见，市场结构在分析产业组织时占据了何等重要和关键的地位，这也是为什么贝恩等人如此重视市场结构研究的原因。这就是后来人们所说的产业组织理论体系框架，即SCP 框架："结构—行为—绩效"以及与此相关的市场供需条件和公共政策。

（一）市场结构

在产业组织理论中，市场结构可分为狭义和广义两类。经常使用的概念是广义市场结构，是指某一个市场中各种要素之间的内在联系及其特征，包括市场供给者之间、需求者之间、供给者和需求者之间以及市场现有供给者、需求者与正在进入该市场的供给者、需求者之间的关系。这种关系是各供给者与需求者在交易、分配利益时产生的竞争关系，所以，从

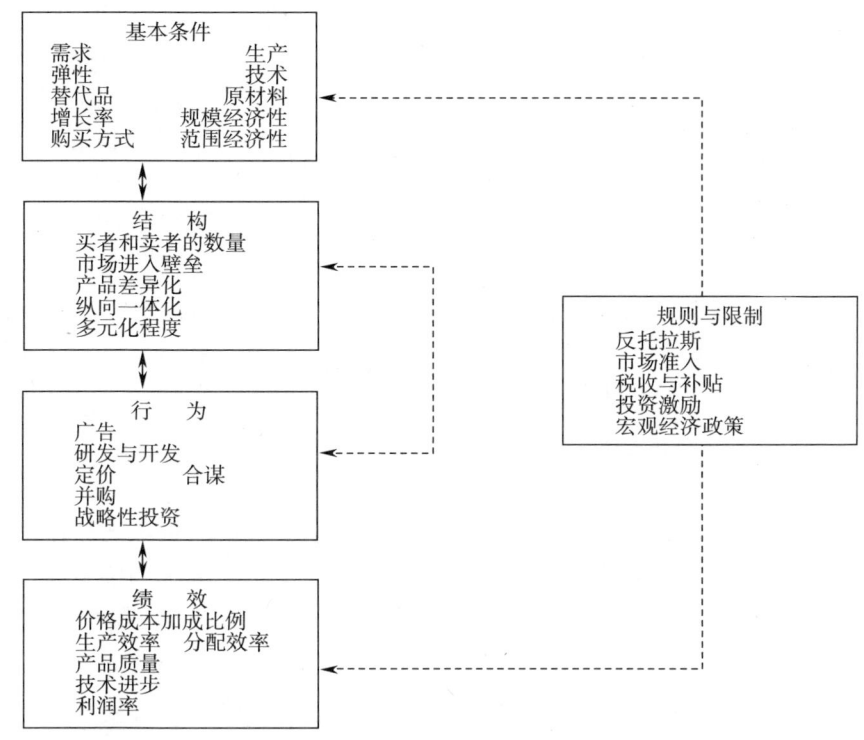

资料来源：根据骆品亮（2006）《产业组织学》第4页中的 SCP 框架整理。

图2-2　市场结构—市场行为—市场绩效关系

本质上看，市场结构反映的是市场竞争和垄断的关系。根据市场竞争和垄断程度不同，市场结构形态可以分为四类：完全竞争型、完全垄断型、寡头垄断型和垄断竞争型（如表2-1所示）。

表2-1　　　　　　　　不同市场结构的基本形态

基本形态	主要特征	均衡行为/市场行为	市场绩效
完全竞争	企业众多，规模小，产品同质；产业进出无障碍；完全信息	$P=AR=MR$；短期、长期利润最大化	经济资源配置合理，并可以实现资源使用的最优化
完全垄断	供给者唯一；产品无替代；产业进出门槛高	短期选择 $MR=MC$ 所对应的产量，有超额利润；长期需依据平均成本曲线和需求曲线的位置而定	资源配置低效率，可能长期存在超额利润；企业生产效率低；技术创新动力不足，技术发展缓慢

基本形态	主要特征	均衡行为/市场行为	市场绩效
垄断竞争	众多小企业，产量占整个行业比例小；产品有差异；产业进入门槛较低	以价格竞争为主的价格策略；以扩大产品差别、优质优价、建立品牌为产品策略和销售策略	不满足以最佳规模进行生产的要求；产业内不存在长期超额利润；企业竞争有利于产业发展和服务消费者，不利于资源节约
寡头垄断	产业内有少数大企业占据大部分市场份额；产品有差别与无差别并存；产业进入门槛高	企业不会轻易调价；大企业间依存度高，容易采取协调行为	存在超额利润；存在资源配置的效率损失；企业之间非价格竞争有利于满足购买需求

资料来源：骆品亮. 产业组织学［M］. 上海：复旦大学出版社，2006.

决定市场结构的主要因素有很多，例如市场集中度、供给者与需求者的数量、产品差异化、市场进入退出壁垒、市场供给与需求的增长率、市场供给与需求的价格弹性的比例等。这些因素之间相互作用、相互博弈达到均衡时，市场最终便呈现出上述四种类型中的某一种形态。而且，诸因素之间常常相互影响，如当市场需求的增长率显著上升时，会使相同条件下的市场进入壁垒降低、卖者的集中度下降以及整个市场结构更具有竞争性。需要说明的是，市场集中度、产品的差别化和市场进入退出壁垒在上述决定市场结构的众多因素中占有特别重要的地位。

（二）市场行为

在产业组织理论中，市场行为是指企业在充分考虑市场供求条件和其他企业关系的基础上所采取的各种决策行为，或是企业为实现其既定目标（如赢得更多的利润和更大的市场占有率等）而采取的适应市场要求的调整行为或战略性行为。

普遍意义上的市场行为即企业采取的调整性或战略性行为，可以分为两大类：定价行为和非定价行为，后者又包括促销行为及并购行为。定价行为表现为价格竞争、价格协调，行为动机是通过控制和影响价格，配合完成企业的产品或服务销售目标来获得最高利润，并扩大市场份额，以应付可能出现的来自对手的竞争，最终都是要维持企业的生存。促销行为是为了获得更高的利润而采取的一系列竞争性行为，诸如开发新产品、提高销售量、拓展市场等；并购行为主要是指企业并购，通过变更产权关系来调整企业组织。

微观经济学认为，当企业的边际成本等于边际利润时，企业的利润达到最大，所以企业为实现利润最大化总是把价格确定在这一点上，即$MC = MR$的点。但是，有些企业并不总能将自身产品价格准确无误地确定在这一点上，因为企业拥有的定价权随市场结构的不同而有所差异。按照定价权的大小，四种形态的市场结构分别为完全垄断市场、寡头垄断市场、垄断竞争市场和完全竞争市场。完全垄断市场上有且只有一家企业，拥有绝对的定价权，并且能随自身情况确定价格以获得最大利润，但这种市场模型在现实中几乎不存在，因此不是研究的重点或不在研究范围之内。与完全垄断市场相反的是完全竞争市场，在这个市场中，价格由供给和需求决定，企业数量众多，但它们都只能被动地接受价格而自身没有定价权，所以，这些企业确定价格的依据是供给和需求的平衡点，而非自己主观意愿和需求。垄断竞争市场和寡头垄断市场相似，只是后者的集中度更高一些，它由少数卖方（寡头）主导市场，控制该行业的产品供给，因而也能自己制定价格。寡头垄断是一种更接近完全垄断的市场结构，同时包含了垄断因素和竞争因素，其寡头制定的价格介于完全垄断市场和完全竞争市场之间，制定价格的方法也多种多样。

在产业组织理论中，研究的主要是寡头垄断市场的定价行为。

（三）市场绩效

所谓市场绩效，是指在某种市场结构下厂商的行为使某一产业在产品价格、产量、质量、品种、成本、利润以及技术进步等方面所达到的状态，即厂商的经营是否增加了社会福利、是否满足了消费者的需求，即厂商生产的产品种类和数量是否满足了社会需求，其行为是否提高了生产效率和资源配置效率。在产业组织理论中，更多的是从消费者的角度研究市场绩效，注重消费者福利。

市场绩效反映的是市场行为的综合结果，评判市场绩效的优劣不能仅从资源配置这一个目标出发，技术进步、社会福利、社会公平、社会稳定以及这些目标之间的相互抑制或促进关系等都是衡量市场绩效优劣不可忽视的重要方面。所以，评价市场绩效时要结合市场实际情况和既定目标，合理选择衡量指标以对市场绩效作出最全面、真实的评价。在对市场绩效进行研究的过程中，产业经济学家们发展了许多衡量方法和指标，常用的主要有以下几种：利润率、勒纳指数、贝恩指数、托宾 Q 值等。在研究市场绩效的文献中，往往采取许多种应用分析方法进行市场结构与市场绩效关联性的研究，其中最常使用的分析技术是计量经济学的线性回归技术，包括二元回归和多元回归。

三、金融产业组织理论

到 20 世纪 80 年代以后，产业组织理论才逐渐运用于金融行业。国外对金融业的产业组织研究，无论从研究内容的广度还是深度或者研究成果来看，都远不及对制造业产业组织的研究，也未形成完整的、自成体系的金融产业组织理论分析框架。大约到了 20 世纪 90 年代中期，中国开始在理论上将金融作为一种产业，但已有的这些研究很少对金融产业市场"结构—行为—绩效"进行全面分析，且对农村金融的研究仍然相当缺乏。

（一）国外相关研究

1. 金融业的市场结构模型

从总体上看，国外金融产业组织理论研究要远远落后于制造业产业组织的研究（杨德勇，2004）。20 世纪 80 年代，金融业的研究开始引入产业组织理论进行分析，但是这些研究鲜有对金融产业的整体市场"结构—行为—绩效"进行全面分析的，而是更倾向于研究金融业某个细分市场的动态均衡。大多数西方学者研究金融业产业组织的理论基础都是成熟的微观经济学中关于竞争和竞争行为的理论，采用的方法都是根据金融业的特性，构建金融业的完全竞争、寡头竞争、垄断竞争和完全垄断模型。

从国外文献来看，最早使用厂商微观经济学理论建立银行生产函数模型的是谢利（Sealey）和林德利（Lindley）。谢利和林德利（1977）假设银行是能够提供多种金融服务的多部门经济单位，其主要要素投入是劳动力和实物资本，从而为存款人和借款人提供金融服务。由于银行的产出只能通过其存款、贷款等金融服务进行间接测算，根据这一特点，谢利建立的模型发现，单一银行参与市场竞争的行为是不断调整其存贷款规模。进一步地，Stahl（1988）和 Yanelle（1989）提出了银行业竞争的伯特兰德模型，但其发现与瓦尔拉斯均衡结果存在差异。

金融业一般具有较强的准入障碍，这一点在银行业表现得尤为突出，因而完全竞争模型并不能很好地代表银行业的产业结构，不完全竞争模型可能会更好地反映这种实际情况。为此，Monti 和 Klein（1971）建立了银行业垄断 Monti – Klein 模型。该模型的主要贡献在于，不仅为研究银行业提供了更加符合其行业实际情况的方法，还可以用于分析在存款利率管制下银行贷款的定价行为，更打破了模型的自身限制，可推广到其他模型的使用中去。例如，可推广到有限数量的不完全竞争古诺（Cournot）模型。Monti – Klein 模型的主要结论是：垄断银行将在勒纳指数等于反向弹性时设定其存贷款规模。同样利用垄断模型进行研究的还有德·帕尔默（De Palma）、加利·鲍伯（Gary Bobo）、纽佰格（Neuberger）和季默曼（Zimmerman）等，他们发现银行业的高集中度有利于其保持低利率。

不过，使用最多的垄断竞争模型是萨洛普（Salop）（1979）的地域模型。该模型在金融业中得到广泛应用，最重要的两个应用方向是自由竞争与银行最优数量的关系问题和存款利率管制对贷款利率的影响。第一个方向使用萨洛普模型得出的结论是，自由竞争可能导致过多的银行，从而影响到社会福利的提高，所以应将银行数量限制在合理范围之内，控制的方式既可以通过准入限制或设立分支机构的限制的直接方式，也可以通过税收、租赁费或资本要求的间接方式。第二个方向是谢尔普利（Chiappori）等（1995）研究发现存款利率管制存在福利效应。

2. 金融业市场结构和市场绩效关系

斯蒂格利茨和韦斯（Stiglitz & Weiss, 1981）认为，在竞争性的市场结构下，信贷市场上借贷人之间总会存在信息不对称的问题，导致难以避免的逆向选择和道德风险，所以银行会综合考虑这些因素，而并非仅以贷款利率作为决定贷款供给的标准，即贷款供给不一定随着贷款利率同向变动，从而出现信贷配给（Credit Rationing）现象。Berger 和 Hannan（1989）以及 Hannan（1991）发现，银行地方性市场集中度与存款利率负相关、与贷款利率正相关。Peterson 和 Rajan（1995）则提出，在竞争市场中，银行为获得比垄断市场中的贷款机构更高的利率，分享项目投资收益，会约束市场上借贷者的相关能力。Koskela 和 Stenbacka（2000）研究了市场结构对银行贷款利率的影响，发现银行市场的竞争密度与贷款利率成反比，即市场竞争越剧烈，市场贷款利率越低。

Broecker（1990）、Nakamura 和 Riordan（1993）发现了两个现象：一

是银行之间的竞争加剧了借款企业的逆向选择问题。当借款企业和贷款银行之间存在信息不对称问题时，在竞争性银行市场结构下，银行间的竞争会加重已经被其他贷款银行拒绝的借款企业的逆向选择问题。二是银行面临的信用风险和企业投资项目的平均质量与银行数量分别呈正相关和负相关关系，进而提高贷款企业拖欠项目贷款的概率，并最终导致银行面对的信用风险增加。Besank 和 Thakor（1993）、Thadden（1995）发现，市场上势力强的银行降低信用风险的动力也更强，并更多地采用监督借款者的项目和建立长期银企关系的方式达到这一目的。Shaffer（1998）则分析了单个银行贷款损失率与借贷者数量之间的关系，以及新进入银行对逆向选择非常敏感的原因。Matutes 和 Vives（2000）独辟蹊径地从银行的角度研究了其可能的道德风险，结果发现银行的治理结构、银行业的竞争和政府管制等是影响银行道德风险的主要因素。在存款竞争与存款保险的共同作用下，银行的贷款政策可能会偏向风险高的项目以获得高的收益；而当银行财务指标持续下滑面临破产危机时，则赌博的动机更加强烈，面临的信用风险也随之大幅增加。

3. 金融业市场行为和市场结构关系

从实证方面看，垄断银行都有向新兴企业融资的偏好，目的是为了将来能更多、更好地获得贷款企业的利润。一方面，与 Peterson 和 Rajan（1995）所描述的银行理性行为一致的是，驱使垄断性银行向新兴企业融资的根本动力在于抽取租金，这些租金来自企业成长后所增加的利润。垄断性银行结构能够提高企业早期的发展速度，反过来，企业的成熟又增强了垄断性银行向那些潜在的新进入企业借贷的偏好。另一方面，新兴企业的项目回报率更高、技术更新更先进，从而能保证银行获得更高的利润。所以，以利润最大化为目标的银行偏好新的市场进入者。但是，银行业的集中将导致竞争性的产业结构，不利于形成具有市场垄断能力的大型企业。

总之，在垄断性银行市场结构下，新兴企业获得信贷的可能性，对其所在行业的未来发展影响较大。从某种程度上说，这给银行带来了两个问题：一是银行已有收益受到新企业不断进入引发的企业竞争的影响；二是银行必须权衡新企业进入引发的企业竞争与新企业进入所带来的新的利润之间的关系，而银行的权衡结果最终也会影响到该行业的市场结构。

（二）国内相关研究

在国内学者相关的研究中，王颖捷（2003）、杨德勇（2004）、张芳和李龙（2012）对金融产业组织理论的研究较为全面，大多围绕银行业的市场"结构—行为—绩效"（SCP）的框架展开，研究主题也多是企业进入、退出壁垒以及产品的差异化等市场结构问题。而系统地研究金融产业组织理论的著述并不多见，关于保险业、证券业等金融门类下的其他产业组织理论的研究则较少。

此外，一些文献利用 SCP 框架讨论了农村金融市场的问题。例如，卢宇平和沈志军（2004）发现，农村信用社处于信用程度不高、投资方向不明、竞争力不足的高度寡占型市场结构中，缺乏自我调节机制且资源配置不合理，加之其历史包袱，使得农村信用社属于濒临淘汰的边缘。范静（2004）认为，不健全的农村金融体制导致了农村信用社功能发挥不完全。张正平等（2011）认为，随着我国农村金融改革的进行，农村金融市场集中度持续降低，多元化格局基本形成。

国内相关研究主要从如下几个方面展开：

1. 银行业市场结构

一个普遍观点认为，中国银行业市场集中度较高，存在垄断现象。例如，叶欣等（2001）运用国际上在银行业市场结构研究方面所广泛采用的市场集中率和 H 指数这两类指标，利用量化的方法对中国商业银行市场结构特点进行分析，发现中国银行业的市场结构正处于从集中度较高的寡头垄断型向竞争性较强的垄断竞争型转变的过渡阶段；于良春和鞠源（2000）通过估算中国商业银行市场的 H 指数，发现中国商业银行市场已初步具备垄断竞争型市场的结构特点；邹伟进和刘峥（2007）研究发现，中国银行业的市场结构已经由寡头垄断、高度集中转变为垄断竞争、适度集中的市场类型；李继民和胡坚（2010）通过利用 2004—2007 年的数据计算出中国银行业市场集中度指标和 HHI（赫芬达尔指数），结果发现中国银行业仍处在垄断程度较高的寡占型市场，而市场集中度呈现缓慢而明显的下降趋势。

值得注意的是，国有四大商业银行市场份额偏高，同时呈现下降趋势。于良春和鞠源（2000）通过对中国商业银行主要业务种类的市场集中度问题的深入研究发现，近些年来中国商业银行市场集中度一直居高不下，尤其是四大国有商业银行拥有的市场份额长期保持在较高水平，但从各项集中率动态变化的态势看，其垄断程度略有下降。臧传琴（2012）认为，经过三十多年的改革，中国银行业市场主体已出现了多元化格局，但市场集中度仍然较高，国有商业银行依然占据绝对优势地位。张芳和李龙（2012）通过计算中国银行业的市场份额，发现国有商业银行仍居于主要地位，通过计算 CR4（前四大机构市场集中度）和 HHI 指数，得到中国银行业市场近年来的集中度依然较高，即中国四大国有商业银行仍然控制着整个市场。但从动态发展趋势看，新建立的商业银行进行市场化改革对这种高度集中的格局产生了一定的冲击，中国银行业的市场结构开始从寡头垄断、高度集中转向垄断竞争、适当集中。另外，中国银行业的产品差异化较小，政策法律性壁垒构成中国银行业的主要障碍，虽然整体表现为规模经济，但国有商业银行规模经济状态差于股份制商业银行。

另外，一些文献研究了中国银行业的变迁。例如，李华民和张炳申（2005）指出，中国银行业结构的变迁实际上是各方利益集团进行博弈的结果。通过描述中央政府、国有银行自身、地方政府、新兴民营企业主阶层等各大利益集团在中国银行业结构变迁中的驱动作用，他们企图由此逻辑地导出中国银行业市场结构的变迁趋势。

2. 银行业市场行为

银行业市场行为一直是一个综合性和宏观性很强的课题。在现代经济社会中，经济活动的信用化程度在某种程度上对商业银行经营活动在动员社会资源总量、优化资源配置、节约社会劳动和提高经济效益等多个方面产生较大的影响。

就银行业而言，对经济的运行状况和发展速度影响范围更广的是银行的总体能量及其行为的规范程度。武捷思（1996）通过分析商业银行在其所处经营环境中的行为表现，总结了这些行为的共同规律，并梳理了一些成功、先进的国际经验，最后结合中国国情提出了若干具有实际意义和建设性的政策建议。此后，为深入分析中国商业银行的市场行为与其市场竞争力之间的关系，于良春和鞠源（2000）选择国有独资商业银行和新兴股份制商业银行作为研究对象，通过比较前者的市场行为演变过程、后者的行为特征与市场竞争能力的关系发现：国有独资商业银行的行为目标已发生重大转变，转变后的行为目标包括利润最大化、服务改善与拓展、站稳市场、提高竞争力，而新兴的股份制银行的行为重点则是采用并购的方式扩大机构规模、不断降低机构运营成本以及逐步有效地拓展业务空间。宋芳秀（2007）指出，在垄断竞争的市场结构下，利率市场化后银行之间的博弈将形成两种均衡：合作均衡和竞争均衡。中国在推进利率市场化改革的过程中，既要防止银行的价格合谋和垄断定价行为，促进利率在资金配置中发挥基础性作用，又要规避因银行过度竞争而导致的金融风险，维持银行系统和宏观经济的稳定。

3. 银行业市场绩效

首先，较多文献运用不同的数据和方法研究了银行业市场结构和效率的关系。赵旭等（2001）在分析传统 SCP 范式与有效结构假说的基础上，运用数据包络分析方法（DEA）综合效率研究了中国银行业市场结构与绩效之间的关系，结果发现，利润率的变动方向虽与市场集中度和市场份额的大小相反，但是受它们的影响不大，效率才是影响银行绩效的最重要的因素。为研究银行所有制结构和硬预算约束对银行效率的影响，姚树洁等（2004）利用随机前沿生产函数，对中国 22 家银行从 1995 年到 2001 年七年间的相关数据进行处理，得出的结果显示，非国有银行的效率比国有银行的效率要高 11%～18%。张建华（2003）运用 DEA 方法从技术效率、规模效率和 Malmquist 指数三个方面对中国银行业的效率进行测算，结果表明：平均效率最高的是中国 10 家股份制银行，国有商业银行居中，城市商业银行排后。但将不良贷款因素纳入测算范围后，国有商业银行的整体资源配置效率反而低于一些规模小得多的城市商业银行。另外，张建华（2003）测算了中国商业银行的 X 效率后发现，中国银行业 X 效率与市场垄断程度呈负相关关系，但随着银行之间的竞争日趋剧烈以及市场结构向竞争类型的转变，中国银行业的 X 效率会逐渐提高。邹伟进和刘峥（2007）运用 DEA 方法测定了中国主要 14 家银行的经营效率，对市场结构和绩效关系的实证分析显示：中国银行业的集中度和绩效间并无显著相关性，而效率提高对改善绩效有重要作用。李建军（2004）则从商业银行的企业性绩效、公共性绩效和综合性绩效三个角度对中国商业银行进行了绩效评价，由此形成了一个全面评价商业银行绩效的方法体系。

其次，一部分文献利用 SCP 范式分析农村金融机构绩效问题。杨菁（2004）运用 SCP 范式对农信社的研究表明，农信社在农村金融市场处于高寡占地位但并未产生较好的经济绩效，而且完全竞争的市场结构及单一价格竞争行为也无助于农村商业银行绩效的提高。闫章秀等（2009）分析了农村市场集中度、机构市场行为以及绩效的关系后发现，农村市场呈现寡头垄断以及竞争的状态，经过改革后，农村商业银行的经营效率得到了提高。黄惠春等（2010）利用江苏省多家农信社数据实证分析了农村金融市场结构与农信社绩效的关系，结果表明：农信社绩效提升是经营效率提高和市场垄断共同作用的结果。赵雪梅（2016）在借鉴 SCP 范式的基础上引入制度因素对我国农村市场结构与绩效的关系进行研究，证实制度对农村金融市场结构、市场行为和市场绩效及整个农村金融产业发展有着重要的影响，农村金融机构的行为和绩效也导致农村金融产业制度变迁。周月书等（2016）实证研究了江苏省 51 家农村商业银行的股权结构、信贷行为与经营绩效的关系，发现农村商业银行股权结构分散，以民营企业股为主，民营股份占比高，这有利于信贷支农力度的稳定，但不利于经营绩效的提升，农村商业银行商业可持续发展目标与支农的政策目标难以兼顾。

然后，一些文献研究了银行业结构和行为对风险和民间资本的影响。例如，张晓玫和李梦渝（2013）基于 2003 年至 2010 年国内 26 家商业银行的面板数据，实证研究国外关于银行业结构与资产风险的三种理论在中国的实际情形，发现中国银行业竞争与资产风险呈"U"型关系，现有竞争状态可能已经越过拐点，意味着此时竞争加剧会进一步加大资产风险，同时宏观因素对银行资产风险方面的影响并不显著。他们还指出，在金融业竞争不断加剧的今天，除了限制城商行盲目扩张外，还需提高银行自身的金融服务能力、调整业务战略结构、改变银行业的粗放经营方式、降低银行资产风险，从而维持金融体系的稳定。臧传琴（2012）则认为，以国有商业银行为主体的垄断性市场结构导致信贷资金主要流向大型企业，中小型企业在难以获取银行融资以及其他正常融资渠道匮乏的情况下，只好转向民间借贷，对此政府应在建立健全相关法律法规的基础上进行市场结构重组，适度允许民间资本进入银行业，发展为中小企业服务的中小金融机构，同时要加强金融规制，确保金融市场的健康、规范运行。

另外，一些文献考虑了可能影响银行绩效的相关因素。李继民和胡坚（2010）在借鉴 SCP 框架思路的基础之上，构造了两个较为直观的实证模型，分别就市场集中度和规模等因素同银行绩效之间的相关关系进行研究，其主要结论为：中国银行业的市场绩效同市场集中度负相关；中国银行业整体上是规模经济，且股份制银行的规模经济性优于国有商业银行；现阶段，中国商业银行的非利息收入对其市场绩效没有起到正面作用，甚至还有负面作用。

第二节　农村金融理论及其演进

从产业组织理论到金融产业组织理论，再到农村金融产业组织理论，研究范围逐渐缩小，相关研究也越来越少。同时，由于中国农村金融市场二元结构特征明显，其市场组织行为受到政策、地域、文化等因素的影响，体现出不同的特点，因而有必要从产业组织理论的范式（结构—行为—绩效）出发，深入研究中国农村金融组织及其优化问题。

现代金融发展理论及政策主张对农村金融理论的产生和发展有着非常重要的影响。20 世纪 50 年代和 60 年代，戈德史密斯（Goldsmith，1955—1969）、格利和肖（Gurley 和 Shaw，1960）、帕特里克（Patrick，1966）、麦金农（McKinnon，1973）等奠定了现代金融发展理论的基础。[①] 一般认为，传统农村金融理论的演变过程可分为三个阶段：农业信贷补贴论、农村金融市场论和不完全竞争市场理论。进入 21 世纪以来，农村金融理论发展已经进入了第四个阶段，即微型金融理论阶段。

一、农业信贷补贴论

农业信贷补贴论也称农业融资论。1966 年，帕特里克在研究"供给超前"融资模式的优点和潜力时提出了借助政府这只"看得见的手"干预金融市场活动、协调金融行为、优化金融体系以促进经济发展的理论。他主张为刺激投资、发展经济，金融供给的产生要优先于金融需求，所以在需

---

① 戈德史密斯提出了金融工具与制度随着经济发展而发展的观点，并证实了金融部门的发展和完善与不同层次的经济发展水平有明显的正相关关系；格利和肖最早从金融角度探讨了金融在经济发展中的作用，并在 1960 年指出一国经济能否最有效地配置和利用资源取决于其金融制度的效率等；帕特里克研究了金融发展对国民财富构成及使用的影响，并在此基础上提出落后国家应采取金融优先发展的货币供给带动政策；麦金农强调了金融部门发展对储蓄、投资的影响，进而指出金融深化对发展中国家经济增长的决定性作用。

求出现之前就要建立金融机构，以便能及时提供充足的金融供给。① 该理论假设是资金制约论，认为穷人存在有效的资金需求，或者说资金是制约穷人发展的最主要因素。20 世纪 70 年代初，世界粮食危机和经济发展中贫困问题的加深使得通过政府机构提供农村信贷的政策吸引了越来越多的学者和政策制定者的注意。20 世纪 80 年代之前，农业信贷补贴论已成为农村金融理论中的主流。

1. 理论前提与主要结论

农业信贷补贴论的前提是：由于农户特别是农村贫困居民没有储蓄能力，资金不足成为农村面临的严重问题；同时由于农业的产业特性，如自然风险导致的收入不稳定性、投入产出周期长、收益低等，使从事农业生产的农户存在巨大的还贷风险，而被排除在营利性商业银行的融资对象范围之外。该理论得出的结论为：为增加农民收入、支持农业生产和缓解农村地区的贫困程度，政府有必要建立专门的非营利性金融机构分配从农村外部注入的政策性资金。该理论主张的是信贷供给先行（supply – leading）的农村金融战略（曹协和，2007）。农业信贷补贴理论以及该理论指导下的政府干预农村金融市场政策的产生并不是偶然的：一方面，农村信贷市场的失灵为政府干预提供了理论前提。农村地区的贫困，人口的低密度，分割的信贷市场，收入的波动性，较高的交易成本，以及信贷抵押的缺失和农民有限的风险分散能力使得农村信贷市场与城市市场大相径庭，农村市场的这些特性阻碍了商业金融进入农村金融市场为农民服务。另一方面，许多发展中国家的农村信贷政策总是与政府的农业和农村发展战略分不开的，农村信贷政策常常被政府作为实现诸如社会、政治、公平等政府发展目标的工具，金融扶贫也成了政府农村信贷政策中的重中之重。

2. 政策主张

基于农村信贷市场失灵的理论前提下，农业信贷补贴理论的主要政策主张如下：

（1）加大补贴力度，提高直接补贴比例。很多发展中国家甚至发达国家都探索建立"政府出资、市场运作"的财政资金运作模式，将财政性资

---

① 转引自 J. D. Von Pischke, Dale W. Adams, Gordon Donald, "Rural Financial Markets in developing countries: their use and abuse", Published for the Economic Development Institute of the World Bank [by] the Johns Hopkins University Press, 1983.

金从一般竞争性领域退出，把更多的钱用到农民直接受益的项目上。例如，印度在20世纪60年代中期实施的乡村综合发展计划，其主要目的是让贫困农户获得资产，手段之一是对农户购买资产进行直接补贴，之二是为穷人购买资产提供贴息贷款；20世纪60年代德国对农业信贷的补贴如表2-2所示：

表2-2 　　　　　　20世纪60年代德国农业信贷补贴情况

补贴范围	包括农村中小型企业的增资扩股、内陆水域治理、互助组织、牛奶加工作坊、土地规整、新企业诞生、新农民的培育等
补贴方式	①限制农村贷款特别是农村种养业贷款的最高利率上限；②降低贷款利率；③由政策性金融机构（如德国复兴信贷开发银行，简称KFW；德国均衡银行，简称DtA；德国农业地产抵押银行）直接安排低息贷款
补贴期限	承受补贴的贷款项目，其期限原则上不短于8年，短于4年的项目一般不予补贴
资金来源	根据项目来源或性质而定，分别来自联邦政府财政和州政府财政，或是联邦政府和州政府根据项目运作情况承担相应信贷补贴的比例

资料来源：何广文．德国金融制度研究［M］．北京：中国劳动社会保障出版社，2000.

（2）建立农村信贷专门机构、合作社组织和政策性银行。建立专门的非营利性金融机构，或通过银行设在农村的基层分支机构和信用合作组织等现有金融机构，从外部向农村注入资金成本更低的政策性资金，以降低农户和农村微型企业的融资成本，增加农业的生产投入，降低农村贫困程度，缩小农业与其他产业之间的结构性收入差距。例如泰国农业银行和农业合作社（BAAC）、印度尼西亚人民银行（BRI）、菲律宾土地银行（Land Bank）等，其中一些机构至今仍在发挥其政府政策银行作用，一些机构半途而废。还有一些机构通过微型信贷等创新活动取得成功，逐步走向商业化。

（3）构建补贴法律制度，完善农业补贴法律体系。农业补贴效率的低下源于涉农补贴中间层主体的缺失。有必要构建农业补贴的主体法律制度、农业补贴的行为规范法律制度和农业补贴的法律责任制度。

3. 理论缺陷

农业信贷补贴理论下的这些措施造成的实际后果却事与愿违地出现了金融抑制现象：农民不仅难以从正规金融机构获得贷款，同时从非正规金融渠道融资也受到管制，导致他们获得贷款的机会较之前大大降低。Shaw

（1973）在金融抑制论中较早地证明了补贴信贷及其相关政策可能造成的潜在危害，认为政府旨在缓解农村信贷资源不足的补贴信贷，在供需严重失衡的情况下实际上导致了信贷配给。此外，政府为维持低利率政策的法令，不仅扭曲了价格信号，而且还极大地挫伤了商业性金融机构在农村地区开展金融服务的积极性。

的确，这种补贴信贷方法帮助一些发展中国家尤其是亚洲国家在短期内提高农业产量，但是，从长期来看是高成本、不可持续的，也难以真正到达大多数农户。Gulli（1998）指出，解决贫困的关键不在于贷款或者储蓄，重点在于建立一种可持续发展的金融机制。总的来看，农业信贷补贴论缺陷主要有以下三个方面的表现：

（1）导致农民缺乏储蓄激励。如果农民可以持续得到廉价资金或有这样的预期，那么他们进行储蓄的积极性就会大大降低，这就使得信贷机构无法通过吸收农村储蓄建立稳定、低成本的资金来源，农业信贷最终变成了纯粹的财政压力。由于长期以来把农村信贷作为收入分配的政治工具，忽视了重要的作为长期资金来源的储蓄的作用，政府的低息贷款政策挤占了资金供给。虽然政府和外援的农业贷款大量增加，但许多受援国总的农村贷款的实际价值减少。

（2）导致服务农户目标上移。贷款的交易成本与贷款规模负相关的事实表明，为低收入、所需贷款额度较小的贫困小农户贷款的交易成本比收入相对较高、贷款额度较大的大农户高很多，所以当农村贷款机构贷款给小农户的高交易成本由于最高利率的限制无法得到弥补时，政府信贷分配便会偏向大农户（Avishay Braverman 和 Monika Huppi，1991），使得本应由农村贫困户受益的低息贷款补贴被集中转移到使用大笔贷款的较富有农户身上。

（3）不利于农户信用建设，造成故意拖欠。政府支持的农村信贷机构无论绩效好坏，机构本身都无须承担经营责任，导致这些机构监督其借款者投资项目、偿债意愿和行为、追偿贷款的动力往往不足，助长借款者故意拖欠贷款的不良之风。

总之，实践表明，农业信贷补贴理论在指导构建一个高效、自立的金融体系方面是不成功的。从 20 世纪 80 年代开始，这种传统的直接农业信贷支持就逐渐为农村金融市场理论与不完全竞争市场论所替代。实际上，到 21 世纪初，多数国家已大幅度削减了信贷补贴方面的支出。

二、农村金融市场论

进入 20 世纪 70 年代以来，在世界经济全面向市场经济体制转轨的环境下，加之麦金农（R. I. Mckinnion）和肖（E. S. Shaw）等人提出的"金融深化"理论影响的深入，人们开始了对农村信贷补贴范式的反思，总结了诸多有益的教训。在此基础上，发展的农村金融市场论或农村金融系统论（Rural Financial System Paradigm）逐渐替代了农业信贷补贴论。

1. 理论前提

农村金融市场理论质疑政府在农村金融市场上的作用而肯定市场机制的作用，其主要的理论前提与农业信贷补贴论完全相反：（1）该理论认为，政府没有必要从农村外部注入资金，农业发展所需资金投入可由农村自给自足。对许多发展中国家农村金融的研究表明，影响农户无法进行储蓄的因素不是他们不具有储蓄能力，而是能否为他们提供存款机会和存款便利，即使是贫困农户也有能力储蓄存款，而且数量可观。（2）农村金融市场理论认为低息政策可能是妨碍农户存款的另一重要因素，进而抑制了农村金融发展。市场化利率可激发农村金融机构积极性，有利于盘活农村储蓄资金，构建长期有效的均衡融资机制（丁志国等，2016）。（3）农村金融市场理论还认为运用资金的外部依存度过高是导致贷款回收率降低的重要因素。（4）农村金融市场理论强调非正规金融机构为农村居民和贫困阶层贷款而收取高于银行类等正规金融机构的贷款利率是合理的也是必要的，因为农村资金拥有更多的机会成本。

2. 主要结论

农村金融市场理论强调，交易成本是制约金融市场交易双方活动的主要问题，它包括金融服务提供者和使用者所发生的成本，这些成本在农村地区和微型金融服务供给中尤其巨大。交易成本向来被看作是限制正规金融扩张的最重要因素，在定向信贷范式（Directed Subsidized Paradigm）下（如表 2-3 所示），作为一种信贷配给机制，放款者可能将额外的交易成本施加于无偏好的借款人，另一些政策也会无意地增加或重新配置参与者的成本。例如，那些有利于降低交易成本、促使创新的政策变化是降低成本、扩张金融服务边界的主要措施。金融市场范式支持者认为，利率和交易成本共同决定了金融服务的需求，他们也倾向于将非正规金融视为有益的，原因在于相关的交易成本特别低，并能持续地提供微型金融服务。他们进一步指出，因为金融中介的专业化，金融市场范式将有助于提升范围经济、规模经济和效率。

表2-3　　　　　　　　农村金融发展理论新旧范式的比较

特征	定向补贴范式	金融市场范式
问题界定	克服市场的不完善	降低风险和交易成本
金融市场的作用	提供新技术，刺激生产，实施国家计划帮助穷人	中介资源配置更有效率
使用者的观点	借款人是经过挑选后被瞄准的受益人	选择产品时，借款人和存款人都是客户
补贴	提供了大量补贴；导致补贴依赖	小额补贴；创造了独立的农村金融机构
资金的来源	政府和捐助者	主要是自愿的存款
相关的信息系统	为捐助者所设计	为了管理而设计
可持续能力	大多被忽视	主要的关注点
评价	对受益人的信用影响	金融机构的绩效

资料来源：MEYER, R. and G. NAGARAJAN, Rural Financial Markets in Asia: Policies, Paradigms, and Performance, Manila: Asian Development Bank and Hong Kong: Oxford University Press, Aug. 2000.

与定向信贷范式相比，金融市场范式赋予金融市场在发展中不一样的作用。在金融市场范式下，金融活动被看作是一种相伴随而不是借贷的经济机会，金融市场被视为一种日益重要的基础设施，它应该便利交换、贸易和专业化。货币除了可以发挥交换中介和价值储藏功能外，金融市场最重要的功能在于提高供求间、地区间的资源配置效率，一个有效的金融体系也有助于降低交易成本。在金融市场范式下，金融机构鼓励减少非金融活动而在处理金融合约方面进行专业化。

3. 政策主张

农村金融市场范式认为，金融机构在市场力量的指引下获得奖励和惩罚，它们必须按照市场利率进行借贷，只有其提供的金融服务具有竞争力才能继续经营，否则将被淘汰出局。竞争迫使参与者必须进行创新，推出更有吸引力的金融产品，提供更为完善的金融服务，同时必须降低交易成本。鉴于金融机构的特殊地位，它不需要在发放贷款中附带提供补贴，也不需要向金融市场参与者收税。财政功能的缺乏使得金融体系能够专门从事金融业务，并避免给参与者增加税收负担。农村金融市场范式强调，应保持金融体系与补贴间的独立性。因此，农村金融市场论的政策主张主要包括：

（1）放宽农村利率管制。从农村金融市场论的视角出发，一般认为，农村金融机构在农村经济内部资金余缺部门之间架起了一道重要的桥梁，是资金盈余部门与资金短缺部门间发挥融通资金作用的借贷中介，其中更为关键的作用是将农村多余资金转化为存款，即动员农村居民及贫困阶层进行储蓄，从而建立稳定的资金来源渠道；但是为了更有效地发挥农村金融机构动员储蓄和平衡资金供求的作用，利率必须完全由市场决定，而且剔除通货膨胀率等因素之后的实际存款利率不能成为负数，否则上述工作会变得毫无意义。

（2）取消定性补贴信贷制度。农村金融机构的资金中介量、机构经营的自立性、财务可持续性是判断农村金融体系是否成功运转的重要标准。依据这个标准，农村金融机构没有必要实行定向目标贷款制度。

（3）促进农村非正规金融发展。农村非正规金融的存在表明，其在农村有一定的市场基础和存在的合理性。因此，我们对待农村非正规金融时不应该采取"一刀切"、一律取消的激进措施，而应当积极促进农村非正规金融发展，促进非正式金融和正式金融之间的互补，而不是行政命令下的强制替代。

（4）金融机构的可持续性是最佳的判断标准。农村金融市场论认为，计算融资对于农业生产的贡献是困难的，应该根据金融机构的成果及其经营的自立性和持续性来判断农村金融的成功与否。

4. 理论缺陷

需要注意的是，农村金融市场理论认为通过取消利率上限限制、利率市场化可以解决农业信贷补贴理论指导下产生的贷款目标上移等问题，然而现实中的运作结果却可能达不到期望的效果。这是因为，利率市场化的确可以加强竞争，自动将农村较为富有的农户排除在贷款对象之外，在一定程度上增加小农户和贫困阶层获得贷款的机会，但是市场化利率同时也可能会减少借款者对信贷的总需求，且高成本和有效的担保或抵押品的缺少也会使他们实际得到的贷款比期望的额度小很多。在缺少政府干预的情况下，对受贷群体的筛选难免会造成农村资金外流现象（丁志国等，2016）。因此，仅依靠完全的市场化利率并不能一定解决问题，适当引入政府的干预对保障小农户的利益可能更加有效。而且，只要管理农村信贷计划的农村金融体制合理有效，发展中国家政府干预农村金融市场就有法可依、有章可循。政府政策和市场机制相互配合，才能切实保障农村真正需要贷款农户的利益，才能真正发展农村金融市场、完善农村金融体系。

事实上，该理论一直是中国 20 世纪 90 年代农村金融改革的理论依据，但改革的实际效果与理论结论相去甚远。在农村金融市场论的指导下，中国商业银行进行了商业化改造，各大商业银行纷纷撤销贫困农村的营业网点并上移贷款决定权，正规金融机构俨然成了农村资金的"抽水机"。在此影响下，中国农村金融市场全面萎缩，很多地区甚至出现正规农村金融机构的空白，县域经济得不到必要的金融支持，以致城乡差距越来越大。这充分说明中国农村金融市场还不是一个完全竞争的市场，其现状决定了市场化改革的失败。还有一点不可忽视，即农村金融市场理论的前提之一：城乡资本回报率差别不大且农村资金循环属于体系内的循环，而中国面临的最大现实问题恰恰就是农村资金出现严重外流，说明中国尚不具备应用农村金融市场理论的前提。

三、不完全竞争市场理论

毋庸置疑，市场机制不是"万能药"，不能一次性解决所有的问题。20 世纪 90 年代，实行金融自由化的东南亚国家相继爆发金融危机，不仅打破了这些国家依靠市场自由化解决农村金融发展问题的幻想，也为那些信奉市场万能作用、即将效仿的国家敲响了警钟。归根结底，改革失败的原因是这些国家忽略了农村金融市场的特性，即农村金融市场不是一个完全竞争的市场，市场上存在严重的信息不对称问题，在这样的条件下，依赖市场机制无法建立一个能充分满足农村金融需求的金融市场。因此，有必要适当引入政府干预、采取借款人组织化等非市场要素以弥补金融市场的失效部分（Stiglitz 和 Weiss，1981）。于是，一些学者将 Stiglitz 等人提出的金融约束理论逐渐运用到农村金融领域，并且取得了一定的成效，由此形成了农村金融的不完全竞争市场理论。

1. 理论前提

信息经济学揭示了一种新市场失灵的存在——由于信息约束而产生的逆向选择和道德风险。由不完全市场理论可知，通过信贷配给机制让政府或政府的代理人来监督、实施分散在整个国家内数以万计的小额信贷合同是不可能的。因此，政府在农村金融市场上表现得更加软弱无力。① 其实，政府的所有金融机构在掌握潜在借款者信息方面并不比私人放贷者拥有优势，甚至在贷款的监督和实施过程中可能处于劣势，因此，政府介入农村金融市场就极有可能失败。

Stiglitz 的不完全竞争市场理论是这样构建新的农村金融范式的：发展中国家的农村金融市场的竞争是不完全的，金融机构和借款人之间存在严重的信息不对称问题，贷款人无法全面掌握足以影响贷款决策的借款人全部信息，此时如果仅靠市场机制作出信贷决策、完成信贷活动，结果必定是非效率的，更无法推进农村金融市场向满足社会需求的方向发展。因此，为弥补市场的固有缺陷，一些社会性、非市场性要素必不可少，即需要政府介入农村金融市场，并进行政策干预（Stiglitz 和 Weiss，1981）。

2. 主要结论

不完全竞争市场理论认为，农村金融市场不是一个完全竞争的市场，借贷双方之间存在着信息不对称，因此，在解决农村金融问题的过程中，借款人的组织化（团体贷款的形式等非市场要素组织形式）成为一个关键因素。团体贷款能够缩减贷款操作流程，提高信贷市场的效率；在团体贷款下，同样类型的贷款者聚集到一起，能够解决逆向选择问题，此外，能够有效缓解银行由于无法控制贷款者行为而带来的风险问题（焦兵，2012）。农村金融的联合贷款和小组联保模式在发展中国家的实践，有成功也有失败，实践失败的主要原因在于外部环境不利于该模式的生存。为此，我们应该采取一些非市场措施去改善外部环境，如政府适当介入金融市场以及借款人的组织化等。但是，不能完全依赖政府，因为政府不能完

---

① 可能的原因包括：（1）贷款易受政治因素的影响而非基于对经济因素的考虑，这不仅导致信贷配置的无效和误置，还刺激了借款者的违约预期；（2）接受政府补贴和捐赠者廉价资金的国有银行，由于预算的软约束很难产生扩大金融服务的动力；（3）当放贷者是国有金融机构时，即便是规定了违约和逾期惩罚，借款者可能认为可信度并不高；（4）政府的代理人会将廉价的信贷资源作为牟取私利的"寻租资本"。资料来源：陈军. 从制度的演化看农村金融的深化与发展[J]. 北京工商大学学报，2009（2）.

全取代市场，政府发挥的仅仅是补充市场、辅助市场的职能。

此外，该理论还强调政府在介入市场时需要注意的问题：在完善体制结构方面，政府介入市场的形式可以多样，但要有效解决市场缺陷带来的问题，前提是体制结构必须完善。在农村改革方面，发展中国家在农村金融市场介入非市场要素时首要关注的是农村金融市场改革问题，及时跟进改革动态与结果，加大农村金融机构建设力度，排除阻碍农村金融市场健康、有序运行的障碍。如取消补贴、打破由少数非小农户和贫困阶层垄断政府优惠贷款的局面，使小农户及贫困阶层可以获得更多的优惠贷款，利率市场化以便农村金融机构能补偿贷款成本，实现财务可持续等。合理使用资金，金融机构从外部获得的资金，如接受捐赠、政府补贴，必须合理地使用到金融机构的建立、发展和完善等各个环节，其中最先应满足的是机构的建设需要，包括管理、监督和信贷人员的培训，会计、审计和管理系统等基础设施的完善。

3. 政策主张

具体而言，不完全市场理论主张的农村金融政策主要有①：

（1）宏观经济的稳定是农村金融市场健康发展的前提，如避免严重的通货膨胀。

（2）遵循农村金融市场发育规律，在避免实际存款利率负数变动、抑制存款利率非正常增长的前提下，逐步放开利率市场化。在此基础上，若仍存在信贷配给和信用需求过度问题，可依靠外部资金弥补信贷缺口，但应在确保政府不损害金融机构动员储蓄的动力的前提下进行。

（3）政策性金融，即面向特定部门的低息融资也可以是有效的，前提是不损害银行最基本的利益。

（4）应对农村金融市场信息不对称的有效措施是团体贷款或小组贷款，政府应鼓励农村信贷机构积极开展借款人联保小组、借款人互助合作项目，利用团体或小组内部信息不对称程度比贷款机构与贷款者之间的低，组员之间相互监督，从而提高贷款回收率。

（5）改善信息不对称的关键是对借款人形成约束，改变融资方式，尽可能利用使用权担保、互助储金会等担保形式的融资方式。

---

① 资料来源：李喜梅，彭建刚. 经济变迁中的中国农村金融体系：一个从隐功能角度的解释框架 [J]. 农业经济问题，2005（10）.

（6）保证较高的贷款回收率的可行方法之一是融资与实物（如肥料、作物）交易相结合。

（7）为了更大程度地促进金融机构的发展，应对其实施一定的特殊政策，如限制新参与者等。

基于信息经济学的研究结果揭示了出现农村金融市场信贷配给现象的原因，发现信息约束是阻碍农村金融市场获得进一步发展的重要因素。因此，在农村金融市场上，放贷者和借款者之间的信息不对称是最关键的因素，这便是所谓的"新市场失灵"（new market failure）[1]。周立（2007）认为，信息不对称、抵押物缺少、特质性成本与风险、非生产性借贷是农村金融市场存在的四大顽症，导致借款人严重的逆向选择和信用风险、贷款资金难以真正投入到农业生产、贷款项目资金难以收回等一系列问题，使自然发育状态下的农村金融市场出现"市场失灵"和"负外部性"，因此需要政府介入市场解决这些系统性和结构性问题。但是政府的介入不仅没起到解决问题的作用，反而火上浇油，导致非正式金融制度往往被正式金融制度取代，进一步恶化农村融资环境，即又出现了"政府失灵"，使得农村资金的非农化成为常态。

如表2-4所示，揭示了农业信贷补贴论、农村金融市场论、不完全竞争市场理论这三种理论在理论前提、主要结论和政策主张上的主要区别。

表2-4　　　　　　　　　三种农村金融理论的区别

理论	农业信贷补贴论	农村金融市场论	不完全竞争市场理论
政府干预的必要性	必要	不必要	在补充市场机制失效时必要
利率管制的必要性	低利率管制	不必要	放松管制
贷款资金的筹集	农村外部注入	在农村内部筹集	内部筹集和外部供给相结合
机构保护与管制的必要性	必要	不必要	初期必要
提高资金回收率的方法	指导性贷款	市场机制引导资金自筹	灵活应用各种手段
专项贷款是否有效	有效	无效	方法适当则有效
对非正规金融的评价	弊大于利	有效	政府适度介入能使其有效

资料来源：根据张元红《当代农村金融发展的理论与实践》第13页表格整理。

---

[1]　资料来源：陈军，曹远征. 农村金融深化与发展评析［M］. 北京：中国人民大学出版社，2008.

四、微型金融理论

作为一种新模式出现的微型金融，致力于解决农村金融市场上的两大问题：信息不对称和高交易成本。与旧模式相比，我们会发现旧模式的微型金融主要是说明了如何通过便宜的资金帮助穷人。所以，旧模式的微型金融一般可以被看做是信贷补贴论的翻版，因为它忽视了可持续性对于机构健康发展的意义而难以为继。

1. 微型金融革命

20 世纪七八十年代，一些向低收入群体提供小额信贷（Microcredit）服务的项目和机构，在吸取以往教训的基础上，仍在持之以恒地进行努力和有益的探索，不断取得了令人鼓舞的成绩，出现了像孟加拉"乡村银行"（Grameen Bank）、印度尼西亚人民银行农村信贷部（BRI－UD）、玻利维亚的"阳光银行"（Bacosol）、国际社区资助基金会（FINCA）、信贷联盟和众多的非政府组织等一批小额信贷项目。它们成功地为大量贫困客户提供小额贷款，同时也逐步实现了机构和项目的可持续发展。从 20 世纪 80 年代末开始至今，小额信贷在全球范围内得到快速发展。O'Rourke（2006）指出，截至 2004 年末，发展中国家已建立了 7 000 多家微型金融机构（microfinance institutions，MFIs），服务了 1 600 万贫困人口，全球小额贷款周转资金估计达 25 亿美元。根据 2012 年小额信贷峰会（Microcredit Summit Campaign）报告，2011 年，全球的微型金融组织服务了近两亿客户（其中有 1. 24 亿人处丁极度贫困，即每天的生活支出低于 1. 25 美元），帮助他们改善儿童教育、医疗条件，获得体面的住所以及有营养的食物。[①] 截至 2012 年末，微型金融信息交换平台（MIX）会员微型金融机构已达 14 721 家，发展速度极快。

微型金融革命以小额信贷为核心，其特点可概括为四个方面：（1）产品服务创新化。为适应农村金融需要，农村金融机构应转变一贯的思路和做法，加大产品研发投入，为农村融资项目量身打造比例、条件各方面都适合的产品和服务。（2）融资渠道商业化。捐赠、政府外部性资金在农村信贷机构的起始阶段可能必不可少，但并非长久之计。为实现机构的可持

---

① 资料来源：http：//finance. sina. com. cn/money/bank/yhpl/20130603/104415676404. shtml.

续发展，必须拓展融资渠道，与资本市场对接，使用更多的商业化、市场化金融资源。（3）应用技术新型化。机构基础软硬件设施需与服务配套，方便信贷人员、管理人员操作，如开发小额信贷评分系统，节省信贷员审核借款人资料、作出贷款决策的精力和时间，从而降低交易成本。（4）监督管理自律化。建立小额信贷行业的行业自律组织，自查自纠，自律自改，为农村小额信贷提供透明、公正的发展环境。

2. 农村金融新兴范式的出现

发端于20世纪80年代后期，到20世纪90年代中期才获得长足发展的农村金融新兴范式对金融服务内涵的界定较以往的都要广。该范式认为，金融服务只是金融制度、金融机构、金融基础设施、金融供给与需求者、相关法律法规以及社会文化规范等因素相互交织、共同作用所构成的复杂体系的一部分。这是一种系统性的金融观，要求在纵观全貌、把握全局的基础上，以市场为基础提供金融服务。因为这种商业化的方法具有可持续性和普惠性，是提供金融服务最为有效的方法。新兴范式认为，在市场机制下提供金融服务的最终目的是推动农村发展，包括创造资产和减少农村贫困人口。但是，金融不是追求非金融目标、促进农村某些特定部门发展的政策工具，更不能人为控制或改变金融发挥自身功能的方式与途径；相反，应站在全局的高度发展金融，利用金融不断推动市场扩容和一体化，因为社会要素生产效率、跨期资源配置效率和风险管理与金融市场效率之间的关系是相互协同、相互促进的。

2006年，世界银行推出了世界银行扶贫协商小组（CGAP）的研究报告《全民的机会：构建普惠金融体系》（*Access for All：Building Inclusive Financial Systems*），倡导构建普惠金融体系，使社会大众特别是中低收入群体享受到平等的金融服务。同时，CGAP的研究报告指出，普惠金融体系尤其是针对贫困群体的金融服务仍面临三个主要的挑战：一是怎样高质量地、越来越多地为较大规模的群体提供金融服务（规模）；二是怎样不断地服务越来越多的更贫困和更偏远地区的客户群体（深度）；三是怎样不断降低客户群体和金融服务提供者双方的成本（成本效益比）。而战胜上述挑战可能的答案是：将面向中低收入者的金融服务作为每个国家主流金融体系的有机组成部分。

需要注意的是，普惠金融体系与政府补贴的"扶贫贷款"不能等同，后者内容形式单一，只是国内为农村居民和贫困阶层提供的具有利息补贴性质的优惠贷款。无论是农村金融发展理论还是世界范围内的农村金融实践都已经证明，这种形式单一、机械化的补贴性信贷通常难以到达真正需要它的贫困人群手中，无法达到政府"扶贫"的初衷，而且借款者的贷款意识不高、意愿不强，贷款拖欠率一直高居不下，不仅"扶贫"效果差，还拖累了信贷机构自身的可持续发展。而前者涉及的内容更多、外延更广、内涵更深。它强调以下四个方面的内容：一是商业可持续性。非正规金融机构和传统的正规金融机构应有机结合、互相扬长避短，为贫困群体提供金融服务。二是法律法规的重要性。相关部门要完善立法、加强执法，为小额信贷的持续发展创造有利的法制环境。三是金融基础设施的重要性。重视如审计、评级机构、专业网络、交易协会、转账及支付系统、信息技术、培训机构、技术服务提供商、征信机构等中介组织的作用。四是金融服务全方位性。将金融机构建设成综合性的金融服务提供机构，除传统的贷款业务外，还为客户提供存款、保险、汇款、代理、理财、养老金等全方位的服务。

除上述区别外，普惠金融体系与政府补贴的"扶贫贷款"的另一个区别是服务对象的不同：后者以农村居民和贫困阶层为贷款对象，而前者的服务对象囊括了一切需要金融服务的地区和社会群体，但普惠金融的主要服务客体仍为弱势群体，他们财富占有少、个体多、统计上具有长尾分布特征（星焱，2016）。普惠金融将金融服务融入微观、中观和宏观三个层面（如图2-3所示）。微观层面为零售金融服务的需求者和供给者。前者包括一切有金融需求的地区和社会群体，普惠金融的成功与失败尤其取决于保障贫困者和低收入者的金融需求得到满足；后者由商业金融、合作金融、政策金融等正规金融机构以及各种形式的非正规金融组织组成。中观层面包括保障农村金融服务顺利开展的基础设施建设等，如评级机构、行业协会、征信机构、支付结算系统、信息技术、技术咨询服务等。宏观层面则是指有利于小额信贷发展的法律法规和政策框架。中央银行、金融监管部门、财政部门等是宏观调控和监管政策的直接参与者。

由此可见，普惠金融是指能以商业可持续的方式扩大服务范围，向弱势经济群体在内的全体社会成员，提供存贷款、保险和汇兑的全方位金融服务。普惠金融具有区别于一般金融体系的三个特性：一是服务对象的特

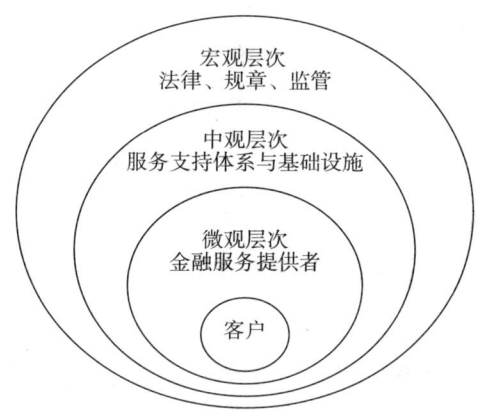

资料来源：Helms，Brigit，" Access for All：Building Inclusive Financial Systems"，The World Bank，2006.

图 2 – 3 普惠金融体系的构成

定性。普惠制金融体系为中小企业、微型企业、农户等中小规模的经济活动主体和中低收入群体提供服务，产品的价格也相对合理。二是金融产品和服务、金融功能的全面性。普惠金融体系为客户提供的金融服务不仅包括贷款服务，还有存款、保险、汇款、代理、理财、养老金等全方位的金融服务。三是金融机构的多样性。在普惠金融体系下，各种性质的金融机构之间相互协作、相互分工，同时又互相竞争，共同构成了一个多层次、良性竞争的金融体系。

新范式对发展农村金融提出了三项政策主张①：

第一，限制政府直接干预的范围。新范式认为，政府的作用有限，需要其发挥职能且能积极发挥的领域一般有三个：营造政策环境；提供基础设施和信息系统；建设有利于农村金融市场功能发挥的管理组织。

第二，优先发展三大战略。这是建立普惠金融体系面临的首要问题，也是金融系统观的要求。"三大战略"具体指：营造有利的政策环境，包括消除历史偏见，纠正农村部门发展轨道，遏制严重的通货膨胀，稳定发展宏观经济；加强法律法规的制度建设，如金融机构许可经营，与时俱

① 资料来源：卞志村，毛泽盛.农村金融发展的范式转变及对新农村建设的启示 [J]. 经济社会体制比较，2007（5）：61–65.

进、修正交易保护法中不符合实际的条款，严格管理金融机构的日常经营，严厉打击违法违规操作等；培养微型金融机构的自主经营、规范管理能力，能够根据需求的变动适时增加和调整信贷、储蓄、理财、代理、保险、养老金等各种金融产品和服务。

第三，多途径扩展金融服务。可行的途径包括：投资社区金融基础设施建设，以增加农村资产，培养农村居民使用金融自助产品的技能；发展社会中介组织，以形成社团或合作组织，积累社会资本；培训信贷和管理人员，使信贷人员熟悉农村金融业务、了解其特性，灵活、有针对性地服务农村居民，提高管理人员的经营管理能力；优化服务流程，改进服务方式，支持商业开发等。

如表2-5所示，新旧两种范式在农村金融发展的理论基础、发展目标、发展路径、政府角色和政策主张这五个方面的认识差别都很大，尤其是在农村金融服务的目标、对象的划定以及政府干预的范围这两个方面。总的来看，旧范式的计划经济色彩浓厚，重视政府的作用，认为政府在规范农村金融市场、配置金融资源方面能发挥积极作用，因而这种理论指导下的政策在支持农村金融基础设施建设、发展重点部门，以实施赶超战略方面的确具有优势；相反，新范式强调在市场机制下提供全方位的金融服务，以达到增加农村资产、缓解农村贫困的目的。在新范式下，政府已不再是市场的主导角色，它的干预作用也仅限在完善外部环境上。在这种范式下的政策主张所带来的效果是能为市场主体提供更好的引导与激励机制，推动农村金融市场的自主深化和广化，更有利于农村金融的可持续发展。当然，新范式之所以与旧范式差别这么大，其中一个原因就是前者赖以建立的基础就比后者高，即市场经济相对发达和各种金融技术相对完善。

表2-5　　　　　　　　　农村金融发展范式的比较

主要区别	旧范式	新范式
理论基础	农村金融市场发展滞后，高风险与高成本阻碍金融产品的提供	金融服务是复杂金融体系的一个组成部分，而市场化方法是提供金融产品的最有效方法
发展目标	降低农村金融服务成本和风险，以重点支持特定对象或部门的发展	最大化农村金融服务对象，以促进资产创造和减少农村贫困人口

续表

主要区别	旧范式	新范式
发展路径	以政府为主导的外生成长型金融发展	以市场为主导的内生成长型金融发展
政府角色	农村金融市场的严格管制者和金融资源的主要配置者	金融政策环境的营造者、法律法规的供给者和金融市场的监管者
政策主张	通过贷款条件、银行和非银行金融机构再融资配额、优惠利率贷款、信用保证和目标贷款等手段，对农村金融市场进行积极、直接干预，合理配置金融资源	限制政府直接干预；优先营造政策环境、完善法律法规制度和培育微型金融机构；丰富农村金融产品，扩大农村金融服务对象

资料来源：MEYER, R. and G. NAGARAJAN, "Rural Financial Markets in Asia: Policies, Paradigms, and Performance", Manila: Asian Development Bank and Hong Kong, Oxford University Press, Aug, 2000.

3. 小额信贷的含义和特征

国际社会普遍认为，小额信贷（microcredit）是一种成功的扶贫方式，是一种关注中低收入群体发展的信贷手段。"小额信贷"这一称谓是在引入中国时翻译而来的，对于小额信贷的概念有不同的界定。Morduch（1997）指出，作为一种拥有高还贷率的减贫方式，小额信贷通过直接面向贫困农户提供高息无担保的小额贷款，为减少贫困作出了一定的贡献。国务院扶贫办小额信贷调研小组（1998）认为，小额信贷是一种不同于传统信贷的特殊信贷方式，其特殊性表现在信贷服务提供者是小额信贷机构，服务对象是具有潜在负债能力的穷人，目的是帮助借款者摆脱贫困三个方面。杜晓山（2001）强调，小额信贷为低收入阶层提供的信贷服务必须是小额度、持续性的，认为无论采用何种模式，有两点要求必须满足：首先，与普惠金融要求一致的是，金融服务规模需足够大，能将包括贫困人口在内的大量低收入人群纳入服务体系；其次，兼顾财务目标，小额信贷机构要摆脱对外部资金的依赖，自立发展，就必须实现财务可持续。这两者"缺一都不能称为完善或规范的小额信贷"。从小额信贷的本质来说，其产生是信贷活动和机构扶贫项目的有机结合，包括组织制度创新和金融创新。

市场上存在的小额信贷提供者种类繁多，包括正规金融机构、非正规金融组织、非政府组织（NGO）、合作社以及其他提供小额服务的组织机构。在小额信贷的发放过程中，各种小额信贷的提供者有不同的优势和劣势，如表 2 - 6 所示。

表 2 - 6　　　　　　　　　各种小额信贷提供者的优缺点

服务机构	举例	优点	缺点
非正规金融组织	放贷者	方便、快速	有些不安全、不稳定
	ROSCAs	接近客户	业务范围有限
	ASCAs	低操作成本	严格（协会）
	原材料提供商	ROSCAs、ASCAs	昂贵（放贷者）
		接近贫困和便宜地区	
会员制	SHGs	本土化	不易管理（借款者不还款、垄断管理）
	FSAs	低操作成本	在许多国家，缺乏有效的金融监管
	CVECAs	接近贫困和偏远地区	会员业务范围的限制
	合作金融组织	会员共享利润	有限的金融产品
NGO	国际分支机构	对贫困客户的了解	依赖于捐赠
	国内的 NGO	社会目标的驱动	服务范围的限制：有限的或强制储蓄
		先驱者并可以承担风险	规模小（除了南亚）
			许多情况下成本很高（但也有许多例外）
正规金融机构	国有银行	服务范围广	追求利润会影响社会目标
	乡村或社区银行	分支机构和销售终端多	很难触及贫困和偏远客户
	NBFIs	自有资本	产品往往不能满足穷人的需求
	主流商业银行	技术和创新方面的投资	

资料来源：Helms, Brigit, "Access for All: Building Inclusive Financial Systems", The World Bank, 2006.

国际上的通常做法是，根据经营目标的不同将小额信贷机构分为商业性机构和福利性机构两大类。前者以营利为目标，遵循商业原则，采用商业化的运营管理模式，为低收入和贫困人群提供金融服务；后者一般以扶贫为己任，同时为了保证能持续为中低收入阶层提供信贷服务、不断扩大服务广度和深度，积极探索商业化发展道路，使机构的利息收入能够覆盖交易成本、资金成本和风险成本等必要的成本费用支出。因此，两类机构虽然设立的初衷不同，但都兼顾社会目标和财务目标的实现，所以贷款利率都不会很低，而是根据机构自身可持续发展情况适当调整，并通过一系列风险管理工具、基础信息设施，以及制度创新保证贷款的安全性和营利性（陈颖和王胜邦，2006）。

在借贷方式、贷款构成、机构管理方面，传统金融与小额信贷有较大的区别（如表 2 - 7 所示）。

表 2 - 7　　　　　　　　　　　　小额信贷和传统金融的比较

	小额信贷	传统金融
借贷方法	结合个人品行发放贷款	结合抵押发放贷款
	较少的书面证明	更多的书面证明
	较多的劳动集中	较少的劳动集中
贷款构成	贷款笔数多	贷款笔数少
	每笔金额很小	每笔数额巨大
	无抵押	有抵押
	期限相对短	期限相对长
	逾期贷款数额不稳定	逾期贷款数量较稳定
机构管理	主要由非营利性的机构作持股人	利润最大化的管理方法和个人持股者
	很多由非政府组织（NGO）出资建立	由已有的受监管的机构的外围组织建立
	分散成小单元，多设在基础设施薄弱的边缘地区	组织集中，分支机构设在城市中

资料来源：TOR JANSSON and MARK WENNER，"Financial Regulation and its Significance for Microfinance in Latin America and the Caribbean"，Washington D. C. ，Dec 1997.

（1）小额信贷的特征

小额信贷既是一种创新的金融服务，又是一种重要的扶贫方式。这种双重属性决定了小额信贷的重要特征和核心原则也有两种表现：一是作为小额信贷机构提供的金融服务，它必须保证为机构带来较高的资金入户率、项目成功率和还贷率，以实现机构的财务可持续，所以一般都要求小额信贷机构具有一整套严密的制度和规范的操作；二是小额信贷服务的对象是中低收入阶层，所以贷款设计通常为短期、分期还款、无抵押或担保形式灵活多样、市场利率水平、贷款成员的自我组织等。具体包括：

①以小起步、滚动发展。中低收入群体贷款应是小额的，因为中低收入群体的经营能力以及对于大额度贷款的偿还能力较弱，而小额度贷款可以预防中低收入客户在未慎重考虑的情况下贷款，从而陷入收入更低的状况之中。吴晓灵（2016）指出，在我国，不超过 10 万元的都可以称之为

小额贷款，一些公益性组织的小额贷款往往以千元计算。然而，简单的一次性贷款并不能达到让中低收入群体实现收入稳定的状态。所以，为了让贷款人能持续获得贷款服务，同时保证信贷机构的资金安全性，按照小额信贷放款制度的规定，贷款人必须还清以前的贷款，才能继续从该机构贷款。这也相当于对贷款人形成约束，使之遵守信贷纪律，自觉有效利用贷款所得的资金，保证贷款项目资金的回收率。这一制度的重要性在于，一方面，它适应了贷款组员在业务规模扩大、能力提高以及技术掌握熟练的过程中对于贷款金额需求不断增长的情况；另一方面，通过后续贷款（且额度增长）的激励举措，借款户先期贷款的偿还问题也得到了解决。

②整借零还的短期贷款。中低收入群体贷款不仅要小额，而且是短期、分期还款。这样的安排有两个好处：一是中低收入群体建立自有资产的周期长，一次性大额度的还款不仅所需时间过长，而且还款压力过大，但是若将大额度贷款分到各期偿还，每次还款额变小且可承受，还款压力大大减轻，即俗语的"零割肉"不疼，也能确保每一期贷款的按时如数偿还；二是提高贷款机构贷款回收率，减轻信贷人员收回贷款的压力。在分期还款的过程中，信贷人员不可避免地与贷款者经常联系，能及时了解他们在生产和经营中遇到的困难与问题，以帮助他们克服困难、摆脱贫困。

③公开化的贷款业务。小额信贷制度规定，必须以完全公开透明的方式开展业务活动，主要是将贷款业务活动集中于中心会议上开展，从而不存在将贷款业务活动保密化、私下化的可能性。所有贷款组员之间相互平等、团结互助，组织并不存在层级关系，组员的地位也不因贫富不均而存在差距，每个组员都有权利随时查看组织的所有账目；同时也能引入外部监督力量，其他任何关心扶贫项目进展和运营情况的团体、个人都有与组员同样的权利，都能随时查看组织所有的账目。通过业务公开化、会员平等化以及账目透明化的管理方式，组织成员营私舞弊和贪污腐化的可能性得以降低，组员对组织的信任持续增强，会员参与到项目活动中的积极性也因此得到了提升。

④有偿使用。农业信贷补贴理论及其实践表明，低息的政府补贴方式不仅无法真正为小农户和低收入阶层服务，反而会导致贷款者还款积极性不高、拖欠贷款，那么以无偿救济形式的政府帮助就更不能提高中低收入群体利用贷款增加收入、摆脱贫困的能力。因为无偿救济容易在某种程度

上伤害中低收入群体的自尊，使他们产生"不拿白不拿"的心理，缺少还款的动力和压力，所得资金不用于生产经营，而是一次性使用之后开始被动地"等、靠"下一次贷款的救济，无法积累财富，陷入越来越贫困的恶性循环之中。因此，"授人以鱼，不如授之以渔"，即要使中低收入群体增加收入、积累资产，从而摆脱贫困，必须改变该群体接受帮助的被动者角色，使他们主动参与到生产经营和经济发展的活动中去。

⑤强制储蓄。贫困阶层者往往没有储蓄观念，在贷款规定中加入强制储蓄一项，要求他们定时、定额进行小额度存款，对借贷双方都有好处。对贷款者而言，强制储蓄可以帮助他们利用储蓄积累资本，树立理财观念；对信贷机构而言，来自客户的存款可以扩大其资本金来源，减少对外部资金的依赖，降低资金成本。

⑥小组联保。有些小额信贷机构的放款制度中规定，对一次参与贷款的人数作了最低要求，即本着自愿原则，由 5～7 户（人）组成联保小组。小组联保以小组成员共享连带权利、共负连带责任的互相担保形式代替抵押或其他形式的担保，所以不需要任何形式的抵押，小组成员就可以共同获得贷款。不过组成一个联保小组的组员应该具有相似的经济和社会背景和地位，这是项目贷款活动能否顺利进行和发展的根本基础。由于负有连带责任，迫于压力，小组内的成员互相监督，可以及时发现和制止其他组员破坏贷款规定、违反贷款原则的意图；同样，基于集体利益的考虑，当小组某一组员遇到困难时，其他组员就会帮助其克服困难，共渡难关。因此，合格的贷款自我选择组成联保小组的过程是强化项目管理的过程。同一联保小组中的组员，一般是相互认识、相互了解的同一村庄的长期居住者（而非流动人口），信用不佳者被排除在外，彼此的信息不对称问题较小，从而可以有效弥补贷款机构因缺少抵押或有效担保而面对的信用风险。

⑦设定中低收入群体为目标。小额信贷作为一种具有扶贫性质的金融创新，其服务目标必然是中低收入群体，并通过为其提供信贷服务和生产经营机会，介绍经验，帮助他们提高生产经营能力，有效运用贷款所得资金，从而增加收入，积累资产，摆脱贫困，同时也实现了机构的社会目标。

⑧定期召开中心会议。村级信贷中心是小额信贷最重要的基层组织，

作为最主要的基本组织制度，组织会定期召开小额信贷中心会议。小额信贷的大多数业务活动都在中心会议上公开审议通过；同时，小额信贷的大多数潜在的问题也可以在中心会议上被发现。

⑨自主选择创收活动。根据自身特点和技能掌握，贷款人可以在小额信贷项目中选择任何类型的创收活动。事实上，当事人拥有最大的内在动力改善自身的贫困现状，而最清楚自己想做什么、能做什么事情的人也是作为贷款人的当事人。当然，贷款人对于项目的选择权，也是建立在得到联保小组和中心的批准和支持的基础之上的。小组和中心的作用在于对小组组员选择的经营活动进行充分的讨论和评审，以便保证创收活动的顺利开展。为了取得贫困户的信任，项目操作人员也会利用自身的知识和优势帮助贷款人选择合适的经营项目。

参考文献

[1] 卞志村，毛泽盛. 农村金融发展的范式转变及对新农村建设的启示 [J]. 经济社会体制比较，2005（3）：61 - 65.

[2] 曹协和. 农村金融理论研究进展及评述 [J]. 南方金融，2007（12）：26 - 30.

[3] 陈军，曹远征. 农村金融深化与发展评析 [M]. 北京：中国人民大学出版社，2008.

[4] 陈军. 从制度的演化看农村金融的深化与发展 [J]. 北京工商大学学报，2009（2）：33 - 37.

[5] 陈颖，王胜邦. 小额信贷机构监管的国际经验和中国实践 [J]. 新金融，2006（7）：46 - 48.

[6] 丁志国，张洋，覃朝晖. 中国农村金融发展的路径选择与政策效果 [J]. 农业经济问题，2016（1）：68 - 75.

[7] 杜晓山，刘文璞等. 小额信贷原理及运作 [M]. 上海：上海财经大学出版社，2001.

[8] 范静，孙立城. 农村金融体制创新的研究 [J]. 吉林农业大学学报，2004（5）：586 - 590.

[9] 何广文. 德国金融制度研究 [M]. 北京：中国劳动社会保障出版社，2000.

［10］黄惠春，褚保金，张龙耀．农村金融市场结构和农村信用社绩效关系研究——基于江苏省农村区域经济差异的视角［J］．农业经济问题，2010（2）：81－87.

［11］金碚．产业组织学［M］．北京：经济管理出版社，1999.

［12］李华民，张炳申．利益集团理论视野中的中国银行业结构变迁［J］．经济学动态，2005（6）：54－58.

［13］李继民，胡坚．中国银行业市场结构、绩效与规模经济——基于2004—2007年面板数据的实证研究［J］．金融理论与实践，2010（6）：3－8.

［14］李建军．国有商业银行绩效评价［M］．北京：中国金融出版社，2004.

［15］李喜梅，彭建刚．经济变迁中的中国农村金融体系：一个从隐功能角度的解释框架［J］．农业经济问题，2005（10）：53－56.

［16］卢宇平．中国农村信用社市场的SCP范式分析［J］．南方农村，2004（5）：15－19.

［17］骆品亮．产业组织学［M］．上海：复旦大学出版社，2006.

［18］牛晓帆．西方产业组织理论的演化与新发展［J］．经济研究，2004（3）：116－123.

［19］宋芳秀．中国银行业市场结构和市场行为对利率改革成效的影响研究［J］．管理世界，2007（3）：158－159.

［20］王颖捷．金融产业组织的市场结构［M］．北京：机械工业出版社，2003.

［21］吴晓灵．发展小额信贷　促进普惠金融［J］．中国流通经济，2013，27（5）：4－11.

［22］武捷思．中国国有银行行为研究［M］．北京：中国金融出版社，1996.

［23］星焱．普惠金融：一个基本理论框架［J］．国际金融研究，2016（9）：21－37.

［24］闫章秀，高锁平．对我国农村金融组织的SCP范式研究农业经济问题［J］．2009（2）：60－65.

［25］杨德勇．金融产业组织理论研究［M］．北京：中国金融出版

社，2004.

[26] 杨菁．关于农村信用社发展模式的思考——从产业组织经济学角度进行分析 [J]．农村经济，2004（s1）：75 – 78.

[27] 姚树洁，冯根副，姜春霞．中国银行业效率的实证分析 [J]．经济研究，2004（8）：4 – 14.

[28] 叶欣，郭建伟，冯宗宪．垄断到竞争：中国商业银行市场结构的变迁 [J]．金融研究，2001（11）：79 – 85.

[29] 于良春，鞠源．"十五"期间我国银行业发展与相关产业组织政策探讨改革 [J]．改革，2000（3）：76 – 87.

[30] 臧传琴．民间借贷与银行业市场结构重组 [J] //董长瑞．经济理论与政策研究（第5辑），2013.

[31] 张芳，李龙．中国银行业市场结构衡量指标及分析 [J]．宏观经济研究，2012（10）：77 – 83.

[32] 张建华．我国商业银行的 X 效率分析 [J]．金融研究，2003（6）：46 – 57.

[33] 张建华．我国商业银行效率研究的 DEA 方法及 1997—2001 年效率的实证分析 [J]．金融研究，2003（3）：11 – 25.

[34] 张晓玫，李梦渝．银行业市场结构与资产风险研究 [J]．国际金融研究，2013（4）：83 – 95.

[35] 张正平，王麦秀．基于 SCP 范式的我国农村金融市场研究——以中国邮政储蓄银行为例 [J]．北京工商大学学报（社会科学版），2011（2）：84 – 90.

[36] 赵旭，蒋振声，周军民．中国银行业市场结构与绩效实证研究 [J]．金融研究，2001（3）：59 – 67.

[37] 赵雪梅．我国农村金融市场结构与绩效研究 [J]．湖南大学学报（社会科学版），2016（1）：83 – 88.

[38] 周立．农村金融市场四大问题及其演化逻辑 [J]．财贸经济，2007（2）：56 – 63.

[39] 周月书，韩乔．农村商业银行股权结构、信贷行为与经营绩效 [J]．中国农村经济，2016（1）：51 – 62.

[40] 邹伟进，刘峥．中国银行业市场结构、效率和绩效实证研究

［J］．经济评论，2007（3）：84－89.

［41］ BERGER. A, T. HANNAN. The Price－Concentration Relationship in Banking ［J］．The Review of Economics and Statistics. 1989（71）：291－299.

［42］ BRAVERMAN, AVISHAY, and MONIKA HUPPI. Improving Rural Finance in Developing Countries ［J］．Finance and Development, 1991, 28（1）：42－44.

［43］ CHIAPPORI, P. A., D. PEREZ－CASTRILLO, F VERDIER. Spatial competition in the Banking System, Localization, Cross－subsidies and the Regulation of Interest Rates ［J］．European Economic Review, 1995, 39（5）：889－919.

［44］ E. S. SHAW. Financial Deepening in Economic Development ［M］．New York：Oxford University Press, 1973.

［45］ FRANKIN ALLEN, DOUGLAS GALE. Financial Contagion ［J］．Journal of Political Economy, 2000（108）：1－33.

［46］ GULLI H. Microfinance and Poverty：Questioning the Conventional Wisdom ［EB/OL］．IDB Publications, http：//publications. iadb. org/handle/11319/428？locale－attribute＝en, 1998.

［47］ HANNAN, TIMOTHY H.. Bank Commercial Loan Markets and the Role of Market Structure：Evidence from Surveys of Commercial Lending ［J］．Journal of Banking and Finance, 1991（15）：133－149.

［48］ KLEIN, M.. A theory of the Banking Firm ［J］．Journal of Money, Credit, and Banking, 1971（3）：205－218.

［49］ MEYER, R. and G. NAGARAJAN. Rural Financial Markets in Asia：Policies, Paradigms, and Performance ［M］．Manila：Asian Development Bank and Hong Kong：Oxford University Press, Aug. 2000.

［50］ O'RLURKE, A.. Public－Private Partnerships：The Key to Sustainable Microfi－nancing ［J］．Law and Business Review of the Americans. 2006, 12（4）：34－42.

［51］ Helms, Brigit. Access for All：Building Inclusive Financial Systems ［M］．The World Bank, 2006.

[52] PETERSON, M. A. , R. G. RAJAN. The Effect of Credit Market Competition on Leading Relationship [M] . The Quarterly Journal of Economics, 1995 (110): 407 – 443.

[53] SEALEY, C. W. , J. T. , LINDLEY. Inputs, Outputs, and a Theory of Production and Cost at Depository Financial Institutions [J] . Journal of Finance, 1977 (32): 1251 – 1266.

[54] SHAFFER S. . The Winners' Curse in Banking [J] . Journal of Financial Intermediation, 1998 (7): 359 – 392.

[55] STIGLITZ, J. E. , WEISS. A Credit Rationing in Markets with Imperfect Information [J] . American Economic Review, 1981 (71): 393 – 410.

第三章 中国农村金融组织结构概述

所谓农村金融组织结构，是指关于农村金融组织体系的制度安排。农村金融市场发展的过程是金融总量增长和金融组织结构不断演化和优化的过程的统一。农村经济发展的不同阶段，都会有与之相匹配的农村金融组织结构。通常，研究农村金融组织结构可以沿着两条主线展开：一是正规金融与非正规金融的对比变化；二是正规金融中合作性金融、政策性金融和商业性金融之间此消彼长的结构变化及其影响因素的不同作用（吴治民，2011）。

第一节 中国农村金融组织结构的演进

一、农村金融组织结构演进概述

一直以来，农业在中国经济中都占有重要的地位，但是，现实是中国农业发展相对落后，农村经济缺乏活力，农民人均收入低。由此可见，解决"三农"问题是实现社会主义现代化、建设社会主义新农村的必然要求。随着中国经济体制改革的推进，农村经济体制改革一步步深入，农村金融组织体系也经历了一系列的改革。大体来说，有关中国农村金融组织结构演进的研究有两条主线。

从第一条研究主线（金融组织类别）来看，在中国农村地区开展业务的金融组织既包括农发行、农行、农信社、农村合作银行、农商行、邮储银行、村镇银行、贷款公司、农村资金互助社以及工行、中行、建行和交行等在县域的分支机构等银行业金融机构，在农村地区提供服务的政策性保险公司、商业性保险公司、证券公司、期货公司等非银行金融机构；还有相当数量的公益性小额信贷组织、合会、典当行、私有银行、钱庄、互助会、储金会等民间金融组织。前者是经过国家金融监管部门批准设立的、属于正式金融体制范围内的金融组织；后者则是游离在正规金融体制之外，没有得到国家金融监管部门的批准设立，没有被国家及有关法律认可的金融组织。中国的农村金融组织结构还是以银行业金融机构作为农村地区的基本金融主体，以正规金融机构信贷供求作为农村地区的基本金融活动，但不容忽视的是，非正规金融组织在满足"三农"的金融需求方面发挥着重要的补充作用。

从第二条研究主线（金融组织性质）来看，中国已经建立了以合作金融、商业性金融、政策性金融三位一体的农村金融组织结构框架。在该架构中，以农信社为代表的合作金融是基础力量，商业性金融为主导力量，政策性金融为支持力量。

在经济社会的发展进程中，农村金融组织结构会发生变迁，主要的原因是受农村经济结构自然演化的影响，其中，内在的因素包括农村地区经济社会和金融的发展，外在的因素包括制度安排、政策等（吴治民，2011）。改革开放三十多年来，中国农村金融组织结构的演进经过了初步建构、分工协作、三位一体和多元化等几个阶段，表面上已经形成了比较完善的农村金融组织体系，但农村金融组织结构改革在取得重大成就的同时也暴露出诸如金融抑制、产权模糊、效率低下等问题，从实际运作来看，农村金融组织体系的发展越来越偏离甚至背离其预期轨道（王家传等，2003）。

以道格拉斯·诺斯为代表的西方新制度经济学理论把制度变迁模式分为两种：一是诱致性制度变迁模式；二是强制性制度变迁模式（杜恂诚，2002）。所谓诱致性金融结构变迁，是指经济组织为适应金融结构改革或市场需要而自动发起实施的变革行动，进而推动建立新的制度或安排；强制性结构变迁是政府对结构变迁制定目标模式，由政府通过法律和命令而实现的。1979 年以来，中国经济体制改革不断深入，推动了中国经济社会的发展，其中农村经济领域进行的农村金融组织结构的改革对繁荣农村经济、优化农村金融市场产生了巨大的推动力。从其性质来看，这些改革属于自上而下的强制性制度变迁，由政府农村金融政策推动的，属于强制性结构变迁，而非自下而上的诱致性制度变迁（林毅夫，1994）。就中国农村金融组织结构改革来说，虽然改革取得了积极的成效，促进农村金融组织结构不断完善，但是由于各种现实原因，一些对农村经济增长与经济发展没有好处的且缺乏效率的结构安排在一定程度上产生和保存了下来，形成了中国农村金融结构变迁中的"路径依赖"现象。

农村金融组织结构与农村金融结构的协调发展是农村金融协调发展的必要条件，当前者在变迁过程中出现不协调时会影响后者的正常发展，导致农村金融供求不平衡。因此，探究中国农村金融组织结构变迁的历史，对相关历史经验进行总结，可以为进一步的农村金融机构改革提供参考，对建立与中国农村发展需求相适应的现代化农村金融组织结构意义重大。

二、1979 年以来中国农村金融组织结构改革的历程

总体来说，1979 年以后，中国农村金融组织结构改革历程可以划分为以下五个阶段：

（一）第一阶段：农村金融组织结构的初步建构阶段（1979—1993 年）

从经济体制改革开始到 20 世纪 90 年代初，中国农村经济获得了日新月异的发展，农村经济的发展进一步刺激了农村经济中的融资需求。为满足这种需求，也为满足农村经济快速发展和金融改革的需要，在政府主导下，农村金融组织结构进行了一系列改革。这些金融改革举措恢复并新建立了一大批农村金融组织，初步形成了多层次、多元化、竞争性的农村金融市场。

1. 恢复以工商企业为主要服务对象的中国农业银行

1978 年 12 月，党的十一届三中全会通过的《中共中央关于加快农业发展若干问题的决定》，明确要求恢复建立中国农业银行，支持农村经济发展，同时要求积极发展面向农村的信贷服务，扩大支农渠道。1979 年 2 月，国务院正式发布《关于恢复中国农业银行的通知》（以下简称《通知》），决定正式恢复农行，恢复后的农行是国务院的直属机构，由人民银行监管。《通知》明确指出，农行的主要任务是管理政府支农资金，办理农村信贷，同时承担对农信社的领导工作，服务农村金融发展。农行业务范围突破了"只用于维持农业简单再生产和用于救济"的限制，明确提出大力支持农村商品经济发展的目标，其农业贷款对象从以集体为主变为以与农业、农村经济发展有关的工商业和农户为主；农行改革信贷管理办

法，打破了统存统贷的旧格局，信贷业务得到很大扩展。根据 1985 年"中央一号文件"《关于进一步活跃农村经济的十项政策》，农行改变了传统的运作目标，实行企业化经营，提高资金营运效率。《通知》还明确了农信社的性质：农信社是农行的基层机构，是由农行领导的集体所有制的农村金融组织。

2. 重新恢复农村信用合作社名义上的合作金融组织地位

在改革开放的初期，中国对农信社体制的改革是循序渐进的。1983 年，国务院颁发的《当前农村经济政策的若干问题》规定：农信社应该坚持合作金融组织的性质。1984 年 1 月 1 日发布的"中央一号文件"《关于一九八四年农村工作的通知》明确指出，要对农信社进行改革，将其办成群众性的合作金融组织。同时该通知还要求，农信社遵守国家金融政策，在农行的领导和监督下独立自主地开展存贷业务；农信社的农村存款要优先满足农村需要，多存可以多贷；在保证农业贷款的前提下，适度开展农村工商信贷业务；采取浮动贷款利率；提高服务质量，做好农村信贷服务工作。

1985 年"中央一号文件"《关于进一步活跃农村经济的十项政策》对农信社的经营进一步进行规范：要求农信社独立经营，自负盈亏；农信社的存款除向农行交付提存准备金外，全部归自己使用；在保证社员农业贷款前提下，可以经营农村工商信贷；拓展业务范围，可以跨地区开展存贷业务，也可以与其他金融机构发生横向业务联系；存放利率参照基准利率上下浮动。在农行的领导下，农信社进行了一系列的配套改革，各县都成立了县级联社，并逐渐建立起县、乡（镇）两级法人制度，县联社负责对基层信用社进行管理、指导和资金调剂，农信社的自主经营权不断扩大。

但这一时期的农信社实际上还是农行的基层机构，偏离了"合作制"的轨道。而由于县联社实际上控制了乡（镇）信用社的人事任免权、大范围的贷款权限和经费使用权限，所以乡（镇）信用社的独立法人地位在很大程度上只是名义上的。

3. 成立其他农村金融组织

1985 年 1 月，中共中央、国务院在《关于进一步活跃农村经济的十项政策》中提出，要适当发展民间信用，积极兴办农村保险事业，中国人民银行也出台了允许专业银行业务交叉和适度竞争的政策措施。工行、中行、建行等银行组织开始建立农业金融组织，成立了农业投资公司、国家林业投资公司和中国农村发展信托投资公司，此外，保险公司、农村合作基金会等非银行金融机构也将触角伸向农村。20 世纪 80 年代中期，全国各地开始成立农村信用合作基金会，新成立的农村信用合作基金的经营活动归农业部管辖，经营资本主要来自农户投入的资金，这种模式实际上是变相放开了对民间信用的管制。农村合作基金有力地缓解了农村经济日益迫切的融资需求，推动了农村经济发展。1986 年 4 月，邮电部和人民银行根据国务院的指示联合发文，正式开办邮政储蓄代办业务，邮政储蓄吸收的存款要全部缴存人民银行统一使用，人民银行根据缴存存款的平均余额付给手续费；1990 年以后，缴存存款的业务关系转变为转存款关系，邮政储蓄存款转存于人民银行，人民银行支付转存款利息，邮政储蓄由代办转为自办。

这一阶段农村金融组织结构进行了一系列的变革，这些改革使农村金融组织结构更加合理，促进了农村经济发展，为农业和农村的发展注入了强大活力。各类农村金融组织都得到了一定程度的发展，初步建立了以农信社为基础、农行为主导、其他金融组织为补充的多元农村金融组织架构，农村金融市场初步呈现了多元化和有限竞争的状态。

（二）第二阶段：分工协作的农村金融组织结构框架构筑阶段（1994—1996 年）

1993 年 12 月，国务院出台的《关于金融体制改革的决定》（以下简称《决定》）指出，政策性金融和商业性金融的对象不同、目标不同、业务不同，应该逐步实现二者的分离，最终目标是在中国建立一个以国有商业银行为主体、多种金融机构并存的多元化、多层次的新型农村金融组织体系。《决定》提出组建农发行，将农信社从农行中独立出来，有步骤地组建农村合作银行，将农业银行办成真正的国有商业银行，采取多种形式逐步发展农村保险事业等一系列重要改革措施。《决定》提出的目标是，通过改革，逐步建立由中国人民银行统一监督和管理的，农发行、农行和农村合作金融组织密切配合、协调发展的农村金融体系。

1. 组建成立中国农业发展银行

1994 年，国务院发出《关于组建中国农业发展银行的通知》，决定剥离农行和工行的政策性金融业务，成立直属国务院的国有农业政策性银行——中国农业发展银行。农发行的职能是依照法律和政策要求，以国家信用为基础，筹集农业政策性信贷资金，承担各种涉农政策性贷款，管理政府财政支农资金，支持农业发展和技术创新，实施国家农业政策。农发行的建立是实现农村政策性金融与商业性金融相分离的重大措施之一。作为政策性银行，农发行在地市以下不设分支机构，其业务由农行代理，业务不直接涉及农户。1996 年，国务院作出《关于农村金融体制改革的决定》之后，农发行增设了省级以下分支机构。

2. 进一步强化农村信用社的合作金融性质

1993 年，国务院发布《关于金融体制改革的决定》（以下简称《决定》），《决定》将农信社从农行中独立出来，办成基层信用社的联合组织。《决定》明确提出，要组建农信社联社和农村合作银行，要求 1994 年基本完成全国各区域县联社的组建工作，1995 年开始大量组建农村合作银行;[①]根据农村经济改革和发展的需要，在农信社联社的基础上，有步骤地在县（含县）以下地区组建农村合作银行，国有商业银行可以参股农村合作银行，但是不能改变其集体合作金融的性质。

根据 1996 年国务院《关于农村金融体制改革的决定》（以下简称《决定》），从当年起农信社正式与农行脱离行政隶属关系，不再受农行领导管理，改为由中国人民银行进行管理和监督。《决定》规范了农信社的运营，要求按合作制重新规范农信社，县以上不再专设农信社经营机构，由县联社负责农信社业务的管理。至此农信社实现了管理体制的重大改革，名义上具有了独立法人地位，恢复了合作金融组织的性质。然而，实践中有关农信社改革的政策很少能够予以落实（章奇，2004），同时由于缺乏农民的实质性参与，管理体制的重大变革并没有为农信社向合作金融组织转变带来积极效果。

3. 农业银行开始向商业银行转变

1996 年 8 月，国务院出台了《关于农村金融体制改革的决定》，对农村金融体制改革进行指导，提出农村金融体制改革的目标是在农村建立以合作性金融为基础，商业性金融和政策性金融分工协作的新型农村金融体系。在农业发展银行组建完成、农信社与农行脱离行政隶属关系之后，农行结束了"一身三任"的角色，确立了向商业银行转变的目标。

---

① 实际进度大大落后于计划目标。

4. 对农村合作基金会进行规范

20 世纪 80 年代开始的农村合作基金会改革试验扩张速度惊人。1996 年的一项全国性调查发现，在农村合作基金会的贷款供给中，农户占比为 45%，乡镇企业占比为 24%，这样的贷款投放比例较之农行相应的比例要高，甚至超过了农信社的投入比例，然而，当时全国农村合作基金会的存款规模仅相当于农信社的 1/9（章奇，2004）。虽然农村基金会在乡镇企业发展、农民增收等方面作出了突出的贡献，但同时也暴露了农村基金会的一些问题，例如农村合作基金会利率不受管制而导致贷款利率出现混乱，农村合作基金会的竞争对农信社经营也造成了一定的冲击。

总之，这一阶段中国农村金融组织结构改革的目标和思路是在第一阶段改革的基础之上，以农村信用社改革为重心，组建农发行，实现农行商业化，力图建立以合作性金融组织为基础、商业性金融组织和政策性金融组织分工协作的农村金融组织结构，形成合作性金融、商业性金融与政策性金融三者并存且相互间业务不交叉的局面，为地方经济的发展提供丰富多样的金融服务。

（三）第三阶段：农村金融改革深化阶段和形成三位一体的农村金融组织结构（1997—2003 年）

1998 年亚洲金融危机后，在中国金融体制改革深化的过程中，农村金融改革也得以不断深化，最主要的标志为：以合作性金融为基础、商业性金融与政策性金融分工合作的三位一体的农村金融组织结构开始形成。

1. 收缩国有商业银行的农村网络

1997 年 11 月 17 日至 19 日召开的中央金融工作会议提出，对商业银行进行改革，收缩县及县以下机构。出于利润和风险权衡的考虑，包括农行在内的国有商业银行从 1998 年开始大量撤并基层机构，退出了县域范围，重点转向了城市。1998—2001 年，国有商业银行撤并了超过 4 万个县及县以下农村地区的分支机构和营业网点（钱水土，2008）；留在县和县以下的少量分支机构也上交贷款权，变为以吸收存款为主。会议同时提出要通过大力发展中小金融机构支持地方经济的发展。

2. 打击各种非正规金融活动

20 世纪 90 年代中后期以来，由于基层政府的介入以及缺乏合理的监管，农村合作基金会积累了大批的呆账、坏账，带来了一定的金融风险。

对此，政府作出了清理整顿、关闭合并农村合作基金会的决定，指出"农村合作基金会是社区内的资金互助组织，不属于金融机构，不得办理存、贷款业务"。对已办理存、贷款业务的农村合作基金会，经整顿验收合格后，可转变为农信社。国务院于 1998 年 7 月颁布了《非法金融机构和非法金融业务活动取缔办法》，并在 1999 年 1 月发布 3 号文件，全国范围内的农村合作基金会被取缔，并进行清算。到 2000 年末，全国共清理整顿了 28 588 个农村合作基金会。通过对农村合作基金会的整顿，稳定了农村金融秩序，但在一定程度上也压制了民间金融组织的发展。

3. 农业发展银行职能由综合性向单一性转变

1995 年以后，随着农信社的改革不断深化和农村信用合作银行的大量组建，农发行的职能由综合性逐渐向单一性转变。为配合国家深化粮食流通体制改革，实现粮棉油收购资金封闭运行的目标，1998 年 4 月，国务院决定对农发行的业务范围进行调整，将原由其承担的提供扶贫贴息、农副业综合开发等非粮棉油企业贷款划回农行。同年 11 月，又将农发行承担的粮棉加工、附营企业贷款划转到农行，农发行的贷款业务只剩下单一的粮棉油储备、收购、调销等纯政策性贷款。

4. 农村信用社成为改革重点

由于国有商业银行的逐步退出、政策性银行的远离、农村合作基金会的撤销，以及农村邮政储蓄只吸收储蓄不发放贷款，农信社成为农村金融组织的主力。截至 2002 年末，农信社发展到 4 万家，存款规模达 1.98 万亿元，贷款规模达 1.39 万亿元，这样的存贷款规模位居全国金融机构第四位（章奇，2004）。

1997 年中央金融工作会议之后，农信社改革被确定为农村金融体制改革的重点。1998 年，中国人民银行发布《关于进一步做好农村信用合作社改革整顿规范管理工作的意见》，提出要通过股权结构调整恢复合作金融性质。2000 年开始，国家加大了农信社改革的力度，不断探索改革的方向。2000 年 7 月 15 日，国务院批准了江苏省农信社改革方案，该方案是由中国人民银行和江苏省政府共同拟定的。改革方案计划在明晰产权和完善运营管理机制的基础上，在常熟、江阴、张家港以县为单位统一法人组建农商行；2001 年，以县（市）联社入股的方式组建了江苏省省级联社。在此基础上，重点实行统一管理、规范经营的办法，并取得了良好成效，为全国农村信用社进一步深化改革积累了宝贵经验。但这段时期农信社的改革成果并不理想，截至 2002 年末，全国农信社仍处于严重亏损状态，系统资不抵债额居高不下，超过 3 300 亿元，资本充足率低至 - 8.45%，资本净额变成了负值，为 - 1 217 亿元，不良贷款 5 147 亿元，不良贷款占比 36.93%。自 1994 年至 2003 年，全国农信社连续 10 年亏损，2002 年当年亏损 58 亿元，历史亏损挂账近 1 500 亿元。①

　　为了促进农信社的金融创新，中国开始了农信社小额信贷的试验（张伟，2011）。1998 年，人民银行与帝雅鼎国际发展（Développement international Desjardine）在河北省滦平县试点信用联社小组联保小额信贷项目。在总结国内公益性小额信贷和滦平信用社小额信贷经验基础上，人民银行先后发布了一系列关于在农信社这一正规金融制度框架内试验小额信贷、改善对低收入人群的金融服务的文件。如《农村信用社农户小额信用贷款管理暂行办法》《农村信用社农户联保贷款管理指导意见》和《农村信用社农户小额信用贷款管理暂行条例》。从 2000 年起，全国范围内的农信社小额信贷试验开始展开，2001 年 12 月，人民银行又出台了《农村信用合作社农户小额信用贷款管理指导意见》，要求全面推行农户小额信贷，解决农户"贷款难"的问题。2002 年初召开的中央农村工作会议要求农信社积极推行农户小额信用贷款和农户联保贷款方式。由于农信社具有分支机构网络遍布全国以及资金方面的优势，农信社小额信贷项目的贷款总额和客户数量迅速增加。截至 2002 年 6 月末，信用社农户小额信用贷款 695 亿元，比年初增加 368 亿元，增幅为 112.5%；联保贷款 268 亿元，比年初增加 149 亿元，增幅为 125.2%。全国共有 31 446 家农信社开办了农户小额信用贷款，17 195 家农信社开办了联保贷款业务，分别占农信社总数的 90% 和 49%。获得了小额信用贷款和联保贷款的农户分别达到 4 318 万户和 954 万户，农户贷款覆盖面（获得小额信用贷款和联保贷款的农户占有贷款需求农户的比重）达到 46%。② 到 2003 年末，在全国范围内已经有 90% 的信用社利用人民银行的支农再贷款和本身吸收的储蓄开展了农户小额信用贷款和联保贷款（吴晓灵，2005）。

　　这一时期，中国农村金融组织结构进一步得到优化，中国农村金融市

---

① 资料来源：http://www.sh.xinhuanet.com/2005 - 08/26/content_ 4979670.html.

② 资料来源：http://www.cctv.com/news/financial/20020715/366.html.

场开始形成农行、农发行、农信社为主体的三位一体的组织体系。

（四）第四阶段：以农村信用社改制为标志的农村金融改革（2003—2006 年）

2003 年开始，中国开始进行第二轮农村金融改革，核心仍然是解决农信社的产权和管理体制问题（秦汉锋，2009）。

2003 年 6 月 27 日，国务院《关于印发深化农村信用社改革试点方案的通知》①（以下简称《通知》）提出，深化农信社改革的重点是农信社管理体制改革和产权制度改革。《通知》对深化农信社改革提出了一系列总体要求，力图通过这些改革将农信社办成由农户、农村经济组织和其他社会经济组织入股，服务"三农"的社区性金融机构，充分利用农信社的地位优势，充当农村金融的主力军，密切联系农户，支持农业科技，推动农村经济发展，为实现社会主义现代化和建设社会主义新农村服务。

2003 年 11 月底，国务院批准了浙江、山东、江西、贵州、吉林、重庆、陕西和江苏 8 省（直辖市）农信社改革实施方案，进而开启了对农信社的新一轮改革试点。该方案对此次农信社改革设立了目标："明晰产权关系，强化约束机制，增强服务功能，中央适当支持，地方政府负责"。2004 年 8 月，国务院又批准北京、天津、河北、山西、内蒙古、辽宁、黑龙江、上海、安徽、福建、河南、湖北、湖南、广东、广西、四川、云南、甘肃、宁夏、青海、新疆 21 个省（自治区、直辖市）作为进一步深化农信社改革的试点地区。改革重点就是把农信社的管理权交给省级政府，银监会仅负责一般性的市场监管。2006 年末，海南省改革试点正式启动。至此，农信社改革在全国范围内开展（西藏无农信社）。

---

① 《通知》提出了试点改革要解决的两大主要问题，以及对农信社改革的四项支持政策。《通知》指出，深化信用社改革应遵循以下原则：一是按照市场经济规则，明晰产权关系，促进信用社法人治理结构的完善和经营机制转换，使信用社真正成为自主经营、自我约束、自我发展、自担风险的市场主体；二是按照为"三农"服务的经营方向，改进服务方式，完善服务功能，提高服务水平；三是按照因地制宜、分类指导原则，积极探索和分类实施股份制、股份合作制、合作制等各种产权制度，建立与各地经济发展、管理水平相适应的组织形式和运行机制，不搞"一刀切"；四是按照权责利相结合原则，充分发挥各方面积极性，明确信用社监督管理体制，落实对信用社的风险防范和处置责任。

深化信用社改革重点解决两个问题：一是以法人为单位改革信用社产权制度，明晰产权关系，完善法人治理结构，区别各类情况，确定不同的产权形式；二是改革信用社管理体制，将信用社的管理交由地方省级政府负责，由国家监管机构（银监会）依法实施监管，在微观经营决策上则由农信社自我约束、自担风险。

　　这一时期，农村金融体制改革的重点是农信社产权制度改革。通过几年的努力，农信社产权改革取得了显著的成效，并在一定程度上化解了农信社的历史包袱，降低了不良贷款率，有效改善了其资产质量。但是这一阶段的改革还是沿用了政府强制性结构变迁模式，且侧重于机构形式和数量上的改革与调整，难以从根本上解决既得利益群体的困扰及路径依赖的惯性，因此原有的许多问题依然没有解决。所以，本轮以农信社改革为主的农村金融组织结构改革仍然缺乏一个"中国农村金融组织结构往何处去"的清晰思路（刘民权等，2006）。在这一背景下，国家开始了新型农村金融机构的试验（张伟，2011）。

　　2004 年 1 月，中共中央、国务院下发的"一号文件"《关于促进农民增加收入若干政策的意见》（中发〔2004〕1 号）中指出，要深化农村金融体制改革，继续推广农户小额信用贷款和农户联保贷款，同时在严格控制金融风险的前提下，鼓励和引导社会资本和外资参与农村金融市场，建立多种所有制金融组织。2004 年 12 月 31 日，中共中央和国务院下发的2005 年 "一号文件"《关于进一步加强农村工作提高农业综合生产能力若干政策的意见》（中发〔2005〕1 号）提出，相关部门要加快制定新建农村金融机构的准入条件，完善监管办法，在风险可控的前提下，尽快启动多种所有制金融组织的试点工作。该文件还提出，为适应和满足农村发展需要，可以探索建立由自然人、企业法人或社会团体发起的小额信贷组织。

　　2005 年起，政府逐步放宽准入条件，开始鼓励非政府部门资金和海外资金建立商业性小额贷款机构。2005 年 5 月，中国人民银行决定在中西部地区民间融资比较活跃的山西、陕西、四川、贵州和内蒙古五省（自治区）进行商业性小额贷款公司试点。2006 年中共中央、国务院"一号文件"要求有关部门抓紧制定管理办法，完善金融监管制度和退出机制，在严格控制风险的前提下，鼓励在县域内发展多种所有制的金融机构，放宽资本准入，允许私有资本、外资等参股。文件同时提出，要大力培育小额信贷组织。

（五）第五阶段：多元化农村金融组织结构的构建（2006 年以来）

　　2006 年之前的中国农村金融组织结构的改革虽然取得了一些成果，形成了合作性金融机构、政策性金融机构和商业性金融机构并存的农村金融体系，但是，总体来说，改革未能培育出多样化的竞争主体，未能形成有效竞争的农村金融市场，未能消除因城乡二元金融体系造成的农村金融抑制，也未能解决小农贷款等问题（张伟，2010）。2006 年以来，随着村镇银行等三类新型农村金融机构的准入以及传统农村金融机构的改革发展，中国农村金融组织体系进入了多元化发展的新阶段。

1. 新型农村金融机构的设立

2006 年以来，政府开始在体制外寻找改革的着力点与突破口（钱水土，2008）。政府大力拓宽农村金融市场的准入门槛，在不断强化农行、农发行、农信社、邮储银行支农职能的同时，积极探索建立多种形式的农村金融机构，鼓励发展小额贷款公司，发展村镇银行、贷款公司、农村资金互助社等新型农村金融组织。可以说，农村金融发展进入一个崭新时期。

随着农村金融改革向纵深发展，国家决定放宽农村地区金融机构准入条件，2006 年的"中央一号文件"提出：放宽资本准入，允许私有资本、外资参与乡村社区金融机构；鼓励发展小额贷款组织；发展农户资金互助组织，引导民间借贷规范发展。

2006 年 12 月 22 日，中国银监会发布《关于调整放宽农村地区银行业金融机构准入政策更好支持社会主义新农村建设的若干意见》，对农村地区银行业金融机构的准入门槛进行新的调整，使门槛进一步得到放宽，允许各种社会资本参与商业性小额贷款公司、村镇银行以及农村资金互助社等新型金融组织的试点；鼓励符合条件的银行类金融机构在农村地区设立专营贷款业务的全资子公司；决定在四川、吉林、内蒙古、湖北、甘肃、青海 6 省（自治区）进行新型农村金融机构试点工作，对民间金融也放松了管制，推动"只贷不存"的小额信贷公司试点，鼓励在农村增设村镇银行、贷款公司、农村资金互助社等新型农村金融机构。到 2007 年末，中国人民银行批准成立了晋源泰、日升隆、全力、华地、信昌、大洋汇鑫和融丰 7 家小额贷款公司。

2008 年 5 月 4 日，中国银监会和中国人民银行联合发布《关于小额贷款公司试点的指导意见》（银监发〔2008〕23 号），允许自然人、企业法人和其他社会组织等社会资本出资建立"只贷不存"的小额贷款公司，并指出"小额贷款公司按照市场化原则进行经营"。小贷公司不属于金融机

构，由当地政府批准成立，在人民银行备案。人民银行和银监会联合印发
了《关于村镇银行、贷款公司、农村资金互助社、小额贷款公司有关政策
的通知》，明确了村镇银行在存款准备金、利率、支付清算、会计、征信、
金融统计和监管报表等方面的政策。

2009 年 6 月 9 日，银监会发布《小额贷款公司改制设立村镇银行暂行
规定》（银监发〔2009〕48 号）。银监会在《新型农村金融机构 2009—
2011 年工作安排》中指出，2009 年至 2011 年，全国 35 个省（区、市，西
藏除外）和计划单列市共计划设立 1 294 家新型农村金融机构，其中村镇
银行 1 027 家、贷款公司 106 家、农村资金互助社 161 家。在内资纷纷发
起设立新型农村金融机构的同时，外资商业银行开始进入农村金融市场。
2007 年 12 月 13 日，香港上海汇丰银行有限公司全额出资设立的全资子公
司湖北随州曾都汇丰村镇银行有限责任公司正式开业。花旗银行、格莱珉
信托和渣打银行也在积极筹划进入中国农村市场（钱水土，2008）。以汇
丰银行为例，截至 2012 年 3 月，已在中国设立了 18 家村镇银行[①]和 1 家小
额贷款公司，其网点覆盖了中国西部、中部、华东、华北和东北地区。

2. 传统农村金融机构进一步深化改革

2007 年以来，中国农村金融改革除了设立新型农村金融机构以外，还
积极推动农行改制上市、农发行改革和农信社改革等。

2007 年 1 月，全国金融工作会议确定了农行改革的"面向'三农'、
整体改制、商业运作、择机上市"十六字方针。2008 年 10 月，国务院常
务会议审议并原则通过了《农业银行股份制改革实施总体方案》，会议指
出，农行改革要以建立完善现代金融企业制度为核心，以服务"三农"为
方向，稳步推进整体改制，成为资本充足、治理规范、内控严密、运营安
全、服务优质、效益良好、创新能力和国际竞争力强的现代化商业银行。
2009 年 1 月，经国务院批准，农行整体改制为"中国农业银行股份有限公
司"，标志着农行股份制改革取得了决定性的成果。2010 年 7 月 15 日，中
国农业银行股份有限公司在上海证券交易所正式挂牌上市，迈入公众持股
银行之列，这是中国国有商业银行股份制改革的收官之作，也是中国金融

---

① 截至 2014 年 1 月，湖北随州曾都村镇银行分别在厉山镇、均川镇、三里岗镇、浙河镇、
南郊开设了 5 家支行；重庆大足村镇银行开设了龙水支行（2010 年 1 月 13 日）；福建永安村镇银
行开设了永安小陶支行（2010 年 11 月 11 日）。

体系改革的重要成果。

2007 年 2 月，中国银监会正式批复允许农发行开展几项新业务，包括农村基础设施建设贷款、农业综合开发贷款和农业生产资料贷款业务。需要说明的是，这次业务扩大是农发行在 2006 年获批增加农业产业化龙头企业贷款、开办农业科技贷款、农业小企业贷款试点之后的又一次业务突破。2007 年 4 月，人民银行批准农发行扩大贷款支持对象的范围，在以粮棉油购销储贷款业务为主的同时，扩大到农林牧副渔生产、加工转化及农业科技等更广泛的农村经济领域，这进一步拓宽了农发行的业务范围和资金来源。2011 年，农发行制定了新的业务发展战略，明确提出"两轮驱动"战略：以粮棉油收储、加工、流通为重点的全产业链信贷政策和以支持新农村建设和水利建设为重点的农村基础设施建设中长期信贷业务为发展重点，实现支农力度逐年增大。

以管理和风险责任全面移交省级人民政府为标志，农信社管理体制首轮改革取得一定的成果。2006 年 2 月，银监会提出要统一农村合作银行、农信社与商业银行的监管标准，进一步加强农信社的内部管理和外部管理。2007 年 8 月，海南省农村信用社联合社挂牌，这是全国最后一家挂牌开业的省级联社，至此，始于 2003 年的农信社改革第一阶段的工作任务已经基本完成，农信社新的管理体制框架已经基本建立。经过此轮改革，农信社实现利润大幅增长，资本充足率持续改善，覆盖广度和覆盖深度不断扩大。

这一轮农村金融改革旨在从中国农村金融发展的复杂性、多样性和不均衡性的实际情况出发，因地制宜，基于竞争、公平和效率的考虑，引导资金进入农村地区，力图构建一个多元化、多层次、广覆盖、可持续、有效竞争的新型农村金融组织体系。通过这一轮金融改革，将放宽农村金融市场的准入，松绑民间金融，构建商业性金融、合作性金融、政策性金融并存的农村金融市场；引入市场机制有效配置农村金融资源，通过竞争机制实现服务多样化、机构高效化，构建有效竞争的农村金融市场，使农村地区的金融机构网点分布不足、金融供给相对缺乏、市场高度集中等问题得到极大缓解。起步于 2006 年的这一轮农村金融组织体系改革能否取得真正意义上的成功，还有待观察。

第二节　中国农村金融组织结构的现状

通过三十多年政策性诱致变迁改革，中国已经基本形成了商业性、政策性、合作性金融组织分工协作，以正规金融组织为主导、以农信社为核心、其他农村金融组织为补充的农村金融组织结构。特别是自 2006 年末中国开始试点新型农村金融机构以来，农村金融格局发生重大变化，金融组织体系日渐完善。在正规金融组织结构中，形成了以农信社为代表的合作金融为基础力量，商业性金融组织为主导力量，政策性金融组织为支持力量的农村金融组织结构（中国社会科学院农村发展研究所，2005）。

一、多元化、多层次的农村金融机构初步形成

改革开放以来，中国经济实现了跨越式发展，但中国农村经济的发展相对落后，实现经济协调可持续发展要求加快发展农村经济，深化农村金融体制改革，建立现代化农村金融制度势在必行。随着农村金融体制改革的不断深入，农村金融机构的改革和创新也不断推进，中国正在朝着建设一个多层次、广覆盖、充分竞争、可持续、服务"三农"的现代化农村金融体系加速前进（如图 3 - 1 所示）。

在农村地区开展业务的金融组织包括农发行、农行、农村合作银行、农商行、邮储银行、村镇银行、农信社、贷款公司、农村资金互助社等九类，工行、中行、建行和交行等在县域的分支机构，在农村地区提供服务的政策性保险公司、商业性保险公司、证券公司、期货公司等非银行金融机构。此外，还有相当数量的公益性小额信贷组织、合会、典当行、私人钱庄、互助会、储金会等非正规金融组织。农信社（含农商行和农村合作银行，下同）多元化产权模式逐步形成，进一步巩固了支农服务主力军地位；农行股份制改造顺利完成，形成了以"'三农'金融事业部制"为支撑、"面向'三农'与'商业运作'"有机结合的专业化经营管理模式；农发行在"一体两翼"的基础上，不断拓展新业务；邮储银行县域机构网点不断完善，涉农信贷业务持续增加。村镇银行、贷款公司和农村资金互助社等新型农村金融机构和小贷公司也在快速发展。

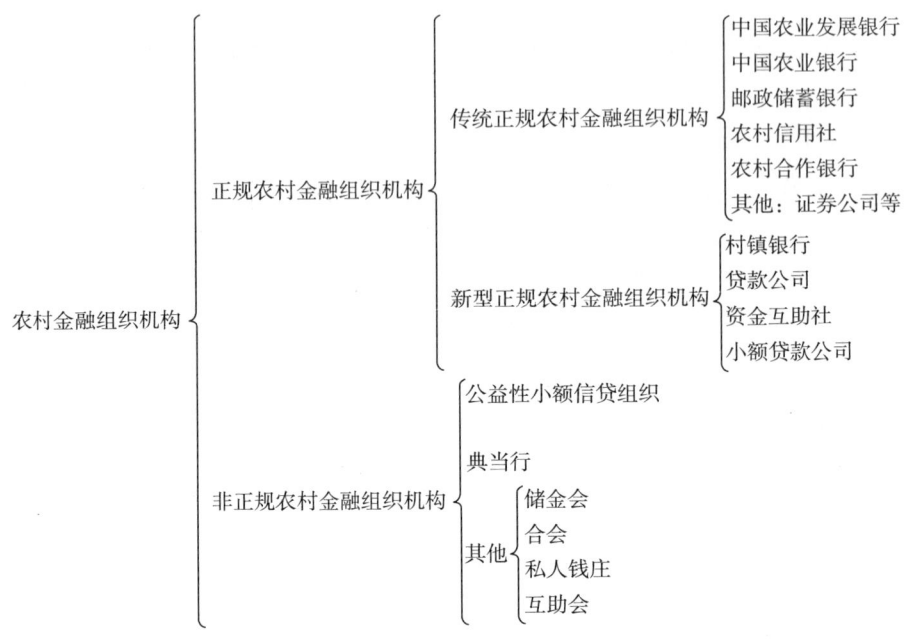

图 3 - 1　中国农村金融组织体系的构成

二、涉农金融机构数量不断增加

根据中国人民银行发布的《中国农村金融服务报告（2012）》，截至 2012 年末，全国主要涉农金融机构（农信社、村镇银行、贷款公司和农村资金互助社）的机构总数为 3 274 家，营业网点总数为 7.59 万个，从业人员数为 80.97 万人，其中村镇银行 876 家、贷款公司 14 家、农村资金互助社 49 家。村镇银行、贷款公司、农村资金互助社等新型农村金融机构贷款余额 2 347 亿元，约为 2008 年末的 69 倍；全国所有的乡镇已实现基础金融服务的全覆盖，零金融机构乡镇从 2009 年末的 2 945 个下降至 1 686 个，3 年内减少了 1 259 个①。据中国人民银行统计，截至 2013 年末，全国共有小额贷款公司 7 839 家，贷款余额 8 191 亿元，全年新增贷款 2 268 亿元；其数据显示全国 31 个省级行政单位中，贷款余额最高的是江苏省（1 142.90 亿元），其次为浙江省（899.85 亿元），最低的是西藏自治区

---

① 资料来源：http://finance.people.com.cn/n/2013/1113/c1004 - 23520568.html.

（2.25 亿元）。截至 2016 年 9 月末，全国共有小额贷款公司 8 741 家，贷款余额 9 293 亿元，前三个季度人民币贷款同比减少 111 亿元。

《中国农村金融服务报告（2014）》显示，截至 2014 年末，全国主要涉农金融机构数量达到 3 566 家，服务网点达 8.14 万个，从业人员数达 88.98 万人。从机构数量来看，农信社居首，为 1 596 家，占比为 44.76%；村镇银行次之，为 1 153 家，约占 32.33%。从服务网点和从业人员数来看，农信社服务网点最多，为 4.22 万个，约占 52%，从业人员 42.4 万人，约占 47.65%；其次是农商行，服务网点数为 3.28 万个，约占 40.3%，从业人员数达 37.36 万人，约占 41.99%。《中国农村金融服务报告（2014）》还显示，全国共发起设立 1 296 家新型农村金融机构，包括村镇银行 1 233 家（已开业 1 153 家、筹建中 80 家，其中，东部地区 492 家，中部地区 339 家，西部地区 322 家）、贷款公司 14 家（已开业 14 家）、农村资金互助社 49 家，其中全国已筹建完成的新型农村金融机构中有 92.9% 以上的贷款投向了"三农"和小微企业，并且全国已有 1 045 个县（市）核准设立村镇银行，县域覆盖率达 54.57%。

截至 2015 年末，全国农村金融机构共计 3 676 家，分别是农村合作金融机构（农村商业银行、农村合作银行、农村信用社）2 303 家、新型农村金融机构（村镇银行、贷款公司、农村资金互助社）1 373 家。其中农商行、农村合作银行和农信社分别有 859 家、71 家和 1 373 家，村镇银行、贷款公司和农村资金互助社分别有 1 311 家、14 家和 48 家。另外，中国银行业金融机构共有法人机构 4 262 家，从业人员 380 万人，其资产总额为 199.3 万亿元，同比增长 15.7%；负债总额为 184.1 万亿元，同比增长 15.1%；不良贷款余额为 1.96 万亿元，不良贷款率达 1.94%。

三、农村存贷款等主要金融业务持续增长，保险业务有所发展

通过多年努力，中国农村金融服务的可获得性进一步提高。据《中国农村金融服务报告（2014）》统计，截至 2014 年末，全部农村金融机构本外币农村（县及县以下）贷款余额为 19.4 万亿元，同比增长 12.4%，占各项贷款余额的比重为 23.2%，较 2007 年末增长 285.8%，七年间年平均增速为 21.7%；农户贷款余额为 5.4 万亿元，同比增长 19.0%，占各项贷

款余额的比重为 6.4%，较 2007 年末增长 299.9%，七年间年平均增速为 22.0%；农林牧渔业贷款余额 3.3 万亿元，同比增长 9.7%，占各项贷款余额的比重为 4.0%，较 2007 年末增长 121.8%，七年间年平均增速为 12.5%；全口径涉农贷款余额为 23.6 万亿元，同比增长 13.0%，占各项贷款余额的比重为 28.1%，较 2007 年末增长 285.9%，七年间年平均增速为 21.7%。

近年来，随着农村经济发展和金融改革的进一步深化，中国农业保险也开始加速发展，对农村经济发展发挥了积极作用，即有效地保障了农业生产、提高了农民收入、降低了农村金融风险。首先，农业保险覆盖面持续扩大，对各种农业相关风险的保障能力也得到了有效提高，主要表现为：地理区域进一步扩大，农业保险的覆盖面已延伸至全国；保险品种更加丰富，享受中央财政补贴的品已达到 15 个；对风险的保障能力持续增强，农业保险的覆盖已经开始从农林牧渔等农业产业向农业产业链的其他环节延伸，从传统农业保险面向的生产领域风险向流通领域风险延伸。其次，农业保险经营机构数量稳步增多，农村保险市场的适度竞争状态初步形成，有关统计结果显示，2012 年中国参与农业保险的市场主体已经达到了 25 家。再次，政策利好，农业保险的发展得到了政府相关政策的大力支持，以农业保险的财政补贴型险种为例，2012 年享受政府补贴的规模高达 235.28 亿元，占到总保费规模的近 98%。最后，农业保险的经济补偿功能显著：2012 年在农业保险的扶持下，2 818 万户受损农户得到近 150 亿元的赔偿，有效地降低了农户遭受的损失，提高了农户抵抗意外风险的能力，对保障农业生产、提高农户收入效果显著；在一些农业保险发展比较好的地区，农业保险的抗灾保收能力更高，保险赔付的资金可以有力地支持灾后重建。

据《中国农村金融服务报告（2014）》显示，全国共建立农业保险乡（镇）级服务站 2.3 万个，村级服务点 28 万个，覆盖了全国 48% 的行政村，协保员近 40 万人。同时，政府积极推动开展小额人身保险试点，将保险服务的地域纵深不断延伸到偏远地区，使保险能够惠及传统商业保险所难以提供服务的低收入群体中。截至 2015 年末，中国农业保险保费收入 374.7 亿元，参保农户约 2.3 亿户次，提供风险保障近 2 万亿元。同时，农产品价格保险试点已扩展到 26 个省份，承保农作物达到 18 种，并且农房保险均已覆盖至全国所有的省市，参保农房达 9 358 万间，提供风险保障达 1.4 万亿元。中国农业保险再保险共同体的承保能力扩大至 2 400 亿元，足以满足国内 96% 以上的分保需求。①

四、农村金融机构可持续发展能力逐步增强

各类金融机构在涉农贷款较快扩张的同时，保持了较低的涉农贷款不良率，初步实现了可持续发展。首先，农村金融机构利润总额不断增加，2015 年全国农村金融机构利润总额达到 5 042 亿元，比 2014 年提高 5.3 个百分点，比 2014 年、2013 年和 2012 年分别增加 4 788 亿元、2 987 亿元和1 685 亿元。其次，农村金融机构新设营业网点 1 354 个，新增便民服务点达 1.6 万个，布设电子机具 185 万台，承担了 85.3% 的基础金融服务，完善"村村通"建设，同时涉农贷款余额达到 8.2 万亿元，占银行业的31.3%。最后，不良贷款率有所下降，据《中国农村金融服务报告（2014）》统计，截至 2014 年末，金融机构涉农贷款不良率为 2.4%，中资四家大型银行涉农贷款不良率为 1.7%，其中农行为 2.0%；中资中型银行涉农贷款不良率为 1.2%，其中农发行为 0.6%；农村信用社（含农村商业银行、农村合作银行）涉农贷款不良率为 4.5%（如表 3-1 所示）。

表 3-1　　　　　　　**2014 年金融机构涉农不良贷款率**　　　　单位：亿元、%

项目\机构名称	涉农不良贷款			
	余额		比率	
	本期	同比增长	本期	同比增减百分点
全部金融机构	5 650	19.2	2.4	0.1
中资全国性大型银行	1 590	37.7	1.7	0.3
中资中型银行	638	45.4	1.2	0.3
中资小型银行	988	48.1	1.8	0.3
其中：农村商业银行	665	57.8	2.1	0.3
农村合作银行	107	-5.7	2.7	0.5
村镇银行	31	127.4	0.8	0.3
城市信用合作社	0	0	—	0
农村信用合作社	2 433	-1.9	7.0	-0.3

资料来源：中国人民银行调查统计司。

---

① 资料来源：http://news.xinhuanet.com/fortune/2016-01-25/c_128667113.htm.

各类农村金融机构在保持较低不良率的基础上，持续提高机构盈利率（如表3-2所示）。从资产利润率来看，农村合作银行基数最大，农村商业银行年均增长率最高；从资本利润率来看，农村合作银行基数最大，农信社年均增长率最高。总体上，农村商业银行、农村合作银行以及农信社在发挥金融支持"三农"的主力军作用时，其可持续发展能力稳步提高。

表3-2　　　　　　　　　主要涉农金融机构盈利率　　　　　　　　单位：%

机构名称	项目	2010 年	2011 年	2012 年	2013 年	2014 年		
农村商业银行	资产利润率	1.01	1.20	1.25	1.26	1.38		
	资本利润率	13.82	15.43	15.94	15.91	17.23		
农村合作银行	资产利润率	1.19	1.30	1.34	1.32	1.15		
	资本利润率	16.05	17.06	16.57	14.87	13.0		
农村信用社	资产利润率	0.36	0.74	0.82	0.85	0.95		
	资本利润率	8.34	15.30	16.29	16.14	17.37		
新型农村金融机构和邮政储蓄银行	资产利润率	0.34	0.59	0.64	0.63	新型农村金融机构	资产利润率	1.42
							资本利润率	10.1
	资本利润率	16.17	20.01	18.94	16.99	邮政储蓄银行	资产利润率	0.55
							资本利润率	19.76

注：资产利润率（ROA）是指金融机构在一个会计年度内获得的税后利润与总资产平均余额的比率，本报告采用净利润与总资产平均余额的比率计算；资本利润率（ROE）是指金融机构在一个会计年度内获得的税后利润与资本平均余额的比率，本报告采用净利润与所有者权益平均余额的比率计算。

资料来源：《中国农村金融服务报告（2014）》。

另外，根据中国银监会2015年发布的《中国银行业运行报告》，在各类商业银行中，资产余额同比增长最快的是农商行（增幅35.3%），主要原因是部分农信社与农村合作银行改制为农商行；其次是城市商业银行（增幅19.1%）和股份制商业银行（增幅16.5%）。

第三节　中国农村金融组织结构存在的主要问题

尽管中国农村金融组织结构改革已经取得了丰硕的成果，但不得不说的是，中国农村金融组织结构仍存在很多问题。例如，现代化的农村金融组织结构尚有待完善；农村金融抑制并未能消除；农村金融组织产权关系不明晰；管理体制和经营机制不健全；部分农村金融机构"离农、脱农"的倾向仍然比较严重；实现服务"三农"的同时保持自身可持续发展的问题长期困扰着农村金融机构；农村金融市场竞争不充分，城乡金融资源配置严重不平衡；农村金融有效供给与需求的矛盾，需求主体与供给主体的矛盾，需求多元化与品种单一化的矛盾，使农民和中小企业贷款难的问题仍然存在（张伟，2010）。滞后的农村金融组织结构改革已经在一定程度上制约了农村经济、农业战略性结构的调整。

一、尚未完全建立多层次、多样化、适度竞争的农村金融服务体系

农信社、农发行、农行都是政府主导下的强制性的制度变迁结果：农发行、农行是典型的国家出资的国有银行；本应是农村金融的基本组织形式的合作金融在很大程度上有名无实，相当多的农信社背离了合作金融的原则，具有明显的官办色彩；真正具有民间资本性质的民营商业银行也比较缺乏；农村的新型金融机构增长缓慢，金融服务种类较少，服务能力有限（中国人民银行农村金融服务研究小组，2011）。另外，中国民间金融历来受到抑制，其合法地位得不到解决，一些针对农村的金融政策也不允许民间金融组织存在（王竹林，2006）。

因此，虽然表面上形成了合作性金融机构、政策性金融机构、商业性金融机构并存的农村金融体系，在该体系中，正规金融为主导、农村信用社为主体、民间金融为补充，但农村金融市场仍然是高度集中的，市场主体竞争不足，没有形成有效的竞争机制，金融主体单一和缺乏竞争的问题没有解决（张伟，2010），与社会主义新农村建设、农村经济改革和发展的需求相比，农村地区金融供给相对不足。

二、金融服务高度同质化，不能满足农村金融需求

现行的正规农村金融组织结构表面上主要是农发行、农行、农信社密切结合、协调发展，但各机构间仅仅是业务上的分工，功能上却趋同（王芳，2004）。

农信社在农村金融市场上居于事实上的垄断地位，支撑着农村金融主渠道，但由于各种主客观的原因，无法名副其实地长期承担农村金融"主

力军"角色。其主要原因在于：一方面，随着中国农村经济的蓬勃发展和城乡一体化的趋势，中国农村地区金融需求也在不断发展。另一方面，随着中国东、中、西部区域经济发展差距的扩大，以及经济结构和市场结构的不同，地区之间农村金融需求也存在较大的差别；而农村中经济主体也呈现异质化趋势，乡镇企业正逐渐分化为农村资源型乡镇企业、形成中的龙头企业、完整形式的龙头企业；农户分化为贫困农户、维持型农户和市场型农户，不同类型的经济主体金融需求存在较大差异（李军峰等，2009）。所以，以农信社为主体单一模式的正规农村金融组织无法兼顾中国东、中、西部的地区差别和满足不同地区农户和企业对金融服务的需求（钱水土，2008）。

农业保险、证券、担保、信托、租赁等对农村经济发展可以发挥重要作用，应该成为农村金融组织结构的重要部分。随着现代农村经济发展，融资需求的多样化，对农村金融市场产品和服务方式创新的需求也越来越广泛和多样化，但中国现有的农村金融组织结构以存贷型的银行业金融机构为主，保险、证券等机构的发展相对滞后，更不用说信贷、证券和保险等机构的互动合作。然而，银行业金融机构的服务能力不足、业务范围狭窄，不能充分满足农村生产经营主体的多样化和日益迫切的需求。农村直接融资市场发展的滞后阻碍了农村地区基础较好的企业获得更多资金支持和进一步扩大生产。农业生产的特殊性及农村地区经济社会的特点决定了农业保险对促进农村经济平稳发展、推动农村金融市场深化改革有重要影响。中国农业保险机构的农业风险保障途径还很单一，主要有两种传统的途径，一种是由民政部门主管灾害救济，另一种是人保公司按商业化运作的农业保险（邹治伟和辛笠，2011），农业保险发展相对滞后。2011 年，中国农业保险虽然有所发展，保费收入达到 173.8 亿元，为农业提供风险保障 6 523 亿元，为 1.69 亿户次农户提供风险保障，承保主要粮油棉作物 7.87 亿亩，占全国播种面积的 33%，但相对农村经济对农业保险的需求来说，还有很大的差距，既未能充分发挥农业保险稳定农村经济的作用，也未能有效降低农村金融市场的信贷风险。2012 年，全国农业保险保费收入 240.13 亿元，为 1.83 亿农户提供风险保障 9 006 亿元，承保户数同比增长 8%。2013 年，中国农业保险保费收入达到 306.6 亿元。然而中国农业保险很大程度上还处在试点阶段，尚未形成成熟的保险体系，在分散农村金融风险、满足农户金融需求方面还有更大的空间。此外，担保基金、专业协会等可以作为农村金融组织结构重要组成部分的平台建设更加滞后，不能充分利用各种有利条件为农村金融服务，在一定程度上制约了农村经济的发展。

三、城乡金融资源配置失衡，农村地区金融机构网点不足

农业本身是一个弱势产业，需要农村金融的大力支持，但中国农村金融组织规模不够，难以对农业形成有效的资金支持。在一段时期内，出于成本和风险等因素考虑，国有商业银行逐步收缩在农村的营业网点，撤并县域营业网点，脱离农村市场，将业务转向城市，使农村地区的金融服务出现空白，农村服务网点和从业人员减少，支农信贷资金也明显减少。2007 年中国银监会在其网站上发布的《中国银行业农村金融服务分布图集》显示，平均每万名农民拥有银行业金融机构 1.54 个，平均每万名农民拥有银行业金融服务人员 15.89 人；非县城所在地乡镇的银行业金融机构种类偏少，主要还是传统的农信社或邮储银行；乡镇一级的银行业网点数量更少，全国有 30 136 个乡镇的银行业网点，每万名农民拥有网点平均不足 3 个，有 8 231 个，即近 30% 的乡镇只有 1 家银行业机构营业网点，有 3 302 个，即近 11% 的乡镇未设任何银行业机构营业网点；县及县以下农村地区人均金融网点占有率低，每万人拥有金融网点 1.26 个，而城市地区则达到 2 个。金融服务资源难以延伸到乡镇一级的农村地区，到达的乡镇的金融市场没有形成有效竞争。据银监会的统计数据显示，2007 年，全国县及县以下农村地区的人均贷款额在 5 500 元左右，而城市的人均贷款额是前者的 7 倍多，接近 4 万元，二者的巨大差距是由城乡金融资源配置不平衡造成的（中国银监会，2007）。程郁和罗丹（2010）研究发现，中国农户尚未得到满足的信贷缺口占总贷款需求总额的 56.72%，平均信贷缺口为 4 420 元。

从既存的农村金融组织结构来看，正规农村金融机构大多以行政区划进行设置，农行、农发行实行总分行制，也基本没有考虑东、中、西部地理差异和农业发展的区域差异（王芳，2004）。

四、农村金融机构法人治理结构仍不完善

随着农村金融改革的不断深化，中国农村金融组织结构不断完善，农

村金融机构的法人治理结构水平也不断提高，但是农信社、农行等法人治理结构不完善的问题仍较为突出，法人治理结构仍然有待完善。

例如，农信社的官办色彩还比较浓重，一些地区的省联社及其派出机构与辖区内县联社存在事实上的行政隶属上下级关系，导致县联社的股东大会、监事会与省联社及派出机构之间存在权责关系不明的问题。部分县联社股东大会、监事会等形同虚设，容易造成省联社及其派出机构的"外部人控制"问题。同时，股东的权利与责任严重不对称，股东参股农信社主要是为了获得农信社的贷款便利和利息优惠，股东可以通过股东大会、监事会发挥监督作用，而部分农户股金变成了定期存款，股东的监督作用无法有效发挥，容易导致"内部人控制"问题。

长期以来，农发行的资金主要由国家供给，各分支机构风险抵御能力较差，内部激励机制与风险约束机制严重缺位，对其发展产生了约束作用，农发行仍在探索准确定位和有效经营模式，尚没有建立完善科学的政策性金融支农机制。

五、新型农村金融机构设立受到较大约束、存量不足

银监会在《新型农村金融机构2009—2011年总体工作安排》中设定的目标为，2009—2011年，全国35个省（自治区、直辖市，西藏除外）共计划设立1 294家新型农村金融机构，其中大多数是村镇银行，达到1 027家，贷款公司和农村资金互助社数量较少，分别为106家和161家，然而这一预期目标并没有顺利完成。截至2011年末，全国仅实现组建新型农村金融机构691家（村镇银行635家、贷款公司10家、农村资金互助社46家）。

导致预期目标没有完成的主要原因在于，村镇银行、贷款公司等新型农村金融机构在制度安排的实施过程中面临着众多约束和问题：首先，相关政策对新型农村金融机构的设立提出较严格的要求，其准入制度限制较多，导致选择面太窄，无法体现公平竞争的原则；其次，按照银监会的要求，部分新型农村金融组织属于只贷不存，即只能发放贷款，不能吸收存款，经营业务的限制在很大程度上遏制了这类金融组织的发展；再次，村镇银行虽然可以吸收存款，但作为有限责任公司，股东仅以出资额为限承担责任，存款人面临较大风险，村镇银行吸储困难；最后，大型商业银行

或政策性银行与农村金融机构的合作联通机制尚未建立。

鉴于以上存在的问题，我们认为，虽然中国农村金融组织结构改革取得了很大成绩，例如形成了政策性、商业性、合作性及民间金融等多种金融形式，但尚未建立起多元性、复合性和有效性的有序竞争的农村金融市场，在一定程度上，中国农村金融组织结构还是一个主要依靠行政指令来配置资源的、政策性和商业性界限不清的、半计划经济模式的农村金融组织结构。

参考文献

[1] 程郁，罗丹．信贷约束下中国农户信贷缺口的估计 [J]．世界经济文汇，2010（2）：69 - 80．

[2] 杜恂诚．近代中外金融制度变迁比较 [J]．中国经济史研究，2002（3）：32 - 42．

[3] 古洪波．中国农村金融组织体系重构研究 [D]．湘潭：湘潭大学，2006．

[4] 李军峰，李林，王健．构建多元化农村金融组织体系的可行性分析 [J]．经济研究导刊，2009（12）：86 - 87．

[5] 林毅夫．关于制度变迁的经济学理论：诱致性变迁与强制性变迁、财产权利与制度变迁 [M]．上海：上海人民出版社，1994．

[6] 刘民权，徐忠，俞建拖，周盛武，赵英涛．农村信用社市场化改革探索 [J]．金融研究，2005（4）：99 - 113．

[7] 钱水土．中国农村金融体制三十年改革的回顾与展望 [J]．浙江工商大学学报，2008（61）：5 - 13．

[8] 秦汉锋．新型农村金融机构的制度变迁与演进 [J]．中国金融，2009（23）：45 - 47．

[9] 王芳．论中国农村金融结构缺陷及创新 [J]．云南财贸学院学报，2004（5）：20 - 23．

[10] 王家传，梁希震，张乐拄．我国农村金融组织体系重构问题研究 [J]．山东农业大学学报，2003（3）：13 - 18．

[11] 王竹林．论中国农村金融组织结构的调整与创新 [J]．商业研究，2006（22）：166 - 168．

［12］吴晓灵. 中国小额信贷的现状［M］.//杜晓山等. 中国小额信贷十年［M］. 北京：中国社会科学出版社，2005.

［13］吴治民. 经济发展中的农村金融结构演化研究［J］. 农村金融研究，2011（1）：64－68.

［14］张伟. 微型金融理论研究［M］. 北京：中国金融出版社，2011.

［15］张伟. 现代农村金融理论及中国农村金融制度模式的演进探索［J］. 现代财经，2010（1）：17－20.

［16］章奇. 中国农村金融现状与政策分析［C］. 林毅夫发展论坛，2004，http：//jlin. ccer. edu. cn/article/article. asp？id＝237.

［17］中国人民银行农村金融服务研究小组. 中国农村金融服务报告（2010）［M］. 北京：中国金融出版社，2011.

［18］中国人民银行农村金融服务研究小组. 中国农村金融服务报告（2012）［M］. 北京：中国金融出版社，2013.

［19］中国人民银行农村金融服务研究小组. 中国农村金融服务报告（2014）［M］. 北京：中国金融出版社，2015.

［20］中国社会科学院农村发展研究所，国家统计局农村社会经济调查总队. 2004—2005 年中国农村经济形势分析与预测［M］. 北京：社会科学文献出版社，2005.

［21］中国银监会. 中国银行业农村金融服务分布图集［EB/OL］. 2007，http：//www. cbrc. gov. cn.

［22］邹治伟，辛笠. 论我国农村金融组织体系的现状、存在问题及对策［J］. 吉林省经济管理干部学院学报，2011（2）：46－50.

第四章　中国农村正规
金融组织结构分析

正规金融通常是指受到中央货币当局或者金融市场当局批准成立并进行监管的那部分金融组织及其进行的活动（李哲等，2009），也是政府为了满足农村金融的需求，外生于农村社区组建的金融组织和活动。农村非正规金融机构则是泛指正规金融之外的不受监管当局监管的各类金融组织。

第一节　中国农村正规金融组织体系概述

一、农村正规金融组织体系框架

中国农村正规金融组织主要包括农行、农发行、农信社、邮储银行以及农商行、农村合作银行、村镇银行、农村资金互助社、贷款公司等新型农村金融机构、小贷公司、一些非银行类金融机构等（如图 4 - 1 所示）。

上述农村正规金融组织一般具有如下三大特征：（1）大都具有国有性质；（2）大多在全国范围内布有网点，享有规模优势；（3）处于金融监管部门的监管之下，严格执行现代金融业的操作规范和标准（刘杰和刘子兰，2008）。

二、正规传统型农村金融组织概述

（一）政策性金融组织——中国农业发展银行

中国农村政策性金融业务主要由农发行承担。农发行为独立法人，实行独立核算、自主经营、企业化管理，其职责为按照国家政策开展农业政

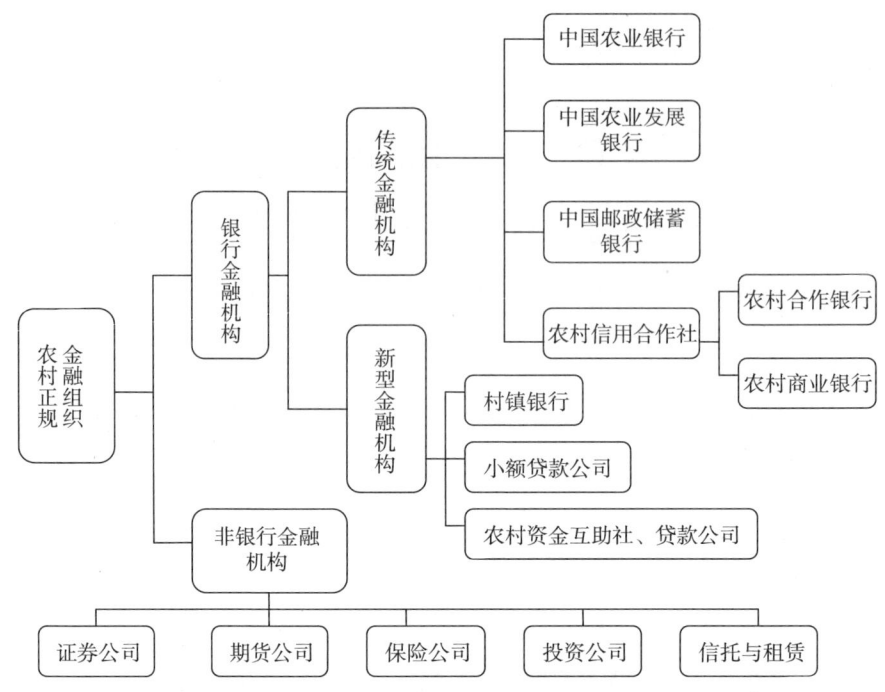

图4-1　中国农村正规金融组织结构框架

策性金融业务，代理财政拨付支农资金，其主要业务以粮棉油等大宗农产品的收购、储备、调销等流动资金的贷款为主，实行收购资金的封闭式运行。①

　　2004年以来，农发行逐步拓展业务范围。2004年，按照《国务院关于进一步深化粮食流通体制改革的意见》（国发〔2004〕17号）有关精神，农发行将贷款的支持范围由购销粮棉油的国有制企业扩大到购销粮棉油的其他所有制企业；2004年，经中国银监会批准，农发行开始对粮棉油产业化企业和加工企业进行贷款业务；2006年7月，经中国银监会批准，农发行扩大对粮棉油产业化企业的贷款业务范围，并同时开展农业科技贷款业务（万川川，2010）；2007年，农发行对农村基础设施建设贷款、农业综合开发贷款和农业生产资料贷款等业务获得了监管部门的批准，涉及农林牧副渔生产、加工转化及农业科技等广泛的农村经济领域。截至2015

---

　　①　参见1994年4月19日发布的《关于组建中国农业发展银行的通知》。

年底，全行共有各级各类机构 2 187 个，其中：总行 1 个；总行营业部 1 个；省级分行 31 个，省级分行营业部 30 个；地（市）分行 309 个，地（市）分行营业部 138 个；县级支行 1 677 个。2015 年 9 月，农发行总行成立扶贫金融事业部。截至 2016 年 9 月末，省市县分别成立扶贫机构，实现了对 832 个国家级贫困县的金融服务全覆盖；农发行在贫困地区贷款余额达到 10 028 亿元，比年初增加 2 029 亿元，增幅达 25.4%，高出全行业平均增幅 12.3 个百分点。[①]

（二）商业性金融组织

1. 中国农业银行

农行是中国商业性农村金融组织结构的主体，是中国最大的涉农商业银行。涉农贷款包括专项农业（扶贫、开发）贷款、常规农业（农林水牧渔及农产品加工）贷款、乡镇企业贷款、农副产品收购贷款和农业、农村基础设施建设贷款等。农行是国内农村地区网点最多、业务辐射范围最广的银行之一。自 1979 年农行恢复设立以来，一直担负着为农业和农村经济发展提供金融服务的任务，尤其在其他商业银行大规模撤出农村地区之后，农行的作用变得更为重要。据农行网站披露，截至 2015 年末，全行境内分支机构共计 23 670 个，包括总行本部、总行营业部、3 个总行专营机构、37 个一级（直属）分行、362 个二级分行（含省区分行营业部）、3 513 个一级支行（含直辖市、直属分行营业部、二级分行营业部）、19 698 个基层营业机构以及 55 个其他机构；境外分支机构包括 9 家境外分行和 3 家境外代表处；全行拥有 14 家主要控股子公司，其中境内 9 家，境外 5 家，并发起设立湖北汉川农银村镇银行、克什克腾农银村镇银行、安塞农银村镇银行和绩溪农银村镇银行等。

"'三农'金融事业部"改革是深化农行支农力度的重要举措。农行从 2008 年 3 月起，从东、中、西部地区分别选取部分一级二级分行，开展"'三农'金融事业部"改革试点。2010 年 5 月，确定四川、重庆、湖北、广西、甘肃、吉林、福建、山东共 8 个省（自治区、直辖市）下辖的 561 个县域支行为试点行，深化改革试点。在试点省市区实施"三级督导"、

---

① 资料来源：http：//www.adbc.com.cn/n5/n15/c18397/content.html.

县域支行"一级经营"的管理架构,以及"六个单独"① 的运作机制,并给予相关扶持政策。截至 2014 年 12 月末,19 个试点省（自治区、直辖市）县事业部贷款余额 2.26 万亿元,比年初增加 2 340 亿元,增幅达 11.55%,高于试点分行整体贷款增幅 0.96 个百分点;较 2010 年 5 月增加 1.04 万亿元,增长了 85.34%,高于农行整体贷款增速 15.96 个百分点。19 个试点省（自治区、直辖市）县事业部累计发放惠农卡 1.38 亿张,在农村地区设立"金穗惠农通工程"服务点超过 53 万个,在县以下布放转账电话、ATM、POS 机等各类电子机具超过 108.3 万台,代理新农保 890 个县,代理新农合 630 个县,代理粮食直补、代收水电费等其他项目共计 4 588 个;行政村的服务覆盖率超过 78%。②

2. 中国邮政储蓄银行

邮储银行也是中国农村商业性金融组织中的重要组成部分。2006 年末,国务院批准成立中国邮政储蓄银行有限责任公司,拉开了邮储银行组建工作的序幕。2007 年 1 月 7 日,中国银监会正式批准邮储银行成立。2007 年 3 月 20 日,邮储银行总行正式挂牌成立。经银监会批准,邮储银行可经营《商业银行法》规定的各项业务,并获批在全国 31 个省（自治区、直辖市）筹建 36 家一级分行（包括 5 家计划单列市分行）、316 家二级分行和 20 089 家支行（中国银行业协会,2008）。③ 2011 年初,国家批准了邮储银行股份制改革方案,明确要求将邮储银行建设成为资本充足、内控严密、运行安全、服务优质、效益良好、市场竞争力强,立足服务"三农"、城乡居民和中小企业的现代商业银行。2012 年 1 月,原邮政储蓄银行有限责任公司整体变更为中国邮政储蓄银行股份有限公司。2012 年 3 月,财政部、人民银行和银监会印发《关于细化中国邮政储蓄银行有限责任公司股份制改革实施方案的批复》,明确提出"中国邮政储蓄银行应将涉农信贷业务与其他业务区别开来,增强支农服务力度,实现可持续发展"。2015 年,邮储银行引入十家境内外战略投资者,进一步提升了综合实力。在"2016 年全球银行 1 000 强排名"中,邮储银行总资产位居第 22

---

① 即单独的资本管理、单独的信贷管理、单独的会计管理、单独的风险拨备与核销、单独的资金平衡机制、单独的绩效考评。

② 资料来源:《中国农村金融服务报告（2014）》。

③ 资料来源:根据 2008 年中国银行业协会披露信息整理。

位，比 2015 年、2014 年分别上升 1 个位次、6 个位次。[①]

值得注意的是，近年来，邮储银行积极创新服务"三农"的方式，取得了不错的成绩。一是创新金融产品。在信贷产品上，目前已形成农户贷款、涉农商户贷款、新型农业经营主体贷款、县域涉农小微企业贷款、农业龙头企业贷款等五条产品线，实现了对涉农经营主体的全覆盖。在产品要素上，因地制宜地调整抵质押物、期限和利率。截至 2015 年 7 月，有21 家分行开办了林权抵押贷款，14 家分行开办了农村土地承包经营权抵押贷款，"三权"抵押贷款实现突破。贷款期限短期可到月，长期可达 8年；利率依据客户信用风险进行灵活定价。二是创新服务方式。自 2014 年7 月以来，邮储银行已先后在福建、河北等多地开展移动智能终端金融服务试点，信贷员仅需一台智能终端（PAD），就可以在客户家中或田间地头完成现场调查、实地拍照、征信查询等信息采集录入工作，后台实时在线审批，实现当日申请、次日放款，紧急情况下当天就可以放款。邮储银行计划下一步将该模式在全国推广。三是创新风险控制手段。针对"三农"普遍面临的有效抵押担保物匮乏问题，邮储银行创新"银政、银协、银企、银担、银保"五大合作平台，引入多方力量共同破解抵质押物担保难的问题。例如，引入政府增信机制，2014 年 10 月，在江西推出了"财政惠农信贷通"产品，由江西各级地方政府按比例筹集风险补偿资金，银行按照保证金 8 倍放大贷款规模，不需要提供抵押担保，贷款手续简便快捷，短短九个月时间，支持新型农业经营主体超过 2 000 户、贷款金额近13 亿元。再如，邮储银行与中国科协、农技协、扶贫办等开展战略合作，依托合作平台筛选优质信用客户，加强风险控制。目前，邮储银行有 17 家省级分行与 22 家科技协会开展了业务合作，支持扶贫办做好集中连片困难地区的金融服务。此外，邮储银行还通过与担保公司、保险公司合作，多方分担风险损失；通过与农业核心企业合作，利用产业链优势，控制客户信用风险。[②]

3. 其他商业性农村金融组织

农商行是在资产条件较好的农信社的基础上，吸收股份制的运行机制，由辖区内农民、农村工商户、企业法人和其他经济组织共同入股组成

---

①　资料来源：http://money.163.com/16/0707/16/BRCQJBTF00253B0H.html。

②　资料来源：http://news.xinhuanet.com/fortune/2015 – 07/23/c_ 128052277.htm。

的自主经营、自担风险和自我发展的股份制地方性金融组织。农商行是中国农村商业性金融组织结构的另一个组成部分，是农信社改革实践的产物。

20 世纪 90 年代末，国务院和中国人民银行针对农信社改革的方向，提出要因地制宜、多元化探索改革模式，同意在发达地区将农信社率先改组成股份制农商行。2001 年 11 月 29 日，全国第一家农村股份制商业银行张家港农村商业银行正式成立，其后农商行机构法人数量逐年增长（如表 4 - 1 所示），截至 2014 年末，全国共建立农商行 665 家。

表 4 - 1　　　　部分传统农村金融机构数量（2003—2014 年）　　单位：家

名称机构 \ 年份	2003	2004	2005	2006	2007	2008	2009	2010	2011	2012	2013	2014
农村商业银行	3	7	12	13	17	22	43	84	212	337	—	665
农村信用社	2 459	2 441	2 360	2 360	2 278	2 204	2 124	2 063	1 915	—	—	1 596
农村合作银行	1	9	58	80	113	163	196	216	190	147	—	89

资料来源：《中国农村金融服务报告（2012）》。

（三）合作性金融机构①

按照官方统计口径，中国农村传统的正规合作性金融机构包括农信社、农村合作银行，其中农信社是中国农村金融组织结构的最重要的组成部分。

1. 农村信用社

2003 年以后，农信社改革取得显著成效。农信社连年实现利润大幅增长，资本充足率持续改善，系统风险大大降低。经营机制转换步伐加快，支农能力不断增强，为县域经济和"三农"发展作出了重要贡献。根据《中国农村金融服务报告（2014）》，2014 年末，农村信用社（含农村商业银行、农村合作银行）农户贷款余额 3.39 万亿元，同比增长 12.0%，持有其贷款的农户数达 4 236 万户，平均单户贷款余额 8.0 万元，比上年末提高 1.3 万元。

---

① 与官方不同，学界认为农村信用社以及改制后的农村商业银行、农村合作银行早已不具备合作金融的属性（谢平，2001）。

2. 农村合作银行

2003 年，国务院发布了《深化农村信用社改革试点方案》（国发〔2003〕15 号），明确农信社改革的三种基本模式：商业银行模式、合作银行模式和完善合作制模式，可见农村合作银行的合作模式根源于农信社。

中国银监会于 2003 年出台了《农村合作银行管理暂行规定》，对农村合作银行的性质、法律地位等给出了较为详细的规定。2003 年，浙江宁波鄞州农村合作银行的挂牌标志着中国第一家农村合作银行成立；2005 年成立的天津农村合作银行则成为全国第一家省级农村合作银行（徐瑜青等，2009）。农村合作银行数量不断增长，截至 2014 年末，全国已有农村合作银行 89 家。总体上，农村合作银行的数量远远少于农信社的机构数量，在未来很长一段时间内，农村合作银行将作为农村金融市场的辅助角色存在。

据中国人民银行发布的《中国农村金融服务报告（2014）》，2014 年，中国人民银行进一步加大了支农再贷款的投放力度，农村信用社（含农村商业银行、农村合作银行）支农再贷款余额 1 852 亿元，占全国金融机构支农再贷款的 85.8%，同比增长 26.4%。2014 年末，农业和农村（县及县以下）贷款余额分别为 2.27 万亿元和 6.20 万亿元，占各项贷款余额的比重分别为 21.5% 和 58.7%，占全国农业贷款和农村（县及县以下）贷款余额的比重分别为 68.2% 和 32.6%。农村信用社（含农村商业银行、农村合作银行）小微企业贷款余额 3.74 万亿元，同比增长 19.6%，高于同期全国金融机构小微企业贷款增速 4.1 个百分点。

三、新型农村金融机构

自 2005 年新型农村金融机构兴起以来，"中央一号文件"中多次明确鼓励新型农村金融机构的发展，监管部门也因此积极出台相关文件推动新型农村金融机构的发展。例如，2008 年 4 月 24 日，银监会出台《关于村镇银行、贷款公司、农村资金互助社、小额贷款公司有关政策的通知》，明确了对新型农村金融机构支付结算、存贷款利率、存款准备金率等方面给予支持的政策；2008 年 5 月，为进一步规范小贷公司的运行，人民银行和银监会联合下发了《关于小额贷款公司试点的指导意见》，对小贷公司的性质、设立、资金来源、资金运用、监督管理、终止等作出了规定，小贷公司由此有了明确的法律依据；2016 年 2 月 19 日，中国银监会发布《关于做好 2016 年农村金融服务工作的通知》，强调了村镇银行等新型农村金融机构在丰富金融服务主体、提升农村金融竞争充分性和服务满足度的积极作用。

（一） 商业性金融组织

1. 村镇银行

2006 年 12 月，银监会放宽农村银行业金融机构准入政策，村镇银行等新型农村金融机构得以准入。根据《村镇银行管理暂行规定》，村镇银行是指经中国银监会依据有关法律、法规批准，由境内外金融机构、境内非金融机构企业法人、境内自然人出资，在农村地区设立的主要为当地农民、农业和农村经济发展提供金融服务的银行业金融机构。

从规模上看，村镇银行是真正意义上的 "小银行"，具有贴近农户、信息更加对称等优势；从业务范围看，村镇银行功能齐全，根据规定，村镇银行可以吸收公众存款，发放短、中、长期贷款，办理国内结算，办理票据承兑与贴现，从事同业拆借、银行卡业务，代理发行、兑付、承销政府债券，代理收付款项及保险业务和银监会批准的其他业务。值得注意的是，村镇银行规模虽小，但拥有独立的法人地位，较商业银行的分支机构更加灵活。截至 2014 年末，全国共组建村镇银行 1 233 家，（已开业 1 153 家、筹建 80 家，其中，东部地区 492 家，中部地区 339 家，西部地区 322 家）。截至 2014 年末，全国村镇银行本外币各项存款余额 5 786 亿元，同比增长 25.4%，高于同期全国金融机构各项存款增速 15.8 个百分点；各项贷款余额 4 865 亿元，同比增长 33.9%，高于全国金融机构各项贷款增速 20.6 个百分点。新增贷款近八成投向县域，农户贷款比重上升。全国村镇银行农村（县及县以下）贷款余额 3 553 亿元，占村镇银行各项贷款余额的 73%；同比增长 36.3%，高于村镇银行各项贷款增速 2.4 个百分点。农户贷款余额 2 125 亿元，同比增长 48.6%，占村镇银行各项贷款余额的 43.7%；农业贷款余额 1 213 亿元，同比增长 38.7%，占村镇银行各项贷款余额的 24.9%。[①]

---

① 资料来源：《中国农村金融服务报告 （2014）》。

最新的统计数据显示，村镇银行各项业务稳健发展，县域覆盖面大幅提高，信贷投放"小额、分散"，坚持"支农支小"的战略地位，支持了县域经济发展。一是机构数量有序增加。截至 2016 年 6 月末，全国共组建村镇银行 1 412 家，其中已开业 1 371 家，筹建 41 家；已覆盖全国 31 个省份的 1 256 个县（市、旗），县域覆盖面达 67.2%，较年初提高了 1.3 个百分点，其中，湖北、辽宁、江苏、吉林、海南、重庆、宁波、青岛、上海、天津已实现县域全覆盖。二是资产负债平稳增长。全国村镇银行资产规模达到 10 810 亿元，较年初增长 7.9%；负债总额 9 402 亿元，较年初增长 8.1%；各项存款 802 亿元，较年初增长 7.2%。三是存款结构持续优化。各项存款余额自 2016 年 2 月以来呈现逐步回升态势，并于 5 月末超过年初余额。四是"支农支小"作用持续增强。2016 年 6 月末，村镇银行各项贷款中，农户与小微企业贷款余额分别达到 2 933 亿元和 3 066 亿元，合计占比达到 92.7%。[1]

村镇银行的试点设立是增量改革的重要举措，其目的是引导民营资本进入银行业、促进农村金融发展，同时也可促使农村民间金融阳光化（王修华、贺小金、何婧，2010）。新型农村金融机构的发展，尤其是村镇银行的发展在丰富县域金融体系、提高农村地区银行网点覆盖率、改善对"三农"的金融服务以及扭转金融机构在农村地区竞争不充分局面等方面发挥了重要作用。作为村镇银行，本身具有地域优势，信贷风险中的道德风险和逆向选择问题相对于其他的金融机构来说也就能够得到较好解决，安全盈利空间相对较大。此外，村镇银行通常将本地区吸收的存款继续投入到本地区，能够更好地推动当地经济的发展。

2. 小额贷款公司

2005 年末，为贯彻 2004 年、2005 年"中央一号文件"精神，构建向农村倾斜的金融体系，引导民间金融走上规范化道路，中国人民银行启动了"只贷不存"的商业性小额贷款公司[2]试点工作，山西、四川、贵州、陕西和内蒙古五个地区首先进行试验，由政府参与并设立的 7 家[3]商业性

---

[1]　资料来源：http://www.china-cba.net/bencandy.php? fid=385&id=15839.

[2]　与之对应的是公益性小额信贷，参见：杜晓山等. 中国公益性小额信贷 ［M］. 北京：社会科学文献出版社，2008.

[3]　分布情况为山西平遥 2 家、四川广元 1 家、贵州江口 1 家、陕西户县 2 家、内蒙古鄂尔多斯 1 家。

小额贷款公司由此诞生。按照人民银行的有关规定，小贷公司的服务对象为低端客户，包括农户、城市个体户和中小企业。

根据《小额贷款公司试点管理办法》，小贷公司具有独立法人地位，享有财产权并以其所有财产独立承担民事责任；其股东依法享有收益、参与决策和组建公司管理层等权利，各股东以出资额为限对公司承担有限责任；小贷公司在根据法律法规开展业务活动的同时，还应执行国家经济金融政策，以"自主经营、自负盈亏、自我约束、自担风险"为经营原则；其合法的经营活动受法律保护，任何单位和个人不得干涉。"只贷不存"的商业性小贷公司是对中国农村金融市场、农村金融组织制度、传统非政府小额信贷（NGO）、正规金融制度等多方面的创新（何广文、李树生，2008），符合中国金融改革一直遵循的市场化、商业化、机构多元化的方向，也符合中央政府2004年以来若干个"中央一号文件"中关于农村金融改革与发展的要求。

随后，小贷公司进入快速增长的阶段，从2008年末的不到500家暴增到2014年末的8 791家。截至2016年9月末，全国共有小贷公司8 741家，贷款余额9 293亿元。2013年的统计数据显示，以公司家数排名来看，江苏省以拥有634家小贷公司排在全国首位；辽宁排第二位，有580家；河北和安徽省位列第三和第四位，分别有457家和452家。以贷款余额来统计，江苏省小贷公司贷款余额突破1 000亿元，达到1 014.7亿元，位居全国第一位；重庆市小贷公司贷款余额为926.0亿元，位居全国第二位。[①]

（二）合作性金融组织

根据《农村资金互助社管理暂行规定》，农村资金互助社是指经中国银监会批准，由乡（镇）、行政村的农民和农村中小企业自愿入股组成，为入股社员提供存款、贷款、结算等业务的社区互助性银行业金融机构。根据有关规定，农村资金互助社是独立的企业法人，对由社员股金、积累及合法取得的其他资产所形成的法人财产，享有占有、使用、收益和处分的权利，并以上述财产对债务承担责任。

同村镇银行、小贷公司一样，农村资金互助社也是经过逐步试点而逐渐开展的。2004年7月，吉林省建立了全国第一家小型资金互助组织——

---

① 资料来源：《中国农村金融服务报告（2014）》。

梨树县百信农村资金互助社；2007 年 3 月，按照新发布的《农村资金互助社管理暂行规定》注册的梨树县百信农村资金互助社正式开业，发起人 32 户，注册资本 10.18 万元，这标志着正规化的新型农村合作金融机构在中国农村地区的正式诞生。为促进合作性农村金融机构的发展，2007 年 10 月 12 日，银监会决定将农村资金互助社的试点范围从原来的 6 个省①推广到全国 31 个省（自治区、直辖市）。在这种背景下，农村资金互助社发展速度有所加快。截至 2014 年 3 月末，全国共组建农村资金互助社 49 家，分布在 17 个省份，主要集中在浙江、山西、黑龙江，服务社员 3.6 万人，存款余额 16.4 亿元，贷款余额 13.1 亿元。

农村资金互助社的运作遵循了这样三个基本原则：一是就近原则，即农村资金互助社建立在一定社区内或经济域内，其经济域应当是地域范围接近的村落，互助社的成员是就近分布的互相信任的农户和农村中小企业；二是合作原则，即农村资金互助社是以满足成员的金融需求为首要目标，社员之间的合作性和互助性是资金互助社的重要基础；三是民主原则，即资金互助社成员产权大致均等，其管理制度具有较强的民主性。资金互助社股权代表的是社员的资格，因此每一个成员在机构中拥有大致相等的股份就决定了所有社员享有均等的管理权，资金互助社的产权主体是个人，决定了合作社的管理制度是民主管理，具体体现在社员在经营决策中的一人一票制。农村资金互助社在这三条基本原则的基础上，不断改善经营和管理，为其社员提供金融服务。

整体来看，中国农村正规金融组织对中国农村资金的融通起着主导作用，在农户和农村企业融资中占据重要地位。但是随着中国建设社会主义新农村的城镇化、工业化以及农业产业化、现代化的不断推进，农村对金融服务的需求日益增加，而正规金融所提供的服务越来越不能满足农村对金融服务的需求。相对于多样化和复杂化的农村金融需求来说，农村正规金融组织的金融服务还相对滞后，正规金融供给不足已经严重阻碍了新农村建设对金融的需求。从农村金融改革角度而言，存量改革难以缓解农村市场供求不平衡的矛盾，亟须探索更合适的增量改革方式。

---

① 在《农村资金互助社示范章程》中，银监会明确将农村资金互助组织界定为新型银行业金融机构，并首先在四川、青海、甘肃、内蒙古、吉林、湖北 6 省（自治区）的农村地区开展试点。

第二节　中国农村传统正规金融组织体系结构分析

一、政策性农村传统正规金融组织结构分析

按照前文所述，中国政策性农村传统正规金融组织是中国农业发展银行。

（一）中国农业发展银行的区域结构

截至 2015 年底，中国农业发展银行共有各级各类机构 2 187 个，其中，总行 1 个、总行营业部 1 个，省级分行 31 个，省级分行营业部 30 个、地（市）分行 309 个、地（市）分行营业部 138 个，县级支行 1 677 个。作为对比，2013 年 6 月末的数据表明，农发行在全国范围内的网点（包括总行、分行、一级支行、二级支行网点）总计 2 202 个，其中东部地区 700 个、中部地区 780 个、西部地区 722 个，分别占总数的 31.79%、35.42% 及 32.79%（如表 4 - 2 所示），网点的区域分布比较均匀。

表 4 - 2　　　　　　中国农业发展银行网点的地区分布　　　　单位：个

地区	机构数量	地区	机构数量	地区	机构数量
东部	700	中部	780	西部	722
河北	163	河南	152	四川	112
山东	126	湖南	115	新疆	92
江苏	93	江西	95	云南	87
辽宁	81	湖北	94	内蒙古	84
广东	80	安徽	89	陕西	79
浙江	58	黑龙江	89	贵州	67
福建	39	山西	87	广西	63
海南	18	吉林	59	甘肃	58
北京	17	—	—	重庆	38
上海	13	—	—	青海	27
天津	12	—	—	宁夏	15

资料来源：http://xukezheng.cbrc.gov.cn/ilicence/.

从农发行网点最多的前十个省份来看，中部地区占 6 个（安徽省和黑

龙江省并列），东部地区占 3 个，而西部地区数量较少，仅占 2 个；从各地区网点均值来看，东部地区平均每个省份拥有网点数 63.6 个，中部地区 97.5 个，西部地区 65.6 个。由此可见，农发行在西部地区的网点分布比中、东部更均匀。然而，西部地区幅员辽阔，经济发展水平相对落后，需要更多机构网点。近年来，国家不断推进"西部大开发"战略，积极促进西部地区经济发展，尤其是农村经济发展，而农发行是旨在推动支农服务的政策性银行，负责传递并实施国家各项支农政策，是发展西部经济的重要工具，因此西部地区对农发行网点会有更多的需求。

（二）中国农业发展银行的业务结构

近年来，农发行不断积极拓展支农领域，已经形成了"一体两翼"（以粮棉油收购贷款业务为主，以农业产业化经营和农业农村中长期贷款业务为两翼）和以中间业务为补充的多方位、宽领域的支农格局。2007 年以来，农发行不断探索新业务，取得了丰硕的成果（如表 4 - 3 所示）。

表 4 - 3　　　　　　中国农业发展银行新业务开展情况

时间	新增业务种类	新增业务用途
2007 年 1 月 21 日	农村基础设施建设贷款业务	农村路网、电网、水网（包括饮水工程）、信息网（邮政、电信）建设，农村能源和环境设施建设
2007 年 1 月 21 日	农业综合开发贷款业务	农田水利基本建设和改造、农业生产基地开发与建设、农业生态环境建设、农业技术服务体系、农村流通体系建设
2007 年 1 月 21 日	农业生产资料贷款业务	农业生产资料的流通和销售环节
2007 年 4 月 6 日	农业小企业贷款业务	农、林、牧、副、渔业从事种植、养殖、加工和流通的小企业
2009 年 6 月 11 日	县域存款业务	县域（包括县级市、城市郊区郊县）地区开办吸收除居民储蓄存款之外的公众存款业务
2009 年 6 月 11 日	县域城镇建设贷款业务	城镇基础设施、文化教育卫生和环境设施、便民商业设施和农民集中住房（包括农村集中居住区、棚户区、泥草房等）改造工程建设
2010 年 6 月 11 日	咨询顾问业务	中国农业发展银行业务范围内的存贷款客户和关联企业
2010 年 9 月 10 日	新农村建设贷款业务	解决借款人在农村土地整治、农民集中住房建设等方面的资金需求

续表

时间	新增业务种类	新增业务用途
2011 年 10 月 9 日	农村基础设施建设中长期贷款	重点扶持土地类、水利、交通、生态、公共设施、畜禽养殖、奶牛、造纸、酒精和纺织印染等项目
2012 年 1 月 30 日	新农村建设贷款业务	以水利和新农村建设项目为重点,调动资金支持农业农村基础设施建设
2012 年 4 月 26 日	农业科技信贷业务	农业科技贷款资金与农发行涉农产业发展基金、涉农金融租赁、涉农融资担保等业务对接
2012 年 5 月 25 日	农业产业化龙头企业贷款业务	进一步加大对农业产业化龙头企业的支持力度

资料来源:根据《中国农村金融服务报告(2012)》和中国农业发展银行官方网站信息整理。

2011 年,农发行制定了"两轮驱动"业务发展战略,一方面着力发展以粮棉油收储、加工、流通为重点的全产业链信贷业务,另一方面着力发展农业农村基础设施建设中长期信贷服务。截至 2014 年末,各项贷款余额达 28 303.5 亿元,其中政策性贷款占比达 90% 以上。其中,累计发放粮食收储贷款 5 000.4 亿元,支持收储粮食 4 733.9 亿斤,占全社会收购量的 65%;累计发放棉花收购贷款 501.4 亿元,支持收购棉花 7 398.2 万担;累计发放油料、糖、肉、化肥等重要物资储备贷款 469.3 亿元。同时,立足粮棉油收储业务,积极支持农业产业化经营,推动粮棉油全产业发展。2014 年,累计发放粮棉油产业化龙头企业贷款 1 970.5 亿元,支持企业 4 050 家;累计发放农业科技贷款 102.6 亿元,支持客户 248 家;累计发放农村流通体系建设贷款 92.6 亿元,支持客户 428 家。2014 年末,累计发放中长期贷款 3 353.5 亿元,年末贷款余额突破万亿元,达 10 819 亿元,支持项目 8 893 个。[①] 此外,农发行参与发起了由财政部牵头的中国农业产业发展基金,以股权形式投资于成长性农业产业化龙头企业,带动和引导社会资金投向"三农",减少农村资金外流,促使资金回流到农业农村。

2015 年 9 月,农发行与国务院扶贫办签署了《政策性金融扶贫合作协议》,农发行将发挥自身优势,整合资源,凝聚合力,突出特色,加大贫困地区金融服务力度,促进贫困地区经济社会发展和贫困人口脱贫致富。截至 2015 年 11 月末,全行已审批贷款项目 412 个,审批金额 2 700 亿元,

---

① 资料来源:《中国农村金融服务报告(2014)》。

用于支持贫困搬迁人口 518 万人，其中建档立卡贫困人口 321 万人，易地扶贫搬迁贷款余额达 803 亿元。①

2015 年 2 月 25 日，国务院第 83 次常务会议审议决定农发行通过专项"过桥贷款"方式，为地方开展水利建设提供过渡性资金支持。截至 2015 年 12 月 2 日，全行共审批专项"过桥贷款"654 亿元，投放 362 亿元，支持了国家 172 项重大水利工程中的南水北调东中线一期工程、大中型灌区续建配套节水改造骨干工程、安徽引江济淮工程、陕西引汉济渭工程、河北双峰寺水库、辽宁猴山水库等 42 个项目。其中，支持 2015 年以前已开工项目 29 个，支持 2015 年新开工项目 8 个，支持"十三五"期间拟开工但提前开工项目 5 个。②

农发行高度重视农村公路建设贷款工作，特别是 2015 年以来，农发行认真落实国务院有关"稳增长、调结构、惠民生"的政策部署，始终把中西部地区作为农村公路贷款支持的重点，累计投放 2 187 亿元，占全部农村公路贷款的 62%。坚持让利于农，农村公路贷款利率执行基准利率或下浮的占 89%。截至 2015 年 10 月末，农发行累计发放农村公路贷款 3 534 亿元，支持新建农村公路 104 472 公里、改建农村公路 92 464 公里，取得了各级政府满意、广大农民欢迎的良好效果。③

2007 年开办农村基础设施建设和农业综合开发贷款业务以来，水利改革发展重点领域和薄弱环节一直是农发行信贷支持的重点。2011 年"中央一号文件"《中共中央国务院关于加快水利改革发展的决定》指出，在风险可控的前提下，支持农发行积极开展水利建设中长期政策性贷款业务。农发行积极落实党中央国务院要求，起草了《中国农业发展银行水利建设中长期政策性贷款业务管理办法》，正式设立了水利建设贷款业务品种。截至 2015 年 11 月末，农发行水利建设贷款余额 2 779.96 亿元。累计增加或改善灌溉面积 3 444 万亩，除险加固病险水库 2 134 座，增加蓄水 118.1 亿立方米，帮助解决 5 220.1 万农民饮水安全问题，改善水面污染 37.8 万平方公里，修缮疏浚河道沟渠 3.44 万公里。④

---

① 资料来源：http://www.adbc.com.cn/n7/n25/c16305/content.html.
② 资料来源：http://www.adbc.com.cn/n7/n25/c16304/content.html.
③ 资料来源：http://www.adbc.com.cn/n7/n25/c16303/content.html.
④ 资料来源：http://www.adbc.com.cn/n7/n25/c16302/content.html.

二、商业性农村金融组织结构分析

（一）中国农业银行

长期以来，中国农业银行承担着中国农村金融市场中的商业性金融业务，自 1997 年商业化改革以来，农行主要是追求效益最大化，对服务"三农"的方向有着较大的偏离。尽管其存贷款总额在不断增加，但是对农村的贷款总额和比例却不断下降，特别是在农行上市之后，其注意力可能更加集中于城市的大项目上，易偏离"三农"服务方向。

20 世纪 90 年代末，企业化行为和经济效益成为农行经营策略的原则，业务向城市和非农产业拓展，其信贷投放由服务农业为主转为与工商业并举，同时成为农村资金外流的主要渠道之一。[①] 另外，农行存在经济效益最大化和支持新农村建设双重目标的冲突：一方面，农行作为商业银行，追求利润和降低成本与风险是其在市场经济中的本能反应，但面向农户的贷款本身就存在着筛选客户、监督贷款使用和回收贷款的成本高，风险大和投资效益差的问题，因此农行面临着降低成本、提高还贷率、承担还贷责任的压力；另一方面，贷款权限集中到分行，在分行信贷审批一关，信贷员面临着激励和惩罚机制上的不对称，因此导致严重的"惜贷"现象，即角色冲突促使他们有强烈动机将资金贷放给工业企业项目、富裕农户，或将资金转为商业用途，对"散、小、急、频"的支农贷款，或从成本考虑，或从风险考量，都存在"不作为"思想，结果导致银行尽量少发放或者不发放支农贷款，因此农村信贷投放力度明显不足[②]。同时，尽管农行信贷产品丰富且不断推陈出新，但是农户个人贷款融资的门槛还比较高，为确保贷款偿还，农行要求贷款申请农户提供实物抵押或担保，一些农户由于没有抵押品和难以找到担保人而无法使用贷款。

当然，农行从农村地区撤出的另外一个原因是其在农村地区提供金融服务不具备比较优势。按照 20 世纪 90 年代赫尔曼、默多克和斯蒂格利茨等人根据发展中国家金融自由化的经验和教训提出的金融约束理论，在现

---

① 20 世纪 80 年代中期以前，中国农业银行 98% 以上的贷款投放集中于农村，而 80 年代中期至 90 年代初，农行每年只有 60% 的信贷资金用于农副产品收购和乡镇企业发展。

② 基于多种原因，中国金融机构于 1989 年到 2007 年期间在农村地区贷款余额与存款余额的比值下降了一半以上，尤其是 1996 年以后下降得更快，主要原因之一便是农行将信贷投放重点转向了城市地区。

实经济中，农村金融市场并不是一个完全竞争的市场，由于信息不对称等市场缺陷，大型商业银行业务活动往往无法适应小农经济，也无法解决因严重的信息不对称而带来的逆向选择、道德风险和巨额成本等问题，不能有效运行和有效配置资源（张伟，2010）。

为此，2007年召开的全国金融工作会议确立了农行"面向'三农'、整体改制、商业运作、择机上市"的总体改制原则，要求农行在商业运作的前提下，继续将服务"三农"放在改革和发展的首要位置。随后农行在推动改制过程中，制定了支持"三农"、开拓县域市场的发展战略：2007年9月，在吉林、安徽、福建、湖南、广西、四川、甘肃和重庆八省（自治区、直辖市）为"三农"提供金融服务的试点工作，探索面向"三农"、商业运作的有效途径；2008年3月，在甘肃、四川、广西、福建、浙江、山东6个省（区）的11个二级分行进行"三农"金融事业部的改革试点工作，不断完善服务"三农"的体制机制；2010年4月，在前期探索的基础上，将甘肃、四川等地的8家分行按照"三级督导（总行、省分行、地市分行）、一级经营（县支行）"的原则进行管理架构建设，按照"六个（资本、信贷、核算、拨备管理、资金、考评激励）单独管理"的原则来完善机制，继续积极开展"三农"金融事业部制改革的试点工作。2013年10月，农行出台《"三农"信贷业务审查指引》，进一步推进"三农"信贷业务规范化、精细化管理。2014年10月，农行与国务院扶贫开发领导小组办公室签署《金融扶贫合作协议》，将积极发挥资金、渠道、产品等方面的优势，进一步加大贫困地区信贷支持力度，重点支持贫困地区的重大基础设施、区域特色农业、资源优势工业、特色旅游资源、重点民生工程和农户脱贫致富，以市场化运作推动金融扶贫可持续发展。2015年7月，农行认真贯彻落实中央扶贫开发工作会议精神，认真履行好农行金融扶贫的社会责任，将帮助贫困地区脱贫作为新时期服务"三农"的重要工作来抓。农行在云南等4个集中连片特困地区贷款余额已突破千亿元大关，积极支持了贫困地区经济社会发展。

根据《中国农业银行"三农"金融服务报告（2015）》显示，2015年，农行认真贯彻落实党中央、国务院关于"三农"工作的战略部署，适应"三农"和县域经济金融发展的新形势、新特征，积极满足"三农"客户的金融需求，截至2015年底，农行涉农贷款余额达2.58万亿元，比年初增加 2 054 亿元，增速为 8.64%。报告主要内容包括以下五点：（1）2015 年，农行紧紧围绕国家转变农业发展方式的决策部署，加大对粮食生产能力建设、新型农业经营主体、农业科技等领域的支持力度。截至 2015 年底，农行 13 个粮食主产省（区）涉农贷款余额达到 1.32 万亿元，共支持各类专业大户（家庭农场）20 万户、专业合作社及社员 8.1 万户，对国家级、省级农业产业化龙头企业的覆盖率分别达到 82% 和 61%，农业产业化龙头企业贷款余额 1 683 亿元。（2）农行顺应县域经济结构调整和发展转型，着力支持县域骨干企业和项目、县域特色产业集群和工业园区、县域电子商务等新兴产业发展。截至 2015 年底，农行县域法人贷款余额达 1.9 万亿元。此外，农行响应国家支持小微企业发展的号召，不断加大信贷投放和产品创新力度。截至 2015 年底，县域小微企业贷款余额 5 465 亿元，比年初增加 824 亿元。（3）农行紧紧抓住城乡一体化和农业人口市民化主线，突出新型城镇化金融服务的重点领域，持续支持新型城镇化、"美丽宜居乡村"、县域民生工程等领域的建设。截至 2015 年底，农行县域城镇化贷款余额达 1.23 万亿元，比 2015 年初增加 766 亿元。农行积极支持农民进城、农业人口市民化，截至 2015 年底，农户购房贷款余额达 4 472 亿元，比 2015 年初增加 1 092 亿元，很好地支持了农民进城安居和改善住房条件。（4）农行积极推进金融精准扶贫。围绕中央扶贫开发工作要求和《中国农村扶贫开发纲要（2011—2020 年）》部署，农行及时出台金融扶贫方案，支持贫困地区基础设施建设、贫困地区特色产业和优势产业集群发展，带动贫困地区农民增收致富。截至 2015 年底，农行在 832 个国家扶贫重点县贷款余额达 5 907 亿元。（5）农行加大普惠金融支持力度，加快推动"金穗惠农通工程"创新升级，进一步提高工程服务覆盖面和服务水平。截至 2015 年底，农行在全国范围内共设立"金穗惠农通工程"服务点 64.9 万个，服务网络覆盖全国 75% 以上的行政村，有效打通了农村金融服务的"最后一公里"。与此同时，农行着力提升"三农"金融服务能力，出台《关于全面推开三农金融事业部改革的通知》，将事业部改革扩大到全部县域支行。同时，为进一步做实"三农"金融事业部的运行机制，在考核、激励、授权等方面进行了具体改革。

（二）中国邮政储蓄银行

邮储银行拥有营业网点超过 4 万个，其中 71% 分布在县及县以下地区，这已成为邮储银行的竞争优势。近年来，邮储银行通过建设银政、银企、银协、银担、银保五大合作营销平台，依据农户需求不断开发新产品（"一县一业、一行一品"的创新思路），开展全流程的风险管理（在贷前、贷中、贷后各环节明确风险点，指定专业人员对风险进行把控，根据不同贷款的风险情况，执行差别化的贷后管理，对高风险客户和行业加强检查频次，突出贷后管理重点）等方式的创新，在服务"三农"方面取得了一定的成绩。截至 2015 年 8 月末，邮储银行涉农贷款余额达 7 208 亿元，同比增长 38.51%，高于各项贷款同比增速 10.27 个百分点；农户贷款结余为 5 777 亿元，占全部涉农贷款的比重为 80.14%，高于银行业平均水平超过 50 个百分点，有效解决了近 890 万农户的经营资金短缺困难。①

　　值得注意的是，邮政储蓄由原来"只存不贷"的储蓄机构转变成自主经营、自负盈亏的商业银行，首先面临着如何找准定位、获得生存能力的问题，邮储银行必须找到适合自身发展的模式。根据银监会的批复，邮储银行定位于服务"三农"，在农村地区开展零售业务。显然，邮储银行的这种市场定位意味着它不是真正意义上的商业银行，而是具有很强政策色彩的"准政策性银行"。但是，作为中国邮政集团控股的金融企业，邮储银行的性质决定了其商业化的经营原则和利润最大化的经营目标。由于涉农金融业务成本高、风险大、收益低，如何协调商业银行业务和政策性银行业务，如何协调资金"取之于农、用之于农"和从农村抽取资金转移到城市成为邮储银行面临的难题。为实现"支持社会主义新农村建设""完善城乡金融服务功能，提高农村金融服务水平"的政策目标，邮储银行必须与农信社、新型农村金融机构展开密切业务合作，将资金取之于农、用之于农，并担负着发放农村小额贷款等零售业务的政策性任务。但"邮储银行成为实行市场化经营管理、具有较强竞争力的现代银行"的要求倒逼邮储银行必须追求利润最大化，在竞争中提高服务水平，在竞争中大力拓展利润，同时趋利动机也促使邮储银行大力开展银团贷款、资金运作业务，以及从农村汲取大量资金转移到城市。因此，邮储银行在农村开展金融业务与其商业化运作之间客观上存在悖论。同时，现有的相当一部分网点规模较小、设施陈旧、设备落后，由"只存不贷吃利差"转化为商业银

---

① 资料来源：http://finance.sina.com.cn/roll/2016-09-09/doc-ifxvukuq4047382.shtml.

行业务要求有专业的人员，邮政现有部分人员的素质无法满足商业银行经营的需要，加之缺乏商业银行的经营管理经验和信贷风险控制经验，这些都制约着邮储银行的发展。

三、合作性正规传统农村金融组织

合作性正规传统农村金融组织主要是指农信社，也包括后来产生的农村合作银行。接下来，就这两种组织形式分别进行分析。

（一）农村信用社的区域结构

截至 2013 年 6 月，农信社在全国范围内的网点总计 50 394 个，其中东部地区 15 006 个、中部地区 17 145 个、西部地区 18 243 个，分别占总数的 29.78%、34.02% 和 36.20%（如表 4 - 4 所示），网点的区域分布不均匀，西部地区网点数量偏多。

表 4 - 4 农村信用社网点的地区分布 单位：个

地区	机构数量	地区	机构数量	地区	机构数量
东部	15 006	中部	17 145	西部	18 243
河北	4 392	河南	4 568	四川	4 873
广东	2 956	湖南	3 300	陕西	2 547
山东	2 914	山西	2 485	云南	2 233
辽宁	1 796	江西	1 844	贵州	1 943
浙江	1 323	黑龙江	1 816	内蒙古	1 715
福建	1 126	吉林	1 199	甘肃	1 666
海南	355	湖北	996	广西	1 637
江苏	144	安徽	937	新疆	1 087
				青海	290
				宁夏	252

注：四个直辖市不设农村信用社，此处不统计。

资料来源：http://xukezheng.cbrc.gov.cn/ilicence/.

从农村信用社网点最多的前十个省份来看，中东部地区各占 3 个，西部地区占 4 个，网点分布相对比较均匀。从各地区网点均值来看，东部地区平均每个省份拥有网点数 1 875.75 个，中部地区 2 143.13 个，西部地区

1 824.3 个。由此可以看出，农信社在中部地区的网点较多，东部地区的网点数量偏少。这可能是由于东部地区经济比较发达，农信社具有相对较好的退出机制，可以转制为商业性的存款类机构，例如农商行等。

（二）农村合作银行的区域结构

农村合作银行也是重要的合作性农村正规传统金融组织之一。截至2013 年 6 月，农村合作银行在全国范围内的网点总计 5 307 个，其中东部地区 2 546 个、中部地区 1 137 个、西部地区 1 606 个，分别占总数的48.31% 、21.42% 和 30.26% （如表 4 - 5 所示），网点的区域分布存在明显差异，东部地区网点数偏多。

从农村合作银行网点最多的前五个省份来看，东、西部地区各占 2 个，中部地区占 1 个，数量分布相对比较均匀。从各地区网点均值来看，东部地区平均每个省份拥有网点数 427.33 个，中部地区 252.67 个，西部地区267.67 个。由此可见，农村合作银行区域结构不均衡，在东部地区的网点较多。然而，需要强调的是，东部地区 7 个省市均为农村合作银行空白区，却没有将东部地区的平均值拉低，说明农村合作银行分布极不均匀，大量的农村合作银行分布在少数几个省内。

表 4 - 5　　　　　　　　农村合作银行网点的地区分布　　　　　单位：个

地区	机构数量	地区	机构数量	地区	机构数量
东部	2 564	中部	1 137	西部	1 606
浙江	2 031	安徽	639	甘肃	504
山东	442	江西	160	广西	471
河北	77	湖北	134	陕西	180
海南	14	湖南	127	内蒙古	180
广东	0	吉林	54	云南	150
辽宁	0	山西	23	四川	60
福建	0	河南	0	贵州	27
江苏	0	黑龙江	0	新疆	23
北京	0			青海	11
上海	0			重庆	0
天津	0			宁夏	0

资料来源：http：//xukezheng. cbrc. gov. cn/ilicence/.

综合农信社和农村合作银行来看，农村正规传统合作金融组织的分布地区差异明显：东部地区农信社网点偏少，农村合作银行网点分布极不均匀，大量营业网点分布在少数几个省内；中、西部地区农信社网点偏多，农村合作银行网点偏少，一定程度上可以互补。

第三节　中国农村新型正规金融组织结构分析

自 1979 年以来，农村金融发展与改革已走过了三十多年的历程，但农村金融问题依然存在，存量改革总是处于低效率状态（吴占权，2012）。2005 年之后，小贷公司、村镇银行、贷款公司、农村资金互助社等新型金融组织进入农村金融领域，意味着中国农村金融制度和结构发生重大改变，使中国农村金融组织体系趋于多元化，在增加农村金融供给的同时，改善了农村金融市场竞争不足的局面。

按照本章的思路，本节继续从商业性金融、合作性金融和政策性金融的角度对中国农村新型正规金融组织结构进行分析。如表 4 - 6 所示，在新型正规金融组织体系内，商业性金融组织占据压倒性优势：从机构数量看，商业性金融组织数量远远超过合作性金融组织的数量。从资产总额（小贷公司为注册资本）和盈利情况来看，商业性新型正规金融组织也占据绝对优势，一方面是因为农村资金互助社数量少，注册资本不可能太高；另一方面，资金互助社并不以利润最大化为其经营目标。

表 4 - 6　　　　　　　　新型农村金融组织绩效比较　　　　单位：个、亿元

	商业性金融		合作性金融
	小贷公司	村镇银行	农村资金互助社
机构	8 791	1 153	49
资产	8 283.06	4 343	1.2
利润	431.93	75.2	—

资料来源：根据《中国农村金融服务报告（2014）》整理。

一、商业性新型农村金融组织结构分析

农村金融组织存在区域结构不合理的情况。总体来看，东部地区[①]经

---

① 按照全国行政区划划分，东部地区包括北京、天津、河北、辽宁、上海、江苏、浙江、福建、山东、广东和海南等 11 个省（市）；中部地区包括山西、吉林、黑龙江、安徽、江西、河南、湖北、湖南；西部地区包括 12 个省（市），分别是四川、重庆、贵州、云南、西藏、陕西、甘肃、青海、宁夏、新疆、广西、内蒙古。

济基础较好，经济发展水平也较高，农村金融组织发展相对比较完善，尤其是商业性新型农村金融组织机构数量和从业人员都较多，能够提供较高质量的农村金融服务；然而西部地区经济发展落后，商业性新型农村金融组织相对不那么完善。

（一）小额贷款公司的区域结构

从 2016 年 6 月末的统计数据来看，小额贷款公司地区分布具有明显的差异。如表 4 - 7 所示，比较了 2013 年与 2016 年全国 31 个省（自治区、直辖市）小额贷款公司在机构数量、从业人员、实收资本、贷款余额四个方面的情况，由此可见小贷公司发展中显著的地区差异。

表 4 - 7　　　　2013 年末与 2016 年 6 月末小额贷款公司数据对比

地区名称	机构数量（家）		从业人员（人）		实收资本（亿元）		贷款余额（亿元）	
	2013 年	2016 年	2013 年	2016 年	2013 年	2016 年	2013 年	2016 年
全国	7 389	8 810	95 136	115 199	7 133.39	8 379.2	8 191.27	9 364.0
北京市	64	86	781	1 197	95.50	132.0	104.38	140.1
天津市	100	110	1 344	1 455	114.37	130.1	119.30	134.7
河北省	439	457	5 093	6 224	256.33	259.5	273.10	260.6
山西省	311	321	3 197	3 950	205.39	201.1	206.05	191.8
内蒙古自治区	484	413	4 772	3 997	360.46	293.3	370.18	300.9
辽宁省	533	580	4 912	5 918	311.70	375.9	306.60	321.5
吉林省	359	442	3 117	4 054	99.93	108.2	79.52	78.8
黑龙江省	249	263	2 218	2 431	113.30	136.2	104.20	117.8
上海市	107	124	1 069	1 883	147.75	191.8	187.41	211.7
江苏省	573	634	5 658	6 265	894.82	865.6	1 142.90	1 014.7
浙江省	314	335	3 867	3 831	654.10	643.4	899.85	760.1
安徽省	463	452	5 583	5 390	329.80	373.5	381.03	444.1
福建省	95	119	1 447	5 390	213.60	262.0	259.99	297.0
江西省	214	216	2 812	2 959	230.60	219.4	265.07	244.0
山东省	294	339	3 556	4 716	335.22	441.3	404.84	487.5
河南省	316	315	4 758	4 694	196.46	220.8	210.14	232.2
湖北省	219	284	2 990	4 446	237.88	329.1	270.81	332.1
湖南省	113	128	1 376	1 903	82.37	100.2	90.62	105.0
广东省	326	436	6 775	9 974	423.79	631.5	441.07	651.6

续表

地区名称	机构数量（家）		从业人员（人）		实收资本（亿元）		贷款余额（亿元）	
	2013 年	2016 年	2013 年	2016 年	2013 年	2016 年	2013 年	2016 年
广西壮族自治区	257	316	3 458	4 517	189.27	256.5	263.71	460.5
海南省	32	44	383	625	31.50	45.4	34.66	51.0
重庆市	207	255	5 008	5 996	407.25	607.5	508.10	926.0
四川省	293	350	6 249	5 996	520.09	585.8	452.81	650.3
贵州省	256	286	2 829	3 175	74.39	88.7	71.62	82.8
云南省	370	365	3 538	4 017	178.35	175.9	182.94	176.8
西藏自治区	6	14	55	134	5.40	11.2	2.25	7.1
陕西省	208	272	2 140	3 047	160.28	248.1	161.82	245.6
甘肃省	282	342	2 657	3 677	112.44	140.7	90.88	245.6
青海省	37	76	437	875	29.06	48.7	33.68	49.7
宁夏回族自治区	117	152	1 473	1 982	65.47	74.7	63.44	68.4
新疆维吾尔自治区	201	284	1 584	2 730	123.80	181.3	141.02	204.1

资料来源：中国人民银行"小额贷款公司地区分布情况统计表"。

1. 机构数量存在地区差异

截至 2014 年末，纳入人民银行统计体系的小额贷款公司共 8 791 家，从业人员 11 万人，44.1% 的小贷公司分布在江苏（631 家）、辽宁（600 家）、河北（479 家）、内蒙古（473 家）、安徽（461 家）、吉林（427 家）、云南（409 家）和广东（400 家）八省（自治区）。小贷公司贷款余额 9 420 亿元，同比增长 15%。西部地区贷款余额占比和新增占比均有提高；川渝和两广地区新增贷款占比合计逾五成，但东西部分布仍不均匀。[1] 如表 4-8 所示，2016 年 6 月末的统计数据显示，江苏、安徽、内蒙古、辽宁、河北、吉林六省（自治区）小额贷款公司机构数量超过 400 家。

---

[1] 资料来源：《中国农村金融服务报告（2014）》。

表 4 - 8　　　　　　　小额贷款公司机构数量前十地区比较　　　单位：家

2013 年末机构数量前十			2016 年 6 月末机构数量前十		
名次	地区	机构数量	名次	地区	机构数量
1	江苏省	573	1	江苏省	634
2	辽宁省	533	2	辽宁省	580
3	内蒙古自治区	484	3	河北省	457
4	安徽省	463	4	安徽省	452
5	河北省	439	5	吉林省	442
6	云南省	370	6	内蒙古自治区	413
7	吉林省	359	7	云南省	365
8	广东省	326	8	四川省	350
9	浙江省	314	9	甘肃省	342
10	河南省	316	10	浙江省	335

资料来源：中国人民银行"小额贷款公司地区分布情况统计表"。

2. 贷款余额地区差异较大

从贷款余额来看，2013 年末，江苏省、浙江省、四川省、重庆市、广东省位列前五，占当年全国小额贷款公司余额总量的 67.57%（如表 4 - 9 所示）；从地区分布来看，2016 年 6 月末机构数量前十名中，东部省份占 4 个，中部 2 个，西部有 4 个。另外，根据全国小额贷款公司数据统计，东部地区小额贷款公司贷款余额占全国该指标总额的比例高于中部和西部地区。这说明，东部地区小额贷款公司所提供的贷款余额远远超过中部和西部地区，结构差异导致了不同地区的新型农村金融组织所提供的服务明显不同。

表 4 - 9　　　　　　　小额贷款公司贷款余额前十地区比较　　　单位：亿元

2013 年末贷款余额前十			2016 年 6 月末贷款余额前十		
名次	地区	贷款余额	名次	地区	贷款余额
1	江苏省	1 142.90	1	江苏省	1 014.7
2	浙江省	899.85	2	重庆市	926.0
3	四川省	520.09	3	浙江省	760.1
4	重庆市	508.10	4	广东省	651.6
5	广东省	441.07	5	四川省	650.3
6	山东省	404.84	6	广西壮族自治区	460.5
7	安徽省	381.03	7	安徽省	444.1
8	内蒙古自治区	370.18	8	湖北省	332.1
9	辽宁省	306.60	9	内蒙古自治区	300.9
10	河北省	273.10	10	福建省	297.0

资料来源：http://wzdig.pbc.gov.cn。

3. 从业人员地区差异较弱

由从业人数方面来看,截至 2013 年末,小贷公司从业人员数前三个省份分别为广东省、四川省、江苏省,分别为 6 775 人、6 249 人、5 658 人;截至 2016 年 6 月末,广东省、四川省、江苏省继续位列前三,分别是 9 974 人、7 186 人、6 265 人(如表 4 – 10 所示)。另外,根据全国小贷公司数据统计,发现中部地区小贷公司的从业人员数量略微低于东西部地区。总体上,从业人员的区域结构差异不太明显,可能的原因是国家政策对中西部地区的长期支持提高了农村金融行业的就业数量。

表 4 – 10　　　　　　　　小额贷款公司从业人员前十地区比较　　　　　　单位:人

2013 年末从业人员数前十			2016 年 6 月末从业人员数前十		
名次	地区	从业人员	名次	地区	从业人员
1	广东省	6 775	1	广东省	9 974
2	四川省	6 249	2	四川省	7 186
3	江苏省	5 658	3	江苏省	6 265
4	安徽省	5 583	4	河北省	6 224
5	河北省	5 093	5	重庆市	5 996
6	重庆市	5 008	6	辽宁省	5 918
7	辽宁省	4 912	7	安徽省	5 390
8	内蒙古自治区	4 772	8	河南省	4 694
9	河南省	4 758	9	山东省	4 716
10	浙江省	3 867	10	广西壮族自治区	4 517

资料来源:http://wzdig.pbc.gov.cn.

4. 实收资本地区差异突出

在实收资本方面,2013 年,江苏省、浙江省、四川省位列前三;2016 年 6 月末,江苏省、浙江省、广东省位列前三(如表 4 – 11 所示)。

表 4 – 11　　　　　　　　小额贷款公司实收资本前十地区比较　　　　　　单位:亿元

2013 年末实收资本前十			2016 年 6 月末实收资本前十		
名次	地区	实收资本	名次	地区	实收资本
1	江苏省	894.82	1	江苏省	865.6
2	浙江省	654.10	2	浙江省	643.4
3	四川省	520.09	3	广东省	631.5

续表

2013 年末实收资本前十			2016 年 6 月末实收资本前十		
名次	地区	实收资本	名次	地区	实收资本
4	广东省	423.79	4	重庆市	607.5
5	重庆市	407.25	5	四川省	585.5
6	内蒙古自治区	360.46	6	山东省	441.3
7	山东省	335.22	7	辽宁省	375.9
8	安徽省	329.80	8	安徽省	373.5
9	辽宁省	311.70	9	湖北省	329.1
10	河北省	256.33	10	内蒙古自治区	293.3

资料来源：http://wzdig.pbc.gov.cn.

另外，根据全国小贷公司数据统计，发现 2013 年东部地区小贷公司的贷款余额占全国该指标总额的 48.77%，中部地区占 20.97%，西部地区占 30.26%。显然，东部地区实收资本数量明显比较多（如表 4-12 所示）。

表 4-12　　　东、中、西部小额贷款公司综合指标比较

地区	机构数量（家）		从业人员数（人）		实收资本（亿元）		贷款余额（亿元）	
	2013 年末	2016 年 6 月末	2013 年末	2016 年 6 月末	2013 年末	2016 年 6 月末	2013 年末	2016 年 6 月末
全国	7 389	8 810	95 136	115 199	7 133.39	8 379.2	8 191.27	9 364.0
东部	2 877	2 476	34 885	34 885	3 478.68	3 478.68	4 174.10	4 174.10
占比（%）	38.94	28.1	36.67	30.28	48.77	41.51	50.96	44.58
中部	1 924	1 806	26 051	26 051	1 495.73	1 495.73	1 607.44	1 607.44
占比（%）	26.04	20.5	27.38	27.38	20.97	20.97	19.62	19.62
西部	2 588	3 092	34 200	34 200	2 158.98	2 158.98	2 409.73	2 409.73
占比（%）	35.03	35.1	35.95	29.69	30.26	25.77	29.42	25.77

注：表中数据均为年末值。

资料来源：http://xukezheng.cbrc.gov.cn/ilicence/；《2015 年中国区域金融运行报告》。

从以上数据可以看出，如果比较的指标不同，则小贷公司的区域差异有所不同：东、中、西部地区小贷公司的机构数量和从业人数相差不大，东部地区略微领先；而实收资本和贷款余额数量相差较多，可以明显看出中、西部地区落后于东部地区，尤其是东部个别省份占比较高。小贷公司的这些表现一定程度上揭示了新型正规农村金融组织的区域结构存在不均

衡现象。

（二）村镇银行的地区结构

截至 2012 年末，全国 250 家银行业金融机构共发起设立 939 家新型农村金融机构，其中包括已开业村镇银行 800 家，筹建中的村镇银行 76 家，包含分支机构在内的村镇银行营业网点已达 1 600 多个（如表 4 – 13 所示）。截至 2016 年 6 月末，全国共组建村镇银行 1 412 家，其中开业 1 371 家，筹建 41 家。①

表 4 – 13　　　　2013 年末全国村镇银行营业网点数量分布　　　单位：个

地区	机构数量	地区	机构数量	地区	机构数量
东部	616	中部	502	西部	510
浙江	131	河南	124	四川	121
辽宁	118	安徽	82	广西	88
江苏	101	江西	69	内蒙古	86
山东	98	吉林	63	云南	47
广东	63	湖北	50	重庆	38
河北	29	湖南	40	贵州	38
北京	17	黑龙江	39	甘肃	33
天津	17	山西	35	新疆	30
上海	16	—		宁夏	15
福建	16	—		陕西	13
海南	10	—		青海	1

资料来源：http：//xukezheng. cbrc. gov. cn/ilicence/.

首先，从 2013 年末全国村镇银行的营业网点数量来看，东部地区为 616 个，占总数的 37.84%；中部地区为 502 个，占比 30.84%；西部地区为 510 个，占比 31.32%。从营业网点的区域分布结构来看，东西部差异不大，东部地区仅领先 6 个百分点。

其次，从 2013 年末营业网点最多的前十个省份来看，东部地区有 4 个，即浙江、辽宁、江苏、山东，其机构数量分别为 131 个、118 个、101 个和 98 个，共占全部营业网点总数的 27.65%；中部地区有 3 个，即河

---

① 资料来源：http：//www. china – cba. net/bencandy. php? fid = 385&id = 15839.

南、安徽、山西，其机构数量分别为 124 个、82 个和 69 个，共占全部营业网点总数的 16.89%；西部地区有 3 个，即四川、广西、内蒙古，其机构数量分别为 121 个、88 个和 86 个，共占全部营业网点总数的 18.21%。

再次，截至 2016 年 6 月末，村镇银行已覆盖全国 31 个省份的 1 256 个县（市、旗），县域覆盖面达 67.2%，较年初提高了 1.3 个百分点，其中，湖北、辽宁、江苏、吉林、海南、重庆、宁波、青岛、上海、天津已实现县域全覆盖，山东、安徽、浙江县域覆盖率已超过 90%。① 由此可见，村镇银行这种新型正规金融组织形式在地域结构分布上仍然存在较大的不均衡。

最后，另一个值得关注的趋势是，实践中，全国村镇银行的经营水平呈现出两极分化的趋势，机构间差异明显。截至 2016 年 6 月末，全国 323 家村镇银行资产规模在 10 亿元以上，合计资产规模达 6 257 亿元，占全国村镇银行资产规模总额的 58%，其中 98 家超过 20 亿元，13 家超过 50 亿元；剩余 1 089 家村镇银行占全国组建村镇银行数量的 77%，资产规模仅占全国村镇银行总额的 42%。②

二、合作性新型农村金融组织结构分析

典型的合作性新型农村金融组织是农村资金互助社。根据中国银监会网站发布的金融许可证信息，截至 2013 年 6 月 4 日，中国农村资金互助社已开业 49 家，其中东部地区 14 家、中部地区 20 家、西部地区 15 家；农村资金互助社注册资本金总额为 11 168.59 万元，其中东部地区 6 134 万元、中部地区 2 460.79 万元、西部地区 2 573.8 万元。③ 下文进行具体的结构分析。

1. 机构数量存在地区差异

如表 4 - 14 所示，统计了农村资金互助社的机构数量分布，总体上看机构数量非常少。一方面，全国 31 个省份竟然有 14 个省份为农村资金互助社的空白区，其他省份已开业的农村资金互助社数量也很少，没有一个

---

① 资料来源：http：//www. china - cba. net/bencandy. php？ fid = 385&id = 15839.
② 资料来源：http：//www. china - cba. net/bencandy. php？ fid = 385&id = 15839.
③ 值得注意的是，截至 2016 年 6 月末，全国农村资金互助社数量仍只有 49 家，这意味着过去的几年没有新增机构。

超过 10 家。浙江省是开设农村资金互助社最多的省份，也仅有 8 家。另一方面，区域分布不均匀，中部省份机构数量较多，西部次之，东部最少。

表 4 - 14　　　　　农村资金互助社的机构数量分布　　　　单位：个

地区	机构数量	地区	机构数量	地区	机构数量
东部	14	中部	20	西部	15
浙江	8	黑龙江	6	甘肃	4
海南	3	山西	6	广西	3
山东	2	吉林	4	内蒙古	2
河北	1	河南	3	重庆	2
辽宁	—	安徽	1	青海	2
江苏	—	江西	—	新疆	1
广东	—	湖北	—	四川	1
北京	—	湖南	—	云南	—
天津	—			贵州	—
上海	—			宁夏	—
福建	—			陕西	—

资料来源：http：//xukezheng. cbrc. gov. cn/ilicence.

2. 注册资本地区差异明显

根据《农村资金互助社管理暂行规定》，注册资本应为实缴资本。在乡（镇）设立的农村资金互助社，其注册资本不低于 30 万元人民币；在行政村设立的，注册资本不低于 10 万元人民币。从全国 49 家农村资金互助社的实际注册资本来看，第一家农村资金互助社——梨树县闫家村百信农村资金互助社的注册资本最低（10.18 万元），而河北的晋州市周家庄农村资金互助社和河南的安阳县柏庄镇四方农村资金互助社的注册资本最高（1 000 万元）。

如表 4 - 15 所示，统计了农村资金互助社的注册资本数量以及分布，存在明显地区差异。一方面，东部地区注册资金总量较大，远远超过中部和西部地区，东部地区注册资金占总量的比例为 54.92%，中部地区占比为 22.03%，西部地区占比为 23.05%，东部所占比例比中西部总和还要多出 9.84 个百分点。另一方面，注册资金排名前五的省份也存在明显的区域差异。前五名中，东部地区占 3 个，中西部各 1 个，区域分布不均匀，东部省份机构数量明显偏多，中、西部机构数量偏少。

表 4 – 15		农村资金互助社注册资金数量分布		单位：万元	
地区	注册资金总数	地区	注册资金总数	地区	注册资金总数
东部	6 134	中部	2 460.79	西部	2 573.8
浙江	3 590	河南	1 160	新疆	800
河北	1 000	黑龙江	654	甘肃	472
海南	890	吉林	397.18	广西	446
山东	654	山西	239	内蒙古	390
辽宁	—	安徽	10.61	重庆	368.8
江苏	—	江西	—	青海	66
广东	—	湖北	—	四川	31
北京	—	湖南	—	云南	—
天津	—			贵州	—
上海	—			宁夏	—
福建	—			陕西	

资料来源：http：//xukezheng. cbrc. gov. cn/ilicence.

农村资金互助社是合作型的正规新型农村金融组织，是农村金融的重要组成部分。然而根据以上分析发现，该类型组织的营业网点过少、区域分布并不均衡，而且，近年农村资金互助社发展陷入停顿状态，过去 3 年里没有新增一家机构，这不仅是农村金融增量改革的不完善，也不利于合作型农村金融组织发挥其服务"三农"的功能。

第四节　中国农村正规金融组织结构评价

2003 年以来，中国以农信社改革试点启动为标志，稳步推进新一轮农村金融改革，农信社改革取得阶段性成果，历史包袱逐步得到有效化解，运行机制不断完善，进一步巩固了"三农"服务主力军地位。农行、农发行和邮储银行等涉农金融机构改革不断推进，涉农业务逐步拓展。农村金融产品和服务方式创新有序推进，农村金融基础设施逐步健全，有力地支持了新农村建设，支持了农业增产和农民增收。政策金融、商业金融、合作金融三足鼎立，邮储银行迅速崛起，新型农村金融机构有益补充的正规农村金融机构的局面初步形成。

尽管一段时期以来，中国已经形成了政策性农村金融组织、商业性农村金融组织和合作性农村金融组织和其他金融组织等多种形式并存、分工合理、竞争有序、功能互补的多元化多层次的农村金融组织体系，但由于各类正规农村金融组织都存在一定的缺陷和不足，其所提供的服务还远远不能满足城镇化、工业化以及农业产业化、现代化所带来的农村对金融服务的多样化和复杂化的需求。

一、城乡金融资源配置极不均衡

根据中国银监会 2008 年向社会公布的《中国银行业农村金融服务分布图集》，截至 2007 年末，县及县级以下地区平均每万名农民拥有银行业金融机构只有 1.54 个（2006 年城市就已经达到 2 个），平均每万名农民拥有银行业金融服务人员 15.89 人，有 8 901 个乡镇只有一家银行业金融机构网点，零金融机构乡镇数为 2 868 个。在这 2 868 个 "零金融机构乡镇" 中，有 2 645 个在西部地区，占全国总数的 80%，东、中、西部区域间以及区域内经济发展水平不同的农村地区的金融服务还存在较大差距。从获得的贷款额度来看，县及县以下农村地区的人均贷款额度为 7 700 元左右，相比于城市高达 3.5 万元的人均贷款，仍处于较低的水平。

二、农村正规金融市场缺乏有效竞争

总体上看，政府主导的农信社仍处于垄断地位，而民间资本型的中小商业性金融组织和互助性金融组织则处于边缘地位。1998 年以来，国有银行的商业化成为金融改革的首要目标，在撤并网点、收缩权限的经营理念指导下，包括农行在内的四大国有银行大规模从县域以下地区撤出网点，农村合作基金会同时全部被撤并，这在客观上使农信社成为农村主要的支农力量，但垄断的农村金融市场一般来说是低效率的；且由于外部经营环境和内部管理等各种主客观的原因，长期以来，农信社无力承担农村金融 "主力军" 角色（钱水土等，2008）。虽然近年来中国大力深化农村金融改革，民间资本参与到农村正规金融市场的机会也得到提高，部分金融服务空白地区的状况得以改变，但从整体来看，农信社的垄断地位仍然比较突出：县域经济尤其是乡镇以下地区并不是农行业务的主阵地；农发行受人员少的制约，在支持农户方面困难较大；邮储银行虽然网点广泛、资金充裕，但尚缺乏专业人员、业务基础、产品研发、管理经验等；新型农村金融机构虽然机制灵活、方式简易、风险小，但试点时间短，存在经营规模小、资金来源不足、管理相对落后、监管力度难以把握、社会认同度需进一步提高等问题。

三、农村正规金融区域差异大，难以满足多样化的需求

经过改革开放后三十多年的发展，农村地区的经济水平得到了很大提高，相应的农村金融服务需求也发生了巨大的变化，同时由于东、中、西部地区地理位置、资源禀赋、基础设施、产业结构和经济政策的差异，经济发展呈现出明显的区域性和不均衡性。农村金融作为农村经济的核心，也出现了金融资源的供求在空间上的非均衡分布。东部地区农村正规金融组织的布局相对较完善，合作性金融与农村商业银行业较发达，农村金融产品的供给较为充分，金融机构的覆盖度、拥有服务人员的数量和人均贷款水平、储蓄存款水平都较高，四个指标之间表现也较为均衡；中部地区由于农村人口较多，四个指标的水平都比较低；西部地区由于地广人稀，万人机构覆盖度、拥有服务人员数尚可，但人均贷款水平和储蓄存款水平很低，金融发展程度较低（李川，2010）。

同时，中国各地区之间农村金融需求差异很大。"三农"问题在不同地区有不同体现：在东部地区，核心是农村问题；在中部地区，重点是农业问题；在西部地区，农民问题则是首要任务。与此相对应的是，非农部门是东部地区农村金融需求的主体；中部地区农村金融需求主要来自于种养殖业；而西部地区农村的金融需求在很大程度上是为农民的生产生活调剂资金。中国以农信社为主的单一模式的正规农村金融体制无法兼顾中国东、中、西部的地区差别，无法满足不同地区农户和企业对金融服务的需求（钱水土和陆会，2008）。

四、农村资金外流严重

伴随着正规农村金融供给不足，农村资金通过储蓄、信贷、财政、投资等途径源源不断地向发达地区和城市流动（钱水土和陆会，2008）。图4－2是1978—2012年间通过金融机构渠道（包括农村信用社、农村商业银行、中国农业银行、中国邮政储蓄银行）流出的农村资金情况。由图4－2可以看出，1978—2012年通过农村信用社、农村商业银行、中国农业银行

与中国邮政储蓄银行从农村净流出的资金规模达 66 256.89 亿元，年均外流 1 893.05 亿元。其中，1978—1996 年，外流资金波动较大，并时而伴随资金对农村的净流入；不过在 1997—2012 年期间，信贷资金不断被抽离农村，而且呈现出了规模扩大的趋势（周振、伍振军、孔祥智，2015）。

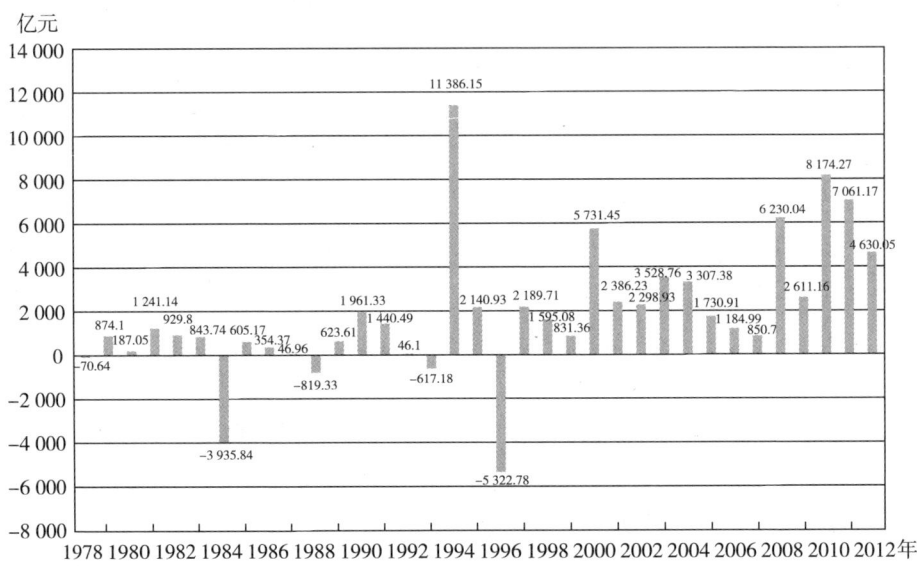

资料来源：周振、伍振军、孔祥智（2015）。

图 4 - 2　1978—2012 年通过金融机构渠道流出的农村资金情况

　　总体上，中国农村资金外流的主要渠道除了农信社和邮储银行外，还包括四大国有银行在农村地区的网点。

　　一方面，1998 年，国家确定了国有银行以"商业化、县级机构贷款权限上收"等为主体的改革思路，使得四大国有商业银行县级以下广大地区成为单纯的吸储金融机构，其吸收的资金主要集中投向大城市、大企业、大项目，导致农村资金供给不足。另一方面，在市场化经营目标下，金融机构选择是否进入金融市场的主要问题在于如何降低交易成本和如何控制风险。但是，金融机构追求"安全""盈利"的目标与"农业的低利润率、高风险"和"分散农户的高交易成本"存在着矛盾，导致中国农村金融供给极度短缺。中国农村特别是中西部地区农村的经济基础薄弱、经济发展水平较低、缺少信用保证机构、金融信用度相对较低，在"马太效应"和市场机制的作用下，不仅使新增的金融资本流向城市，也使原来在农村的存量资本源源不断地从农村流向城市，从贫困地区流向发达地区，从农业流向非农产业。

农信社承担着中国农村地区最主要的金融支农任务，但由于其体制不健全、经营目标不明确，一定程度上也造成了农村资金的外流。经测算，1979 年至 2000 年，通过农信社外流的农村资金净值高达 8 722 亿元（钱水土和陆会，2008）。其外流的主要形式包括缴纳存款准备金、以转存银行款的形式流到人民银行，购买国债和金融债券等。除此之外，农信社为防范风险和降低成本，通常会将剩余资金上存至人民银行或县级联社，而县级联社对于这部分资金一般有以下安排：一是将资金在本县域内由经济落后、资金出路有困难的地区调往经济发达、资金需求不满的地区；二是通过全国银行业同业拆借市场借出县辖区而获取利息收入；三是购买风险等级低、收益理想的国库券或国债等金融资产。此外，还存在经济落后地区的基层信用社将富余资金私下拆借到存在资金紧缺的经济发达地区的基层信用社，经济落后地区的信用社异地发放贷款，基层信用社利用违规的手段将资金拆入股市、房市获取高额利润等违规流出渠道（施正贤，2008）。

长期以来，基层邮政储蓄银行采取的是"只存不贷吃利差"的机制：将在一级网点吸收的存款逐级往上缴存，最后由北京的一级中心统一转存到人民银行，通过获取利差收入来实现利润。由于邮政储蓄银行的全国 5 万多个网点中有 80% 以上分布在农村，"只存不贷吃利差"机制使其在农村吸收的大部分资金流向了工业领域和城市地区。相关数据显示，在 1979 年至 2000 年间，通过邮政储蓄银行向外流出的农村资金净值高达 1 612 亿元（钱水土等，2008）。在银监会 2004 年发布《邮政储蓄机构业务管理暂行办法》[①] 后，邮政储蓄机构在 2004 年自主使用的存款资金规模为 1 500 亿元，其中，994 亿元为协议存款，占自主运用存款的 66%；446 亿元为债券投资，占自主运用存款的 31%；39 亿元为银行间市场逆回购余额，占自主运用资金存款的 3%。这些情况说明，邮政储蓄机构吸收的资金最终去处完全集中在协议存款、债券投资和银行间同业市场，相当比例的邮政储蓄资金并没有回流到"三农"领域。

总之，由于现有中国正规农村金融组织体系的不完善和制度功能有缺

---

① 其中指出邮政储蓄资金运用的渠道包括大额协议存款、买卖政府债券、金融债券和中央银行票据、承销政府债券和政策性金融债券等业务。

陷，使得正规农村金融供给不足，农民和其他农村经营主体的贷款需求和其他金融需求得不到满足，从而制约了农民、农村和农业的发展。长期以来，农村金融改革未能从开创一个多样化、有序竞争的金融市场着眼，制度变迁的路径依赖使涉农金融机构的改革动力不足，产品创新能力低下，资源配置靠行政指令实现，政策性和商业性不分的半计划经济模式的正规农村金融体系局面没有得到根本改变（钱水土等，2008），没有培育出一个多元化、竞争性的金融组织体系。

参考文献

［1］李哲，李理，武献华. 正规金融机构农村信贷行为分析［J］. 农村经济，2009（3）：72－74.

［2］刘杰，刘子兰. 论农村正规金融与非正规金融的替代与互补［J］. 汕头大学学报（人文社会科学版），2008（2）：58－62.

［3］钱水土，刘佳. 正规金融与非正规金融的联接问题探讨［J］. 浙江金融，2008（9）：10－11.

［4］钱水土，陆会. 农村非正规金融的发展与农户融资行为研究——基于温州农村地区的调查分析［J］. 金融研究，2008（10）：174－186.

［5］王修华，贺小金，何婧. 村镇银行发展的制度约束及优化设计［J］. 农村经济研究，2010（8）：57－62.

［6］吴占权. 农村新型金融组织业务创新研究［M］. 北京：冶金工业出版社，2012.

［7］徐瑜青，周吉帅，杨露静. 农村合作银行的现状和问题［J］. 农村经济，2009（8）：60－64.

［8］张伟，胡霞. 中国扶贫贴息贷款20年运行效率述评［J］. 云南财经大学学报，2011（1）：92－97.

［9］张伟. 微型金融理论研究［M］. 北京：中国金融出版社，2011.

［10］张伟. 现代农村金融理论及中国农村金融制度模式的演进探索［J］. 现代财经，2010（1）：17－20.

［11］周振，伍振军，孔祥智. 中国农村资金净流出的机理、规模与趋势：1978—2012［J］. 管理世界，2015（1）：63－74.

［12］中国人民银行农村金融服务研究小组. 中国农村金融服务报告

（2008）［M］．北京：中国金融出版社，2008.

　　［13］中国人民银行农村金融服务研究小组．中国农村金融服务报告（2010）［M］．北京：中国金融出版社，2011.

　　［14］中国人民银行农村金融服务研究小组．中国农村金融服务报告（2012）［M］．北京：中国金融出版社，2013.

　　［15］中国人民银行农村金融服务研究小组．中国农村金融服务报告（2014）［M］．北京：中国金融出版社，2015.

　　［16］中国银行业监督管理委员会．中国农村金融服务分布图集［R］，2007.

第五章　中国农村非正规金融组织结构分析

第一节　中国农村非正规金融组织体系概述

根据亚洲开发银行的定义，非正规金融是指不受政府监管，游离于监管体系之外的金融活动。总体上看，非正规金融在中国主要有五种形式，即通过网络进行的民间借贷、自发成立的民间贷款公司、未经批准的小额贷款机构、不受法律保护的典当公司和地下钱庄。改革开放依赖市场经济体制作为一种资源配置的方式被确定下来，这为非正规金融的生存和发展提供了土壤。近年来，非正规金融在中国的发展表现出了蓬勃的生命力，为地方经济发展作出了不可忽视的贡献。

统计数据显示，中国非正规金融发展异常迅猛。2005 年，中国人民银行的一项调查结果表明，当年全国民间融资规模高达 9 500 亿元。2006 年，"汇丰—清华中国农村金融发展研究项目"发布的《中国农村金融发展研究报告》显示，农户借贷行为的发生频率远高于预期，其中，从信用社借款占借贷总数的 35.62%，亲友邻里借款占到借贷总数的 54.49%，正规金融和非正规金融各占农村金融市场的半壁江山。[①] 2013 年 7 月，西南财经大学中国家庭金融调查与研究中心发布的《银行与家庭金融行为》调查结果显示，参与民间借贷活动的家庭的比重为 33.5%，涉及借贷金额高达 8.6 万亿元；通过民间借贷活动融得的资金主要用于购买住房，总额达到 3.8 万亿元；其次是用于农业生产和工商业投资，金额为 3 万亿元；另外，

---

① 资料来源：刘玲玲等. 中国农村金融发展研究：2007 汇丰—清华经管学院中国农村金融发展研究报告［R］. 北京：清华大学出版社，2008.

还有少部分用于购买车辆和教育投资等。① 在 2013 年召开的第七届中华发展经济学年会上，香港中文大学经济学系教授杜巨澜指出，在中国的贫困家庭中，21% 左右的贫困农户有正规金融贷款，31% 左右有非正规金融贷款，但值得注意的是，非正规金融贷款的规模要远远大于正规金融贷款规模，这凸显出非正规贷款在贫困农户生活中的重要作用。② 西南财经大学 2015 年中国家庭金融调查数据显示，样本中负债的家庭采用银行贷款的比例为 10.03%，采用民间贷款的比例为 19.76%，这说明非正规金融仍占有十分重要的地位。

　　然而，非正规金融在业务模式、利率形成机制、信用担保机制等方面存在一系列制度缺陷，这造成非正规金融组织的高风险、法制化问题成为不可回避的现实课题，其制度安排也在酝酿重大变革，政府对其鼓励与加强监管并重。在"十二五"规划建议中，政府就指出，要鼓励扩大民间投资，放宽市场准入，支持民间资本进入包括金融服务在内的传统国资领域。这与此前的《国务院关于鼓励和引导民间投资健康发展的若干意见》（"新 36 条"）关于允许民间资本兴办金融机构的政策是一致的。据《中国互联网金融报告（2014）》显示，截至 2014 年 6 月，P2P 网贷平台数量达到 1 263 家，半年成交金额接近 1 000 亿元人民币，接近 2013 年全年成交金额，预计 2014 年累计成交额将超过 3 000 亿元；P2P 网贷投资的数量约为 29 万人，行业存量资金为 337.6 亿元，比 2013 年增长近一倍。③ 截至 2016 年 9 月，P2P 网贷行业正常运营平台数量为 2 202 家；2016 年 9 月，P2P 网贷行业单月成交量达到了 1 947.17 亿元，成交量相比半年前的 3 月增长了约 40%。④ 值得注意的是，在 P2P 迅猛发展的同时，监管问题已经引起了相关部门的重视：2011 年，银监会对 P2P 模式发出了风险提示⑤；2014 年 4 月，中国人民银行条法司司长穆怀朋透露，人民银行正在会同有

---

　　① 资料来源：http://yf.jiedai.cn/private/20131212095323.html.

　　② 资料来源：http://finance.sina.com.cn/hy/20131123/172317414839.shtml.

　　③ 资料来源：http://it.chinairn.com/print/3212706.html.

　　④ 资料来源：http://www.wdzj.com/news/yanjiu/37974.html.

　　⑤ 2011 年 8 月 23 日，银监会办公厅发布了《人人贷有关风险提示的通知》，提示 P2P 贷款平台存在七类风险：影响宏观调控效果；容易演变为非法金融机构；业务风险难以控制；不实宣传影响银行体系整体声誉；监管职责不清；贷款质量低于普通银行类金融机构；开展房地产二次抵押业务存在风险隐患。

关部门加紧制定《关于促进互联网金融健康发展的指导意见》，这份意见作为"顶层设计"将成为中国互联网金融监管体系的制度基础，为民间资本发展互联网金融提供规范。2012 年 3 月 28 日，《浙江省温州市金融综合改革试验区总体方案》获国务院批准，同时决定设立温州市金融综合改革试验区。值得一提的是，"引导民间融资规范发展"这一内容从此正式进入高层视野，并以政府文件的形式被确定下来。

2015 年 12 月 28 日，银监会联合多部委共同发布了《网络借贷信息中介机构业务活动管理暂行办法（征求意见稿）》，2016 年 8 月 24 日正式公布《网络借贷信息中介机构业务活动管理暂行办法》。为鼓励和保护真正有价值的互联网金融创新，整治违法违规行为，切实防范风险，建立监管长效机制，促进互联网金融规范有序发展，2016 年 10 月 13日，国务院办公厅正式印发《互联网金融风险专项整治工作实施方案》，重点整治 P2P 网络借贷和股权众筹业务、通过互联网开展资产管理及跨界从事金融业务、第三方支付业务等领域的违法违规行为。与此同时，相关部委联合发布了落实该项整治工作的文件，包括人民银行等 17 部委联合发布的《通过互联网开展资产管理及跨界从事金融业务风险专项整治工作实施方案》，银监会等 15 部委联合发布的《P2P 网络借贷风险专项整治工作实施方案》，保监会等 15 部委联合发布的《互联网保险专项整治工作实施方案》，证监会等 15 部委联合发布的《股权众筹专项整治工作实施方案》等，互联网金融由此从"野蛮生长"进入"规范发展"的新阶段。

非正规金融利弊共存，不同的经济发展时期，中央政府对非正规金融的态度也有所不同。根据中央政府对非正规金融监管程度的不同，可以将非正规金融的发展划分为三个主要时期："约束较为宽松时期""严格管理甚至取缔时期"和"持续发展时期"。

一、非正规金融约束较为宽松时期（1978—1992 年）

这一期间，中国金融改革的目标主要是恢复和成立新的农村金融机构，中央及地方政府对非正规金融的发展一度采取默许和支持的态度。例如，吉林省人民政府 1992 年颁布的《关于印发加快发展乡镇企业座谈会纪要的通知》中明确，经过乡级以上人民政府批准，农民创办股份合作基金会具有合法地位；根据实际情况，可允许集体性质的钱庄等民间金融组织存在和发展。

　　农村金融体制改革也促进了非正规金融的发展。从 1978 年开始，家庭联产承包责任制的实行和推广，极大地促进了家庭手工业、农村个体工商户、农村私营企业等多种农村经济形式的壮大，使得农村金融需求不断增加，而正规金融部门的局限则影响了农村金融的发展。在这种背景下，中央政府出台一系列政策鼓励农村多种形式金融的发展，国家农业投资公司、国家林业投资公司、中国农村发展信托投资公司、中国经济开发信托投资公司等相继成立，1985 年农村合作基金会在全国各地相继成立；票据贴现、信托、租赁等多种信用手段也出现在农村金融市场上（杨菁，2009）。

　　非正规金融有了一定程度的发展，其服务广度和深度上都有了显著提高。从广度来看，各种组织化和规范化程度不同的非正规金融形式大量产生，逐渐从经济发达地区延伸至经济欠发达地区；从深度来看，非正规金融形式的不断完善和成熟，对社会经济的影响越来越大，参与者越来越多。

　　改革开放后，农户在小生意、小工业方面的融资需求更加多样，中小企业规模和经营方式的改变都在一定程度上促进了非正规金融的发展。这一时期的非正规金融组织形式主要有民间自由借贷，及在此基础上发展起来的银背（在福建称"钱中"）和互助会。此时中小企业大多处在起步阶段，对资金需求的数额不大，因此分散的、零星的非组织化的民间自由借贷是非正规金融的主要形式，但随着经济主体经营规模的扩大，自由借贷已无法满足其资金需求，所以专门从事融资供需的中介逐渐发展起来，典型的如银背（"钱中"）；互助会是资金需求进一步发展的产物，互助会的方式也由原来的互助形式逐渐改为盈利的集会，"会"的形式也不断被更新。

　　非正规金融一定程度上弥补了农村金融市场上的供给缺口，对农村经济的发展也起到了很大的促进作用。换言之，持续增长的农村资金需求推动了非正规金融规模的不断扩大。然而随着农村资金需求规模的扩大，非正规金融的缺陷也逐渐显现了出来。

二、非正规金融严格管理甚至取缔时期（1993—2005 年）

随着非正规金融的发展，其无法满足日益扩大的融资需求等缺陷也逐渐显现：家庭作坊式的生产转向大工业生产，乡镇企业产权制度全面改革，农村中小企业规模和资质的升级等客观条件的变化对其在农村金融市场上的融资规模和融资方式都提出了新的要求——需要更专业、更规范、更稳定和更连续的融资渠道。而非正规金融已无法满足这种融资需求，制度上的缺陷也就逐渐暴露出来。1988 年和 1989 年，温州平阳两次发生"会案"，涉及资金几十亿元，会员骚乱造成非正常死亡几十人，严重影响了农村地区的经济发展及社会稳定。为了稳定农村金融市场，中央政府出台了一系列政策对非正规金融的发展加以限制，甚至是取缔：以 1993 年中共中央颁布的《关于当前经济情况和加强宏观调控的意见》为标准，中央政府先后颁布多个文件对非正规金融的发展进行了严格管制或约束（如表5 – 1 所示）。中央政府出台金融法规取缔农村非正规金融，表明非正规金融的合法地位被否定了，一定程度上直接影响到了宏观金融环境的稳定。按照国务院的要求，各地政府和监管部门集中对非正规金融活动进行整顿清理，非正规金融从此被迫转入地下经营。

表 5 – 1　　　　1993—1998 年中国规范农村金融市场的主要法规

年份	颁布机构	内容
1993	中共中央、国务院	《关于当前经济情况和加强宏观调控的意见》
1996	国务院	《非法金融机构和非法金融业务活动取缔办法》
1998	国务院	《非法金融机构和非法金融业务活动取缔办法》
1998	国务院办公厅转发中国人民银行	《整顿乱集资乱批设金融机构和乱办金融业务实施方案的通知》

虽然非正规金融被严格管制，开始转入地下经营，但是正规金融机构的供给不足使得农村非正规金融依然很活跃，重现兴旺之势。此时，非正规金融组织在自由借贷、钱中、银背、合作基金会基础上，又出现了私人钱庄、企业集资（民间信用）、民间票据甚至典当等新形式。一方面，非正规金融融资规模明显大于正规金融的融资规模。1995 年，私人借贷占整个农村融资规模的 67.75%，1998 年达 74.29%，明显大于农户从银行等

的贷款规模。另一方面，尽管有其他形式的非正规金融出现，但私人借贷和基金会借贷仍是这一时期的主要非正规金融形式，而新兴的非正规金融则作为农户非正规渠道融资的必要补充，占到农户整个非正规融资很小的比重。1995—1999 年，私人借贷占整个农村融资规模为 67.75% ~ 74.29%，而基金会借款在 2.91% ~ 5.51% 变动，其他形式的融资规模最大也仅为 2.78%（如图 5 - 1 所示）。20 世纪 90 年代中后期以来，随着四大国有银行开始大规模从农村撤出，农村经济发展出现了严重的"金融真空"，非正规金融的发展态势更为明显。据估算，2002 年中国农村非正规金融的规模为 2 001 亿 ~ 2 750 亿元，2003 年为 7 405 亿 ~ 8 164 亿元，[①] 可见农村非正规金融并没有因为中央政府的严格监管甚至取缔而停止发展，反而呈规模扩大趋势。

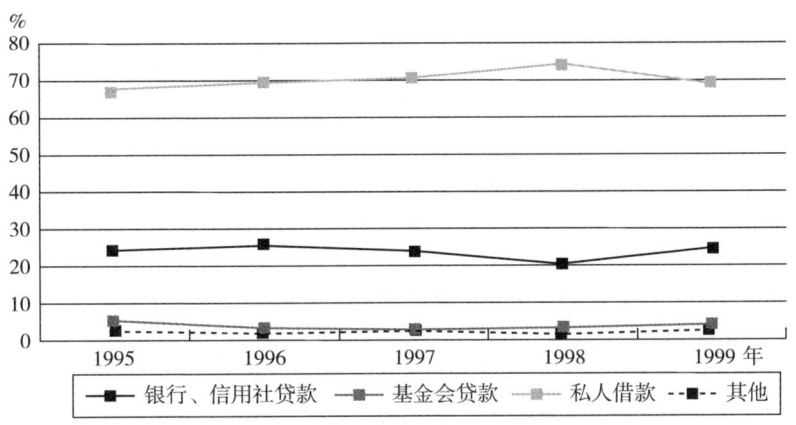

注：数据是根据全国农村固定观察点系统对全国 31 个省（自治区、直辖市）2 万多农户跟踪调查所得。

资料来源：冯兴元. 中国农村民间金融发展报告 ［EB/OL］. （2005 - 02 - 08）. http：// cipacn. org/Article/Print. asp？ ArticleID = 294.

图 5 - 1 1995—1999 年农户借贷资金来源构成

三、非正规金融机构持续发展时期（2005 年至今）

2005 年以来，中国人民银行和银监会等部门出台了一系列政策鼓励农

---

① 资料来源：冯兴元. 中国农村民间金融发展报告 ［EB/OL］. （2005 - 02 - 08）. http：// cipacn. org/Article/Print. asp？ ArticleID = 294.

村金融的发展，部分省份的县及县级以下地区试点设立了村镇银行、农村资金互助社、贷款公司、小贷公司等新型金融机构。① 尤其需要强调的是，2016 年，国务院正式印发了《推进普惠金融发展规划（2016—2020 年）》。在这种背景下，非正规金融机构也再次活跃了起来。表 5 - 2 列出了银监会颁布的关于农村金融的主要法规。

表 5 - 2　银监会颁布的关于农村金融的主要法规（2006—2016 年）

年份	目标	文件
2006	解决农村地区银行业金融机构网点覆盖率低、金融供给不足、竞争不充分等问题，支持社会主义新农村建设	《农村合作金融机构社团贷款指引》《关于调整放宽农村地区银行业金融机构准入政策更好支持社会主义新农村建设的若干意见》
2007	规范农村金融，促进农村金融市场的有序发展，对各农村金融机构的设立等进行了规定	《贷款公司管理暂行规定》《关于银行业金融机构大力发展农村小额贷款业务的指导意见》
2008	有效配置金融资源，引导资金流向农村和欠发达地区，改善农村地区金融服务，促进农业、农民和农村经济发展，支持社会主义新农村建设，促进农村金融机构的全面发展	《关于小额贷款公司试点的指导意见》《关于加快推进农村金融产品和服务方式创新的意见》《关于银行建立小企业金融服务专营机构的指导意见》
2009	继续优化农村金融基层网点布局、完善农村金融服务网络、加强农村金融基础设施建设，进一步推进农村金融产品和服务方式创新	《小额贷款公司改制设立村镇银行暂行规定》
2011	以点带面，推进建立和完善多层次、广覆盖、可持续的农村金融服务体系	《关于全面做好农村金融服务工作的通知》
2013	改善农村金融服务，加大强农惠农富农金融支持力度	《中国银监会办公厅关于做好 2013 年农村金融服务工作的通知》

---

① 中国人民银行和中国银行业监督管理委员会：《关于村镇银行、贷款公司、农村资金互助社、小额贷款公司有关政策的通知》（银发〔2008〕137 号），2008 年 4 月 24 日。

年份	目标	文件
2014	促进村镇银行健康持续发展 深入推进农村信用社产权改革，全面提升农村信用社"三农"服务能力与水平	《关于进一步促进村镇银行健康发展的指导意见》 《关于鼓励和引导民间资本参与农村信用社产权改革工作的通知》
2015	持续改进小微企业金融服务，促进经济提质增效升级	《关于 2015 年小微企业金融服务工作的指导意见》
2016	加强和改进 2016 年银行业金融机构农村金融服务工作	《中国银监会办公厅关于做好 2016 年农村金融服务工作的通知》

资料来源：根据中国银监会网站（www. cbrc. gov. cn）资料整理。

从表 5－2 可以看出，中央政府更倾向于按照商业性原则推进农村金融体制改革，而非正规金融属于市场经济运行的产物，所以中央政府在对农村金融市场放宽准入标准和管制的同时，也默许了非正规金融组织的存在和发展。

改革开放以来，中国经济保持了高速增长，以乡镇企业为代表的民间经济主体不断发展壮大，非正规金融在继承和发展传统民间金融形式的基础上，同时具备了一些新时代的特征，显示了其顽强的生命力，在中国金融体系中的重要地位是不言而喻的。

第二节　中国农村非正规金融组织存在的原因

关于中国非正规金融组织存在的原因，不同的学者主要从金融制度与经济增长的角度和信息经济学的角度进行了分析。

一、金融制度与经济增长角度的分析

1978 年以来，随着中国经济的发展，原有的正规金融机构已无法满足日益增长的融资需求，而金融抑制政策导致存贷利率缺乏吸引力、社会资金配置效率低下，造成资金供给与潜在需求之间的矛盾进一步激化（Mckinnon and Shaw，1984），在这种背景下，非正规金融应运而生。

对于中国非正规金融组织的存在原因，部分学者从金融制度与经济增长角度进行了分析，普遍认为中国农村非正规金融的产生是由金融制度安排的缺陷造成的。例如，杜朝运（2001）认为，农村非公有制经济为求得发展，在无法从正规金融部门获得融资时，只能从正规金融部门之外寻求融资途径，这就为非正规金融提供了生存和发展的土壤。江曙霞（2001）认为，中国"地下金融"的产生是由于中国金融体制改革严重滞后和正规金融体系存在缺陷造成的，是中国金融二元主义制度安排、金融抑制的产物。史晋川和叶敏（2001）提出，中国金融制度的扭曲促使了非正规金融制度的产生。郭沛（2003）认为，长期的金融抑制政策，使得农村资金需求无法得到有效满足，因此农村正规金融的制度供给和制度需求之间的缺口导致了非正规金融的产生。张杰（2003）指出，在中国现有的金融体制下，资金管理和配置效率低下，金融抑制政策一直存在，这在很大程度上造成了乡镇企业或中小企业长时间无法从正规金融部门获得信贷支持，并导致了非正规金融部门的产生。江振娜、谢志忠（2016）发现，城市发展的高收益性对农村资金有虹吸效应，城乡之间差距不断扩大，出于经济效益考虑的正规金融机构容易排斥农户，减少对"三农"的信贷。

综上可知，中国非正规金融的存在主要基于以下几个原因：

1. 农村金融需求缺口扩大，金融服务供给不足

随着中国经济的市场化改革，农村经济得到了快速发展，而农村居民的资金借贷行为，与其收入的增长基本同趋势（何广文，1999），资金借贷需求不断增加。同时，不断增加的借贷资金需求更有其特殊性：一方面，家庭的小规模经营决定了用于家庭生活和生产方面的贷款需求规模相对较小；另一方面，农户贷款需求季节性特点明显，希望贷款手续简便、灵活、及时（周脉伏和徐进前，2004）。这些不断增加的特殊性借贷资金需求，已经无法单纯地通过正规金融体系来满足。据安徽省农委从农村调查点了解的情况，2003年农民户均借款中，来自银行、信用社的占12.6%，来自民间借贷的占83.5%。根据人民银行济南分行2004年的调查，山东省50%的中小企业资金需求的满足依赖于民间借贷，在流通领域这一比例则高达80%，而且民间借贷的利率往往在10%以上。[①] 据陈锡文（2004）研究，在中国2.4亿户农民家庭中，高达85%的农民家庭基本上只能通过民间借贷途径来解决资金需求，仅有15%左右的农户能从正规金

---

① 资料来源：冯兴元. 中国农村民间金融发展报告［EB/OL］. （2005 – 02 – 08）. http：// cipacn. org/Article/Print. asp？.

融机构获得贷款。据全国农村固定观察点的调查，2007 年，农户通过银行和信用社取得的贷款占比仅为 26.1%，其余均来自非正规金融。[①] 政策性的农发行、商业性的农行、合作性的农信社并存的农村正规金融格局在很大程度上不仅不能满足中国农村经济发展的需要，还存在着许多农村金融服务短缺、农村资金外流、农户从正规金融组织中获得贷款的比重也逐渐降低等诸多问题（谭美成等，2006）。根据《中国农村金融服务报告（2014）》统计，截至 2014 年底，全国金融机构空白乡镇仍有 1 570 个，实现乡镇金融机构和乡镇基础金融服务双覆盖的省份仅有 25 个，村镇银行县域覆盖率仅为 54.57%。金融缺口扩大而原有的金融体系无法满足农村资金需求，这就给非正规金融机构的存在提供了一定的客观基础。

2. 正规金融实施的退出战略进一步导致金融供需缺口的扩大

农村正规金融机构自 1990 年以后在农村地区的业务量逐渐减少，其主要原因是正规金融机构纷纷从县域以下地区撤出，县域地区的机构网点大幅减少，逐步退出农村市场。据统计，截至 2007 年末，全国县域金融机构的网点数为 12.4 万个，比 2004 年的 13.38 万个减少了 9 811 个；其中，中国工商银行、中国农业银行、中国银行、中国建设银行的县域机构网点数为 2.6 万个，比 2004 年的 3.27 万个减少了 6 734 个，从业人数比 2004 年减少 3.8 万人（其中，中国农业银行县域机构网点在 2004 年为 1.69 万个，而 2007 年减少至 1.31 万个，较 2004 年减少了 3 784 个，减少了 22.41%）。在四大商业银行收缩县域营业网点的同时，其他金融机构在县域以下的机构网点数目也在减少。统计资料显示，农信社在 2004 年、2005 年、2006 年的县域网点数分别为 6.1 万个、5.63 万个、5.24 万个，意味着从 2004 年至 2006 年三年间，农信社县域网点数呈现逐年减少的态势。[②] 农村地区金融供给严重不足，导致农村金融市场供求矛盾突出、农村地区的金融服务长期处于饥饿状态。《中国农村金融服务报告（2012）》明确指出，中国农村地区缺乏竞争性、多元化的金融体系：商业银行分支机构在县域大量撤出后，在中西部地区形成了农信社"一家独大"的局面，农村

---

① 资料来源：中央财经大学课题组. 中国地下金融已近一万亿之巨，东北成为新灾区 ［EB/OL］. http：//news. qq. com/a/20050120/000218. htm.

② 资料来源：中国人民银行农村金融服务研究小组，《中国农村金融服务报告（2008）》，2009 年。

地区金融市场竞争程度远低于城区；而那些广泛分布于大中城市的商业银行、外资银行、证券公司、财务公司、基金公司、信托与租赁公司，极少或完全不涉足农村金融市场。

从总体上看，农村地区正规金融机构数量的锐减，严重影响了农村的生产生活和经济发展，具体表现为：一方面，获得贷款的难度加大。由于缺乏有效的抵押物，农户在现行金融体制下往往只能从金融机构获得小额信用贷款解决一时之需，从金融机构获得生产经营所需的大额度资金的可能性不大，这在一定程度上造成了农村经济发展缺少长期有效的资金保障和支持。大多数乡镇企业和村办企业为非国有中小企业，在信用担保体系不健全、保险制度难以发挥作用和自身经营风险高、抵押物不足或缺乏的情况下，显然很难从正规金融机构获得资金支持。另一方面，金融机构网点数的大量减少严重影响了普通老百姓的正常生产和生活，目前中国仍有部分地区的乡镇没有金融网点，连存款、取款等基本的金融需求都难以得到满足，这极大限制了老百姓的消费特别是对大宗商品的消费和信用消费。此外，在中国广大的农村地区，金融业人力资源严重匮乏，缺少专业的人才队伍，从业人员文化素质和业务素质普遍有待提高，推动农村金融改革与发展的创新性金融人才更是极度缺乏，加之各农村金融机构之间缺少有效的交流与合作，未形成适合农村金融创新的氛围和环境，这都在一定程度上造成了农村非正规金融的滋生和泛滥。

二、信息经济学角度的分析

信息不对称及由此导致的金融交易逆向选择和道德风险在中国农村信贷市场广泛存在，由于正规金融机构以商业性原则和利润最大化为导向，其决策时会在尽量低的风险等级下选择预期收益最大的利率水平，进而决定放贷，这种导向决定了在正规金融市场中特定的信贷配给现象的产生，使得缺少抵押品的农户无法通过正规金融满足其资金需求，从而促使了非正规金融的产生。信息不对称条件下的信贷市场中，非正规金融具有正规金融无法比拟的优势：其信息优势不仅有利于其降低合约执行成本、违约率，也有利于自身资金的筹集。

首先，信息甄别优势。在中国农村金融市场上，非正规金融组织一般都是建立在人缘、地缘和血缘关系基础上，其信贷业务主要是以血缘、地缘为基础展开的，这种运行机制使得非正规金融可以利用这种信息优势，以更低的成本获得贷款者人品、经营能力、家产等信息，更有效地解决信息不对称的问题（余秀江等，2007）。农村非金融机构的本土化特征降低了市场信息不对称程度，使其运行机制更灵活（张宁等，2015）。

其次，借款人约束优势。信息的基本对称使得借贷者违约将会面临着巨大的社会资本损失风险，一定程度上可以遏制借款人的逆向选择和道德风险。在反复的借贷博弈中，农户已经在社区中建立了对其生存至关重要的社会资本，一旦借钱不还的"不检点"行为被确认或者在社区共同体内被多次传播，农户将失去其社会资本，即包括融资在内的许多方面的活动将得不到农村社区中其他农户的合作（谭美成等，2006）。非正规金融内部存在的自我约束和社会约束机制激励了借款者还贷（江振娜等，2016）。

再次，筹集资金优势。一方面，农村经济的发展产生了大量的闲散资金，而正规金融机构的存款利率低并且征收利息税，农村金融市场上其他投资渠道相对缺乏；另一方面，在地缘、血缘的基础上，资金供给者基于对非正规金融的经营者或中介的了解愿意将资金以非正规金融的形式集中起来，满足市场上的资金需求。非正规金融这种以血缘、地缘建立起来的组织也更容易以高利率吸收到社会闲散资金。资金供给的扩大，从而进一步扩大了非正规金融的规模。非正规金融降低了农村金融市场的服务门槛，提高了贫困农户的信贷可得性（张兵等，2012）。

最后，无论是从金融制度与经济增长角度还是从信息经济学角度对非正规金融存在的原因进行分析，结果都表明：一方面，非正规金融组织存在是因为市场上金融供需的不平衡；另一方面，非正规金融组织自身的信息优势也为其在农村金融市场上的发展赢得一席之地。

第三节 中国农村非正规金融的特征分析

非正规金融是经济转轨时期内生出来的、正规金融体系之外的一种民间性金融安排，相对于正规金融，它具有形式多样、组织化程度低、交易行为的非正规性和处于监管当局监管之外的特点。它的产生源于非公有制经济的资金需求长期得不到满足，因此国家对农村金融市场的严格管制并未导致非正规金融活动的退出，甚至在某些地区还呈进一步扩大之势（以福建、浙江等地最为典型）。由于其在非公有制经济的发展中起到了不可替代的作用，因此重新引起了人们的关注。

根据合法性的差异，中国非正规金融划分为白色部分（合理合法）、灰色部分（合理不合法）以及黑色部分（不合理不合法）三大类别（如表5－3所示）。

表5－3　　　　　　　　　　　中国非正规金融的形式

白色部分（合理合法）	灰色部分（合理不合法）	黑色部分（不合理不合法）
友情借贷	农村合作基金	银背、高利贷等
行业信用（贸易融资）	假集体企业、挂户企业等	私人钱庄
轮会、合会、标会（某些地区）	互助会、农村合作基金会、农村互助储金会	轮会、合会、标会（某些地区）
典当业、当铺（某些地区）	典当业、当铺（某些地区）	抬会、派会

资料来源：曹占忠. 中国农村金融体系改革的定量分析［D］. 大连：东北财经大学，2006.

白色部分的非正规金融在中央政府的监管下允许发展，尤其是行业信用的贸易融资，能够在不影响企业运行的基础上解决短期现金流不足的情况，从而有效地促进了商业贸易的发展，对促进企业发展起到了不可忽视的作用；对于灰色部分，在一定时期，中央政府默许其发展，一定程度上还引导其发展，例如农村互助基金会，国家甚至以试点的形式鼓励其发展；对于黑色部分，中央政府则对其进行严厉的打击监管，不允许其存在发展。

根据组织形式不同，非正规金融包括私人借贷、银背、典当业信用、民间贴现、其他民间借贷等组织形式，具体的非正规金融形式的借贷利率不同（如表5－4所示）。借款利息可以由借贷双方自行协商决定，一般月息为1%～2%，但是个别民间借贷机构给出的月息在2分以上。而按照相关规定，民间借贷利率不得超过银行同期贷款利率的四倍，若超出四倍，则超出部分的利息不受法律保护。一些贷款机构为了符合这一规定，会把民间个人借款利息控制在银行利息的四倍以内，但他们会收取一些其他费用，比如账户管理费、手续费等，这样算下来，借款利息完全有可能超出四倍。

表 5 – 4　　　　　　　　典型非正规金融形式的利率

组织形式＼利率水平	零利率或低利率	中等利率	高利率
友情借贷	主要形式	存在	基本无
合会（包括标会、抬会、轮会、摇会等）	存在，但极少	主要形式	出现过，如浙江乐清的抬会和福建平潭的标会
私人钱庄（银背、钱中）	基本无	主要形式	存在
典当业	基本无	存在，较少	基本形式（包括各种费用的存在）
民间集资	存在（企业对职工、政府营建公共设施的摊派）	主要形式，但偏高	存在（非法集资如大连"两姐妹案""沈太福案"）
农村合作基金会、互助会、农村互助储金会	改革初期存在	主要形式	基本无

资料来源：陈锋，黄旭操. 我国民间金融利率——从信息经济学角度的再认识［J］. 当代财经，2004（9）.

由此可见，非正规金融相对于正规金融要复杂得多，而理论界对中国非正规金融的组织形式还没有统一的认识。在相关研究成果的基础上，我们认为，中国非正规金融主要包括自由借贷①、民间合会（储金会）、农村互助基金会、私人钱庄、社会集资等组织形式。下面从主要类型、运行特点和主要分布地区三个方面对各组织形式的特征进行介绍。

一、自由借贷

自由借贷是组织化程度最低的一种民间借贷行为，是民间自发形成的、主要用于满足临时资金需求的一种非正规金融交易形式，包括居民融入资金和融出资金两方面。自由借贷是非正规金融发展的最初始形式，尽管其无组织无结构，但其在农民生活、农业经济、农村发展中扮演着不可忽视的角色，成为农村非正规金融组织中不可或缺的一部分。

---

①　这里将企业间关联贷款形式的集资归为社会集资。

（一）主要类型

自由借贷主要发生在相互熟悉的亲戚朋友之间、当地居民之间、地区性企业之间，是农户平衡消费水平、小企业解决暂时资金困难的重要途径之一。

1. 按借贷目的不同：分为互助性借贷和营利性借贷

互助性的放贷一般是发生在亲戚朋友和邻里之间的小额度借贷，属于友情借贷，几乎无利息或者很低的利息，期限一般也不定；营利性放贷一般是利用自己在金融活动或者非金融活动中积累起来的个人财富进行放贷，目的就是为了获取高利息收入，所以利率通常比较高。例如，何广文（1999）的调研发现，从对农户放款笔数的角度看，农户从亲戚朋友、乡镇企业、农村合作基金会、农村基层机构等途径获得贷款的笔数占比分别为93.96%、2.2%、1.65%、0.55%，从其他途径获得贷款的笔数占比为1.65%；其中绝大部分（大约为84.7%）的借贷行为仅有口头协议或根本没有协议，仅有大约15.3%的借贷行为是通过正规的合同确定的。通过民间渠道融入融出资金利率较高，且抵押能力较弱，按期还款比例较低，一年期借款的平均月利率为9.54‰，最高月利率达30‰，是同时期正规金融渠道贷款利率的三倍。[①]

2. 按参与者的不同：分为私人间借贷和企业之间借贷

（1）私人间借贷

私人间借贷主要是指农户间的资金借贷，其特点是灵活、方便、范围广、单笔金额小、总体规模大、利率水平差别较大。私人间借贷也有互助和营利两种形式。

私人间借贷虽然能够很好地解决农户的资金需求，但是却不利于农户生活环境的改善。农户自由借贷大多是为了解决临时资金需求，这就决定了其资金使用的非生产性，这部分资金不仅不能为农户带来收益，农户还得支付比正规金融贷款更高的利息，因此这种借贷不仅不能缓解农户的贫困，一定程度上还会使农户的生活更加贫困，因此它对农村贫困减少没有促进作用（陈银娥、师文明，2010）。

（2）企业间借贷

企业间借贷是指民营企业、集体企业、国有企业以及其他部门间广泛

---

① 在我国，不同地区的借贷利率会有所不同，一般发达地区和城市更多的是采取低息贷款，而落后地区和农村的无息借贷和高利贷则比较普遍。

的资金交易，具有单笔借贷金额大、期限短、利率相对低的特点。企业间的资金借贷一般集中在生产旺季或是收购旺季，此时企业流动资金需求增大，借贷对象主要是业务网络密切、相互比较信任的客户。在温州地区，企业间贷款的利率平均为20‰，高的超过26‰，都远远高于官方利率水平（王华峰，2006）。

虽然企业要支付高于商业贷款的利息，但是它有利于提供企业的资金周转率，虽然一定程度上加大了企业的财务负担，但还是有利于企业经营状况的改善，促进企业的发展。

此外，按照不同的分类标准，自由借贷又可以分为不同的类型，具体如表5－5所示。

表5－5　　　　　　　　　　　**自由借贷的类型**

分类标准	类型	备注
按利率分	白色借贷	友情借贷
	灰色借贷	中等利率水平借贷
	黑色借贷	高利贷
按实现形式分	口头约定型	依靠个人信用及人际关系，无正规手续，数额较小
	凭条履约型	多见于灰色贷款，数额一般多于友情贷款
	高利贷	常以非法形式回收还款，为社会稳定带来隐忧

资料来源：刘云生. 农村金融与反贫困：理论、实证与政策 [M]. 北京：经济科学出版社，2010.

（二）运行特点

自由借贷具有临时性、地域性和非规范性的特点。自由借贷的临时性和非规范性主要是因为交易资金是个人的自有资金，所有借贷期限短，金额也不大，没有固定的供给。一般情况下，贷款都是以信用为基础，不需要抵押品，同时，贷款人也没有强制监管借款人、约束借款人及时还款，但是由于双方处于同一地区，相互非常了解，这种地域性特点使得自由借贷很少出现违约行为。这些特点也决定了自由借贷特有的运行特点。根据自由借贷发展的不同阶段，其运行特点也有所不同，这里主要根据自由借贷的三个主要发展阶段介绍其运行特点：

1. 零星的自由借贷阶段

在借贷发展初期，金融交易几乎是一种业余活动。此时的自由借贷没有专门用于金融交易的场所，而放贷者一般都有自己的主要经济业务，金融交易也是利用业余时间进行的。一般状况下，资金的需求者上门求助，放贷者在自有资金允许的范围内进行资金的供给，以此获得高于银行利率的利息收入，属于一种被动的资金供给。

2. 中介人无风险的自由借贷阶段

在利润的驱动下，逐渐形成了专门从事个人借贷中介人的"钱中""银背""对缝""高利贷者"和"信贷掮客"（指在正规金融机构与非公有制经济单位之间活动的、通常具有金融从业背景的资金中间人）等，此时的中介虽然专门从事金融交易活动，但是不承担任何金融风险①。

信用中介以个人所掌握的信息和个人信用为基础，通过收取手续费或者信息费而获得收益。在此自由借贷时期，"银背""钱中"等中介还处于发展的初级阶段，金融中介人通过个人信息将资金供求双方连接起来，并在交易中充当见证人，收入主要来源于佣金。一般情况下，当有资金需求者找自己借贷时，借贷中介再去找那些资金的供给者筹集资金，收取的也只是中介服务费用，此时借贷中介几乎不承担任何经济风险。

3. 中介人有风险的自由借贷阶段

"银背""钱中"等中介随着自由借贷的发展也发展到高级形式，中介利用自己的信用，一边吸收当地居民和企业的资金，一边向需求资金的企业或者个人发放贷款，而借贷中介人的主要收入来自利差。此阶段中介成为专门的信用经营者，虽然能够获得更多的利润，但是同时也承担了更高的风险，如果一段时期，缺乏资金的需求，那么借贷中介不仅不能获得利差收入，还要支付"资金"利息。

（三）主要分布地区

自由借贷一般具有隐蔽、分散、形式不规范、利率高低不一的特点，其制裁机制是非正规的，现阶段自由借贷无论是在经济较为发达的地区还是经济落后的地区都广泛存在，主要出现在"三农"问题较为突出的湖北、江西等地以及民营经济相对发达的浙江、江苏地区（刘云生，2010）。此外，在市场经济比较发达的地区，经济交往频繁，各种民营中小企业对资金有着旺盛的需求，而由于进入抑制、信贷配给等，资金需求无法通过

---

① 这里的金融风险不包括金融交易较少导致服务费收入的降低，而主要是指借款者的违约风险、宏观经济环境导致的利差风险等。

正规金融得到满足，所以有中介参与的自由借贷也比较活跃。

二、民间合会（储金会）

合会是中国民间流传很广的非正规金融组织形式，通常是建立在亲情、乡情、地缘关系基础上的，是一种集互助性融资、轮流储蓄和贷款为一体的团体，既是合会内部成员的一种共同储蓄活动，也是成员之间一种轮番提供贷款的活动，又称"互助会""储金会"。[①] 改革开放以来，随着农村民营经济活动的增多，对信贷需求也增加，在正规金融供给不足的情况下，民间合会开始兴盛起来。

（一）主要形式

合会中的会员按次序轮流使用资金，按照决定次序的方式可以将合会分为三种不同的组织形式：

1. 轮会：以事先约定的方式决定会员资金使用次序的合会组织。

2. 摇会：通过抽签方式决定会员资金使用次序的合会组织。

3. 标会：通过竞价投标的方式决定会员资金使用次序的一种合会组织形式。

无论是轮会、摇会还是标会，其基本原理都是相同的，即资金的使用次序决定收益。仅从会员获得的现金流来看，最先使用资金的会员净现金流为负值，会员相当于资金的需求者，在整个合会期内有一定的利息支出；最后使用资金的会员净现金流为正，会员相当于资金的供给者，在整个合会期内会获得一定的利息收入。

此外，按照不同的分类标准可以将合会分成不同的组织形式。例如，按照周期不同分为"月月会""月双会""旬会""时日会"和"日日会"等；按照会员每次缴纳本金规模基本单位不同分为"百元会""千元会"和"万元会"等。

专栏 1　浙江省宁波市 M 县 Q 镇冬根互助会情况

冬根互助会由 21 人自愿组成，建立于 2000 年 9 月 25 日，终止于 2002 年 5 月 25 日。首会人（会首）尤冬根，会款每人每月交 1 000 元，交款时

---

① 该组织运行的规章制度一般由当地传统决定。

间定为每月的 25 日，标会时间定为每月 25 日下午 3：00 时正准时开标。高者中标，超时自负。每次中标后，首会人把中标利息写入会单，由中标者签字表明获得本金数目和同意在其后每期支付中标利息，中标者中标之前只每月支付 1 000 元会钱本金。如表 5 - 6 所示，为互助会第一次标会后的会单样式。

表 5 - 6　　　　　　　　　　冬根互助会会单

姓名	本金（元）	中标利息（元）	签名
明春	20 000	155	
明春	20 000		
明春	20 000		
明春	20 000		
明春	20 000		
明春	20 000		
兴奎	20 000		
为娟	20 000		
校绒	20 000		
校绒	20 000		
银彩	20 000		
利妹	20 000		
娟芬	20 000		
春亚	20 000		
爱飞	20 000		
慧珍	20 000		
冬莲	20 000		
芬	20 000		
文素	20 000		
薛剑	20 000		

资料来源：冯兴元. 中国农村民间金融发展报告［EB/OL］.（2005 - 02 - 08）. http：//cip-acn. org/Article/Print. asp？ArticleID = 294.

据冯兴元（2005）的研究，互助会会首和会员起会和入会目的均为获得生产性资金支持。会首和会员之间为亲友、邻居或熟人关系，其中，会首的一个外甥女入了 6 脚会。实际中标利息最高为 178 元，发生在第 8 期（首会收会期除外），最低为 0，发生在第 19 期和 20 期（如表 5 - 7 所示）。

表 5-7　冬根互助会会员基本情况及运作情况

序号/期次	姓名	性别	年龄	与会首关系	本金收入(元)	利息收入(元)	合计本息收入(元)	中标利息(元)	合计利息支出(元)	中标时间	用途	年简单净收益率(%)
0	尤冬	女	56	会首	20 000	—	—	—	—	2000 年 9 月 25 日	市场摊主进货	—
1	明春	女	38	外甥女	20 000	0	20 000	155	2 945	2000 年 10 月 25 日	偿还购置商用运输船债款	-8.84
2	校绒	女	42	朋友	20 000	155	20 155	162	2 916	2000 年 11 月 25 日	文具商店进货	-8.28
3	银彩	女	40	熟人	20 000	317	20 317	165	2 805	2000 年 12 月 25 日	烟铺进货	-7.46
4	明春	女	38	外甥女	20 000	482	20 482	158	2 528	2001 年 1 月 25 日	偿还购置商用运输船债款	-6.14
5	春亚	女	38	熟人	20 000	640	20 640	168	2 520	2001 年 2 月 25 日	照相馆添置设备	-5.64
6	爱飞	女	46	熟人	20 000	808	20 808	175	2 450	2001 年 3 月 25 日	市场摊主进货	-4.93
7	娟芬	女	47	弟妹	20 000	983	20 983	172	2 236	2001 年 4 月 25 日	办工厂	-3.76
8	明春	女	38	外甥女	20 000	1 155	21 155	178	2 136	2001 年 4 月 25 日	偿还购置商用运输船债款	-2.94
9	慧珍	女	44	熟人	20 000	1 333	21 333	172	1 892	2001 年 4 月 25 日	烟铺进货	-1.68
10	兴奎	男	39	熟人	20 000	1 505	21 505	168	1 680	2001 年 4 月 5 日	工厂进货	-0.53
11	明春	女	38	外甥女	20 000	1 673	21 673	170	1 530	2001 年 4 月 25 日	偿还购置商用运输船债款	0.43
12	伟娟	女	40	弟妹	20 000	1 843	21 843	172	1 376	2001 年 4 月 25 日	工厂进货	1.4
13	校绒	女	42	朋友	20 000	2 015	22 015	178	1 246	2001 年 4 月 25 日	文具商店进货	2.31
14	明春	女	38	外甥女	20 000	2 193	22 193	165	990	2001 年 4 月 25 日	偿还购置商用运输船债款	3.61
15	利妹	女	42	熟人	20 000	2 358	22 358	162	810	2001 年 4 月 25 日	农贸市场摊主进货	4.64
16	冬连	女	43	熟人	20 000	2 520	22 520	140	560	2001 年 4 月 25 日	烟铺进货	5.88
17	文素	女	51	朋友	20 000	2 660	22 660	118	354	2001 年 4 月 25 日	农贸市场摊主进货	6.92
18	芬	女	52	朋友	20 000	2 778	22 778	50	100	2001 年 4 月 25 日	农贸市场摊主进货	8.03
19	薛剑	女	32	女儿	20 000	2 828	22828	0	0	2001 年 4 月 25 日	偿还购置出租车债款	8.04
20	明春	女	38	外甥女	20 000	2 828	22 828	0	0	2001 年 4 月 25 日	偿还购置商用运输船债款	8.04

资料来源：冯兴元. 中国农村民间金融发展报告 [EB/OL]. (2005-02-08). http://cipacn.org/Article/Print. asp? ArticleID =294.

从互助会运行的结果看，最高的中标利息为 178 元，最低为 0，这使得会员之间的年简单净收益产生了较大的差距。第 8 期中标者的年简单净收益率为 −2.94%，说明其对成员支付的简单净年利率为 2.94%；第 19 和 20 期中标者的年简单净收益率均为 8.04%，说明其获得净利息支付为正，简单年净利率均为 8.04%，高于中国法定普通银行存款利率和法定普通银行贷款利率，但低于中国最高人民法院规定的非法借贷利率（"高利贷"）利率。

（二）运行特点

民间合会具有"自愿自制、民主管理、自我控制、进退自由、自给自足、一人一票、一致同意"等特征（杨菁，2009），其运行遵循着一套简单的交易规则：一个自然人作为会首，出于孩子上学、建造房屋、购买生产资料等目的，按照一定的组织原则，约定会员每期（每月、每季度、每半年、每年等）应缴纳的会钱，通过抽签或者对利息进行竞标等方式决定会员得到会钱（包括其他成员支付的利息）的顺序。合会运行的特点主要包括以下几个方面：

1. 方式灵活

不同形式的合会在会款、会期、排序方式方面会有所不同。

（1）会款数额不同。一般而言，小合会会款较小，大合会会款较大。小合会的目的是为了应付农户日常生活中可能出现的资金周转不灵，大合会的目的则是为了应付商人或者企业家生意中可能出现的资金困境。

（2）会期有所不同。一般情况下，为解决临时资金周转需求而发起的合会，会期也相对较短；而为了解决周转期较长的资金需求时，会期也相对较长。

（3）组织形式不同。合会不同的组织形式其会员运用资金的排序方式也会有所不同。例如前面介绍的轮会、摇会、标会的区分正是资金运用次序不同。

2. 社会成本约束作用强

合会中的信贷交易以地域性人际关系网络中的个人信用和相互信任为基础。这种约束是非正式的，但是由于合会中的成员大多处于同一地区，在合作中的交易是长期持续的。一旦某一会员出现违约，其结果是声誉和信用损失、被逐出其所在的社会网络，他在这些地区几乎不再可能得到贷款。这种"社会成本约束"具有很大的威慑力，也保证了合会能够持续存在。

3. 以一定的组织形式运行

相比自由借贷，合会是一个组合化程度很低的组织，它的组织环境、组织目的、管理主体和管理客体都很明确。首先，合会环境是指合会成立、发展、存在的客观外部条件，只有存在资金的供需缺口，同时在一定的地域人际关系的基础上才能够发起成立；其次，合会的目的也很明确（如上文所述）；再次，合会的管理主体，一般是由会首进行管理，保证合会的正常运行，而具体的运行细节可由会员们共同商量决定；最后，合会的管理客体，即合会的汇款。此外，会首也就合会的会员活动、合会的正常运转进行管理。合会具有一定的稳定性，一般的合会都有固定的活动场所，而且其会期、会款、排序方式都一般是在合会成立之初就确定的，在整个合会存续期内不会轻易改变。

总体上，合会在解决农村资金需求上起到了很大的作用，但其运行过程中的风险也不容忽视。虽然合会在一定程度上满足了农户资金的借贷需求，但其风险也一直存在，尤其是那种大规模集群性的投机性标会（恶性抬会）。一般情况下，标会利息没有事先限制，标中最高利息者得到会钱，而不问其用途和还款收入来源，如果利息过高，而会员经济基础过于薄弱，或者转而以更高的利息放贷以赚取利差，那么金融风险就会陡增（蒋玲，2010）。

专栏2　民间合会的运行机制

民间合会具有联合储蓄及互助的性质，合会每次收到会员的会费后都会立即将这部分资金支付给其中一个成员，直到所有成员都收到一次资金支付后，合会便随之解散。专栏1中介绍的"冬根互助会"由21个人自愿组成，除中标者每人每会交1 000元会款，资金由中标者使用，直至每个人都可以获得资金支付后，合会解散。因此，合会的人数越多，完成一次支付循环所需要的时间就越长，所以一般合会的人数都控制在一定的范围内。

不同的合会形式决定会员使用资金的次序不同，这里以摇会为例，对合会的运作机制进行简单介绍：

相关假设

（1）一个合会由 $N+1$ 个人组成；轮会中每个会员支付的利息、会期、会费都事先确定，其中会费为 c，利息为 b，合会本金 $C=Nc$。

（2）会员第 j 期中标，资金为获得本金 $C+(j-1)b$。

（3）会员中标后，利用中标资金投资，可以为会员带来 h 的收益。

由于在民间合会中，只有在中标时，会员才会有资金流入，而在之前都只是交会费。未中标前，会员每期都交会费 c，从首期 0 期到 $j-1$ 期共交会费 jc；第 j 期中标，会员不需要交会费，同时可以获得中标会金 $C+(j-1)b$（其中首期即 $j=0$ 时，会首使用资金不需要支付利息，作为对会首组织、管理合会的补偿）；从第 $j+1$ 期开始，会员每期要支付会费 c 及利息 b，同时会获得投资带来的 h 收益，直至合会结束还有 $(N-j)$ 期，会员净资金流出为 $(N-j)(c+b-h)$。

因此，整个合会期间，对于每个会员而言，其总收益为

$$R_j = -jc + [C+(j-1)b] - (N-j)(c+b-h)$$

其中，$C=Nc$，则会首净收益为 Nh。

对于第 1 期中标的会员而言，其净收益为 $-(N-1)(b-h)$，即投资收益减去利息支出净值；对于最后一个第 N 期中标的会员而言，其净收益为 $(N-1)b$，即净利息收入。

$$R = \sum_{j=0}^{N} \frac{R_j}{N+1} = \frac{1}{N+1}\left(R_0 + \sum_{j=1}^{N} R_j\right)$$

$$= \frac{1}{N+1}\left\{R_0 + \sum_{j=1}^{N}\left[(j-1)b - (N-j)(b-h)\right]\right\}$$

其中：$R_0 = Nh$

简化得

$$R = \frac{1}{N+1}\left\{R_0 + \sum_{j=1}^{N}\left[j(2b-h) + Nh - (N+1)b\right]\right\}$$

$$= \frac{1}{N+1}\left\{Nh + \left[\frac{N(N+1)}{2}(2b-h) + N^2h - N(N+1)b\right]\right\}$$

所以，

$$R = \frac{1}{N+1}\left[\frac{N(N+1)}{2}(2b-h) + N(N+1)(h-b)\right]$$

$$= \frac{N(2b - h)}{2} + N(h - b)$$

$$R = \frac{N(2b - h)}{2} + N(h - b)$$

$$R = \frac{1}{2}Nh$$

可见，平均每个会员会有 h 的收益，因此会员通过参加合会，收入增加，生活状况得到改善。

同时，我们可以得到一个利率水平 r：对于想通过合会获得利润的会员而言，只有当 $\frac{Nh}{2C} \times \frac{12}{T} \geq r$ 时，会员参加合会的收益大于进行储蓄的收益，此时合会才是一种能够有效吸引资金的组织方式；对于想通过合会降低融资成本的会员而言，当 $\frac{Nh}{2C} \times \frac{12}{T} \leq r$ 时，会员通过合会融资会降低融资成本，所以合会对于筹资者同样具有吸引力。

资料来源：胡金炎，张乐. 非正规金融与小额信贷：一个理论述评 [J]. 金融研究，2004（7）：123–131.

（三）主要分布地区

民间合会是一种真正意义上的建立在信用基础上的组织化程度较低，不具有持续经营性的组织安排。在中国，融资规模较大的合会多分布在浙江、福建、广东、海南等地以及中国台湾、香港等经济较发达的地区，尤其以福建、浙江温州等地为多。例如，在福建福安市，某合会涉及金额高达 25 亿元，参与者达 65 万人；浙江奉化溪口镇民间融资竟达 4 亿~5 亿元的规模，同样依赖于非正规金融制裁，其成员较少利用法律途径维护权益（刘云生，2010）。

三、农村合作基金会①

农村合作基金会始建于 1985 年，其目的是管好、用好原有的集体资金，由农民群众自发创办。由于其对农村经济的发展起到了极大的促进作

---

① 资料来源：温铁军，《农村合作金融的存、废问题》，http://www.blogchina.com/200505 1873150. html.

用而逐步得到政府和有关部门承认、鼓励和支持。农业部负责制定有关的政策法规，指导农村合作基金会的管理和发展；地方农业行政部门为农村合作基金会主管部门；同时，人民银行依法对农村合作基金会的业务活动进行监督，并会同农业部对违反规定办理存贷款业务的行为进行处理（蒋玲，2010）。截至 1992 年，全国农村合作基金会试点情况如表 5 - 8 所示：

表 5 - 8　　　　全国农村合作基金会试点情况（截至 1992 年）

主要内容	备注
乡镇一级 1.74 万个，占乡镇总数的 36.7%； 村一级 11.25 万个，占村总数的 15.4%； 累计筹资 164.9 亿元，比上年增长 65%； 累计投放资金 178.5 亿元，比上年增长 75.5%	其中，四川、江苏两省以上指标均已超过 20 亿元，河北、山东两省也接近 20 亿元

资料来源：温铁军，《农村合作金融的存、废问题》，http：//www. blogchina. com/2005051873 150. html.

如表 5 - 8 所示，农村合作基金会经过多年的实践和发展，已逐步被推广到全国并形成了相当大的规模。表 5 - 9 列示了尚志市、平度市和玉田县试点情况。

表 5 - 9　　　　尚志市、平度市和玉田县农村合作基金会情况（截至 1992 年）

地区	合作基金会数量	规模
尚志市	农村合作基金会 341 个	股金总额 3 966.4 万元
平度市	—	入会资金达 2.64 亿元，投放资金 2.5 亿元
玉田县	有 34 个乡镇建立了农村合作基金会，并组织了县合作基金会联合会	投放资金 4.2 亿元

注：各数字均为累计值。

资料来源：冯兴元. 中国农村民间金融发展报告［EB/OL］.（2005 - 02 - 08）. http：//cip-acn. org/Article/Print. asp? ArticleID = 294.

农村合作基金会能够自发形成，逐渐得到政府的认可，甚至以试点的形式不断扩大发展规模，与其特有的组织形式、运行特点分不开。

（一）主要类型

农村合作基金会成立后也吸纳社员资金"入股"并发放贷款，但是不以营利为目的，旨在改善社员的生活及促进他们的生产活动。由于各地区的发展水平、经济结构、农户禀性、人文环境的差异，在全国形成的农村合作基金会形式和类型多种多样，按其经营范围和活动特点，大致可划分为以下三种类型：

1. 社区性农村合作基金会

社区性农村合作基金会有"村办"和"乡（镇）办"两种性质，是为社区合作经济组织搭建资金融通平台而在其内部设立的专业性信用合作组织，常见于以农业为主的农业大省或农业产值占国内生产总值较大比重的传统农区。通常，社区性农村合作基金会以"组建在社区、服务在社区"为宗旨，凸显了较强的社区合作性，往往不在社区之外开展业务。

2. 专业性农村合作基金会

由于农村经济组织很难从正规金融机构获得资金支持，为寻求新的融资途径，一些农民专业合作组织（如农民专业协会、农民专业联合会）发动组织内部成员、以自愿集资方式建立专业性农村合作基金会。这类基金会开展部分跨社区的业务活动，但其主要业务是为本专业组织或者当地的本行业提供合作性融资服务，故其业务大部分集中于当地的专业协会范围内。

3. 企业性农村股份合作基金会

企业性农村股份合作基金会又称为金融服务社，这种合作基金会的参与主体大多是集中在一定地域内的企业性经济实体（如各种混合所有制企业、乡办企业、村办企业、个体工商户和私营企业主等）。在自愿出资参股基础上成立的这种合作基金会，不仅可以实现资金上的互助，还可以让各参与主体在业务上协调配合，这对于改造企业技术、发展产业链业务和优化地区产业结构意义重大。企业性农村股份合作基金会常见于第二、第三产业较为发达和集体经济资本较为雄厚的地区，按照"取于诸，用于诸"的原则，其资金由参与主体按股共有，所有业务为实现参与主体的互助合作而开展。

（二）运行特点

农村合作基金会是由在地域上、人缘上具有共同关系的社员共同发起成立的，按照合作制原则组织的，由社员入股、社员民主管理、主要为社员服务的非营利性互助金融组织。它是农村经济体自愿集资入股组建的一类互助经济组织，根据股份制的一般原则，分别界定了股东的条件及权利和义务，按照现代企业制度建立了治理框架，在内部设立股东大会、董事会、监事会，并对各自的权限、责任和义务作出了明确规定。基金会具有法人地位，在经济和社会活动中以其所有资产独立承担民事责任，按照"独立核算、自主经营、自负盈亏"的原则开展经营活动。虽然其经营资本主要依赖于农户的资金注入，但是其经营活动归农业部管辖，故它实际上属于一种准正规金融（姚耀军，2010）。与私人借贷相比，农村合作基金会拥有相应的组织与规章制度，不以营利为目的，利息低，注重满足弱势群体的金融需求，有较高的透明性，风险较低。

不妨以社区性农村合作基金会为例说明其运行特点：

1. 组织基础

"清财收欠，以欠转贷，户有村管，村有乡管"的农村基层清财工作局面在广大农村地区已经形成。

2. 经营原则

"取之于农，用之于农"。

3. 资金主要来源

乡村集体积累、农户和乡镇企业闲散资金。基金会筹集资金的方式主要是"入股"，股金证类似于储蓄存单，并向入股者发放类似于存款利息的"股息""红利"。

4. 资金主要投向

农户和乡村集体的农业生产。资金发放类似于银行等金融机构发放"借款"，并收取类似于贷款利息的"资金占用费"。

5. 业务重点

为本地区生产规模较小的经济组织提供小额度、短期限、低利息率的贷款。

表 5 – 10 描述了 1992 年平度市社区性农村合作基金会的运行情况。

表 5 – 10　　平度市社区性农村合作基金会运行情况（1992 年）

组建目标		理顺农村财产关系，重构村、户两级新的农业积累机制
入会资金	结构	包括集体和农户两个层次，尽可能地避免外地拆借资金的进入
	规模	累计入会资金 26 355 万元，其中集体 11 231 万元，农户家庭 6 610 万元，代管资金 8 514 万元
	目标	坚持资金所有权不变的情况下，"取之于农，用之于农"

续表

资金投放	原则	"小额、短期、高效",期限不超过一年,优先照顾资金所有者的优先使用权
	对象	依次是农村合作经济组织、农户、乡镇企业和其他经济主体
	重点项目	高产、优质、高效的种植、养殖、加工项目;效益好、周转快的企业原材料购置;小额技改项目;经济效益好、有还款能力的服务项目
	投放规模	累计投放 24 537 万元中,农业生产占 48%,若加上投向农田基建的 5 700 万元和更新改造农业机械与发展农电的 3 000 万元,比重达到 83%
社会绩效		由于保证了对农业的投入,有效地改善了农业生产条件:1988—1992 年,全市新增农业机械总动力达 131 762 千瓦;新上农电线路 2 663.9 公里,实现了村村通电;新上和修复水利设施 2.3 万项,土地有效灌溉面积达 166.9 万亩,占耕地面积的 64.3%

资料来源:冯兴元. 中国农村民间金融发展报告［EB/OL］. (2005 - 02 - 08). http://cip-acn. org/Article/Print. asp? ArticleID = 294.

如表 5 - 10 所示,平度市的社区性农村合作基金会运行对当地的经济发展起到了积极作用,产生了明显的社会绩效,农村地区生活环境得到明显改善。而农村互助合作基金会特有的运行特点也有助于其社会绩效的发挥,其规模也不断扩大,在全国的分布范围也越来越广。

(三) 主要分布地区

随着农村合作基金会在农村经济中发挥的重要作用逐渐得到政府的认可,中央及各地政府甚至是以试点的方式鼓励合作基金会的发展。社区性合作基金会的试点以平度市、玉田县、尚志市较为典型;专业性农村合作基金会试点根据不同类型分布在不同的地区 (如表 5 - 11 所示);企业性农村股份合作基金会以温州和阜阳的为主。

表 5 - 11　　　　　　专业性农村合作基金会试点地区分布

基金会名称	所在地区
渔民合作基金会	河北省黄骅市、广东省汕尾市
林业合作基金会	福建省三明市
行业合作基金会	黑龙江省尚志市的蜂业、运输业、砂石业

资料来源:冯兴元. 中国农村民间金融发展报告［EB/OL］. (2005 - 02 - 08). http://cip-acn. org/Article/Print. asp? ArticleID = 294.

但是，整体上农村合作基金会在中国各地的发展很不平衡。在基金会发展最鼎盛时，山东、四川等省份几乎每乡都设立有农村合作基金会。在部分地区，农村合作基金会的存贷规模甚至超过了农行、信用合作社（周天芸，2004）。然而，在一些经济欠发达、集体资金少、个体经济不发达的地区，农村合作基金会也相对较少，甚至没有。从20世纪90年代中期开始，由于准备金、风险管理、纳税等方面游离于计划体系之外，风险积累引起一定范围的金融动荡，人民银行开始对农村合作基金会进行清理整顿，1997年农村合作基金会被解散清算，至1999年全部清理完毕。但个别地区，尤其是浙江温州等地区依然存在极少量的农村合作基金会组织，只是经营方式已经由以前的公开转为地下。

四、私人钱庄

私人钱庄又称为"地下钱庄""地下银行"，指那些没有经过政府授权且不受政府相关监管约束的、经营货币贷款及其他相关业务的金融机构。

（一）主要类型

在中国，私人钱庄大多是由"钱中"和"银背"发展而来的，也有一部分是合会的转型。20世纪80年代，一些以从事外汇买卖和发放高利贷为主的私人钱庄开始活跃，尤其是在温州地区得到了较快发展，这些经营者大多是在自由借贷中扮演了"钱中"或者"银背"的角色。而一部分私人钱庄则是合会发展的新形式，虽然保持了合会多人出资的形式，但其贷款规模、利率也较之前的合会有所扩大，贷款范围也不仅仅局限于会员之间。例如，2001年，温州永嘉县某老人会的100多位老年成员，共同出资400万元左右，向中小企业发放月息为1.2%、单笔金额为2万~5万元的贷款，逾期贷款率为1/3。温州的钱庄普遍从企业业主自发组织的"排会"演变而来，多采用股份制形式，大多集中在乡镇，放贷对象一般是本乡镇的企业，范围一般在2公里之内，对前来贷款者的情况较熟悉，便于控制风险（胡金焱、卢立香，2005）。

（二）运行特点

与"银背"（"钱中"）和合会的运行特点相比，私人钱庄运行特点更加灵活，有自身的特点。

1. 私人钱庄的储蓄资金来源和贷款对象可能不一致

私人钱庄的资金主要来源于钱庄所在地个体工商户的营业收入款、城镇居民的消费剩余资金、附近农民存款、集体商业的临时存款以及个别的信托存款等。贷款对象包括民营中小企业、农户和个人，发展到一定程度后，甚至是非本地的流动人口也成为其贷款对象。

2. 纯粹的营利性经营机构，贷款规模较大、利率较高

相对于自由借贷、合会、农村合作基金会而言，私人钱庄在更大范围的地域内进行金融交易活动，其活动范围多以乡镇为主，交易场所选择在某个股东家里，运作形式大多采用股份制，规模较大的私人钱庄还配有会计和出纳，一般由股东兼任。私人钱庄之间的相互竞争使得贷款利率一般会保持在供求平衡点，约是银行同期贷款利率的 1.5 倍。

3. 经营灵活，满足各种客户资金需求

与正规金融机构相比，私人钱庄的信用评估、抵押方式等比较灵活、简单、形式多样，贷款手续和程序非常简单，这样使得农村民间资金得以集聚，进而为那些无法通过正规融资渠道获得贷款的农村小企业提供资本，使小企业得以发展，自己也从中获得较高的收益（蒋玲，2010）。

（三）地区分布

在中国，私人钱庄最早出现于浙江温州和福建福清等发达地区。1984年，这些地区出现了一些如苍南县钱库镇的"钱库钱庄"、乐清县乐成镇的"乐成钱庄"等私人钱庄。由于农村经济和民营经济在改革开放后迅速发展，正规金融难以满足私营企业和个体工商户旺盛的融资需求，这使得早已销声匿迹的私人钱庄随即迅速浮现，在温州地区尤为活跃。1998 年 7 月 13 日，国务院颁布的《非法金融机构和非法金融业务活动取缔办法》将私人钱庄界定为非法金融机构；2002 年 1 月 31 日，人民银行发布了《关于取缔地下钱庄及打击高利贷行为的通知》，促使私人钱庄逐渐转入地下运行（杨菁，2009）。地下活动的私人钱庄的总量并不多，主要集中在民间金融较发达的福建、浙江等地区（黎翠梅，2010）。

五、社会集资（企业集资）

社会集资在中国经济转轨时期相当活跃，它在促进中国沿海地区乡镇

企业发展过程中，表现得尤为突出。① 由于其集资主体主要是企业，故又称企业集资。社会集资是企业为了组织生产而集中社会闲散资金的一种直接融资方式，是根据自愿互惠的原则使资金的所有者和使用者之间发生直接的信用关系，资金的所有者要直接承担最终借款者违约和项目失败的风险。

（一）主要类型

它是企业为了组织生产而集中社会闲散资金的一种直接融资方式。按照利率高低可以分为高息集资、低息集资和无息集资；按照集资目的可以分为生产经营性集资、非生产性集资；另外，按集资发起人不同分，也有多种表现形式。在本节中，将企业集资按照集资对象的不同分为"面向个人的集资"和"面向企业的集资"两种类型。

1. 面向个人的集资

企业在向个体投资者集资时，通常会附带给投资者发放购买企业产品优惠券等，或者将投资者吸收为自己的会员，当投资者购买自己的产品和服务时可以享受一定的优惠服务。企业集资和私人集资之间都涉及销售者和消费者，在私人集资中，销售者是债权人，个体是债务人；而在企业集资中，销售者是债务人，个体是债权人。

2. 面向企业的集资

在中国，面向企业的集资主要表现形式是中小企业之间的关联贷款。一般是处于生产流程的"下游"企业向"上游"企业贷款，或者由销售商向厂商贷款。在这些情形中，连续的商业关系充当着抵押，这种关系需要长期的、良好的声誉。而那些有闲置资金的企业一般也愿意将资金借给那些需要资金的企业，以解决其暂时性的资金困难并从中获得利息收入，此外，也是为自己解决潜在的暂时性资金需求积累社会资本。

（二）运行特点

企业集资可以通过"银背""钱中"等中介人进行间接融资，也可以直接面向个人或者其他企业进行融资，而融资方式的选择主要受融资企业融资规模和资金需求的急切程度而定。一般地，当企业暂时资金需求比较急切、规模较大时，会通过中介寻求资金来源；当企业需求资金规模较

---

① 在中国乡镇企业发展过程中，就其资金发展构成来看，1985 年社会非规范集资在乡镇企业总的资金来源中占到 22.1%，而这一比例到 1989 年增加到 33.3%（徐笑波等，1994）。

小、现金流需求也不是很迫切时，会直接面向资金的服务客户或者有业务往来的企业集资。本节以企业向个人集资——出售"购物卡"为例，说明企业集资的运行方式。

超市在面向市民发超市购物卡的集资行为中，企业向市民出售一定面值的购物卡，市民购买购物卡后可以到指定店面消费，购物卡可以抵充现金用于支付相关商品。虽然购物卡发放是企业提前回笼资金、减少现金流、促进商品销售的手段，但它也同时是企业向社会集资的一种方式。企业通过出售购物卡动辄可获得几千万元、上亿元现金，这些资金其实就是发卡公司的"零息贷款"（陈岳峰，2010），可以此来解决日常经营的现金流需要。而市民的收益来源主要包括三种形式：购卡时的成交价格与购物卡面值的差额；购买相关商品可以享受优惠；或者两者兼而有之。

（三）地区分布

社会集资盛行于20世纪80年代，在浙江、江苏等中小企业发达的地区，其社会集资也比较活跃。社会集资对民营经济的崛起和快速发展发挥了重要作用，近年来得到了一定程度的整治，但是在一些地区的私营企业、集体企业、国有企业以及行政事业单位所办实体中仍然存在内部集资现象（周天芸，2004）。

第四节　中国农村非正规金融组织结构评价

事实表明，非正规金融组织具有正规金融组织所不具备的优势，在当地的经济发展中扮演着越来越重要的角色，尤其是已成为民营企业、个体经营者的主要融资渠道。在正规金融体系、制度不完善和存在"市场失灵"的情况下，非正规金融发挥了一定的辅助性和替代性的金融功能，有助于人们特别是穷人、中小企业经营者克服不确定性，分散他们的生活或经营风险（卓凯，2006）。非正规金融借款减少了家庭消费资金对生产投资资金的占用，间接增加了家庭的投资资金，从而促进了家庭的收入与消费（张宁等，2016）。胡宗义等（2013）研究发现，相比正规金融机构，非正规金融机构能够更显著地缩小城乡收入差距。在对农村非正规金融的调查中，农户通过非正规金融组织解决资金借贷问题的比重也充分证明了非正规金融的特殊优势（如表5-12所示）。

表 5 – 12   中国农村非正规金融调查

研究者	调查样本	主要结论
何广文（1999）	360 个农户	农户贷款中来自民间借贷的比重高于 75%
温铁军（1999）	15 个省 24 个县 41 个村	民间借贷发生率高达 95%，高利息发生率高达 85%
何安耐（2000）	5 个省 5 个村 256 个农户	申请贷款农户中的 86.6% 从民间金融机构贷款
朱守银（2003）	皖北 6 个县 18 个村 217 个农户	在调查户发生的 524 笔借款中，来自民间借贷的高达 79%
江西省农调队（2004）	江西省 2 450 个农户	民间贷款占农户总借贷额的 76% ~ 86%
李锐等（2004）	10 个省 30 个县 3 000 个农户	所有借款农户中的 65.4% 从非正式渠道借款；农户借款总额的 72.8% 来自于非正式渠道
中央财经大学课题组（2005）	15 个省	非正规金融借贷占农户借贷规模的比重超过了一半

资料来源：姚耀军. 转型中的我国农村金融发展研究［D］. 杭州：浙江大学，2005.

一、各类非正规金融组织既平行竞争又垂直互补

一方面，组织化程度高的合会、农村合作基金会并不会完全取代无组织的自由借贷，它们表现出平行竞争的关系；另一方面，各非正规金融组织形式相互配合，能更充分地开发和利用信息、关系、社区法则等各种社会资源，更好地满足了农户和中小企业融资需求，表现出垂直互补的关系。

（一）平行竞争

平行竞争是指各组织形式的非正规金融组织形式同时存在，并在贷款利率、条件等方面进行竞争，以实现从农民和中小企业贷款中获得最大的利润。不仅非正规金融同组织形式之间存在相互竞争关系，各组织形式之间也存在竞争关系。

不同经济状况的农户选择的非正规金融形式不同，表现在各组织形式占整个非正规金融市场份额（农户通过融资金额/整个非正规金融的融资金额）不同。胡士华（2007）在重庆、四川、云南、贵州、湖北、河南、陕西、山西、山东、浙江和江苏等地区对总共 40 个村庄的 400 个农户进行了调查研究，调查问卷的结果说明：

1. 农户更愿意选择自由借贷、"钱背"等无组织形式的非正规金融融资。调查表明，尽管不同经济状况的农户融资渠道会有所不同，但整体上还是更多地选择无组织形式的非正规金融进行融资，通过私人借贷和"钱背"融资的农户分别为 160 家和 60 家，融资比例为 40% 和 15%；而通过储金会和"地下银行"融资的均有 50 家，融资比例均为 12.5%，即无组织形式的非正规金融市场份额更大。

2. 经济状况不同的农户选择融资的非正规金融形式也有所不同。调查显示，经济条件差的农户，通过私人借贷融资的比例为 87.5%，通过"地下银行"的融资比例为 6.3%；经济条件一般的农户，私人借贷融资的比例为 75%，"地下银行"的融资比例为 19.8%；经济条件好的农户，私人借贷融资的比例为 37%，"地下银行"的融资比例为 39.2%。

（二）垂直互补

非正规金融组织间不管是在资金的来源还是供给上都存在着一定的垂直互补关系。农户对资金的需求具有特殊性，即一次性的资金需求量少、需求次数频繁、季节性明显等，除了生产性借款外，还存在着如婚丧嫁娶、治病、子女上学、建房以及各种临时性急需等生活性借款，而且在农村中普遍缺乏贷款抵押资产。农村经济具有地域性、分割性等特征，小额、分散、不确定性和信用借贷是农户借贷的主要特点（刘启明，2011）。一方面，人们拥有资金，或者是通过自由借贷的形式直接寻求资金收益，但是对于那些精力较少、风险承担能力较小的个体，把资金投向农村互助基金会或者是私人银行，相对而言，获取收益更方便，风险也更小；另一方面，由于自由借贷是一种无组织的非正规金融形式，当农户遇到突发状况或者资金需求量很大时，自由借贷就表现出了它的弊端，此时借款者便可以直接（或者通过自由借贷的贷款者）寻求当地的合会、农村互助基金会，甚至是私人银行，来解决突发的、大规模的资金需求。

各类非正规金融都属于"内生性金融"，大多数是为满足特定地区的自然人或法人在经济活动和社会活动中的资金需要而自发形成的：一方面，它们相互配合，可以更充分地开发和利用信息、关系、社区法则等各种社会资源，更好地满足了农户和中小企业的融资需求；另一方面，多种非正规金融组织相互补充，一定程度上缓解了利率管制造成的金融抑制，非正规金融实施的市场化的利率更加有效地反映了资金的供求状况，促进了农村资本的形成，进而促进农村经济的增长。

二、非正规金融组织形式地区差异较大

非正规金融借贷遍布全国各地，其地区差异较大。例如，在经济发达地区，以企业为经济主体的各种非正规金融形式就比较活跃，而在经济欠发达或者贫困地区则主要是个体的小额借贷行为。在覆盖范围上，非正规金融在中国不同地区也存在较大差异（如表5－13所示）。

表5－13　　各地区农户非正规金融借贷行为占总借贷的覆盖率　　单位：%

	全国农户民间借贷覆盖率达到50.96%				
	范围	覆盖率		范围	覆盖率
利率较低地区	山东省聊城	40	利率较高地区	广东省恩平	94
	湖北省枣阳	37.20		陕西省大荔	91
	甘肃省合水	42.20		贵州省	86.55
	宁夏3县	60		湖南省2县	82.10

资料来源：黎翠梅. 中国农村资金供给的区域差异 [M]. 北京：经济科学出版社，2010.

地区差异在借贷规模和借贷利率上表现得更为明显。在借贷规模上，西部和东部大于中部。西部地区农户非正规融资规模指数[①]最高，为62.43；东部居中，为56.45；中部最低，为55.47（刘文朝，2011）。在借贷利率上，农村高利率占总体非正规金融借贷的比例地区差异较大，同时农村高利率现象比城乡更明显，一般特点为东部及东部沿海和中部及近西部地区的农村高利率所占比重适中，超高利率相对较低，而西部的超高利率所占比例较高。

中国各农村地区经济总量、金融总量的存在形式、发展程度不同，甚至有较大差别，导致了对资金的需求也有所差异。依托整体经济发展水平、农村经济发展水平和文化背景的非正规金融机构也因地区而存在较大差异，除了借贷规模和借贷利率的差异，借贷用途、借贷形式也存在着一定的地区差异。

───────────────

① 　规模指数＝通过非正规金融的借贷量/总的资金借贷量×100。

三、非正规金融组织形式不断高级化

非正规金融存在的经济基础是自然经济，随着农村经济市场化不断完善本应消失，但是在市场失灵的情况下，正规金融市场无法覆盖和满足全部需求，从而导致了非正规金融的出现和演化。而且随着经济的发展，非正规金融也由最初的无组织无结构逐渐发展成专业化、结构不断完善的金融组织。

农村非正规金融交易随着交易规模的扩大和交易合约的复杂化，促使了其交易的组织程度不断高级化。早期的民间借贷根据借款人的情况确定利息的收取，一般没有明确的约定或只有象征性的约定，普遍通过口头方式或者打欠条的形式确立借贷关系。但是随着农村经济的发展，非正规金融也由"互助性"向"营利性"不断转变，使得利率、期限机构和抵押担保不断完善，从而交易合约也越来越复杂。越来越多的非正规金融借贷通过正规合同等书面借据确定，一些重要事项的约定被写入合同中，这些都促使了非正规金融的组织形式不断趋于高级化（刘纯彬、桑铁柱，2010）。

非正规金融交易规模的扩大和交易合约的不断复杂，促使非正规金融组织不断升级。非正规金融由开始的自由借贷、"银背""钱中"等无组织无结构的形式，逐渐发展成为合会、农村资金互助会、私人钱庄等有组织有结构的形式，这是信用范围扩大导致市场交易范围扩大的必然结果：较为原始的农村信任边界会随着农村经济市场化的不断推进被突破，形成更为包容和广泛的新型农村信任圈，进而推动非正规金融组织不断演化。值得注意的是，2006 年试点后，中国微型金融得到了快速的发展，随着小贷公司、村镇银行的建立，非正规金融组织形式不断高级化的过程中也出现了向正规金融组织转变的趋势。

参考文献

［1］陈锡文．资源配置与中国农村发展［J］．中国农村经济，2004（5）：76 – 79.

［2］陈银娥，师文明．中国农村金融发展与贫困减少的经验研究［J］．中国地质大学学报，2010（6）：100 – 105.

［3］陈岳峰．购物卡的功与过［J］．商业前沿，2010（4）：30 – 31.

［4］杜朝运．制度变迁背景下的农村非正规金融研究［J］．农业经济问题，2001（3）：23 – 27.

［5］冯兴元．中国农村民间金融发展报告［EB/OL］．（2005 – 02 – 08）．http：//cipacn．org/Article/Print．asp？ ArticleID = 294.

［6］郭沛．农村非正规金融：内涵、利率、效率与规模［C］．中国农村金融改革学术研讨会论文集，2003（8）.

［7］何广文．从农村居民资金借贷行为看农村金融抑制与金融深化［J］．中国农村经济，1999（10）：42 – 48.

［8］胡金焱，卢立香．中国非正规金融研究的理论综述［J］．教学与研究，2005（9）：75 – 81.

［9］胡金焱，张乐．非正规金融与小额信贷：一个理论述评［J］．金融研究，2004（7）：123 – 31.

［10］胡士华．农村非正规金融发展问题研究［D］．西南大学博士学位论文，2007.

［11］胡宗义，李鹏．农村正规与非正规金融机构对城乡收入差距影响的空间计量分析——基于我国 31 省市面板数据的实证分析［J］．当代经济科学，2013（2）：71 – 77.

［12］江曙霞．中国"地下金融"［M］．福州：福建人民出版社，2001.

［13］江振娜，谢志忠．农户借贷费用的比较分析及启示——基于正规金融与非正规金融的视角［J］．农村经济，2016（2）：83 – 88.

［14］蒋玲．农村非正规金融多层次选择演化的动态分析［J］．商业时代，2010（6）：37 – 39.

［15］黎翠梅．中国农村资金供给的区域差异［M］．北京：经济科学出版社，2010.

［16］刘纯彬，桑铁柱．农村非正规金融：存在基础、效率机制与演进趋势［J］．江汉论坛，2010（12）：45 – 48.

［17］刘玲玲等．中国农村金融发展研究：2007 汇丰—清华经管学院中国农村金融发展研究报告［M］．北京：清华大学出版社，2008.

［18］刘启明．以社区管理为基础的农村非正规金融作用分析——基于宁夏盐池县 Z 村的调查［J］．公共管理学报，2011（2）：79 – 85.

［19］刘文朝．农村民间借贷与建立金融协会研究［M］．北京：中国金融出版社，2011．

［20］刘云生．农村金融与反贫困：理论、实证与政策［M］．北京：经济科学出版社，2010．

［21］史晋川，叶敏．制度扭曲环境中的金融安排：温州案例［J］．经济理论与经济管理，2001（1）：63-68．

［22］谭美成，罗丙能，樊孝凤．发展农村非正规金融的新制度经济学分析［J］．商业时代，2006（17）：6-7．

［23］王华峰．非正规金融：内涵、效率与制度安排［J］．金融理论与实践，2006（8）：47-49．

［24］温铁军．农村合作金融的存、废问题［EB/OL］．（2005-05-18）．http：//www.blogchina.com/2005051873150.html.

［25］杨菁．农民身边的银行［M］．北京：中国税务出版社，2009．

［26］姚耀军．转轨经济中的农村非正规金融：一种分析视角［J］．金融理论与实践，2010（7）：31-35．

［27］余秀江，潘朝顺，陈润华．非正规金融：形式、根源与运行机制［J］．经济问题，2007（6）：95-97．

［28］张兵，张宁．农村非正规金融是否提高了农户的信贷可能性？——基于江苏1202农户的调查［J］．中国农村经济，2012（10）：58-68．

［29］张杰．中国农村金融制度：结构、变迁与政策［M］．北京：中国人民大学出版社，2003．

［30］张宁，张兵，秦晓晖，陆磊．非正规金融对农村家庭收入、消费收入的影响分析［J］．东南大学学报，2016（5）：91-100．

［31］张宁，张兵．农村非正规金融、农户内部收入差距与贫困［J］．经济科学，2015（1）：53-65．

［32］周脉伏，徐进前．信息成本、不完全契约与农村金融机构设置——从农户融资视角的分析［J］．中国农村观察，2004（5）：38-43．

［33］周天芸．中国农村二元金融结构研究［M］．广州：中山大学出版社，2004．

［34］卓凯．非正规金融契约治理的微观理论［J］．财经研究，2006

(8): 112 - 123.

[35] MCKINNON, SHAW. Financial repression, the new structuralists, and stabilization policy in semi - industrialized economies [J]. Journal of Development Economics, 1984, 14 (3): 305 - 322.

第六章 中国农村金融组织结构 SCP 实证分析[①]

第一节 SCP 分析框架及文献述评

SCP 范式是产业组织理论中经典的分析框架，标志着 SCP 范式和传统产业组织理论正式形成的专著便是贝恩（Bain）1959 年出版的《产业组织》一书，由此形成了著名的哈佛学派并建立了经典的 SCP 框架（如图6－1所示）。该理论框架将特定产业市场分解为结构、行为、绩效三个方面，推导出"市场结构—市场行为—市场绩效"三个方面的单向因果关系，即市场结构决定企业在市场中的行为，行为又决定企业在市场中的绩效。因此，改善市场绩效的前提是优化产业结构和企业行为。

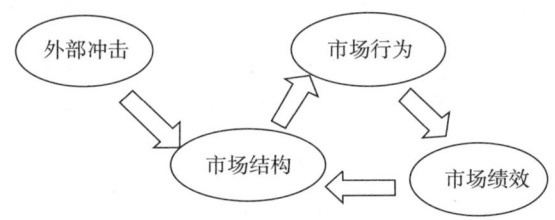

图6－1 SCP 范式分析框架

在演化经济学方法论和研究范式的推动下，产业组织理论的应用不仅

---

① 本章的主要内容先后发表在相关学术期刊上，录入本书时内容有所调整，详见：张正平. 我国农村信用社市场结构与行为的 SCP 范式分析 [J]. 现代财经，2010（11）：28－35；张正平，王麦秀. 基于 SCP 范式的我国农村金融市场研究——以中国邮政储蓄银行为例 [J]. 北京工商大学学报，2011（2）：84－90.

在国外已不罕见，而且在国内也日益普及（孙志刚、杜丽娟，2010），包括银行业在内的诸多领域得到了广泛应用①。在中国农村金融领域的研究中，也有一些学者采用 SCP 等产业组织分析方法进行了研究，主要包括两个方面：

一、理论研究

岳意定（2001）分析了国外农村金融组织理论研究的现状（农村合作金融组织、农村金融组织发展与农村经济增长关系、农村金融市场竞争与效率、农村金融组织的资本结构创新），提出治理中国农村金融组织缺陷的体制基础，是要进行农村金融组织体系创新，实现农村金融组织体系由政府主导向市场主导的根本转变。王煜宇和温涛（2007）阐述了进行农村金融产业组织创新的意义、目标和原则以及实践模式，提出应当树立产业金融意识，按产业发展规律推进农村金融产业组织创新，带动农村金融服务体系的逐步完善，从而实现农村金融与农村经济的协调发展。辛耀（2008）讨论了研究农村金融产业组织效率的意义及方法，建立研究农村金融产业组织效率的理论构架、指标体系及分析模型（尤其是中国农村金融产业市场的特殊性），为有关决策提供工具和依据，并推进产业组织理论的应用研究及创新。张波（2011）以"最优金融结构理论"为基础，研究了农村金融机构的规模与市场规模之间的矛盾。熊德平（2013）在概括中国农村金融发展理论演进及阶段性特征的基础上，对既有农村金融产业组织创新问题进行了分析，进而从演化经济学、产业组织理论和农村金融理论的视角提出了深入探索农村金融产业组织演化、深化农村金融改革等建议。

二、实证研究

卢宇平和沈志军（2004）发现，农信社处于高度寡占型市场结构中，信用程度不高、投资方向不明、竞争力不足，缺乏自我调节机制，资源配置不合理，加之历史包袱，使得农信社处于濒临淘汰的边缘。郭

---

① 有关银行产业组织研究的综述参见：吴秋实. 银行业竞争的 SCP 范式研究 [J]. 中南财经政法大学学报，2006（4）：96 – 101；刘勇. 银行业产业组织研究：综述与展望 [J]. 财经问题研究，2007（3）：47 – 54.

树华、王文召等（2007）以云南省为例，基于 SCP 框架对云南省农村金融市场进行了分析，发现云南省农村金融绩效较差，其原因在于其组织结构和产业组织政策方面的偏误。李雅娟（2007）初步分析了中国农村金融的结构、行为和绩效，发现中国农村金融整体经营效率和盈利能力较低，提出应引入竞争机制，降低农村金融市场准入门槛。闵宗陶和闫章秀（2008）则运用投入产出法实证分析了中国农村金融组织的市场绩效，发现改革后新的农村金融组织模式更加适合农村经济的特点，产权形式对于农村金融组织的市场绩效有明显的影响作用。黄惠春（2011）、郝立勋（2011）等实证研究了中国县域农村金融市场结构、新型农村金融机构的组织结构与绩效的关系，对如何解决中国农村金融市场竞争不充分、低效率等问题提出了相对可行的方法与制度安排。王若羽（2014）分类考察了不同市场集中度的情况，发现市场过度集中导致了农信社经营绩效损失，这说明在不同的市场结构下农信社的贷款对象选择权、定价权以及组织结构创新行为是不同的。他因此提出：应充分激发农村金融市场竞争的正向激励潜能，进一步深化农村金融体制改革，积极推动构建现代农村金融体系。

综上可知，SCP 范式已经成为产业组织理论中经典的分析框架，在诸多领域得到了广泛应用，在中国农村金融领域也有一些相关的研究，但总体上看，无论是相关的理论研究还是实证分析都还显得十分单薄，这可能与 SCP 范式本身的缺陷有关，也可能与中国农村金融研究中数据不足等问题有关。为此，本章在系统整理相关数据的基础上，以农信社和邮储银行为例，基于经典的 SCP 范式对 1996 年以来中国农村金融市场改革与发展的情况进行实证分析：利用市场集中度与市场份额、进入与退出壁垒等指标实证分析了农信社和邮储银行的市场结构，进而讨论了其市场行为的变化以及对其市场绩效的影响。需要说明的是，按照本书的逻辑，应该分别选取正规金融机构和非正规金融机构的典型机构代表来进行 SCP 范式的实证分析，然而非正规金融机构缺乏统一的组织形式，而且经营过程并不正规，难以获取相应的财务数据，这令实证分析的难度大大增加，因而本章仅选典型的正规农村金融机构进行实证分析。

第二节　中国农村金融 SCP 分析：
基于中国农村信用社的实证

一、中国农村信用社市场结构分析

在 SCP 范式下，市场结构是指在特定的市场中企业在市场份额及规模上的关系（唐晓华，2001）。在产业组织理论中，分析市场结构的指标很多，但以集中度、市场份额以及进入退出壁垒最为常用，因此，本节采用这三个指标进行分析。

（一）农信社的市场集中度和市场份额分析

市场集中度是衡量市场结构最为重要的依据，所谓市场结构包含完全竞争市场、完全垄断市场、垄断竞争市场等类型。对市场集中度的测量，本节选择赫芬达尔—赫希曼指数（HHI 指数）测量市场集中度，主要有三点考虑：首先，由于中国农村金融市场中农户和农村中小企业（买方）相对分散，且少数买者不能真正影响市场，这样的市场状况正好适用 HHI 指数。其次，尽管绝对集中度 CRn 测量法在国内已经得到了广泛应用，但 n 的取值往往具有一定主观性，n 的取值不同得到的结果会有明显不同。最后，基尼系数法是计算均等分布线与洛伦兹曲线间的面积之比来判断市场集中程度，但形状不同的洛伦兹曲线描绘出的面积可能相等，可能得到相同的基尼系数，所以，一个市场的基尼系数并不能代表唯一的企业分布状态。

根据企业市场份额的变化，HHI 指数可以综合反映产业内企业规模分布的相对情况，用公式表示为

$$\text{HHI} = \sum_{i=1}^{n} \left(\frac{X^i}{T}\right)^2$$

式中，X^i 代表某一企业的绝对规模；T 代表市场的总规模；X^i/T 表示第 i 个企业在产业的总资产等变量中所占比重。

在本节中，市场集中度的测算是通过对农行、农发行、农信社、农商行等在农村金融市场占有率较高的机构进行的，以存款余额（如表 6 – 1

所示）和贷款余额（如表 6 – 2 所示）两个变量作为计算依据①。

表 6 – 1　中国主要农村金融机构存款余额情况（1996—2013 年）

单位：亿元

机构\年份	农行	农发行	农信社	其他农村金融机构	农信社比重	HHI 指数
1996	9 310.40	—	8 793.58	2 146.55	0.434239	0.188564
1997	11 322.41	—	10 555.75	2 645.68	0.430428	0.185268
1998	13 264.29	—	12 191.47	3 202.05	0.425415	0.180978
1999	15 492.78	—	13 358.09	3 815.37	0.408926	0.167221
2000	17 515.89	—	16 489.29	4 579.21	0.427357	0.182634
2001	20 244.54	—	17 263.45	5 926.46	0.397460	0.157974
2002	23 985.41	—	19 875.47	7 363.46	0.388008	0.150550
2003	29 004.72	—	23 710.20	8 985.69	0.384278	0.147670
2004	34 173.22	755.48	27 289.01	10 787.25	0.373797	0.139724
2005	39 702.82	1 250.01	27 605.61	16 162.59	0.325841	0.106173
2006	46 584.81	1 751.57	30 341.28	20 411.28	0.306202	0.093760
2007	52 059.45	1 633.42	35 167.03	22 513.61	0.315758	0.099703
2008	60 974.28	3 028.10	41 529.10	19 848.31	0.331226	0.109711
2009	74 976.18	4 418.50	47 306.73	24 414.40	0.313050	0.098000
2010	88 879.05	3 982.90	50 490.95	29 221.80	0.292242	0.085406
2011	96 220.26	3 882.10	55 698.82	34 485.40	0.292710	0.085679
2012	108 629.35	4 226.82	59 724.84	46 621.00	0.272465	0.074237
2013	118 114.11	4 487.02	—	—	—	—

注：其他农村金融机构包含新型农村金融机构、农村商业银行、农村合作银行等，该列数据由各机构加总。

资料来源：《中国金融年鉴》相应各期、《中国农业银行年报（2013）》、《中国农业发展银行年报（2012）》、《中国农村金融服务报告（2012）》。

由表 6 – 1 所示的计算结果可以看出，1996—2012 年农信社的存款余额稳步增长，但用 HHI 指数测算的市场份额却逐年减小（例如，由 1996 年的 0.188564 下降到 2012 年的 0.074237），这表明，在此期间，农信社

① 需要指出的是，由于难以获取相应的数据，这里采用银行总体存贷款数据描述农村金融市场结构的变化。

在农村金融市场的集中度在逐渐降低。换言之，中国农村金融体系经过数年的改革后，农村存款市场高度垄断的结构已经有较大改变，市场竞争状况有明显改善。

表6-2　　中国主要农村金融机构贷款余额情况（1996—2013年）

单位：亿元

机构年份	农行	农发行	农信社	其他农村金融机构	农信社比重	HHI 指数
1996	8 566.47	6 248	6 289.84	—	0.2980358	0.0888253
1997	9 809.57	7 000	7 273.21	—	0.3020087	0.0912093
1 998	11 378.79	7 094.65	8 340.18	—	0.3110427	0.0967475
1999	15 550.61	7 274.8	9 225.59	—	0.2878409	0.0828524
2000	14 497.16	7 400.88	15 129.43	—	0.4086002	0.1669541
2001	16 045.94	7 432.38	11 971.17	—	0.3376965	0.114039
2002	18 578.95	7 366.28	13 937.71	—	0.3494655	0.1221261
2003	22 118.43	6 901.9	16 978.69	—	0.3691098	0.1362421
2004	25 146.26	7 189.84	19 237.84	—	0.3730147	0.13914
2005	27 405.8	7 870.72	18 680.86	1 576.28	0.3363881	0.1131569
2006	30 518.35	8 843.95	20 849.95	2 598.34	0.3319496	0.1101905
2007	33 754.22	10 224.38	23 121.61	3 271.91	0.3285621	0.107953
2008	31 001.59	12 192.8	24 531.37	19.17	0.3621137	0.1311264
2009	41 381.87	14 512.6	30 918.66	180	0.355415	0.1263198
2010	49 567.41	16 709.4	38 743.17	601	0.3668115	0.1345507
2011	56 287.05	18 738.4	46 083.34	1 316	0.376422	0.141693
2012	64 333.99	21 844.4	53 435.46	10 598	0.355734	0.1265467
2013	72 247.13	25 026.8	—	—	—	—

注：其他农村金融机构包含新型农村金融机构、农村商业银行、农村合作银行等，该列数据由各机构加总。

资料来源：《中国金融年鉴》相应各期、《中国银监会年报（2008—2012）》、《中国农业银行年报》、《中国农业发展银行年报》、《中国农村金融服务报告（2012）》。

在贷款余额方面，1996—2012年，农信社的HHI指数总体上波动较小，有微弱的上升趋势，这表明农村存款金融市场结构变化不大，但除2000年以外，农信社HHI指数有平缓的上升，这意味着其高度垄断的地位有所上升。如图 6 - 2 所示，综合反映了 1996—2012 年农信社市场集中度的变化情况。

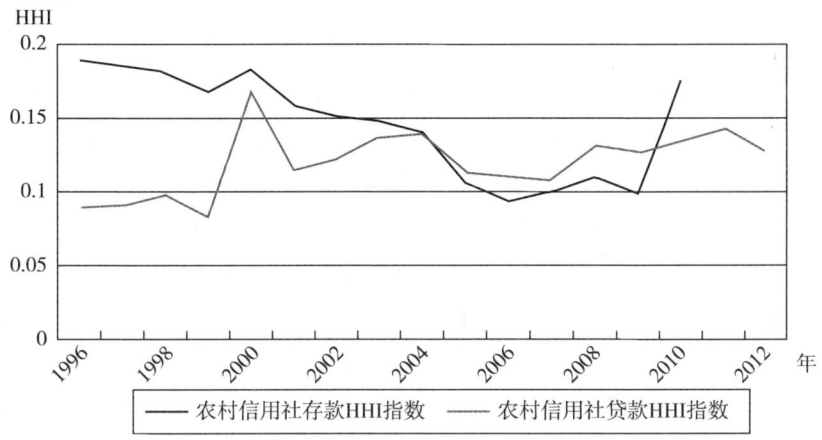

图 6 - 2 1996—2012 年农信社 HHI 指数的变化

就市场集中度而言，1996—2012 年，农信社在存款和贷款市场的市场集中程度有所不同，但总体上，尤其是 2001 年以来，农信社在两个市场的垄断地位均有所改变：其在存款市场上垄断程度不断下降；在贷款市场上，垄断程度有微弱的提升。

表 6 - 3 农信社提供农户贷款数量与比例（2002—2012 年）

单位：万个、%

年份	个数	从农信社获得农户贷款占所有农户比例
2002	6 644	29.68
2003	7 716	33.82
2004	7 990	35.63
2005	8 370	36.19
2006	8 625	37.19
2007	7 817	33.2
2008	7 783	32.04
2009	8 242	33.5
2010	7 591	30.63
2011	5 300	—
2012	5 074	—

资料来源：《中国农村金融服务报告（2012）》。

就市场份额总体来看，农信社承担了将近30%的市场份额。农信社的历年存款余额保持在30%～43%，有微弱的下降趋势；历年贷款余额保持在28%～40%，有微弱的上升趋势；而由表6-3可以看出，从农信社获取农户贷款的客户总量呈现出先增加后下降的趋势，其比例却保持在29%～37%，这表明农信社相对稳定地分担了1/3的农村金融市场份额。

对以上市场集中度和市场份额的变化，农信社可能有两种截然不同的反应：一是考虑到未来农信社的市场占有率可能继续下降，因此在缩小存贷款利差、牺牲收益率的前提下吸引更多储户存款、贷出更多资金，以提高市场占有率的方式弥补利差缩小带来的损失；二是考虑到自身在农村金融市场中的地位依然牢固，因此继续增大存贷款利差来提高利润。在后文的行为分析中可以看到，农信社作出的市场反应属于第二种。

（二）进入壁垒与退出壁垒

市场进入壁垒和市场退出壁垒是决定市场结构的重要因素。

在中国农村金融市场上，进入壁垒主要体现为严格的政策性准入门槛。首先，政策性保护以及农村金融的高风险形成的高屏障使得新设农信社几乎不可能。李雅娟（2007）认为，农信社是一种行政垄断，虽然被冠以"合作社"称号，但是其实际经营行为早已违背"一人一票制的民主管理、对会员平等开放、为会员服务、不以营利为目的、不对外负债经营以保护会员利益"等合作金融制度的基本原则，全体社员出资组建的农信社实际由国家控制产权。其次，对民间金融的打压也形成了客观的进入壁垒。

在市场退出方面，农信社几乎完全沿袭了国有商业银行"大而不倒"的潜规则。但是，随着中国农村金融改革的持续推进，退出机制逐渐显现，退出壁垒有所降低。韩俊（2009）指出，在农信社尚未改革（指2003年开始的改革）之时，临汾市17家农信社中有11家面临危机，却依靠同业拆借以及人民银行的救援勉强维持不倒，但在农信社改革过程当中，青海省8家农信社的倒闭为市场退出进行了初步探索和有益尝试。2007年6月，因为严重违规经营并造成巨额损失，银监会依法撤销哈密市4家资不抵债的农信社，这是新中国成立以来首例农信社被集体撤销。[①] 在《深化农村信用社改革试点方案》中，一条重要的改革原则就是"按照市场经济

规则，明晰产权关系，促进信用社法人治理结构的完善和经营机制转换，使信用社真正成为自主经营、自我约束、自我发展、自担风险的市场主体"。2008 年 12 月，中国人民银行发布了《中国农村金融服务报告（2008）》，报告中明确提出"要加快建立存款保险制度，完善农村金融机构市场退出机制"①。由此可见，随着改革的推进，未来中国农村金融市场的退出壁垒将逐渐消退（郭沛，2007）。

综上可知，中国已经初步建成了一个多元化、多层次的农村金融市场，农村金融市场准入门槛大幅降低，退出机制不断完善，农村金融机构数量和种类大幅增加，市场结构日趋多元化，市场竞争程度明显加强。

二、中国农村信用社市场行为分析

在 SCP 范式下，市场行为是指企业在充分考虑市场的供求条件和其他企业关系的基础上所采取的各种决策行为，或者是企业为实现其既定目标而采取的适应市场要求的调整行为。我们将从农信社存贷款利差、中间业务、人才竞争三个方面分析农信社的市场行为。

（一）存贷款利差

2002 年以前，农信社业务仅有存款和贷款两项，信贷产品利率固定，这与银行信贷产品高度趋同，而且，农信社也很少开展中间业务。自 2002 年起，中国加大了利率市场改革力度，农信社信贷产品的利率可以在 0.9～2.3 倍基准利率间浮动，农信社信贷产品逐渐开始多样化，但与商业银行相比，存贷利差还有较大提升空间。

从 SCP 范式看，农信社存贷款利差不断扩大的市场行为表明：一方面，农信社扩大存贷利差的行为与其依然占据农村金融市场垄断地位的市场结构有密切的内在联系，尽管在此期间其垄断的市场结构有轻微的改变；另一方面，与商业银行存贷款利差相比，农信社存贷款利差还有较大的提升空间。值得关注的是，2005 年以来，随着越来越多的商业银行逐步向农村市场进军，以及邮储银行、村镇银行、小贷公司等新型农村金融机构的快速发展，农村金融市场竞争日趋激烈，在这种背景下，农信社开始发展各类中间业务作为利润增长点，同时也试图寻求竞争中的合作机会

---

① 资料来源：中国人民银行农村金融服务研究小组. 中国农村金融服务报告（2008）［R］. 北京：中国金融出版社，2008.

（张正平，2009）。

（二）债券业务

此外，农信社还积极参与银行间债券市场。据中央国债登记结算有限责任公司的统计，整个银行间债券市场的参与者中，农信社的数量从2001年末的254家发展到2005年末的680家，四年间增长了2.68倍。农信社持有债券的规模从2001年末的635.64亿元增加到2005年末的1 731.83亿元，已初具规模。

通过参与债券业务，农信社资产质量得到改善，盈利能力得到提升。以某农信社为例，截至2005年末，该社债券资产占总资产的14%，而债券业务收入则占总收入的26%，债券业务的盈利能力得到充分体现（张毅峰，2008）。此外，债券业务还潜在地提升了农信社的资本充足率，这是因为债券业务所涉及的大部分资产是国债、金融债和央行票据，按照银监会《商业银行资本充足率管理办法》，这些债券大部分的风险权重系数为0，对降低风险资产总量和提高资本充足率其积极意义显而易见。

（三）人力资源发展

如表6-4所示，统计了2001—2009年农信社员工人数变化情况：在2000—2006年，信用社从业人员数量变化不大，2007年以后变化较剧烈，但可以看出其从业人员数量远远超过其主要竞争对手邮政储蓄的从业人数。

表6-4　　　　2001—2012年农信社与邮政储蓄从业人员的发展　　　单位：人

年份	农信社	邮储	年份	农信社	邮储
2001	628 154	178 624	2007	716 058	109 403
2002	628 154	198 106	2008	583 767	116 759
2003	675 711	203 904	2009	570 366	132 536
2004	651 664	224 843	2010	—	—
2005	627 141	239 286	2011	770 000	157 748
2006	634 659	239 589	2012	502 829	169 729

注：以上数字均指正式职工人数，其中，农信社2007年数据是农村合作金融机构的总人数。

资料来源：《中国金融统计年鉴》（2001—2012）。

值得注意的是，截至2012年末，全国农信社（含农商行和农村合作银行）从业人员约77.87万人，占银行业金融机构从业人员的25%。如表

6 - 5 所示的分机构从业人员比较可以看出，主要涉农金融机构从业人员中，农信社从业人员占绝对多数。由以上可知，不论在全国范围内还是在县域地区，农信社从业人数都拥有绝对优势。

表 6 - 5　　　　　**2012 年主要涉农金融机构从业人员情况**

机构名称	机构数（家）	营业网点数（个）	从业人员数（人）
农信社	1 927	49 034	502 829
农商行	337	19 910	220 042
农村合作银行	147	5 463	55 822
村镇银行	800	1 426	30 508
贷款公司	14	14	111
农村资金互助社	49	49	421

资料来源：《中国农村金融服务报告（2012）》。

综上可知，随着中国农村金融改革的推进，农村金融市场上进入和退出壁垒正逐步降低，农村金融机构的数量快速增加，农信社正面临着越来越激烈的市场竞争。作为对农村金融市场竞争加强的行为反应，农信社在稳定劳动力成本的前提下，通过提升存贷款利差、拓展新业务、创新金融产品等方式，寻求差异化竞争优势，增强其盈利能力。

三、中国农村信用社的市场绩效

在 SCP 框架下，市场绩效是指在一定市场结构的条件下，由一定的市场行为所形成的价格、产量、成本、利润、产品质量等方面的经济成果。对中国农村金融市场而言，衡量市场绩效的常用指标有不良贷款率、资产收益率等，本节选择农信社不良贷款比例以及资产利润率这两个指标分析农信社行为对其绩效的影响。

（一）农村信用社不良贷款率

1997—2001 年，全国农信社系统不良贷款比例平均高达40%，严重威胁金融体系的安全，农信社支农作用也因此大受影响。为此，2005 年中国启动了新一轮农信社改革，通过票据置换、体制改革等方式不断强化农信社盈利能力；更重要的是，新设了村镇银行、小贷公司、邮储银行等农村金融机构，农村金融市场垄断状况得以改善，竞争状况有了明显提高。经过一系列农村金融改革，农信社资产质量有了明显的改善，不良贷款比例显著下降，2007 年该比例为 9.30%，2012 年进一步下降到 4.51%。值得关注的是，尽管如此，农信社不良贷款比例仍比全国商业银行系统不良贷款比例高很多（如表 6 - 6、表 6 - 7 所示）。

表 6 - 6　　　　　　　**1997—2012 年农信社不良贷款比例**　　　　单位:%

年份	农信社不良贷款比例	年份	农信社不良贷款比例
1997	41.20	2005	14.80
1998	41.50	2006	13.73
1999	40.90	2007	9.30
2000	40.50	2008	15.94
2001	39.80	2009	10.84
2002	36.93	2010	7.41
2003	29.45	2011	5.46
2004	23.10	2012	4.51

资料来源：中国人民银行《货币政策执行报告（1997—2001）》《中国农村金融服务报告（2012）》。

表 6 - 7　　　　　**农信社与其他金融机构不良贷款比例的比较**　　　单位:%

年份	农信社不良贷款比例	全国商业银行不良贷款比例
2006	13.73	7.1
2007	9.30	6.2
2008	15.94	—
2009	10.84	1.58
2010	7.41	1.13
2011	5.46	0.96
2012	4.51	0.95

资料来源：根据《中国银监会年报（2006—2012）》《中国农村金融服务报告（2012）》整理。

（二）农村信用社资产利润率

从资产利润率来看，农信社的盈利能力还有较大的提升空间。由统计结果（如表 6 - 8 所示）可知，尽管 2005—2007 年农信社资产利润率有所提高，但农信社的资产利润率仅相当国有商业银行的 50% 左右，还是充分地显示出其盈利能力不佳的事实。

表6-8　　　　　　　　农信社与国有商业银行资产利润率比较

年份	农信社资产总额（亿元）	农信社资产利润率（%）	国有商业银行资产总额（亿元）	国有商业银行资产利润率（%）
2005	31 426.7	0.38	210 050	0.74
2006	34 502.8	0.54	242 363.5	0.81
2007	43 434.4	0.45	280 070.9	0.88
2008	52 112.6	0.42	318 358.0	—
2009	54 925.0	0.41	400 890.2	0.94
2010	68 762.2	0.36	468 876.0	1.03
2011	83 395.8	0.74	535 909.0	1.2
2012	93 864.9	—	599 864.0	1.2

资料来源：2005—2007 年数据引自中国农村金融学会（2008）；2008—2012 年数据系笔者根据《中国银监会年报》相关资料计算所得。

以上数据表明，经历多年农村金融改革后，农信社资产质量得以显著改善，盈利能力也因此大幅提高，但与国有商业银行相比还有较大差距。

第三节　中国农村金融 SCP 分析：基于邮储银行的实证

在邮储银行成立之前的 2005—2006 年，大规模的农村金融改革已经启动：新一轮农信社改革，"只贷不存"的小额贷款公司试点，村镇银行、农村资金互助合作社、贷款公司等新型农村金融机构得以准入。2007 年 3 月 6 日，中国邮政储蓄银行（PSBC）正式成立，成为服务"三农"的重要力量，这是中国农村金融市场进一步走向多元化的重要标志。迄今，中国已经初步形成了一个机构多元化的农村金融市场，竞争水平有所提高。

然而，农村金融服务覆盖不足、产品单一、供给不足、竞争不充分等问题仍然存在。为此，本节以邮储银行为例，在 SCP 范式下展开对中国农村金融市场的实证分析，研究 2003—2012 年中国农村金融市场结构的变迁及其推动下邮储银行的市场行为和绩效变化，并在此基础上提出相应的政策建议。

一、邮政储蓄银行市场份额和集中度

本节以市场集中度、市场份额以及进入退出壁垒研究中国农村金融市场结构的变化。

（一）市场集中度

与信用社分析过程一样，本节仍选择 HHI 指数度量邮储银行的市场集中度。

因为数据获取问题，本节以各农村金融机构总资产和总负债作为依据计算农村金融市场的市场集中度。[①]

如表 6 – 9 所示，对 2003—2012 年中国农村金融市场的统计分析表明，HHI 指数总体上呈下降趋势[②]，从 2003 年的 0.34 下降到 2012 年的 0.24。这意味着，从农村金融机构资产变化的角度看，2003—2012 年农村金融市场的集中度明显下降，市场结构变得更加多元化了。

表 6 – 9　　　　中国农村金融机构资产情况（2003—2012 年）　　　单位：亿元

机构/年份	2003	2004	2005	2006	2007
农行	34 940.16	40 137.69	47 710.19	53 439.43	53 055.06
农发行	7 343.31	7 496.41	8 502.1	9 325.62	10 662.94
农村合作银行	—	—	2 750.4	4 653.6	6 459.8
农信社	26 509.2	30 767	31 426.7	34 502.8	43 434.4
邮储银行	8 984.4	10 849.6	13 786.8	16 122	17 687.5
农商行	384.8	565.4	3 028.9	5 038.1	6 096.7
农村金融机构总资产	78 161.87	89 816.1	107 205.1	123 081.6	137 396.4
HHI 指数	0.336921	0.338651	0.30898	0.293097	0.275818
机构/年份	2008	2009	2010	2011	2012
农行	70 143.51	88 825.88	103 374.06	116 775.77	132 443.42
农发行	13 546.49	16 568.24	17 508.28	19 534.67	22 930.79
农村合作银行	10 033.3	12 791.2	16 013.68	19 421.63	26 517.42
农信社	52 112.6	54 925.0	68 762.24	83 395.83	93 864.92
邮储银行	22 162.9	27 045.1	33 858.56	41 064.15	66 067.15
农商行	9 290.5	18 661.2	23 362.51	28 334.39	48 686.50
农村金融机构总资产	177 289.3	218 816.62	262 879.34	308 526.44	390 510.21
HHI 指数	0.27035	0.259491	0.248632	0.237773	0.236728

注：邮政储蓄银行成立之前（2007 年 3 月前）的数据以邮政储蓄的相关数据代替。

资料来源：根据《中国银行业监督管理委员会年报（2008—2012）》《中国农业银行年报》《中国农业发展银行年报》整理。

[①]　尽管近年来我国农村金融机构数量迅猛增加，但由于新增的主要是新型农村金融机构（如村镇银行），它们成立时间短、规模小、市场份额低，因此本节的分析中没有考虑这些机构。

[②]　2004 的 HHI 指数值比 2003 年略高，这与四大国有商业银行大规模撤并基层网点有关。资料来源：陈娟，邓晰隆：《我国农村金融要素市场的发展现状、问题及对策研究》《构建和谐社会与深化行政管理体制改革研讨会暨中国行政管理学会年会论文集》，2007。

如表 6 - 10 所示，2003—2011 年，农村金融市场的 HHI 指数不断下降，从 2003 年的 0.33 下降到 2011 年的 0.24，这与表 6 - 9 的变化趋势是一致的。因此，无论从资产还是负债的角度衡量，2003—2011 年，中国农村金融市场的集中度均显著下降（如图 6 - 3 所示），市场结构趋向多元化，农村金融市场的竞争程度也随之增强。

表 6 - 10　　　　中国农村金融机构负债情况（2003—2012 年）　　　单位：亿元

机构/年份	2003	2004	2005	2006	2007
农行	33 560.47	25 900.72	46 914.12	52 599.41	60 331.11
农发行	7 146.87	7 299.18	8 303.9	9 123.51	10 446.76
农村合作银行	—	—	2 573.7	4 358.7	6 049.8
农信社	26 646.2	30 034.7	30 106.4	33 005.4	41 567
邮储银行	8 984.4	10 849.6	13 786.8	16 122	17 567.9
农商行	380.1	538.3	2 873.3	4 789.1	5 767
农村金融机构总负债	76 718.04	74 622.5	104 558.2	119 998.1	141 729.8
HHI 指数	0.334417	0.313227	0.309933	0.294533	0.291492
机构/年份	2008	2009	2010	2011	2012
农行	67 238.1	85 396.63	103 055.16	110 278	124 929.88
农发行	13 318.76	16 315.23	17 220.81	19 179.54	22 432.83
农村合作银行	9 380.6	11 940.3	14 637.79	17 702.11	—
农信社	49 893.1	52 580.6	64 459.33	77 953.47	—
邮储银行	21 941.9	26 713.4	32 748.35	39 604.00	—
农商行	8 756.4	17 545.7	21 509.53	26 012.41	—
农村金融机构总负债	170 528.86	210 491.86	253 630.97	290 729.54	
HHI 指数	0.269387	0.259272	0.249157	0.239042	—

　　资料来源：根据《中国银行业监督管理委员会年报（2008—2012）》《中国农业银行年报》《中国农业发展银行年报》整理。

　　需要说明的是，虽然中国农村金融市场的集中度明显降低，但以 HHI 值为基准的市场结构分类来看，中国农村金融市场属于高寡占Ⅱ型（如表 6 - 11 所示）。

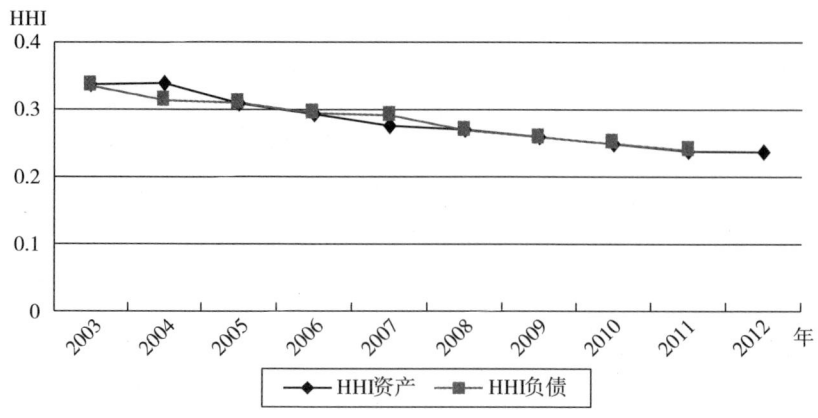

图 6 – 3　2003—2012 年农村金融市场 HHI 指数的变化

表 6 – 11 基于 HHI 指数的市场结构分类

市场结构	寡占型			竞争型		
	高寡占Ⅰ	高寡占Ⅱ	低寡占Ⅰ	低寡占Ⅱ	竞争Ⅰ	竞争Ⅱ
HHI（0/1 000）	HHI≥3 000	3 000 > HHI≥1 800	1 800 > HHI≥1 400	1 400 > HHI≥1 000	1 000 > HHI≥500	500 > HHI

（二）邮政储蓄银行的市场份额

伴随着农村金融市场结构的改变，各农村金融机构的市场份额也发生了变动。表 6 – 12 计算了 2003—2011 年邮储银行、农发行、农行市场份额的变动情况。

表 6 – 12 邮储银行、农发行和农行市场份额（2003—2011 年）

机构/年份	2003	2004	2005	2006	2007
邮储银行	0.114946	0.120798	0.128602	0.130986	0.122115
农发行	0.09395	0.083464	0.079307	0.075768	0.077607
农行	0.447023	0.446887	0.445037	0.434179	0.417703
机构/年份	2008	2009	2010	2011	
邮储银行	0.12501	0.123597	0.128799	0.133098	
农发行	0.076409	0.075717	0.066602	0.063316	
农行	0.395644	0.405938	0.393238	0.378495	

注：表中市场份额是以邮储银行、农发行、农行的资产为基础计算所得。

资料来源：根据《中国银行业监督管理委员会年报（2008—2012）》《中国农业银行年报》《中国农业发展银行年报》整理。

表 6 - 12 的计算表明，2003—2011 年，农行在农村金融市场的份额有较大变化，从 2003 年的 44.7% 持续降低到 2008 年的 39.6%，2011 年则降低为 37.8%；农发行的市场份额则呈持续降低态势，从 2003 年的 9.4% 下降为 2007 年的 7.8%，再降为 2011 年的 6.3%；与农行和农发行市场份额的变化不同的是，邮储银行在农村金融市场的份额则呈现出先在波动中缓慢增长的特点（如图 6 - 4 所示），占比由 2003 年的 11.5% 持续增加到 2006 年的 13.1%，2007 年下降到 12.2% 后，2011 年增长到 13.3%。

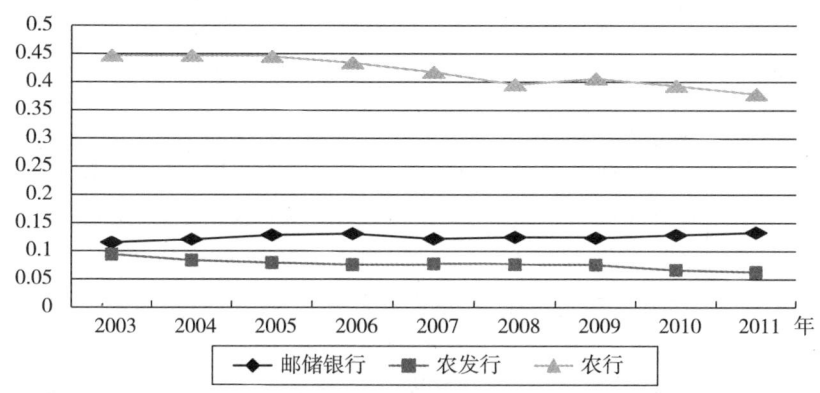

图 6 - 4　邮储银行、农发行和农行市场份额比较

总体上看，2003 年以来，在中国农村金融市场结构日趋多元化的同时，各类农村金融机构的市场份额都有所下降。这意味着，农村金融机构多元化已经取得了显著的效果，一个多元化、多层次的农村金融市场已经初步形成。这有利于农村金融机构进一步提高服务"三农"的质量，改善金融资源配置效率。

二、邮政储蓄银行市场行为分析

基于 SCP 分析框架，本节从邮政储蓄银行在营业网点、从业人数、储蓄存款、储户数量和广告策略等方面研究农村金融市场结构变化下其市场行为的改变。

（一）邮政储蓄银行的营业网点数和从业人数

邮储银行营业网点数和从业人数都有较大变化。2001—2004 年，邮政储蓄的营业网点数变化不大，2005 年网点数开始增加，2007 年邮储银行正式成立时其网点已达 3.6 万个左右，其遍布城乡的网点也成为一大竞争优势（张正平，2008）。截至 2013 年末，邮储银行覆盖全国超过 98% 的地级市，实现近 6 000 个网点可受理小微企业的融资申请，近 3 万名信贷员可为小微企业提供专业金融服务。

与营业网点相对保持稳定不同，2001—2009 年，邮政储蓄从业人数经历了较大的变化：2001—2006 年，从业人数由 17.9 万人增加到 23.7 万人；2007 年则大幅下降到 10.9 万人，这很可能与邮储银行成立有关；2008 年以来则开始不断扩张规模，人员数明显增加。

综上可知，从营业网点和从业人数来看，近年来，邮储银行存在明显的扩张倾向，这与其应对不断强化的市场竞争压力有密切的关联。

（二）邮政储蓄银行的储蓄存款、贷款等业务

邮储银行发挥其网络覆盖全国、沟通城乡的优势，充分开展居民储蓄等多项业务。邮储银行有 2.8 万个位于县及县以下农村地区的信息化网点，向广大农村居民提供储蓄、汇兑、代收电费和电话费、代缴保费等业务。截至 2013 年末，邮政储蓄拥有本外币账户数逾 12 亿户，客户总数近 6 亿人，存款余额达到 5.2 万亿元；邮储"新农保"业务累计代缴保费 9 705 万笔、金额 276 亿元，累计代发保费近 6.1 亿笔，代发金额近 698 亿元。

邮储银行的贷款业务起步晚、发展快。2007 年以后，邮储银行开始完全自主运用资金，农村金融市场的多元化格局使其面临巨大的竞争压力，为此，邮储银行积极开展各类贷款业务，主要包括县域小微企业贷款和小额贷款业务。为了更好地解决由小微企业融资难导致的供应链失衡、核心企业上下游商业信用缺失等问题，2013 年，邮储银行进一步创新小微企业信贷模式，从行业研究、产业集群、客户特征等方面入手，通过"链式开发、面式推广"的方式推行"批量客户"服务模式，大力推广由供应链金融与邮储银行共同开创的"It - Pads"模式，由之前的"点"式服务逐渐拓展为"面"式服务，更好地完善客户服务。截至 2013 年末，全行累计发放小额贷款近 1 313.67 万笔、8 116.89 亿元；累计发放小微企业贷款 4 966.99 亿元；发放涉农贷款 3 881.55 亿元，涉农贷款占比 26.07%。邮储银行的贷款业务坚持"支农支小"定位，开辟了相对独特的市场行为。

（三）邮政储蓄银行的广告行为

在积极扩张业务的同时，邮储银行也非常注重产品和形象宣传，2007 年以来开展了多项广告宣传活动（如表 6 - 13 所示），主要是通过媒体发布业务（优惠）信息和业绩报道的方式来进行宣传。显然，广告行为是邮储银行应对市场竞争的重要手段。

表 6 – 13　　邮储银行成立以来的部分广告活动（2007—2013 年）

年份	优惠活动	媒体报道
2007	"定期定额申购业务及定期定额申购费率优惠活动"（2007 – 12 – 20 至 2008 – 06 – 20）	"湖北邮政储蓄积极服务地方'三农'建设"，《中国信用卡》，2007 年第 2 期。 "福建经贸委支持邮政服务中小企业"，《中国邮政报》，2007 年 11 月 1 日。
2008	"基金定投申购费率优惠活动"（2008 – 06 – 20 至 2008 – 12 – 31）	"中国邮政储蓄银行辽阳县支行开办小额贷款业务"，《辽阳县新闻网》，2008 年 5 月 15 日。 "黑龙江邮政下乡调研'三农'服务"，《中国邮政报》，2008 年 11 月 22 日。
2009	"刷绿卡银联卡，同享国际市场购物节"（2009 – 11 – 28 至 2010 – 02 – 28）	"邮储银行启动营业网点规范化服务活动"，《中国邮政报》，2009 年 3 月 26 日。 "陶礼明：邮储银行将以连锁方式服务中小企业"，《金融时报》，2009 年 6 月 9 日。
2010	"畅游亚太乐园，'惠'聚邮储银行"（2010 – 07 – 17 至 2010 – 08 – 31） "西联汇款送好礼，中秋邮储伴您行"（2010 – 08 – 23 至 2010 – 10 – 17）	"邮政储蓄银行信贷业务：做出小特色"，《当代金融家》，2010 年 3 月 5 日。 "邮储银行小额信贷获德国'GTZ 最高成就奖'"，《中国邮政报》，2010 年 6 月 1 日。
2011	"邮储网银，盛大登场"（2011 – 07 – 18 至 2011 – 08 – 31） "刷邮储银行信用卡，金秋消费出游更给力"（2011 – 09 – 10 至 2011 – 10 – 31）	"邮储银行新农保服务覆盖 6 300 万农民"，《中国城乡金融报》，2011 年 3 月 23 日。 "邮储银行专注中小企业贷"，《北京商报》，2011 年 12 月 16 日。
2012	"Coach 赠我心，邮储伴你行"（2012 – 04 – 06 至 2012 – 06 – 30） "国庆购家电，刷卡三重礼"（2012 – 09 – 21 至 2012 – 10 – 14）	"邮政储蓄银行与中国华融签署战略合作协议"，《中国邮政报》，2012 年 5 月 19 日。 "邮储银行：完善农村金融服务体系提升'三农'金融服务水平"，《金融时报》，2012 年 11 月 13 日。
2013	"绿卡二重礼、开心境外行"（2013 – 02 – 01 至 2013 – 04 – 30） "环游世界，约'惠'邮储"（2013 – 08 – 12 至 2014 – 02 – 15）	"邮储银行：六年积极探路内控管理结硕果"，《金融时报》，2013 年 3 月 13 日。 "邮储银行小贷累计发放超 7 000 亿推进'大零售'转型"，《第一财经日报》，2013 年 5 月 22 日。

资料来源：根据中国邮政储蓄银行网站及媒体相关信息整理。

此外，邮储银行还在中央电视台、北京电视台等电视媒体上投放了广告，包括"邮政储蓄银行小额信贷""邮政储蓄银行品牌广告""邮政储蓄银行信用卡金卡广告""邮政储蓄银行理财业务广告"等。[①]

三、邮政储蓄银行市场绩效分析

考虑数据的可得性，本节通过 2007—2012 年邮储银行的盈利能力和偿付能力来分析农村金融市场结构变迁下的市场绩效。

（一）邮政储蓄银行的盈利能力

为了更好地衡量邮储银行盈利能力的变化，我们将其与农行、农发行进行了简单的比较。

从净利润来看，邮储银行从 2007 年的 6.5 亿元增加到 2013 年的 297.01 亿元，增长了近 46 倍，而同期农发行和农行的净利润仅分别增长了 12.5 倍和 4 倍左右（如表 6 - 14 所示）。

表 6 - 14　　　　　邮储银行、农发行和农行的净利润　　　　单位：亿元

机构＼年份	2007	2008	2009	2010	2011	2012	2013
邮储银行	6.5	6.5	32.2	114	231.2	282.91	297.01
农发行	14.71	17.14	22.47	36.22	67.79	142.92	184.37
农行	437.87	514.74	649.92	949.07	1 220	1 451.31	1 663.15

资料来源：根据《中国金融年鉴 2008》《中国银行业监督管理委员会年报（2009—2012）》《中国农业发展银行年报》《中国农业银行年报》《中国邮政储蓄银行 2013 社会责任报告》相关数据整理。

从资产报酬率来看，邮储银行总资产净利润率呈上升趋势。2007—2011 年，邮储银行盈利能力低于农发行和农行（如图 6 - 5 所示），总体呈现上升趋势，表明 2007 年以来，邮储银行的盈利能力总体上呈上升趋势，绩效有所改善。但从弯曲程度和高度来看，邮储银行并不占优势，它面对来自农行和农发行的较大压力。

（二）邮政储蓄银行的偿付能力

从资产负债率来看，与农发行和农行比，2007—2012 年，邮储银行的

[①] 资料来源：中国邮政储蓄银行网站，www.psbc.com/portal/zh_ CN/AboutPSBC/media/index.html.

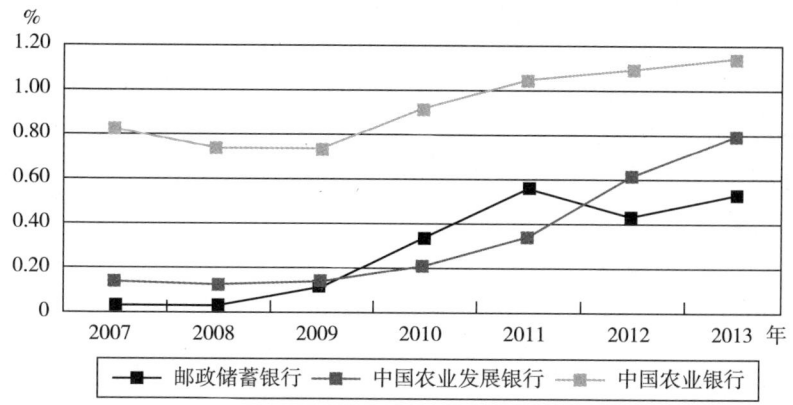

资料来源：根据《中国金融年鉴 2008》《中国银行业监督管理委员会年报（2009—2012）》《中国农业发展银行年报》《中国农业银行年报》《中国邮政储蓄银行 2013 社会责任报告》相关数据整理。

图 6 – 5 三家银行总资产净利润率的比较

资产负债率总体上呈下降趋势（如表 6 – 15 所示），从 2007 年的 99.32%下降到 2011 年的 96.44%。值得关注的是，在三家银行中，2008 年和 2009年资产负债率最高的是邮储银行，由此可推断其财务杠杆最高，经营风险也相对较大。

表 6 – 15   三家银行的资产负债率比较（2007—2012 年）   单位:%

年份	邮储银行	农发行	农行
2007	99.32	97.97	113.71
2008	99.00	98.32	95.86
2009	98.77	98.47	96.14
2010	96.72	98.36	99.69
2011	96.44	98.18	94.44
2012	—	97.83	94.33

资料来源：根据《中国金融统计年鉴》《中国农业发展银行年报》《中国农业银行年报》等汇总整理。

从产权比率①来看，邮储银行产权比率呈现持续下降趋势（如图 6 – 6

---

① 产权比率是负债总额与所有者权益总额之间的比率。

所示），从 2007 年的 146.89% 降低为 2009 年的 80.53%，而同期农发行和农行的产权比率则呈上升趋势，这表明 2007 年以来邮储银行的资产结构更加合理，长期偿付能力不断增强。值得注意的是，尽管其产权比率持续降低，但截至 2009 年邮储银行的产权比率仍然远远高于另外两家银行，进一步优化其产权比率显然是十分必要的。

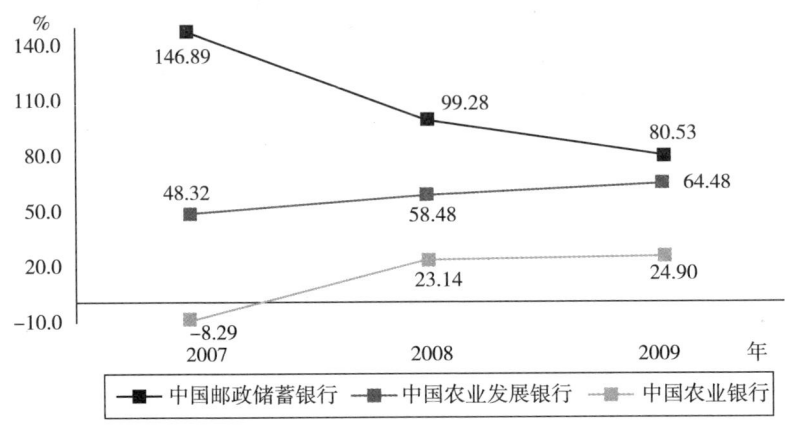

资料来源：根据《中国金融年鉴 2008》《中国银行业监督管理委员会年报（2009—2012）》《中国农业发展银行年报》《中国农业银行年报》《中国邮政储蓄银行 2013 社会责任报告》相关数据整理。

图 6 - 6　三家银行产权比率的比较

从总体上看，自 2007 年邮储银行成立以来，其盈利能力、偿付能力均有显著提高，这表明，在日益多元化的农村金融市场格局下，市场竞争的加剧促使邮储银行不断改善经营管理、拓展业务种类，进而持续改善其市场绩效。

第四节　基本结论及政策启示

一、基于农村信用社和邮储银行的 SCP 实证结论

（一）基于农村信用社的主要结论

本章第二节以农信社为例，基于经典的 SCP 范式实证研究了农信社在农村金融市场上"结构—行为—绩效"之间的内在联系，主要结论可总结

如下：

1. 利用 HHI 指数对中国农村金融市场结构进行计算后发现，1996—2007 年，农信社的市场集中度在存款市场上逐渐降低、在贷款市场上有微弱的上升趋势，这意味着农村金融市场竞争程度在不断加强；但从总体上看，农信社的进入和退出壁垒仍然较高，这在很大程度抵消了其市场集中度的降低。

2. 随着农信社市场集中度的下降（市场结构的改变），其市场行为也因此发生改变——农信社存贷款利差不断加大，由 2000 年的 1.44% 提高到了 2006 年的 2.11%（值得注意的是，与同期商业银行利差 3.5% 相比，其存贷款利差依然有扩大的空间）；与此同时，农信社开始改变以往仅依靠利差来盈利的行为模式，在竞争压力下开始经营债券等业务。

3. 农信社市场结构的变化促使其市场行为的改变，同时也导致其市场绩效的变化。与 1997—2001 年相比，2006 年以来，尽管农信社的员工数量没有发生明显的变化，但其资产利润率、不良贷款率均有了明显改善，而这正是农信社市场集中度下降较大的时期。

总之，基于 SCP 范式的实证分析表明，农信社在农村金融市场上仍然具有较大的垄断力量，整体来看，农信社正在努力改善其资产质量、提高其盈利能力，但与国有商业银行相比还有较大差距。

（二）基于邮储银行的主要结论

本章第三节以邮储银行为例，基于经典的 SCP 框架实证分析了邮储银行在中国农村金融市场上"结构—行为—绩效"之间的内在关联，主要的研究结论可总结为：

1. 2001—2012 年，中国农村金融市场的集中度持续降低，但 HHI 数值仍较大，属于高寡占 II 型市场结构，因此，总体上农村金融市场竞争还很有限。

2. 2001—2012 年，农发行和农行市场份额持续降低，邮储银行的市场份额则呈现先上升后下降的小幅波动，但基本维持在 11%～12%，这些机构市场份额的变动表明，农村金融市场上机构间的竞争压力已经形成。

3. 由于强有力的政策管制，农村金融市场一直存在较高的进入和退出壁垒。2006 年以来，农村金融"新政"的推行使得市场进入和退出壁垒大幅降低，这有助于进一步推动农村金融市场多元化，改善市场竞争状况。

4. 在中国农村金融市场集中度逐渐降低的过程中，尽管邮储银行的市场份额变化不大，但市场结构的改变仍然极大地影响了邮储银行的市场行为。为应对日益激烈的市场竞争，邮储银行持续保持着网点优势，不断招募新员工以改善人力资源结构，积极开展小额贷款等资产业务，扩大农村存款规模和客户规模，并积极开展各类广告宣传活动，树立邮储银行的品牌形象。

5. 中国农村金融市场结构的改变，不仅影响了邮储银行的市场行为，还对其市场绩效产生了积极作用。2007 年邮储银行成立以来，其盈利能力和偿付能力均明显提升，市场绩效有所改善，但与农行等农村金融机构还存在一定差距。

总之，基于 SCP 范式的实证分析表明，历经多年的农村金融改革，中国已经初步形成了多层次的农村金融市场结构，市场竞争的加强促使邮储银行积极作出反应，在营业网点、从业人员、吸收存款、广告宣传等方面加以改进，从而对其市场绩效起到了积极的改善作用。

二、主要政策启示

（一）继续推进农信社和邮储银行体制机制的改革

在深化农信社产权、公司治理改革的同时，一方面，继续发挥农信社在贷款业务、人才储备、风险管理等方面的优势，不断增加农信社在农村地区的网点数①，在竞争的同时积极寻求与邮储银行等农村金融机构展开合作（张正平，2009）。另一方面，降低行政壁垒、市场竞争，对推动农信社改革、优化农村金融市场也有积极的作用（杜兴端，2012）。

自 2007 年以来，邮储银行在开发信贷产品、开拓信贷市场、发展存款市场、改善人力资源等方面开展了卓有成效的工作，但邮储银行在体制机制（尤其是公司治理机制和风险控制）方面还存在较多的问题，应当通过持续的公司治理改革和风险制度建设予以强化，促进邮储银行等农村金融机构积极参与市场竞争，改善农村金融服务质量。

（二）着力构建更加多元化的农村金融体系

学界很早就提出应当构建一个机构多元化的农村金融体系（张杰，

---

① 据《中国银监会 2009 年年报》，截至 2009 年末，全国银行业金融机构空白乡镇已由 2009 年 6 月末的 2 945 个减少至 2 792 个，服务空白乡镇由 708 个减少至 342 个。

2003；何广文，2004），也得到了包括多个"中央一号文件"在内的政府文件的认同。随着邮储银行、村镇银行、小贷公司等新型农村金融机构的准入，中国构建多层次、广覆盖、适度竞争的农村金融体系得以实质推进。但从总体上看，中国农村金融供给不足、布局不合理的状况仍然存在，必须继续推进农村金融体系的多元化进程。

需要说明的是，从 SCP 范式来看，建立一个富有竞争性的农村金融市场，尤其应当鼓励更多资本（民间资本和外资）以多种形式进入农村金融市场。在持续推进农村金融机构多元化改革方面，还需要不断改善城乡金融市场二元分割的局面，加强城区金融机构间的竞争，避免农村金融机构偏离"三农"而"偏向"城市①，农村金融市场结构的改变将会带来更加有效的市场行为变化和市场绩效提升。换言之，只有城乡金融市场得以统筹发展，消除城乡金融二元分割，才能真正建立起富有竞争性的农村金融市场。

参考文献

［1］陈娟，邓晰隆．我国农村金融要素市场的发展现状、问题及对策研究［C］．构建和谐社会与深化行政管理体制改革研讨会暨中国行政管理学会年会论文集［A］．2007．

［2］杜兴端．中国农村金融产业组织研究［M］．成都：四川大学出版社，2012．

［3］郭沛．农村金融市场降低准入壁垒分析［J］．银行家，2007（5）：105－106．

---

① 吕晓宇（2009）指出，远离"三农"已经成为信用社的一大软肋。1998—2000 年，临汾市农村信用社陷入困境的根本原因就是服务方向错位，远离"三农"、实施"盯大户、垒大户"的经营策略，导致贷款集中于非农业，占农户总数 0.6% 的贷款大户占去了贷款总额的 58%，个别非农业贷款大户可贷到 300 万元，而许多农民却贷不到 1 000 元，几个大户就可以压垮信用社。《中国农村金融服务报告（2008）》显示，在 2002—2007 年，以县、市为单位的两级法人农信社数量从 2 356 个猛降至 460 个，而统一法人信用社的数量则从 94 个猛增至 1 818 个。中国人民银行认为，农信社出现了业务上收和转制为大银行的趋势，农村信用社县级法人不宜向成立全省统一法人的方向转变，应该避免减少县一级的农村信用社独立法人，因为"中国并不缺少大银行，但缺少贴近基层的中小金融机构，特别缺少根植于农村的微型金融组织"，央行担心农信社改革后偏离服务"三农"的目标。任常青（2010）也明确提出，农信社改革重在稳定县级法人地位，农信社是否增强了服务农村的能力是衡量改革的重要标志。

［4］郭树华，王文召，郭新宇．基于 SCP 视角的农村金融市场结构的选择——以云南省为例［J］．思想战线，2007（6）：45－48.

［5］韩俊．中国农村金融调查［M］．上海：上海远东出版社，2009.

［6］郝立勋．我国农村资金互助合作社组织绩效分析［D］．中国农业科学院，2011.

［7］何广文．中国农村金融转型与金融机构多元化［J］．中国农村观察，2004（2）：11－20.

［8］黄惠春．我国县域农村金融市场结构与绩效研究［D］．南京农业大学，2011.

［9］李雅娟．我国农村金融的"结构—行为—效率"分析［J］．现代经济，2007（6）：82－84.

［10］刘勇．银行业产业组织研究：综述与展望［J］．财经问题研究，2007（3）：47－54.

［11］卢宇平，沈志军．中国农村信用社市场的 SCP 范式分析［J］．南方农村，2004（5）：15－19.

［12］吕晓宇．农村信用社出现问题不能单靠"关闭"去解决［N］．经济参考报，2009－09－25.

［13］闵宗陶，闫章秀．中国农村金融组织市场绩效的实证分析［J］．统计与信息论坛，2008（12）：20－25.

［14］任常青．农信社改革重在稳定县级法人地位［N］．中国城乡金融报，2010－06－09.

［15］孙志刚，杜丽娟．产业组织演化理论及其在我国的研究现状［J］．河北理工大学学报（社会科学版），2010（6）：33－36.

［16］唐晓华．产业经济学教程［M］．北京：经济管理出版社，2001.

［17］王若羽．不同市场结构下农村信用社经营绩效研究［J］．金融发展研究，2014（1）：78－81.

［18］王煜宇，温涛．推进我国农村金融产业组织创新的战略思考［J］．金融理论与实践，2007（9）：3－7.

［19］吴秋实．银行业竞争的 SCP 范式研究［J］．中南财经政法大学学报，2006（4）：96－101.

［20］辛耀．研究农村金融产业组织效率的意义及方法探索［J］．贵州社会科学，2008（12）：59 – 62.

［21］熊德平．中国农村金融产业组织问题研究述评与展望［J］．金融发展研究，2013（1）：17 – 22.

［22］岳意定．西方对农村金融组织理论研究的现状及启示［J］．中南工业大学学报，2002（4）：355 – 357.

［23］张波．关于农村金融机构的供给规模结构分析［J］．农村金融研究，2011（5）：75 – 79.

［24］张杰．中国农村金融制度：结构、变迁与政策［M］．北京：中国人民大学出版社，2003.

［25］张正平，王麦秀．基于 SCP 范式的我国农村金融市场研究——以中国邮政储蓄银行为例［J］．北京工商大学学报，2011（2）：84 – 90.

［26］张正平．从需求角度看我国农村金融供给差距［N］．中国城乡金融报，2008 – 11 – 05.

［27］张正平．农村金融市场的竞争：以中国邮政储蓄银行和农村信用社为例［J］．河南社会科学，2009（5）：28 – 31.

［28］张正平．我国农村信用社市场结构与行为的 SCP 范式分析［J］．现代财经，2010（11）：28 – 35.

第七章　中国农村金融组织结构
失衡的表现及原因分析

随着中国经济体制和金融体制的改革，作为中国金融领域中的一项重要制度安排的农村金融组织结构也经历了数次制度变迁。尽管农村金融改革是农村经济体制改革中的重要组成部分，但与其他农村领域的改革相比，农村金融改革却大大滞后（王曙光，2009）。农村金融体制改革基本上是由政府的农村金融政策推动的，属于从上而下的强制性制度变迁，而非自下而上的诱发性制度变迁（林毅夫，1994），其特征表现为：与农村经济制度变迁的路径相悖；压制非正规金融的诱致性制度变迁、沿袭正规金融体系及机构、忽视金融机构的基本功能，具有显著的路径依赖特征等（匡家在，2007）。这种由政策推动的强制性制度变迁导致中国农村金融组织构架严重失衡。

改革开放以来，尤其是最近五年以来，农村金融领域确实出现了一些适应农村金融市场需求、改善农村金融市场竞争环境并多元化农村金融产权主体的积极变化，使得中国农村金融体系服务"三农"的能力有了一定程度的提升（王曙光，2009）。但农村金融组织制度、市场制度以及宏观调控制度等仍未发生根本性变革，农村金融产品供给与金融产品现实需求脱节，与多层次、多样化、适度竞争的农村金融服务体系差距甚远，导致其他诸如金融资源供给不足、主要涉农金融机构改革仍需深化、部分农村金融机构"离农脱农"的倾向明显、新型农村金融机构增长缓慢等问题，难以为服务"三农"提供足够的支持。本章主要从制度安排和制度变迁的视角，探析中国农村金融组织结构失衡的深层次原因。

第一节　制度变迁相关理论概述

格雷夫（Greif，2005）认为，制度是产生社会行为规律性的规则、信念、规范和组织所构成的一个系统；如果用重复博弈来研究制度，制度就是博弈达到均衡时的规则、信念、规范和组织系统；制度化的行为是按照均衡的规则而不是博弈规则进行的。为探讨美国经济制度结构的进程，诺斯（North）与戴维斯（Davis）在 1976 年合著的《制度变迁与美国经济增长》一书中，构建了一个制度变迁理论（Institution Change Theory）框架，认为制度是一系列被制定出来的规则、服从程序和道德、伦理、"支配经济单位之间可能合作与竞争方式的规则"，诺斯等称之为"制度安排"。制度安排的形式多样，可以由政府安排，也可以由个人或自愿合作群体的非政府性组织安排；可以是正式的，也可以是非正式的。

所谓制度变迁，是指否定、扬弃或改变旧制度或旧制度结构，产生、发展新制度或新制度结构的过程，从而提供某种机制使个体通过合作获得某些在结构外不可能获得的追加收入，或影响法律或产权变迁，以改变个体或团体合法竞争的方式（戴维斯和道格拉斯，2008）。斯密德（Schmid）认为，主观上，当人们的意识和想象发生变化时，其相互关系也会发生相应变化；客观上，人口、资源和技术不是一成不变而是时刻变化的，这些变化的结果是带来制度的变迁。这些变化共同作用，导致人们改变自己的行为；反过来，人们有意识的行为也对正式的制度变迁产生压力（李小勋，2010）。以诺斯为代表的西方新制度经济学派把制度变迁模式分为两种：一是诱致性制度变迁；二是强制性制度变迁。诱致性制度变迁是自下而上的变迁，制度不均衡会产生获利机会，个人或群体自发倡导、组织捕捉这种机会的同时会改变现行制度安排，或创造出新的制度安排；而强制性制度变迁是自上而下的变迁方式，是政府理性认识制度变迁的目标模式后，通过法律和命令而引起的制度变迁（林毅夫，1994；诺斯，1994）。

速水佑次郎（Yujiro Hayami）和拉坦（Ruttan）较早地系统论证了诱致性制度变迁。他们指出，制度变迁存在需求和供给两个方面，需求与供给共同作用，才促成了旧制度向新制度的改变。但是二者存在主从之分，其中，制度需求是主导诱致性制度变迁的因素，是源泉；制度供给是为适应制度需求，为制度需求提供相应便利而提供的。通常，要素与产品相对价格的变化、影响经济增长的相关技术的进步，会引起制度变迁需求的改变；而社会科学知识、法律、商业、社会服务和计划领域的进步，则会引起制度变迁供给的改变。若现存的制度存在不均衡情况，由于制度需求因素的改变会产生潜在收益，引发经济主体对利益的追逐，并采取相关行动来重新组织、分配现有资源，并竭力创造法律、商业、服务等条件以降低制度变迁成本，于是适当的新制度便产生了（王亚飞和董景荣，2008）。诱致性制度变迁可以划分为正式和非正式两种形式，区别是二者的规则变动是否需要得到他人的允许：正式的制度变迁需要得到受它管束的个人或群体的准许，所以创新者需要花时间和精力和其他人协商谈判，只有意见达成一致，制度变迁的进程才有可能顺利继续，这种制度变迁的方式时间成本较大；非正式的制度变迁不需要得到他人的同意，个人通过改变自己的价值观、伦理规范、道德、习惯、意识形态等就完全可以完成（李小勋，2010）。

但是，靠诱致性制度变迁是否就能完成一个新制度的创造，即诱致性制度变迁是否都是自动完成的呢？答案是否定的，因为诱致性制度变迁过程中会不可避免地产生外部性和"搭便车"问题，进而导致社会中制度安排的最优供给不足。一方面，诱致性制度变迁将打破社会现存利益格局，从根本上改变社会制度架构，随着诱致性制度变迁过程的推进，全社会的主流制度发生变化，实行新的制度的时机已经成熟，于是促使政府采取新的制度安排，即推行强制性制度变迁的条件已经完备。另一方面，由国家进行干预促成制度变迁可以提高制度供给水平，如市场经济的法律建设、宏观经济调控、教育及交通等社会公共产品、社会保障体系、明确界定的产权体系等，解决诱致性制度变迁带来的外部性和"搭便车"问题，弥补制度供给的不足。阿兰·斯密德[①]认为，制度变迁的一般过程是"自下而上"的，即微观主体的需求引发诱致性制度变迁，然后由强制性制度变迁加以选择并确立新的正式制度，这个过程充分体现微观主体要求变革的意愿及政府确立新的正式制度的权威，政府的作用是制定"规则的规则"，决定在需求存在冲突的情况下，对谁的利益最先得到满足进行排序（李小勋，2010）。

诺斯在其所著《经济史上的结构和变革》一书中提出了如下观点：（1）只有统一掌握暴力的组织才能有效解决"搭便车"问题并带来规模效应，所以，国家是制度及制度变迁的主要供给者，其他制度和制度变迁供

---

① 资料来源：阿兰·斯密德. 制度与行为经济学［M］. 刘璨，吴水荣，译. 北京：中国人民大学出版社，2009.

给主体的暴力优势都不如国家这样明显。（2）与社会经济活动中的其他经济主体一样，国家及其统治者也会为了自身利益，从"经济人"角度思考问题和采取行动，即追求福利和效用的最大化，以便弥补制度供给不足，取得收入。（3）制度提供或制度变迁都有成本，新产权制度的建立付出的交易费用——监督费用和代理人（各级官员）费用高昂，且各利益集团为了自身利益不免存在冲突，国家及其统治者在追求租金最大化和社会产出最大化两个目标时，若二者发生冲突，不一定按效率原则来权衡取舍，即他们往往不愿意改变低效的产权制度。（4）国家在提供制定"规则的规则"的基本服务的时候，处于尴尬的两难境地：一方面，国家权力是建立高效的产权制度、促进经济发展的必要保证；另一方面，介入产权制度后，国家权力往往会导致低效的产权制度结构，因为竞争和交易费用两个因素共同约束国家权力的实施和目标的取舍，这就是著名的"诺斯悖论"现象（杜彪，2007）。

　　诺斯在制度及制度变迁的研究中还提出了著名的"路径依赖理论"。诺斯认为，受过去衍生而来的制度和信念的影响，人们现在可能的选择取决于过去对相同问题所作的选择，倾向于保持原来的状态和路径而不愿意打破"惯性"进行革新，对原来的路径存在强烈的依赖。而制度的形成和变革受人们价值观、意识形态等主观因素的影响，一旦人的选择变成定式，制度也会走上某一路径继而进入"锁定"状态，于是对这种制度演变和存在路径产生依赖，此时，经济或政治制度沿着各自既定的路径演变就很难再被改变。因为之前的方式、路径可能是好的也可能是坏的，所以制度接下来的发展变化可能是快速调整、优化，进入良性循环，也可能不断恶化进入恶性循环，最糟糕的是进入"锁定"状态，在某种无效中停滞，这就是制度变迁的两种路径依赖形式（诺斯，1994）。因此，路径依赖不仅对长期经济变化的分析与理解尤为关键，对制度变迁也有极强的制约作用。导致路径依赖的深层次原因与技术变迁过程一样，即制度变迁过程中也存在着自我强化和报酬递增的机制：一方面，一系列的外在性、组织学习过程、主观模型都会加强制度变迁过程中所呈现出的一种独特的发展轨迹（邸俊刚和冯开文，2011），制度变迁的既定方向会在以后的发展中得到自我强化（谢家智等，2000）；另一方面，在市场不完全、组织无效的情况下，一旦制度变迁在起始阶段带来报酬递增的制度，其后会阻碍生产活动的发展（邸俊刚和冯开文，2011）。一种对经济增长与经济发展不但没有好处且缺乏效率的制度之所以能够产生并保存下来，其原因在于，这种制度一旦形成，就会与已有的制度安排建立起密切的关系，进而产生相关的组织和既得利益集团，他们对现有制度及其路径会有非常强烈的依赖，即使新建立的制度安排较旧制度安排效率更高，他们也不会支持新制度而是顽固地加强、巩固旧制度，成为新制度建立的阻碍（中国人民银行抚州市中心支行课题组，2005）。

第二节　中国农村金融制度的历史变迁

新中国成立以来，中国农村金融制度经历了几次大的变革，其制度变迁大致经历了五个阶段。

一、第一阶段（1949—1958 年）

这一阶段，中国人民银行（以下简称人民银行）开始统一领导农村金融和直接经营农村金融业务，由人民银行县及县以下分支机构为主体的国家农村金融和农信社共同初步构成了农村金融组织体系的基本框架（张斌，2011）。

新中国成立以后，开始实行农民土地所有制改革，在此期间，被视作群众性的资金互助组织的合作金融得到初步发展。1951 年 5 月，人民银行召开了第一次全国农村金融工作会议，会议指出"信用合作是群众性的资金互助合作组织，应采取多种多样的由低级到高级的发展形式。人民银行是国家银行联系群众的桥梁"，其后下发了《关于农村信用合作社每县试办一个的通知》（中国人民银行抚州市中心支行课题组，2005），决定大力发展农信社，在全国大部分地区建立了区级银行机构——农村营业所。①在此期间，为加强对农村金融工作的领导，又陆续开展了如下工作：

1951 年 8 月，成立农业合作银行，未设立分支机构；

1952 年，"三反"后开始精简机构，撤销农业合作银行；

1953 年，农业合作化开始，作为合作化的一部分，农信社得到了大量

---

① 中国人民银行抚州市中心支行课题组．中国农村金融结构与制度创新问题研究 [EB/OL]．http：//fzjxzlh.blog.hexun.com/23938905_d.html．

推广，到 1954 年全国共有农信社 12.4 万个；

1955 年 3 月，为满足农村全面开展社会主义改造的要求和更好地指导农信社，成立了中国农业银行，并在全国各省、地区和大部分县设立分支机构，部分县以下地区设立办事机构，农行受人民银行领导，负责指导农信社；

1957 年 4 月 12 日，撤销农行，各级农行并入人民银行，在人民银行设立了农村金融管理局。

总之，这一时期的农信社，是以自愿互利为基础，以合作为原则建立的相互协作、互助互利式的"合作性"金融安排。由农民入股资本金，由社员选举干部，通过信贷活动为社员的生产生活服务，基本保持了合作制的性质，对当时的农村经济发展发挥了重要的作用。

二、第二阶段（1958—1979 年）

在这个阶段，中国农村金融制度不断反复，发展停滞。

1958 年，农村普遍实行人民公社化，农村开始建立起"三级所有、队为基础"的经济体制。根据当时的"两放、三统、一包"的财经管理体制和"一乡一社"的建社原则，人民银行下发了《关于自 1958 年起明确划分国家银行和信用社的业务工作问题的指示》，划分了银行与信用社的业务范围，信用社只能对社员个人放款（中国人民银行抚州市中心支行课题组，2005），农信社从合作金融组织转变为集体金融组织，并于 1955 成立的农行的农村分支机构——银行营业所合并，逐渐走上了"官办"的道路；1963 年，再次组建农行，并由国务院领导，在全国普遍设立分支机构；1965 年，农行又被撤销并入人民银行。这一时期，农信社的管理较为混乱，其性质也逐渐从合作金融组织演变为国家性质的银行基层机构。1977 年发布的《关于整顿和加强银行工作的几项规定》指出，"信用社的资金应纳入国家信贷计划，人员编制应纳入县集体劳动工资计划，职工待遇应与中国人民银行基本一致"。

由此可见，农信社在其发展过程中，不仅合作制性质被弱化，而且更多地成为国家控制农村资源的制度安排的产物，也实现了合作金融的强制性制度变迁。直到 1978 年 12 月党的十一届三中全会召开后，才明确了农信社应该在银行的领导下，实行独立核算、自负盈亏，发挥民间借贷的作用，使之成为真正的群众性的合作金融组织，并充分发挥其调剂农村资金的作用（中国人民银行抚州市中心支行课题组，2005）。

三、第三阶段（1979—1996 年）

党的十一届三中全会后，农村全面推行家庭联产承包责任制，为适应经济体制改革需要，支持农村商品经济发展，提高资金使用效益，1979 年 2 月，国务院正式发布《关于恢复中国农业银行的通知》（以下简称《通知》），决定正式恢复中国农业银行，恢复后的农行是国务院的直属机构，由中国人民银行监管。《通知》同时规定，农村信用合作社是集体所有制的金融组织，是农行的基层机构，农行负责对其日常工作进行组织管理。

在改革开放的初期，中国对农信社体制的改革是循序渐进的。1982 年，国务院颁发的《当前农村经济政策的若干问题》、1984 年 1 月 1 日的"中央一号文件"《关于一九八四年农村工作的通知》和 1985 年"中央一号文件"《关于进一步活跃农村经济的十项政策》提出，农村信用合作社要进行改革，真正办成群众性的合作金融组织，要"在遵守国家金融政策和接受农业银行的领导、监督下独立自主地开展存贷业务"，要"实行独立经营，自负盈亏"。在农行的领导下，农信社进行了一系列的配套改革，各县成立了县级联社，并逐渐建立起县、乡（镇）两级法人制，县联社负责对基层信用社进行管理、指导和资金调剂，农信社的自主经营权不断扩大。

20 世纪 80 年代中期，全国各地开始成立农村信用合作基金会，旨在大力支持农村经济的融资需求和农村经济发展，这同时也意味着放开了对民间信用的管制。1985 年 1 月，中共中央、国务院在《关于进一步活跃农村经济的十项政策》中明确指出要适当发展民间信用后，国家农业投资公司、国家林业投资公司、中国农村发展信托投资公司等农业金融组织相继成立，保险公司等非银行金融机构也一起将触角伸向农村。

1993 年 12 月，为逐步建立起由中国人民银行统一监管，农发行、农行和农村合作金融组织紧密配合、协调发展的农村金融组织体系，国务院出台了《关于金融体制改革的决定》，提出建立以国有商业银行为主体、多种金融机构并存、政策性金融与商业性金融分离的金融组织体系的改革目标。在农村金融组织体系改革方面，确立了组建农发行，将农信社联社从农行中独立出来，使农行成为真正的国有商业银行，有步骤地组建农村合作银行，采取多种形式逐步发展农村保险事业等一系列重要改革方针。

1994 年，国务院发布《关于组建中国农业发展银行的通知》，决定成立国有农业政策性银行——中国农业发展银行。农发行由国务院直属领导，负责从农行和工行中剥离出来的政策性金融业务。1995 年后，根据农村商品经济发展的需要，在农信社联社的基础上，有步骤地在县（含县）以下地区组建属于集体合作金融性质的农村合作银行。

总体上看，这一时期，中国恢复和组建了新的金融机构，逐步削弱了对民间信用的管制，初步形成了多元化和竞争化的农村金融市场组织，农村金融发展较快。但此时的农信社实际上还是农行的基层机构，偏离了"合作制"的轨道。

四、第四阶段（1996—2006 年）

这一阶段的改革重心是农信社，通过初步构建和完善合作金融组织（农信社），建立以农行为代表的商业性金融组织、农发行为代表的政策性金融组织，逐步构建三类金融组织密切合作、协调分工的农村金融组织体系，但民间金融受到一定压制。

1996 年 8 月，国务院正式发布《关于农村金融体制改革的决定》（以下简称《决定》），指出要建立以合作金融组织为基础，商业性金融组织和政策性金融组织密切合作、协调分工的农村金融组织体系。同时，从该年起农信社与农行正式"脱钩"，不再受农行领导管理，其金融监督管理划归中国人民银行。《决定》强调，要恢复农信社独立法人地位，按合作制重新规范其经营与管理，不再专设县级以上的农信社经营机构，同时加强县联社建设并由其负责管理农信社业务，实现了农信社管理体制的重大改革。

1997 年，中央金融工作会议确定了农信社改革为农村金融体制改革的重点。1998 年，中国人民银行印发《进一步做好农村信用合作社改革整顿规范工作的意见》，提出要通过股权结构调整恢复合作金融性质。2000 年 7 月 15 日，中国人民银行和江苏省人民政府共同拟定的江苏省农村信用社改革方案获得国务院的批准。该方案提出，要在明晰产权、提高经营管理水平、完善治理机制的基础上，以县为单位统一法人，组建农村银行类金融机构，在县（市）联社参股的基础上组建江苏省级联社，做到管理一致、经营规范，并取得了良好成效，为全国农村信用社进一步深化改革积累了宝贵经验。为了促进农信社的金融创新，从 2000 年起，在人民银行支农再贷款的支持下，全国范围内的农信社小额信贷试验开始展开，积极推行农户小额信用贷款和农户联保贷款方式。

在农发行组建完成和农信社与农行脱离行政隶属关系之后，农行结束了"一身三任"的角色，确立了向商业银行转变的目标。根据 1997 年中央金融工作会议确定的"各国有商业银行收缩县及县以下机构，发展中小金融机构，支持地方经济发展"的基本策略，农行从 1998 年开始大量撤并基层机构，县及县以下只保留了少量分支机构，基本退出了县域范围，重点转向了城市。县及县以下那些保留分支机构的贷款权均上交，业务也以吸收存款为主。

由于基层政府的介入和缺乏合理的监管，农村基金会在发展过程中暴露出一些问题，如不受政府利率的管制，出现贷款利率混乱的情况，形成了对农信社经营造成一定冲击的大批呆账、坏账，由此带来了一定的金融风险等。1997 年，为整顿农村金融市场秩序，政府开始压制民间金融活动，对各种非正规金融组织和机构进行清理整顿，关闭合并了农村合作基金会。这一系列举措虽然稳定了农村金融秩序，但在一定程度上压制了民间金融组织的发展。

1995 年以后，随着农信社的改革不断深化和农村信用合作银行大量组建，农发行的职能日益由综合性向单一性转变。1998 年 4 月和 11 月，国家先后将原由农发行承担的提供扶贫贴息、农副业综合开发等非粮棉油企业贷款及粮棉加工、附营企业贷款划回到农行，农发行的贷款业务只剩下单一的粮棉油储备、收购、调销等纯政策性贷款。

2003 年 8 月，按照"明晰产权关系、强化约束机制、增强服务功能、国家适当支持、地方政府负责"的总体要求，新一轮农信社改革试点正式拉开序幕，改革的内容包括：一是从宏观监督管理和微观经营决策两个方面改革农信社管理体制，即农信社的管理和监督工作分别由地方省级政府和银监会负责，涉及的日常经营决策则由农信社自我约束、独立核算、自负盈亏；二是从产权制度和法人治理两个方面并以法人为单位改革农信社产权制度，做到产权关系明晰、法人治理结构完善。产权制度可采取股份制、股份合作制和合作制三种形式；组织形式可采取农村股份制商业银行、农村合作银行、以县（市、区）为单位统一法人和两级法人等模式。2003 年 11 月，浙江、山东、江西、贵州、吉林、重庆、陕西和江苏 8 省（市）农信社改革开始实施。2004 年 8 月，国务院又批准北京、天津、河北、山西、内蒙古、辽宁、黑龙江、上海、安徽、福建、河南、湖北、湖南、广东、广西、四川、云南、甘肃、宁夏、青海、新疆 21 个省（自治区、直辖市）作为进一步深化农信社改革的试点地区，大部分省份都采取了"省联社模式"，即建立省联社并通过省联社来管理农信社。2005 年末，省联社模式改革基本在全国铺开，农信社不良贷款等历史负担减轻，法人治理结构和经营管理趋于完善；财务制度、人事制度、信贷管理制度等都发生了变化，改善了信用社的经营绩效和财务的可持续性。2006 年末，海南省改革试点正式启动。至此，除西藏没有农信社而无法进行农信社改革外，该项改革工作已在全国范围内开展。

与此同时，2004 年和 2005 年的"中央一号文件"均提出要改革和创新农村金融体制，在相关机构严格监管、市场有效防范金融风险的前提下，政府积极鼓励那些金融市场较为有序、金融体制较为完善、金融组织机构较为齐全和经营管理水平较高的地方，吸收社会闲散资本和合法外资，大力兴办直接为"三农"服务的多种所有制金融组织。2005 年起，政府开始鼓励非政府部门资金和海外资金建立商业性小额贷款机构。2005 年 5 月，山西、陕西、四川、贵州和内蒙古五省（自治区）开始进行"可持续性和商业性小额贷款机构"试点。

总之，这一时期的农村金融体制改革以农信社产权制度改革为重点，在一定程度上化解了农信社的历史包袱、改善了其资产质量，但是本质上依旧沿用了政府强制性结构变迁模式，且侧重于调整机构形式和数量，所以难以从根本上解决既得利益群体的困扰及路径依赖的惯性。因此，本阶段以农信社改革为主的农村金融组织结构改革并没有触及到中国农村金融组织结构的选择问题，没有为未来的发展指明方向（刘民权等，2006）。

五、第五阶段（2006 年以来）

2006 年以来，政府开始构建多元化农村金融组织结构体系，在体制外部分寻找改革的着力点与突破口（钱水土、刘佳，2008）。政府大力拓宽农村金融市场的准入门槛，不断强化农行、农发行、农信社、邮储银行的支农责任，推进农行股份制改革，鼓励发展面向"三农"的各类中小银行、村镇银行等银行类金融机构，以及贷款公司、农村资金互助社、小贷公司等小型非银行类金融机构。

2006年，国家批准农发行扩大农业产业化龙头企业贷款范围，开办农业科技贷款、农业小企业贷款试点。2007年2月，银监会批复同意农发行开办农村基础设施建设贷款、农业综合开发贷款和农业生产资料贷款业务。2007年4月，中国人民银行批准农发行在以粮棉油购销储贷款业务为主的同时，贷款支持对象扩大到农林牧副渔生产、加工转化及农业科技等更广泛的农村经济领域，拓宽了农业政策性金融业务范围和资金来源。

2007年1月，全国金融工作会议确定农行改革的"面向'三农'、整体改制、商业运作、择机上市"的十六字方针；2008年10月，国务院常务会议审议并原则通过了《农业银行股份制改革实施总体方案》；2010年7月15日，农行在上海证券交易所正式挂牌上市，迈入公众持股银行之列。

以管理和风险责任全面移交省级人民政府为标志，农信社管理体制首轮改革取得一定的成果。2006年2月，银监会提出要统一农村合作银行、农信社与商业银行的监管标准，进一步加强农信社的内部管理和外部管理。2007年8月，海南省农信社联合社挂牌，这是全国最后一家挂牌开业的省级联社，至此始于2003年的农信社改革第一阶段的工作任务已经基本完成，农信社新的管理体制框架已经基本建立。截至2012年末，农信社承担了全国98.4%的乡镇金融服务空白和67.7%的乡镇金融机构空白覆盖任务；截至2013年6月，农信社改革不断深化，其（含农村商业银行和农村合作银行）资本充足率达到11.8%，不良贷款率下降为4.5%，系统性风险基本化解。[①]

2012年，按照服务"三农"、质量先于数量、中西部县域地区重点关注和发展的原则，银监会出台了《关于鼓励和引导民间资本进入银行业的实施意见》（以下简称《意见》）。《意见》指出，为了村镇银行组建工作获得有效进展，鼓励和支持民营企业参与村镇银行发起设立或增资扩股，

---

① 资料来源：http://www.cbrc.gov.cn/chinese/home/docView/2C08078B4A5845EBB24DFC07FEEC1490.html.

村镇银行主发起行最低持股比例由20%降至15%，并明确在村镇银行进入可持续发展阶段后，主发起行可以与其他股东按照有关原则调整各自的持股比例。截至2012年末，全国共组建新型农村金融机构863家（村镇银行800家，贷款公司14家，农村资金互助社49家），银监会共核准18家银行业机构发起设立187家村镇银行的规划，其中75%在中西部地区。

通常，金融机构出于成本和收益的考虑，在农村地区设立的网点数量往往非常有限，有些欠发达的地区甚至连基本的金融服务都享受不到；或者即使有少数金融机构向农户提供少量的金融服务，但金融供给总量也满足不了农村地区日益增长的资金需求，整个农村金融市场的竞争远远未达到饱和状态。基于此，这一阶段农村金融改革的目的就是缓解上述问题，实现商业性金融、合作性金融、政策性金融与民间金融协调发展，逐步弱化政府在农村金融市场的资源配置功能，利用市场提高农村金融资源配置效率，构建一个多元化、多层次、全方位、适度和公平竞争的市场化运营的农村金融市场。所以，要达到这样的目标，农村金融改革任重而道远，政府和相关部门必须对农村金融组织有着全面、正确的把握，因地制宜，结合中国农村经济、金融发展的多元化、多样性和不均衡性的实际特征，引导商业化资金合理、有序进入农村市场，防止恶性竞争和其他负面影响的出现。

截至2013年6月，在中国农村地区，多层次的农村金融组织体系基本形成，农村金融服务网络覆盖范围也得以大幅扩大。但总体来看，这一轮农村金融组织体系改革才刚刚破题，能否取得真正意义上的成功，还有待观察。

第三节　中国农村金融组织结构失衡的表现

改革开放30多年来，中国农村金融体制改革采用政府自上而下的强制性制度变迁方式，从农行、农发行、农信社等正规金融机构入手，鼓励有条件的地区创办多种所有制金融组织以吸收社会资金和外资，力图在农村形成以合作制金融为基础、政策性金融和商业性金融密切配合、分工协作的农村金融体系。但是，由于对宏观经济下中国农村金融组织结构未来发展与变化的认识不够透彻，也没有撼动路径依赖下产生的与已有制度共存荣的既得利益集团，所以尽管经历了多次的变革，农村金融制度变迁仍与农村经济制度变迁的路径相悖，变迁的总体特征具有浓厚的强制性制度变迁的色彩和具有显著的路径依赖特征，非正规金融、诱致性的制度变迁和金融的功能受到抑制或忽视（匡家在，2007；中国人民银行抚州市中心支行课题组，2005）。

一、农村金融制度变迁与农村经济制度变迁的路径相悖

1979 年以来，中国农村经济制度经历了两次具有历史意义的变革，它们都采取了自下而上的诱发性变迁方式，通过改革，使农村经济主体的产权关系进一步明晰，极大地促进了中国农村经济的发展。一是在安徽凤阳小岗村实行和推广的家庭联产承包责任制，农民自愿参与，风险自担，获得初步成效后便在全国范围内实行。家庭联产承包责任制大大提高了农民的生产积极性，这一阶段的农村劳动生产率也得到了快速提高。二是沿海地区农民自发兴起的乡镇企业和农村个体私营企业，但是直到后来才得到政府的认可。这次改革使农村富余劳动力向第二、三产业转移，促进了农村经济结构的大调整。

但是，总体来看，中国农村金融与农村经济的发展却是非常不协调的。因为农村金融制度变迁与农村经济制度改革路径相悖，且长期依附于农村经济制度，加上政府在农村的金融安排没有及时到位，不像在发展城市金融时一样合理完备，由此造就了城乡二元金融结构的现实落差（中国人民银行抚州市中心支行课题组，2005）。

二、自上而下的强制性制度变迁压制了需求的诱致性制度创新

中国农村金融组织结构发育程度和发展层次较低，存在的问题和矛盾多而杂，例如，为防范金融风险、规范市场秩序而打击和压制民间金融，就不可避免地摒弃了民间金融内生于农村融资需要的优势，二者如何兼得，需要我们构建一套新的制度安排才能有效解决。然而，中国农村金融体制历次改革均是政府主导的自上而下的强制性的制度变迁，这种改革脱离了农村实际的金融需要，中央政府是根据追求多重目标、偏好统一的效用函数最大化的原则，而不是制度均衡与否以及需求大小的原则进行制度

创新（中国人民银行抚州市中心支行课题组，2005）。而且农村金融改革的绝对主导供给者是政府，社会力量的话语权受限或分量不够，导致多元参与机制无法在农村金融制度改革与运行实现（张斌，2011）。

在整个制度变迁过程中，无论是完善原有制度安排还是创造新的制度安排，政府设计、实施相关政策和安排的初衷的确是规范农村金融市场秩序、降低市场上的交易风险以维护农民切身利益，但是在政策实际实施过程中，过程与初衷背离，忽略制度需求者的金融需要，导致制度变迁基本上都是沿着"自上而下、行政推动、供给先行"的路径，每次变迁最后也都以满足制度供给和生产者自身的需求而告终。此外，政策制定和政策实施不分家，政府以命令的方式强制性贯彻实行制度安排与政策，具有强烈的路径依赖性（李小勋，2010）。与此同时，自下而上的诱致性制度变迁的创新路径被严重堵塞（匡家在，2007）。制度变迁的微观主体本身始终处于被动地位，他们对金融服务的需求多样却得不到充分体现，而且制度受益者形成了强大的利益集团，他们为了自身既得和未来预期利益，抵抗或采取各种手段阻碍制度变迁，从整个历史进程来看，这种制度的经济绩效在特定历史时期可能最大，但却未必是最优选择（刘刚，2006）。

三、农村非正规金融的需求诱致性制度变迁受到压制

农村微观金融主体的金融需求无论是数量上还是种类上都处于日益增长的状态，但是正规金融制度安排下的金融机构要么提供的金融服务不适应农村居民生产经营的需要，要么直接将这一主体排除在机构服务范围之外，无奈之下，农村微观经营主体只好求助于各种各样的非正规融资形式，寻求合适自己的金融产品和服务。由于非正规的农村金融供给者贴近农户和农村企业，信息对称性高，信息优势和成本优势大，对分散农户提供金融服务方面有着天然的优势，各种农村非正规金融制度安排——如民间借贷、"地下钱庄"、各种"会"（合会、抬会、轮会、标会、摇会等）、典当行等，植根于农村金融需要、满足农村微观主体对多样化金融服务的需求而迅速建立并发展起来，因此农村非正规金融制度变迁方式属于需求诱致性制度变迁。实际上，占中国农村融资相当大比重的是非正规金融这一现状反映了农村正规金融供给和农村金融需求不匹配的问题，在某种程度上，非正规金融缓解了"三农"对资金的迫切需求，发挥了农村资源配

置的功能，为农村生产经营提供资金、活跃农村金融市场、提高金融效率，尤其是促进农村个体经济发展等方面起到了一定的积极作用，这实际上反映了农村金融市场需求和正规融资供给不足的状况。然而，农村非正规金融制度变迁却一直得不到政府和金融当局的认可，反而在被压制的状态中艰难生存。诚然农村非正规金融对农村金融市场有一些不利影响，但是这种金融制度安排拥有内生于农村金融主体需求的独特优势，若加以正确引导、监督，就能与正规金融机构一样，促进农村金融组织体系健康发展（李小勍，2010）。

一方面，政府对农村非正规金融采取了"打击"和"取缔"的措施。最典型的例子是1999年关闭或由当地信用社兼并上千家农村合作基金会。农村非正规金融的存在是一种制度现象，而政府之所以要压制农村的非正规金融，主要是基于以下考虑：（1）由于金融的重要性和敏感性，政府要巩固自身对金融的控制地位；（2）基于金融风险考虑，农村非正规金融市场一旦出现危机，可能会扰乱整个社会的正常经济秩序；（3）防止非正规金融的竞争对正规金融的垄断地位和既得利益及其存在和发展构成威胁（杜彪，2007；匡家在，2007）。尽管目前部分农村非正规金融在一定程度上已经脱离"取缔"风险，但其进入农村金融市场的交易成本和进入壁垒仍然很高。政府对农村非正规金融的打压在一定程度上造成了广大农户的利益损失，使得农村经济发展受阻。

另一方面，虽然农村非正规金融制度安排在一定程度上弥补了正规金融制度安排的缺陷和不足，但是在发展变迁过程中，由于其自身存在固有的缺陷以及缺少政府和金融当局的规范和引导，并没有形成本应有的与农村正规金融制度的良性互补。中国农村非正规金融发育层次较低、运作极不规范，存在很大的金融风险和社会不稳定隐患，为国家的宏观经济调控增加了难度，在一定程度上阻碍了农村经济金融的健康有序发展。

四、固有的利益机制形成对农村金融制度变迁的路径依赖

中国农村金融制度变迁是一个渐进的过程，也是一个持续时间比较长、实现成本比较高的过程（何广文，2007）。这一变迁过程体现了很强的路径依赖，其深层次原因在于其中的利益机制（谢家智等，2000）。在农村金融管理过程中，形成了与现行农村金融制度紧密联系的四大利益主

体：国家、地方政府、农行和农信社内部人员，由此形成了不断自我强化的利益机制，导致了农村金融制度变迁的路径依赖。同时，改革推动者急于求成，改革举措往往多变，改革参与者和利益相关者对改革的预期和目标缺乏正确的把握，或者无所适从，或者消极对待，使得这些改革举措在很大程度上不仅没有得以实施或者效果没有达到改革设计初衷，还导致改革成本巨大，甚至产生了一些没有预料到的新的成本（何广文，2007）。

就国家层面来说，在中国政府主导型金融体制下，为了便于实现对农村金融的宏观调控、对金融资源的重新分配，进而实现国家利益，中央政府不会放弃对农村金融的控制；就地方政府来说，其具有强烈的经济扩张动机，必然会试图通过对农村金融资源的配置进行干预和控制，以实现地方政府利益。20世纪80年代以后，在中央政府限制农村非正规金融的活动之前，全国各地乡镇政府为保护自身在农村金融资源方面的利益，利用职权和便利大力推动和急剧扩张农村合作基金会；农行作为中国农村金融机构的一个重要主体，农村金融制度变迁必然会影响其自身的利益的实现；信用社作为农村金融的主力军，是自然的利益主体。一直以来，在地方政府的保护和支持下，打着"合作"的旗帜，不断强化已有利益，扩张潜在利益，并且，信用社的产权关系以及相应的法律关系模糊不清，使全体社员共同所有的信用社变成法律文书上的体现，而实际的状态却是所有者长期缺位，这些都为现行利益主体，特别是信用社内部人员利用自身职务的便利，控制信用社获取利益提供了机会（谢家智等，2000）。

长期以来，中国的农村金融组织制度是既得利益者（上述四大利益主体为主的）的保障安排，并不断强化形成一种"均衡"状态。中国农村金融制度变迁过程一般是先易后难，分步推进，既不损害原有制度下既得利益集团的利益，也能按照程序逐步引入制度增量，直到改革旧金融制度的时机成熟，新金融制度开始真正成长。然而，一旦触及现有农村金融制度的深层问题，却采取了回避和拖延的态度，把改革的矛盾和困难后移，希望制度变迁的社会成本最小。例如，在农信社的改革中，都是在不触动"农信社在农村金融结构中的主导作用"的前提下，逐步允许其他新型金融机构介入，逐渐增加农村市场金融机构的数量，扩大机构规模，市场竞争限定在一定范围之内。这样的制度变迁的发展思路，实际上加大了改革的实施成本和累积了农村金融市场的问题（刘刚，2006）。

中国农村金融组织结构失衡本质上是新旧体制相互冲撞的结果，原有的农村金融组织结构及其运行机制已不适应农村经济发展的要求，必须对其进行重构①。

第四节　中国农村金融组织结构的演进：
一个制度变迁模型

中国 20 多年的金融改革都是政府强制性的自上而下的改革行为，尽管其可以降低制度变迁的时间成本和摩擦成本，但制度供给和制度需求往往不一致，很大程度上表现为一种扭曲的博弈均衡，而非提高了制度变迁的效率（吴海兵等，2006）。中国金融体制禀赋是国家垄断的单一金融产权形式，而这种国有金融垄断下的初始结构决定中国金融制度变迁的特殊机理和轨迹，在国家悖论②条件下通过一系列传导机制最终导致金融制度变迁陷入低效率的"锁定"状态。基于中国农村金融组织结构失衡的表现，本节试图构建一个简单的制度变迁模型，并在该模型的框架下分析中国农村金融组织结构的演进路径以及如何在演进中产生组织结构的失衡。

郭沛、蒋俊鹏（2005）的研究结果表明，就区域层面而言，农村金融组织发展与农业经济增长存在单向的格兰杰因果关系，农业经济增长不是农村金融组织发展的格兰杰原因。因此，要建立农村金融组织发展与区域农业经济增长之间的良性互动关系，培育和发展农村金融组织、建立多元化竞争性的农村金融市场体系至关重要。

一、基本假设

1. 中国农村金融组织结构演进的初始禀赋。中国农村金融市场上最初的组织结构形式是一家国有银行。

2. 国家效用最大化。将国家看作一种利益集团，在理性人的假设前提

---

① 事实上，由于我国农村金融制度变迁的路径依赖特性导致了低效的农村金融组织结构长期存在，但由于放弃它的成本很高昂，从而使得这种低效制度均衡长期存留。

② 国家悖论即国家的存在是经济增长的关键，然而国家又是人为经济衰退的根源。产生这一悖论的根源是国家目标函数存在内在矛盾：一方面，政府要通过产权界定实现资源的最优配置；另一方面，政府又可以看成一种利益集团，在追求集团利益最大化的过程中会形成或维护低效率的制度（例如垄断利润、税收制度）。

下：一方面，国家追求利润的最大化；另一方面，要维持社会的稳定和政权巩固，两者权衡下实现效用最大化。

3. 具有适应性预期和学习效应的既得利益集团。在农村金融市场上，利益集团包括国家、正规金融机构和非正规金融机构。各利益集团都会进行理性选择，并通过博弈实现相应的"纳什均衡"，而各利益集团的局部理性产生的局部均衡是一个动态变化的过程，相应地衍生出了农村金融组织结构的演进路径。

二、模型的构建

（一）农村金融组织结构失衡

林毅夫等（2006）利用分省面板数据对银行结构与经济发展之间的关系做了实证研究，结果表明金融体系结构、银行业结构与经济结构匹配得越好，越有利于经济的发展和增长；反之，则会阻碍经济的发展和增长。新中国成立之初实行的"以农养工"政策使得农村经济发展严重滞后，为了缩小城乡差距，促进农村经济发展，中国的农村金融发展主要是在政府主导下进行的，是一种强制性的制度变迁。因此，本书建立国家效用函数来分析中国农村金融组织结构变迁过程中正规金融机构和非正规金融机构比例失衡的原因。

国家效用函数 U 有两个变量：一个是政权稳定变量 P，以财政压力的形式表现出来；一个是社会稳定变量 S，以农村金融市场稳定的形式表现出来。因此，国家效用函数可表示为：

目标函数：$U = U(P, S)$

约束条件：财政预算。

假定国家在农村金融组织结构中有两种可行的选择：一是正规金融机构（用 F 表示），即所有提供金融服务的机构都处在国家的监管和控制下；二是非正规金融机构（用 IF 表示），即提供金融服务的金融机构处在政府监管体系之外，或者国家无税收收入也无监管成本。出于政权稳定的压力，国家需要寻求一个税收收入和监管支出的均衡，表现为对正规金融机构规模的控制；出于社会稳定的压力，市场维持相对稳定的金融机构规模，因此社会稳定的程度由正规金融机构和非正规金融机构的比例决定。

国家效用 U 会随着政权稳定变量 P 和社会稳定变量 S 的增加而增

大，即

$$\frac{\partial U}{\partial P} > 0 \qquad \frac{\partial U}{\partial S} > 0 \tag{7.1}$$

政权稳定和社会稳定均由正规金融机构和非正规金融机构的规模和业务份额决定：

首先，正规金融机构对 P 和 S 的影响。一方面，国家可以通过正规金融机构获得一定的税收收入（用 R 表示）有利于政权稳定，同时国家对正规金融机构进行监管和引导的费用支出（用 C 表示）则不利于政权稳定；另一方面，正规金融组织对中国农村资金融通起着主导作用，在农户和农村企业融资中占据重要地位，由其向农村金融市场上提供金融服务有利于社会稳定①。

其次，非正规金融机构对 P 和 S 的影响。一方面，非正规金融处于国家监管体系之外，国家从非正规金融机构处获得税收收入，也不会产生监管成本；另一方面，非正规金融机构提供的金融服务有助于降低金融供给不足的程度，维持社会稳定。例如，宁夏农村地区参与非正规金融的农户占比为 71%，农户所有借款中亲友借款占到了 58.11%，68.13% 的农户都有亲友借款；企业所有借款中亲友借款占比为 38.80%，24.04% 的农村企业都有亲友借款（刘启明，2011），可见宁夏的非正规金融在满足农户资金需求上起到了重要作用。同时，非正规金融机构缺乏监管和引导，在市场机制失灵的情况下不利于社会稳定。例如，2004 年 5 月 16 日发生的"福安市标会案"，截至 2004 年 7 月 15 日，福安市共查实会头 225 人，参与标会人员 27 883 人次，涉及金额约 9 亿元，造成了严重的负面影响。

因此，政权稳定由从正规金融机构获得的税收收益（I）和监管成本（C）决定；社会稳定取决于正规金融机构（F）和非正规金融机构（IF）的规模。则有

$$P = P(I,C) \qquad S = S(F,IF) \tag{7.2}$$

用 A 表示为维持市场均衡所需的机构规模；MI 表示边际税收收入；MC 表示边际成本；当 $MI = MC$ 时，正规金融机构达到维持政权稳定的最优规模 A^*。

当 $A < A^*$ 时，金融市场上的金融服务全由正规金融机构提供，此时，

---

① 此处不考虑正规金融机构吸收存款额度大于提供的贷款额度，导致农村资金外流现象。

政权稳定程度会随着 A 增大而提高；社会稳定程度最大。

当 $A > A^*$ 时，正规金融机构的规模为 A^* 能够保证政权稳定程度最高；为了保证社会的稳定，需要有 $A - A^*$ 的非正规金融机构提供金融服务。

在农村金融市场不断扩大的过程中，正规金融机构作为金融供给者是国家的首选，这能在一定程度上解释，农村金融市场上正规金融机构占有绝对优势，而非正规金融机构尽管数量少，但是屡禁不止。

（二）正规金融机构和非正规金融机构的市场行为

从前面的分析可以看到，在农村金融市场的发展过程中，国家会首选正规金融机构作为金融市场上的金融供给者，只有金融需求大于最优金融供给规模时，国家才会默许非正规金融的发展。然而，在农村金融制度持续改革的过程中，正规金融机构不仅是国家政策的实施者，同时更是市场上最大利益的参与者。本节借鉴毕超（2008）提出的农村金融组织绩效评价模型分析正规金融机构和非正规金融机构的行为。根据毕超（2008）的研究，农村金融组织绩效评价模型表示为

$$\pi = r - [IC(L,B,S,CI)] + FOC(S,D) + VOC(L) + RC(S,U) - k$$

$$(7.3)$$

式（7.3）中，r 表示贷款利息率；IC 表示信息成本；FOC 表示固定运营成本；VOC 表示变动运营成本；RC 表示风险管理成本；k 表示存款利率；S 表示组织规模；D 表示单笔贷款规模；L 表示空间距离；U 表示不确定性程度。

1. 信息成本

信息成本即信息搜集成本，是交易者，通常是金融服务提供者为了降低借款人的逆向选择风险和道德风险而有意识地获取信息所发生的成本。总的来说，影响信息成本高低的有金融组织的理性有限程度和借款人的机会主义倾向程度，具体可以总结为以下四点：

第一，空间距离。一方面，借款人所在的位置距离金融组织越远，其机会主义倾向程度越深；另一方面，借贷双方距离越远，金融机构对影响贷款决策的借款人信息的了解也越浅，信贷人员为获得相关信息的成本而付出的时间、精力就越多。这两个方面导致贷款机构的信息成本总体偏高。

第二，联系紧密程度。信贷市场交易者的联系有三种：金融组织之

间、借款人之间以及金融组织与借款人之间，这里主要是指金融组织与借款人之间的社会联系。信息成本与二者之间联系的紧密程度呈正相关关系，因为联系越紧密，借款人的机会主义倾向会有所收敛，金融组织也越容易以低成本及时掌握借款人的相关信息，整体的信息成本也会随着联系的紧密而降低。

第三，基础设施的完备程度。利用完善的征信体系将借款人的信用状况一一记录，且个人信用与将来获得相关金融服务的难易程度挂钩，那么理性借款人出于个人信用的保护和对未来的预期，其违反贷款规定的行为将大大减少。同时，借助信息共享平台，金融组织之间可以共享借款人的信用数据库，有效防止借款人被某一金融机构拒绝后，由于金融机构之间的竞争导致其逆向选择风险加重的问题。这些完备的基础设施的配合作用，将有效地降低金融组织的信息成本。

第四，组织规模。组织的规模会影响到组织与客户之间的空间距离及联系紧密程度。大型金融机构与客户的空间距离通常比小型金融机构要大，而其与借款人联系的紧密程度却比后者要低，因此组织规模通过影响空间距离和联系紧密程度影响信息成本的大小。

中国作为农业大国，农户数量庞大，地域分布高度分散，导致正规金融机构与农户间的空间距离大而联系紧密程度低，信息严重不对称（谭美成等，2006）。因此，为了控制风险，正规金融机构在经营活动中会产生大量的信息成本。

2. 固定运营成本

固定运营成本是指日常经营管理过程中发生的与特定交易无关的运营成本，例如办公耗材费用、场地租赁费用（如果有）、员工工资、水电费等。固定运营成本的大小一般与组织的规模呈正相关关系。

3. 变动运营成本

变动运营成本与固定运营成本相对，是指由于发生特定经济活动而产生的成本，例如，因开展业务所产生的交通费用、外出补助、业务提成、手续费等都属于变动运营成本的范围，其大小通常与组织所涉及的市场空间范围同向变动，而与单笔贷款额度反向变动。

4. 风险管理成本

风险管理成本是为了降低业务的不确定性，即降低业务风险而产生的费用支出。不确定性的存在是风险产生的前提，也是影响风险管理成本的首要因素，而由于影响金融组织回收贷款本金和利息的因素很多，有非系统性风险，如借款人的机会主义倾向和贷款项目失败，贷款机构的有限理性和人员违规操作等，也有来自整个金融市场的系统性风险，这些因素导致金融活动尤其是信贷活动的不确定性大大增加，进而形成风险。为了自身的健康发展甚至是生存状态，金融组织必须付出大量的人力物力妥善管理风险，于是产生了管理风险的成本费用支出，也就是风险管理成本。除此之外，金融组织的规模和贷款额度也会影响风险管理成本，一般而言，前者与风险管理成本成反比，后者与风险管理成本成正比。

自然环境尤其是自然灾害大多无法预料且无法人为控制，导致在农村金融市场上，农业生产受自然环境影响的不确定性很大，农业产出和农民收入往往不稳定，其风险相对较高，加上农业的弱质性特点，农户还贷能力的不确定性相当大。因此，当金融机构为数量庞大的农户提供贷款时，其面临的风险就变成了系统性风险，出于预算硬约束和安全原则考虑，为管理风险，其付出的风险管理成本非常大。

5. 存款利率

一般企业会有多种资金来源，但是作为金融机构，其运营资本主要源于储蓄存款，因此本节用存款利率表示单位资金的成本。

基于以上分析，中国农村金融组织结构呈现以下特征：

首先，正规金融机构撤离农村金融市场。

随着农村正规金融机构的商业化改革，机构实现利润最大化的动机不断增强，因此贷款能否及时、顺利地回收，贷款资金是否安全成为机构关心的首要问题。

正如表7－1所示，农村金融发展滞后于城市，因为无论是信息成本、运营成本还是风险管理成本，非农村地区均小于农村地区，存款利率、利息率相同，很容易得出"非农村地区的净利润大于农村地区"结论，这也是正规金融机构撤离农村地区的动因之一。中国当前农业和农村经济发展相对落后、农业基础设施建设薄弱、城乡二元结构矛盾突出，农业的弱质性问题仍然较为严重，农业人口多，技术水平低，抗御自然灾害能力差，生产社会化程度低，居民收入无论增量、增幅都远低于城镇居民；从中国农村金融体系和农业信贷投入看，由于农业风险大、比较效益低，在效益优先考虑下，涉农的商业性金融机构远离"三农"，农村资金外流严重、金融有效供给不足，农业贷款比重大幅下降，一些地方绝对额还在减少。

表 7 – 1　　　　　　农村地区与非农村地区各变量大小比较

	相应变量	农村地区	非农村地区
收入	利息率	相同	相同
支出	信息成本	大	小
	固定运营成本	大	小
	变动运营成本	大	小
	风险管理成本	大	小
	存款利率	相同	相同

随着农村金融机构的商业化改革，机构承担政策负担降低，逐利性增强，因此作为理性的金融机构，都会选择利润更高的非农村地区。事实上，长久以来，中国农村正规金融的发展对农村经济增长并没有起到"供给主导"作用，而是处于一个严重滞后的"需求遵从"地位（姚耀军等，2004）。

其次，非正规金融在政府的多次打压下仍然屡禁不止，顽强发展。

非正规金融泛指正规金融之外的不受监管当局监管的一类金融组织。传统的金融理论认为，非正规金融的发展是金融抑制的结果，随着正规金融体系的不断发展，非正规金融市场会逐渐被正规金融市场取代。但就中国而言，非正规金融并未因政府打压、取缔而消失，反而因为那些无法从正规金融获得金融服务的群体对其有着强烈的依赖而广泛存在于城市和农村地区，而且在很大程度上，非正规金融满足了一些中小企业、私营企业和个体农户的融资需求，为农村经济发展作出了贡献。据估计，中国 2.4 亿个农民家庭中，要获得贷款，约有 85% 的农民只能求助于民间借贷等非正规金融渠道，只有 15% 左右是从正规金融机构获得（姜霞，2010）。中国民间金融市场几十年来一直处于被压抑的状态，缺乏政府正确的引导和监督，也没有合适的资金管理方式和资金配给机制，导致大部分急需融资的中小企业或乡镇企业等非公有制部门被排斥在正规金融市场之外，非正规金融方式应运而生（张杰，2003）。

除了上述客观因素导致农户不得不求助于非正规金融以获得贷款外，

农户主观上也可能放弃从正规金融机构获得贷款的机会。因为农业生产具有时限性，其贷款需求也往往有很强的季节性特点，而正规金融机构的金融服务获得过程繁琐、周期过长，当农户预期通过这种方式获得贷款会错过资金的最佳使用期时，他就可能主动放弃向正规金融机构贷款的念头。总之，许多发展中国家的农户如果无法从正规金融获得资金，就会转向非正规金融服务（章奇等，2005）。

如表7－2所示，非正规金融机构的贷款利息收入高于正规金融机构，而资金成本、费用支出等均小于正规金融机构，这可以在很大程度上解释，为什么在正规金融机构不断撤离农村金融市场的情况下，非正规金融却依然活跃。事实上，一方面，随着农村经济的发展，农户手中闲置资金增加，但是缺乏相应的投资机会；而另一方面，农村金融供给不足，存在较大的资金需求缺口，这也是非正规金融活跃的重要原因。

表7－2　　影响正规金融组织与非正规金融组织利润的因素比较

	指标	正规金融组织	非正规金融组织
	收入	贷款利率受政策监控	贷款利率由双方决定，一般高于正规金融贷款利率
支出	信息成本	农户数量大、地域上分散，信息成本高	信贷活动以血缘、地缘、业缘等社会关系为基础，信息成本低
	固定运营成本	有固定的基础设施成本、员工工资、水电费等支出，并且组织规模越大，固定运营成本也越大	无相应的组织规模，主要是关系贷款，几乎无固定运营成本
	变动运营成本	交通费用、外出补助、业务提成、手续费等费用	以血缘、地缘、业缘等为基础，局部范围贷款，变动运营成本相对较小
	风险管理成本	贷前审查、贷后检查等都会增加风险管理成本	关系型贷款，风险管理容易，风险管理成本也相对较小
	存款利率	按照法律规定	自有资金

第五节　中国农村金融组织结构失衡的一般原因

中国农村金融组织结构的改革从20世纪70年代末期开始，先后已经实施的改革和创新举措主要包括：（1）恢复成立农行；（2）对农信社放权让利，下放经营权；（3）恢复农信社的"三性"，农行推行经营责任制；（4）农行企业化经营、商业化发展；（5）成立农发行，农信社与农行脱钩；（6）按照合作制原则重新规范农信社；（7）按照三种产权模式和四种组织形态明晰农信社产权，管理权力下放给省级政府；（8）发展新型农村金融机构，并允许产业资本和民间资本参与。长期以来，中国农村金融改革的各种举措基本上都是围绕着农行、农发行和农信社的调整完善，特别是信用社的改革，以及对非正规金融的清理整顿，按照"农信社提供合作性金融服务、农业银行提供商业性金融服务、农发行提供政策性金融服务"的思路，以"形成一个以合作金融为基础，商业性金融与政策性金融分工协作的农村金融体系"为目的而展开的，试图在旧制度的框架内寻求新制度发育的契机，在农村建立一个完善的金融组织结构，以协调农村金融资源配置。

中国农村金融组织结构的改革采取自上而下的强制性制度变迁方式，关注的是农村金融机构的存在形态和性质，走的是典型的"机构"路径，即机构范式的改革（罗来武等，2004）。这一路径有两个重要特征：一是农村金融体系的历次变动，大部分都是对金融机构的调整；二是对金融机构的调整基本上属于一种自上而下的政府强制性行为（祝健，2007）。2006年之前的中国农村金融组织结构的改革，大多只是从微观的角度去设计一些具体的农村金融组织模式，基本上属于原有机构的分工与重组，仅着眼于农发行、农行和农信社（包括邮储银行的设立）的分分合合，仅仅触及农村金融组织结构框架的某些方面，而没有深入认识和建设金融市场的功能，缺乏对多样化的竞争主体和有效的竞争机制的培育，忽视了农村经济对金融资源多层次、多元化的需求。

机构观的改革思路存在很大的局限性，它仅仅着眼于改变农村既有金融体系，而忽略了对"农村金融改革的目的是什么"以及"农村金融体系到底应承担何种功能"等基本问题的回答（姚耀军，2006）。实践证明，中国农村金融组织的"机构"路径制度改革并未根本实现预期目的，没有取得根本性突破（董彬和温秉意，2010）。

一、"机构"路径制度改革忽视了对竞争机制的培育

按照金融功能范式，执行金融功能的载体可以是各种经济组织（姚耀

军，2006）。农村金融的改革并不是合作制与商业化、合作制与股份制的简单选择的历史命题，而是金融机构具有什么功能的问题（何广文，2003），培育出良性的金融竞争机制是构建高效运转的农村金融组织结构的前提。中国农村金融领域虽已经历了数次改革，但商业化和合作化这两个方向的困难和障碍还是没有被克服，封闭运行的政策性金融也没有达到预期的效果，其中最大的原因就是"机构"路径制度改革忽视了对竞争机制的培育。首先，农村金融市场准入机制不完善，既不能丰富农村金融市场上的正规金融机构的种类，也不能促成已有金融机构之间、已有金融机构和即将进入的金融机构之间的同业良性竞争，其后果是金融资源配置效率低下。其次，有效的市场退出机制，使存款人的利益得不到保障，而严重亏损、面临破产的运营效率低的金融机构又能继续留在市场，引发道德风险和逆向选择。再次，缺少相应的政策和机制引导发展良好、贡献巨大的民间金融获得政府承认的正规金融组织机构身份。最后，利率市场化改革严重滞后，效益高的农村金融机构得不到激励，效益低的仍然依靠政府持续注入资金霸占市场，导致农村金融机构之间的竞争失去公平性。总而言之，金融竞争机制的完善，需要规范发展现有的金融机构，更需要培育新的金融竞争主体，使不同所有制性质的金融机构之间相互竞争、共同发展（祝健，2007）。

垄断往往导致低效，对于中国农村金融市场来说也是一样。中国农信社在农村金融市场上的垄断地位一直都很突出，2005 年以前由于不合理的农村金融改革，使农行逐步将自己的贷款业务撤出农村金融市场，农业合作基金会和其他非正规金融机构也被关闭，农信社"一枝独大"，其垄断地位得到空前强化，后来，尽管农村金融改革大大深化，但也没能动摇到农信社的垄断地位（钱水土和刘佳，2008）。近年来，农信社经营状况的好转在很大程度上是人民银行再贷款"花钱买机制"的结果：一方面，还存在着服务不到位、贷款成本高、竞争意识差等问题；另一方面，农信社必须向人民银行归还到期支农再贷款，新吸收的存款在除去偿还人民银行再贷款部分以后，难以满足贷款需求，而信用社在自有资金不足以偿还的情况下，只能不断展期、借新还旧，逐渐压缩贷款规模。由于外部经营环境和内部管理等各种主客观的原因，长期以来，农信社无力承担农村金融"主力军"角色（钱水土和刘佳，2008），并且由于农村金融机构在功能上缺乏竞争，金融效率与金融功能效应的发挥也得不到保证（姚耀军，2006）。

二、"机构"路径制度改革忽视了外部环境的区别

根据金融功能观，农村金融体系的安排首先要适应外部环境。中国农村金融改革产生的另一个问题是忽略了外部环境的特征：在中国经济发展过程中，农村地区的不断发展和城乡一体化水平的逐步提高，金融服务需求在不断发生变化，东、中、西部各地地理位置、资源禀赋、基础设施、产业结构和经济政策的不同，农村金融需求也千差万别，"三农"问题在东部地区的重点是农村问题，在中部地区的重点是农业问题，在西部地区的重点则是农民问题。相应地，东、中和西部三个地区的农村金融需求主要分别来自非农部门、种养殖业和用来满足由于产出的不确定性带来的生活方面盈余调剂（钱水土，2008）。但目前中国以农信社为主体的单一模式、各个地区整齐划一的农村金融安排必定无法兼顾中国东、中、西部的地区差别，也不能满足不同地区农户和企业对金融服务的需求（姚耀军，2006；钱水土，2008）。

三、"机构"路径制度改革忽视了政府干预的适度性

根据金融发展理论，对于政府在金融市场中的角色，主要有以下三种观点（张伟，2010）。

第一，20世纪80年代以前的农村金融理论的认识是：政府是农村金融的绝对主导供给者。支持这种理论的是一度占据主流地位的农业信贷补贴理论，也即供给主导型的农业融资理论。该理论认为，由于农村居民和贫困阶层没有储蓄能力，农村金融市场难以实现资金的自给自足，所以需要从外部注入政策性资金，并建立非营利性经营机构管理这部分资金。于是，政府自然而然成了干预农村金融市场、提供金融供给的主要角色。此外，农村信贷理论还强调在农村要实行低于其他产业的贷款利率，以缩小农业与其他产业之间的结构性收入差距，促进农业生产，缓解农村贫困；为保护农民和低收入阶层的利益，将高利贷者驱逐出市场，可以引入政府贴息贷款。但是，由于农业信贷补贴理论存在很多固有缺陷，根据该理论的实践不能建立有效率的农村金融体系和能够可持续自我发展的金融中介

机构。

第二，20 世纪 80 年代以后产生的农村金融市场理论与农村信贷补贴理论在理论基础、政府作用范围等方面都大不相同。该理论认为，垄断的市场存在诸多缺陷，难以有效分散风险、配置资源，所以它强调市场的作用，通过市场化引入竞争，而政府的作用应该被限制在完善政策等外部环境的范围内，不能直接干预市场运营。

第三，20 世纪 90 年代，赫尔曼（Hellman）、默多克（Morduch）和斯蒂格利茨（Stiglitz）等人提出不完全竞争理论。该理论结合了农村信贷补贴理论和农村金融市场理论的相关观点，认为既不能完全依靠政府介入农村金融市场解决问题，也不能完全依赖市场机制。因为市场机制充分发挥作用的前提是市场，是完全竞争的，而农村金融市场恰好是一个不完全竞争的市场，借贷双方之间信息不对称问题、贷款者的逆向选择和道德风险问题都很严重。所以，由于信息不对称等市场缺陷，仅仅依靠市场机制无法培育有效运行和有效配置资源的、完善的农村金融市场，政府有必要进行适当的干预，通过制定一系列的金融政策，引入借款人的组织化等非市场要素，改善农村金融市场信息不对称、市场竞争不完全、合约不完备等缺陷，以弥补市场的失灵。

根据不完全竞争市场理论，农村金融体系改革的关键在于农村金融市场的建立，这样的市场必须是体制结构完善、多元竞争、运行有效的市场，而要达到这一目标，必须彻底变革原来的管制框架（龚明华，2002）。政府的作用应主要发挥在以下四个方面：（1）创造良好的政策环境，包括宏观经济增长持续稳定，进入退出机制完善，农村金融市场发展健康、运行有效等；（2）完善农村金融市场的法律法规，形成透明、严格、公正的监管框架；（3）培育合格的微观金融主体，一个合格的金融主体必须能自我约束、自我激励并且实现可持续发展；（4）有效克服市场失灵现象，必要时可通过提供政策性贷款和技术援助等手段直接干预农村金融市场。

不完全竞争市场理论认为，尽管农村金融市场存在诸如资金来源渠道窄、融资中介数量少，甚至是制度缺陷等问题，但政府也不应该实施信贷配给和利率管制，因为这两种方式都会大大损害金融市场主体的积极性，扰乱市场原来的秩序。要有效干预农村金融市场，完善农村金融市场体系，充分发挥市场机制的作用，政府必须采用正确合理的方式方法。但是，中国农村金融机构在按照"机构"路径方式改革过程中，中国政府作为唯一合法的制度供给者，从自身的效用函数和偏好出发（祝健，2007），过多地干涉金融机构的行政、人事和业务、资产，而没有去分析农村金融市场的各种功能实现的条件和制度，从而在一定程度上影响和制约了农村金融组织结构的发展方向；同时，政府在农村金融基础设施建设方面，如法律、税收体系、监管、信用担保、技术支持、资金支持、信息和人才培养等方面未发挥积极的作用，影响了农村金融体系可持续发展。

因此，在"机构"路径制度改革下，由长期存在的城乡二元金融体系所导致的农村金融抑制现象并没有消除，在中国农村形成的正规金融为主导、农信社为主体、民间金融作补充的，政策性金融机构、商业性金融机构及合作性金融机构协作发展的农村金融体系也只是表面上的，农信社的垄断地位仍十分突出，整个农村金融市场上的金融主体过于单一，竞争不足，无法有效解决小农贷款问题，经不起实践的检验（张伟，2010）。姚耀军（2006）从资金配置功能角度评价了2005年以前农村金融改革绩效，认为四大国有银行的商业化改革使得其基层金融机构严重收缩，农村资金严重外流。其中，农行的农村金融主导地位被大大削弱，而其业务经营范围与其他国有商业银行差异不明显；农发行的业务功能退化成单一的"粮食银行"，其作为政策性金融组织的作用仅体现在农产品收购方面，其他功能均被不同程度地弱化甚至摒弃；农信社为追求资金使用效率和收益率以及自身经营的可持续发展，商业化程度过深，大量的资金流向收益率相对较高的非农部门或者城市，偏离政府赋予的社会目标，导致融资需求迫切的农户和农村其他经营主体却很难获得贷款。或者通过缴纳存款准备金、转存中央银行、购买国债和金融债券等方式，也导致大量资金流出农村；国有商业银行在农村领域的收缩，为邮政网点提供了巨大的吸储空间，邮政巨大的储蓄资金全部转存中国人民银行，直接流出了农村。农村金融资源配置在区域、行业、主营业务三个方面均出现严重的失衡，结构性矛盾突出，制约了农村金融体系功能的进一步发挥（董彬和温秉意，2010）。一方面，中国农村正规金融组织机构发展不完善甚至出现了不同程度的畸形，导致某些金融功能难以发挥，但又缺乏相应机制去实现它，所以，在中国农业发展的过程中，"三农"无法享受或充分享受应有的金融服务；另一方面，农户无法通过正规金融机构获得贷款，便会对其他融资途径过度依赖，导致这些金融功能被过度发挥，大大降低了金融资源的配置效率（何琳，2008）。随着中国国有商业银行的战略调整、农发行职能的退化以及农信社体制改革政策的朝令夕改（以及农村合作基金会的撤并、对民间金融的压制）等，农村金融体系的整体功能受到削弱，无法适应农业和农村经济发展的需要，不能满足农民现有的金融服务需求（吴晓灵，2003）。

第六节　基本结论及其政策含义

纵观中国农村金融制度的变迁，是强制性的、自上而下的、具有强烈路径依赖性的制度变迁过程，同时又是机构主义金融观指导下的改革过程。这样的制度变迁方式必定会导致农村金融市场在发展中出现各种问题，如金融组织和制度创新滞后，对金融需求与服务、金融的重要性认识不足，金融功能的核心地位被忽略等，进而导致市场缺乏竞争，市场配置金融资源的效率低下。一方面，仅靠现有金融机构的供给，农村多样化的金融需求无法得到满足；另一方面，使得农村金融市场难以形成有序竞争和有效互补的良性发展态势，农村金融功能普遍弱化，在一定程度上影响了金融对农村经济的推动作用。

中国数次对农村金融体系的改革，从宏观来看是片面的、短视的和"集合谬误"的（白钦先，2004），如行业性、部门性微观撤并与收缩以及业务重心转移，这种单一性的、部门性的、"头痛医头、脚痛医脚"的农村金融改革思路使得改革同全国特别是农村经济与社会的发展稳定目标南辕北辙，从而产生了更大的经济与社会风险。因此，未来农村金融制度改革可考虑在以下方面推进（中国人民银行抚州市中心支行课题组，2005）。

一、在改革内容上，应高度重视正式制度创新与非正式制度创新相结合

一方面，可以考虑分类推进正式制度的改革。在坚持服务"三农"的前提下，进一步深化农村信用社改革、完善农村信用社管理体制、积极组建农村商业银行，更好地发挥支农主力军作用；还可以鼓励大中型银行根据农村市场需求变化，合理制定和优化发展战略，加强对"三农"发展的

金融支持；以及稳步培育和发展村镇银行，促进农村金融机构改革深化等。

　　另一方面，重视各种农村非正规金融制度安排的作用。民间借贷、"地下钱庄"和各种"会"等是农村金融体系的重要组成部分。内生于农村金融需求的这类非正规制度往往发展迅速，汲取其能促进农村金融制度改革的优势部分并加以创新，将有利于完善农村金融体系，缓解"三农"对资金的需求，充分发挥农村资源配置的作用，对活跃农村金融市场、提高金融效率起到一定的积极作用。

二、在推进机制上，应实现"自下而上"诱致性制度变迁与"自上而下"强制性制度变迁的结合

　　一方面，强化"自下而上"诱致性制度变迁的作用发挥。在制度变迁过程中，中国必须重视对制度需求者金融需求的满足，改变原有的"自上而下、行政推动、供给先行"的依赖路径，形成"自下而上、需求推动"的新路径。同时，拓宽诱致性制度变迁的创新路径，让制度变迁的微观主体本身始终处于主动地位，充分满足农村微观金融主体对金融服务的多样化需求。

　　另一方面，要继续发挥政府的主导性作用，优化"自上而下"的强制性制度变迁。政府可优先向薄弱地区和薄弱环节配置金融资源，持续深入开展金融进村入社区等三大工程；健全完善农村金融政策扶持体系，例如加大政策支持力度，发挥好杠杆作用，引导更多金融资源投向"三农"；继续推动农村金融立法，以法律法规来合理保障制度变迁等。

　　同时，值得注意的是，还必须考虑到以下改革：在改革过程中，要以渐进性制度创新为主，通过逐步过渡和积累，推进"突进式"制度创新；在改革范围上，要以局部制度创新为主，通过示范与扩散效应，推动整体制度创新；在切入方式上，要以"增量"制度创新推动"存量"制度创新。

　　总体上，应根据中国农村经济、金融发展的多元化、多样性和不均衡性的实际，合理搭配各项相关制度安排，正确处理好政府、农行、农信社、农发行、邮储银行、新型农村金融机构和非正规金融机构的关系，基于竞争、公平和效率的考虑，实现三个构建：（1）构建业务品种较为丰富

的农村金融产品体系；（2）构建分工合理、投资多元、功能完善、服务高效的农村金融组织结构；（3）构建适应"三农"特点的多元化、多层次、全方位、广覆盖、可持续、市场化、适度竞争和公平竞争、相互补充的农村金融体系，将协调商业性金融、合作性金融、政策性金融和民间金融共同发展，大金融机构与小金融组织业务共同协作等工作落到实处，减少政府对农村金融市场运行的直接干预，充分利用市场机制，有效配置农村金融资源，同时推进农村金融产品和服务创新，积极发展农业保险。

参考文献

［1］阿兰·斯密德. 制度与行为经济学［M］. 刘璨、吴水荣译. 北京：中国人民大学出版社，2009.

［2］白钦先. 中国农村金融体制改革的战略性重构重组与重建［J］. 中国金融，2004（12）：26－28.

［3］毕超. 交易成本、组织绩效与农村金融组织体系重构［M］. 长沙：中共湖南省委党校，2008.

［4］道格拉斯·诺斯. 制度、制度变迁与经济绩效［M］. 杭行译. 上海：上海人民出版社，1994.

［5］道格拉斯·诺斯. 经济史中的结构与变迁［M］. 陈郁，罗华平译. 上海：上海人民出版社，1994.

［6］邸俊刚，冯开文. 中国农村合作金融组织路径依赖问题研究——以农村合作基金会为例［J］. 农村金融研究，2011（1）：69－72.

［7］董彬，温秉意. 中国农村金融体系的改革与创新：基于制度变迁理论［N］. ［2010－04－23］. http：//www. zgncjr. com/index. asp？ xAction = xReadNews&NewsID = 78501.

［8］杜彪. 关于我国农村金融制度变迁的思考——基于诺斯的国家与制度变迁的理论视角［J］. 农业经济问题，2007（10）：45－49.

［9］樊孝凤，谭美成，罗丙能. 发展农村非正规金融的新制度经济学分析［J］. 商业时代，2006（17）：6－7.

［10］龚明华. 发展中经济金融制度与银行体系研究［M］. 北京：中国人民大学出版社，2002.

［11］郭沛，蒋俊鹏. 中国农村金融组织空间结构分析［J］. 中国农

村观察, 2005 (2): 9 – 12.

[12] 何广文. 农村金融机构的多元化路径 [J]. 银行家, 2007 (1): 98 – 101.

[13] 何广文. 农村信用社制度创新不存在最优模式 [J]. 金融时报, 2003 – 06 – 09.

[14] 何琳. 农村融资供给匮乏: 基于机构制约的视角 [J]. 消费导刊, 2008 (18): 35 – 36.

[15] 姜霞. 我国非正规金融的绩效分析 [J]. 改革与战略, 2010 (7): 102 – 105.

[16] 匡家在. 1978 年以来的农村金融体制改革: 政策演变与路径分析 [J]. 中国经济史研究, 2007 (1): 106 – 112.

[17] 李小勍. 农村金融制度变迁中存在的问题及政策建议 [J]. 中国发展观察, 2010 (8): 46 – 48.

[18] 林毅夫, 姜烨. 经济结构、银行业结构与经济发展——基于分省面板数据的实证分析 [J]. 金融研究, 2006 (1): 7 – 22.

[19] 林毅夫. 关于制度变迁的经济学理论: 诱致性变迁与强制性变迁 [M] //R. 科斯, A. 阿尔钦, D. 诺斯. 财产权利与制度变迁. 上海: 上海三联书店, 上海人民出版社, 1994.

[20] 刘刚. 我国农村金融制度变迁的特征及改革取向 [J]. 现代管理科学, 2006 (3): 117 – 119.

[21] 刘民权, 徐忠等. 农村信用社市场化改革探索 [J]. 金融研究, 2005 (4): 99 – 113.

[22] 刘启明. 以社区管理为基础的农村非正规金融作用分析——基于宁夏盐池县 Z 村的调查 [J]. 公共管理学报, 2011 (2): 79 – 85.

[23] 罗来武, 刘玉平, 卢宇荣. 从 "机构观" 到 "功能观": 中国农村金融制度创新的路径选择 [J]. 中国农村经济, 2004 (8): 20 – 25.

[24] 钱水土, 刘佳. 正规金融与非正规金融的联接问题探讨 [J]. 浙江金融, 2008 (9): 10 – 11.

[25] 速水佑次郎, 弗农·拉坦. 农业发展的国际分析 [M]. 郭熙保, 张进铭, 译. 北京: 中国社会科学出版社, 2000.

[26] 王曙光. 农村金融改革与地方政府创新: 宁夏模式 [J]. 重庆

社会科学，2009（5）：52 – 55.

　　［27］王亚飞，董景荣. 基于非正规金融演进与农村金融制度变迁的机制分析［J］. 金融理论与实践，2008（12）：23 – 26.

　　［28］吴海兵，黄添勇，M. M. Rahman. 中国金融制度变迁的演化逻辑分析［J］. 金融教学与研究，2006（1）：2 – 4.

　　［29］吴晓灵. 重构农村金融体系、支持县域经济发展［J］. 中国金融，2003（10）：4 – 6.

　　［30］谢家智，冉光和. 中国农村金融制度变迁的路径依赖［J］. 农业经济问题，2000（5）：25 – 28.

　　［31］姚耀军. 中国农村金融改革：基于金融功能观的分析［J］. 西安交通大学学报（社会科学版），2006（4）：1 – 6.

　　［32］张斌. 对中国农村金融制度变迁的思考［J］. 经济研究导刊，2011（4）：39 – 40.

　　［33］张杰. 中国农村金融制度：结构、变迁与政策［M］. 北京：中国人民大学出版社，2003.

　　［34］张伟. 现代农村金融理论及我国农村金融制度模式的演进探索［J］. 现代财经，2010（10）：17 – 20.

　　［35］章奇. 推动农村金融改革的多元思考［J］. 中国农村信用合作，2005（7）：17 – 19.

　　［36］中国人民银行抚州市中心支行课题组. 中国农村金融结构与制度创新问题研究［R］. 2005，http：//fzjxzlh. blog. hexun. com/23938905_d. html.

　　［37］中国人民银行抚州市中心支行课题组. 中国农村金融制度的变迁过程［J］. 金融参考，2006（2）：108.

　　［38］祝健. 中国农村金融体系重构研究［D］. 福州：福建师范大学，2007.

　　［39］L. E. DAVIS, DOUGLASS C. NORTH. Institutional Change and A-merican Economic Growth. Cambridge：Cambridge University Press，2008.

　　［40］GREIF. AVNER. . Institutions：Theory and History. Cambridge：Cambridge University Press，2005.

第八章 国外农村金融组织 结构发展经验及启示

20 世纪以来，世界各国均致力于农村金融组织结构建设，不同国家在推动本国农村金融组织结构改革和发展过程中，只有结合自身特点，寻求符合自身条件的道路才能实现目标。一些国家在完善农村金融组织结构方面取得了很大成就，积累了丰富的经验，促进了当地农村经济的繁荣（见附表1）。

改革开放以来，中国进行了一系列农村金融改革，取得了丰硕的成果，有力地支持了农村经济的发展，但是必须看到，中国农村金融组织结构还存在很多不足，制约了农村经济长期可持续发展，进一步的改革势在必行。所以，本章通过分析国外不同发展水平国家的农村金融组织结构发展情况，总结其成功经验，为进一步深化中国农村金融组织结构改革提出启示。

第一节 发达国家农村金融组织结构的发展及其经验

一、美国农村金融体系

美国是世界上最大的粮食生产国和最先进的农业发展国家，而美国的农业人口仅占3%，这与美国发达的农村金融体系有密切的关系：其规范、合理的农村金融体制与经济发展相适应，多样化的农村金融机构和农村金融服务，较完善的农村金融体系相互配合，使农村经济发展的金融需求得到较好的满足。可以说，在推动社会进步、促进社区发展、增加社员财富、支持农村经济方面，美国的农村金融体系发挥了至关重要的作用。

（一）美国农村金融体系的建立

事实上，是美国农业和农村经济的迅速发展推动了其农村金融体系的建立。20世纪以前，美国农村不设立专门的农村金融机构，农民的种植资金主要来源于个人借贷和商业机构，但随着美国农业的迅速发展，市场化农业格局逐渐形成，农业发展中的资金需求也在逐步增加。个人借款程序虽然简单，但贷款数额小、缺乏还款保障，商业机构贷款的成本高、贷款机构少，都使得农业发展的资金需求得不到满足。在美国农业蓬勃发展的同时，城市工业化水平也逐渐提高，积累的大量剩余资本需要一个合理的投放方向。

为了解决这一问题，美国开始建立符合农村经济发展的金融体系：1916年，创设联邦土地银行；1933年，建立生产信贷协会，同时设立了相应的合作社银行；1933年，成立了商品信贷公司，支持农产品价格，直接对农户进行经济补贴，保障农户利益；1935年，成立了农村电气化管理局，加快农村电力、通信基础设施建设；1938年，颁布了《联邦农作物保险法》。美国农业保险的经营体制经历了从"单轨制"到"双轨制"再到"单轨制"的演化：第一阶段，政府成立专门机构，承担农作物保险服务；第二阶段，引进商业保险公司，使商业保险公司与政府同时提供农作物保险服务；第三阶段，政府退出，完全由商业保险公司经营和代理保险业务。1946年，美国成立了农民家计局，专门向无法从其他途径取得贷款的贫困农民提供资金；1953年，成立了小企业管理局，向农村小企业提供信贷，缓解农村小企业的融资难题，帮助农村小企业发展，活跃农村经济。联邦政府的一系列政策，推动着美国农村金融不断发展、金融体系基本形成。

（二）美国农村金融组织结构

20世纪20至30年代，在联邦政府的政策主导下，美国建立了相对完善的农村金融体系。在该体系中，处于基础地位的是商业金融机构及个人信贷，处于主导地位的是农业合作信贷系统，处于辅助地位的是政府的农业信贷。美国构建的农村金融体系涵盖政策性金融、合作金融、商业金融以及农业保险等部分，它们相辅相成，共同支持美国农业和农村经济的发展。

1. 政策性农村信贷体系

为了促进农村金融机构的发展，美国政府投入大量的财政资金，建立了政策性农村金融体系，主要包括农民家计局、农村电气化管理局、商业信贷公司和小企业管理局等。

（1）农民家计局。农民家计局是非营利性机构，是美国政府提供政策性农业信贷的主要机构，旨在为贫困地区和低收入农民提供资金，满足其贷款需求。

（2）农村电气化管理局。农村电气化管理局是美国农业部下设机构，旨在为农村电力、通信等基础设施建设提供资金支持，提高农村的电气化水平。

（3）商业信贷公司。商业信贷公司通过提供贷款和支付补贴等资金运用形式管理实施价格和收入支持计划，主要包括农产品抵押贷款、仓储等处理设备贷款、灾害补贴等，通过对农产品价格支持以控制农业生产，避免农产品价格波动给生产者带来的影响。

（4）小企业管理局。小企业管理局帮助小企业在正常融资渠道之外获得资金支持。该机构隶属于美国农业部，主要职能可以归纳为三个"C"，即资金提供（Capital）、政府采购合约（Contracts）和咨询服务（Counseling）。在提供贷款融资方面，小企业管理局并不直接向中小企业提供贷款，而是通过与银行，信贷机构及其他贷款机构合作的方式向中小企业提供贷款。

2. 农村合作金融体系

美国的合作金融制度属于"上虚下实"型，具有多元、复合的特点。农村合作金融体系由紧密的几个部分组成，包括联邦土地、合作社和中期信贷银行系统，在全国的 12 个农业信贷区中，每个区至少建立了三种不同的合作金融机构，并都受农业信贷管理局的监管（鲍静海和吴丽华，2010）。

美国农村合作金融机构的主要任务是为农民传授金融知识，帮助被排除在商业银行金融服务体系之外的中低收入人群培育良好的金融意识和理财能力（闫永夫，2004）。在运行机制上，美国农村合作金融机构以互助合作精神为宗旨，可以吸纳社员入股，吸收社会存款。值得注意的是，美国农村合作金融体系的三大系统均有独自的经营体制及明确的职责（如表

8－1 所示）。

表 8－1　　　美国合作金融体系三大系统的组织形式及运转机制

	联邦土地银行系统	中期信用银行系统	合作银行系统
组织结构	每个信贷区仅有一家联邦土地银行，但可设合作社	由中期信贷银行、生产信贷协会和生产信用合作社以及其他分支机构组成	包括一家中央合作银行、12 家合作银行及其下属的农业合作社
资金来源	借款人的股金、依法提存的准备金、盈余公积；通过金融市场的融资	社员认股	自有资本、公积金；13 家合作银行联合发行短期债券获得的资金；向其他金融机构的借款
经营业务	为农场主提供贷款	为社员生产活动提供贷款	中央合作银行和 12 家合作银行
贷款形式及期限	以长期不动产抵押贷款为主，期限 5～10 年	以中短期为主，一般为 1 年，最长不超过 7 年	——

资料来源：鲍静海，吴丽华. 德、法、美、日合作金融组织制度比较及借鉴［J］. 国际金融研究，2010（4）：48－53.

3. 农业商业金融体系

农业商业金融体系在美国农村金融体系中占有重要地位，对美国农业经济发展发挥了重要作用，主要包括商业银行、人寿保险公司和经销商，三者业务范围各有不同（如表 8－2 所示），这使商业银行在农村的分支机构逐渐增多（于海，2003）。

表 8－2　　　　　美国农村商业金融机构经营业务情况

商业金融机构	经营业务	业务期限
商业银行	农业贷款业务，可吸收存款	短期、中期和长期贷款
人寿保险公司	为农村的发展提供贷款，不可吸收存款	长期贷款
经销商	赊销和预付，不可吸收存款	期限不定

美国之所以有大量的商业性金融机构进驻农村，主要有以下原因：第一，有涉农贷款的优惠政策，美联储规定，商业银行的农业贷款比率在 25% 以上，就可以享受税收优惠；第二，美国农业满足商业银行的贷款条件，由于美国农场主的规模经营，其资产能满足商业银行的信贷条件；第

三，与其他服务农村的金融机构相比，商业银行在市场中拥有更强的竞争力，其金融组织制度比较完善，有较强的市场竞争力，在农村信贷中处于重要的地位。

4. 农业保险体系

美国政府将农业保险体系建设摆在农业金融体系建设的重要位置上，积极制定相关法律政策，推动实现农业保险的商业化运作；政府则进行农业保险的监督管理，对农业保险提供补贴，不直接参与农业保险。早在1935年，美国就成立了信合保险集团，集团的主要任务是为信用社及会员提供各种保险，如贷款保护险、伤残险、忠诚险、财产险、储蓄寿险等（郑良芳，2009）；1938年出台的《联邦农作物保险法》，使得农业保险发展有法可依，并在农业部设立了联邦农作物保险公司（简称 FCIC）。2014年，美国新农业法案正式通过出台，农业保险政策改革是新农业法案中的重要议题。在新农业法案中，美国通过增加保险品种、提高保险金额、扩大保险覆盖面等多种措施，构建更为健全、更能适应农业发展新要求的农业保险体系（谢凤杰、吴东立等，2016）。

（1）农作物保险机构。联邦农作物保险体系主要有三个层次（如图8－1所示），这种"逐层递进，不断深入农业经济"的体系为农业提供了有力的风险保障服务。

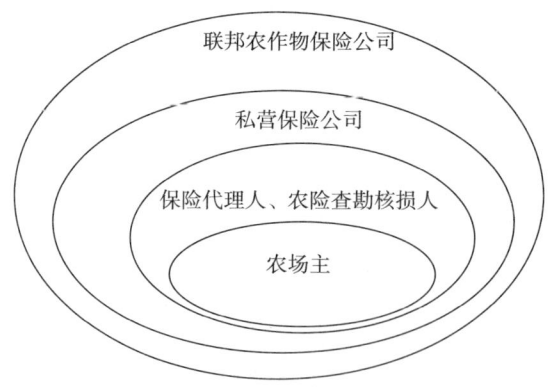

图 8－1　美国农作物保险的三个层次

首先，联邦农作物保险公司。联邦农作物保险公司的主要业务有：第一，负责制定全国险种条款；第二，风险管理；第三，为有经营农业保险资格的私营保险公司提供再保险等。

其次，私营保险公司。私营保险公司与联邦农作物保险公司签订协议，承诺执行后者的各项规定，而其本身则通过保险代理人和农业保险勘察核损人员开展保险业务。

最后，保险代理人和农险查勘核损人。保险代理人负责农作物保险销售、与农场主进行业务接洽并进行业务实施。农业保险勘察核损人员则承担农险查勘工作，他们各司其职，形成了一个完整的体系。

（2）美国农作物保险经营状况及主要险种。美国为保障农业发展，建设完善的农业保障体系，不断创新保险险种，扩大风险保障范围。美国农业保险的险种主要有五类（如表 8 - 3 所示）。

表 8 - 3　　　　　　　　　　美国农作物保险的险种及内容

险种	内容
农作物风险保险	开展最早，投保范围最广泛
团体风险保险	专为保证农场主收入设计的保险产品。该险种将当地的平均产量作为保险产量，如果投保人的农作物产量未达到保险产量，则保险公司会为投保人提供差额补偿
收入风险保险	将产量作为赔偿依据，具体包括"团体收益保险""作物收益保险""收益保证保险""收入保护保险"和"农场总收入保险"五种
冰雹险	私营保险公司开展的纯商业险种，也是美国保险的特例险种
其他试办险种	其他补充保险

资料来源：吴晓俊，谢金楼. 国外农村金融发展模式及借鉴 [J]. 现代金融，2009（3）：7 - 8.

（3）美国政府农业保险政策。首先，强有力的财政支持。美国政府以保费补贴和业务费补贴的形式对农业保险进行财政支持，例如政府会对联邦农作物保险公司的各项费用和农作物保险推广以及教育费用等进行财政补贴，2005 年美国颁布了《农业风险保障法》，将农业保险的财政补贴额提高为每年 30 多亿美元。其次，税收减免优惠。美国政府会对农业保险进行一定程度的税费减免，这一政策促进了保险公司积极发展农业保险业务。再次，完善相关法律法规。例如，1983 年制定了《联邦农作物保险法》，首次对农作物保险进行立法，为农作物保险业务的开展提供法律依据和保障；2000 年 6 月 20 日通过的《农业风险保障法》提高了农作物保险的保费补贴比例；2001 年 1 月进一步提出，在完善农业保险制度方面，美国未来十年将投入 76 亿美元。最后，提供再保险支持。例如，为有效控制私营保险公司的风险，可以由联邦农作物保险公司向私营保险公司提供再保险服务，实现风险的分散和转移，保证农业保险服务的稳定供给。

（三）美国农村金融发展的特征

通过合理的分工、有力的政府保障、完善的组织制度、完备的法律体系，美国农村金融的发展模式十分独特，在农村经济的发展过程中起到了重要的促进作用，并由此推动了整个社会的发展进程。

1. 以发达的城市市场为重点

美国农村金融的发展有赖于城市的发达金融市场。农村金融作为全美金融体系的重要部分，它的发展与整个金融体系的发展息息相关，突出表现在农村金融对城市金融市场充裕的资金、完善的金融体系的依赖。首先，对城市金融市场的资金依赖，例如：合作银行体系中的机构都不经营存款和储蓄业务，主要通过金融市场以出售有价证券的方式募集信贷资金；农民家计局属于政府农贷机构，同样是依靠在金融市场上发行债券筹集信贷资金。其次，对城市金融市场完善金融体系的依赖，城市金融市场上发达的城市商业银行、保险公司是美国农村金融市场的重要主体（王定祥和李伶俐，2009）。

2. 以合理的机构分工为基础

尽管各个金融组织之间存在着复杂的业务关系，却有相对明确的分工。例如，联邦土地银行主要向农场主提供长期抵押贷款；商业银行向农场主提供中短期的生产性贷款；联邦中期信贷银行向有涉农业务的金融机构提供资金；政府农贷机构主要投资于公益性农业项目。不同金融组织在各自的业务范围内发挥自己的支农作用，其业务相互独立又相互补充，进而形成了分工明确、职责清晰的金融体系，使得整个农村金融体系在良好的环境下运作。

3. 以合理的组织制度为保障

美国农村金融组织制度比较合理，除大量的商业金融外，还有多元复合式的合作金融体系。农村合作金融体系接受农业信贷管理局的监督管理，并接受联邦储备系统及各联邦银行的宏观调控，但不属于联邦储备体系。联邦农业信贷委员会负责制定全美农业信贷方面的政策，并在全国设立 12 个农业信贷区，信贷区的农业信贷委员会依据联邦信贷委员会的方针政策，结合地区实际情况制订具体执行方案，农业信贷管理局负责具体方案的执行、监督和协调。政府的农贷机构在美国农业部的直接隶属之下，在这种组织制度下，可由农业部整体规划不同阶段农业的不同发展目标，调节农业信贷的方向和规模，较好地控制了农村资金的流向。

4. 以有力的政府支持为保证

首先，政府提供强有力的财政支持。一方面是政府直接拨款，例如，联邦土地银行最初股金的 80% 来自政府的资金支持，政府拨款或借款同样也是绝大部分农贷机构的资金来源；另一方面是税收优惠，例如，《联邦信用法案》规定信用社作为非营利合作组织，其收入不构成利润，不仅信用社免征收入所得税，对其社员也免征个人利息所得税，这大大减轻了农信社的供给压力，为农信社的进一步发展创造了条件。其次，建立完备的法律体系。例如，美国颁布的《联邦农业信贷法案》《农业信用法案》《联邦农作物保险法》等在保障农村经济政策执行的同时，还有效地将农业金融的运作融合到相关法律体系中，规避了不规范、不合理的行政干预和领导人更换现象，使农村金融机构的运作更加有章可循、有法可依（岳彩军，2008）。

二、日本农村金融体系

日本自然条件差，地少人多，具有小农经营的历史传统，其农业环境与中国有着较多类似之处。经过第二次世界大战的日本经济遭到毁灭性打击，为稳定社会，发展农村经济，日本政府推行了一系列措施，鼓励和引导资金流向农村，扶持农业发展，构建农村金融体系，取得了显著的成就。

（一）日本农村金融体系的建立

日本农村金融体系的建立是国际社会公认比较成功的，经过几十年的不断发展和完善，日本农村金融体系中机构设置日趋合理，业务经营范围不断拓展，行业服务水平不断提高，配套法律法规不断完善。虽然仍存在诸多尚未解决的难题，但总体来说，日本农村金融体系极大地促进了日本农村经济的发展，效果显著。日本农村金融体系主要由合作金融和政府金融构成，其中，民间合作性质的金融机构占据主体地位，政策性金融机构则占据重要的补充地位。1947 年 11 月，日本政府公布了《农业协同组合法》，同时在全国范围内建立了农业协同组合。农业协同组合是将信贷、生产、销售、保险以及非信贷金融机构结合起来形成的一个一体化、综合性的合作经济组织，综合各种金融机构的优势，可以提供更合理更有效的服务，支持农业科技发展，支持农村经济发展，增加农民收入，对日本农村经济发展发挥了巨大作用。

（二）日本农村金融组织结构

日本的农村金融服务体系是以合作金融为依托的"2+1"模式，即由合作金融系统、农业保险和政策性金融机构组成。尽管包含政府主办的政策性金融，但还是以合作金融为主（丁竹君，2011）。

1. 合作金融

日本的合作金融主要是指农业协同组织，它在农村金融体系中居于主导地位，是一个综合性的合作经济组织，包括信贷机构、保险机构和非信贷金融机构等。日本的农村信用合作组织分为四个层次[1]，如图 8 - 2 所示。

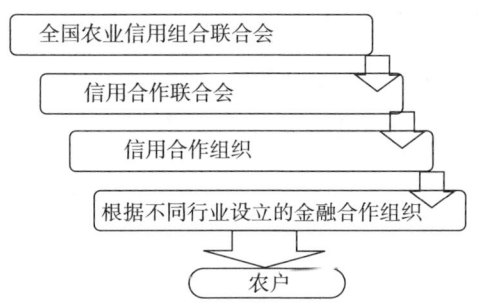

图 8 - 2　日本农村信用合作组织的四层结构

第一层次：全国农业信用组合联合会。全国农业信用组合联合会的主要业务包括：对全国农协社资金活动的调节；为信用合作联合会提供信息咨询、信贷等服务，支持大型相关企业信贷等活动。全国农业信用组合联合会主要由各都府县农业信用组合联合会和农林中央金库组成，是最高级别的农业信用联合会。其资金主要来源于两个渠道：一是信用合作联合会

---

[1]　在日本的农村金融体系中，由大藏省对所有民间金融机构进行监督管理；各层级组织中，上级组织对下级组织提供金融服务，但上下级之间不存在领导与被领导的关系，各级组织均独立核算、自负盈亏。

吸收的存款；二是国家批准发行的农村债券筹集的资金。

第二层次：各都、道、府、县的信用合作联合会。信用合作联合会主要是协调全国农业信用组合联合会和基层农协中的信用合作组织的关系，起到了承上启下的作用。其主要职能在于：指导基层农信社的信贷活动，调节资金余缺；负责信贷业务的经营，并将长期限的信贷服务主要供给于辖区内的农协社、农户及农林企业。

第三层次：基层农业协同组织中的信用合作组织。作为基层合作组织，基层农协中的信用合作组织的活动范围集中在市、町、村，资金来源于本地农户，以出资入股方式筹集资金，通过信贷金融业务进行经营。其具体业务包括：在组织内部以贷款的形式提供农户短缺资金贷款，对农户吸收其存款。为保证存款的安全，规定基层农协须按照一定的比例将资金剩余存入上级农协，并且，资金仅限于在整个农协系统内使用。

第四层次：根据不同行业设立的具体金融合作组织，包括农业、林业和渔业三个系统。

日本合作金融资金来源于农民，也首先服务于农业建设。合作金融机构立足农村，网点众多，覆盖范围广，其分支机构基本实现了对全国的农村金融市场的覆盖。机构秉持"需求追随型"的战略，在不同的经济发展阶段均高度重视会员资金的需求特点，不断进行金融创新，开发针对性强的金融产品，使得会员在资金需求方面得到有效的满足，保证自身在农村信贷市场中居于主要地位（如表8-4所示）。

表8-4　　　　　　　　日本各渠道农贷统计　　　　　　单位：亿日元、%

	1960 年		1970 年		1980 年		1990 年		2000 年		2005 年	
	绝对量	比例	绝对量	比例	绝对量	比例	绝对量	比例	绝对量	比例	绝对量	比例
银行等一般金融机构	535	9.16	2 363	4.86	6 104	4.20	11 930	6.29	13 287	5.67	7 517	3.60
农协系统	3 815	65.28	38 529	79.28	113 584	78.14	139 060	74.77	196 308	83.83	183 899	88.03
财政资金	1 494	25.57	7 706	15.86	25 679	17.67	38 561	20.34	24 571	10.49	17 478	8.37
合计	5 844	100	48 598	100	145 367	100	189 551	100	234 166	100	208 894	100

资料来源：夏书亮. 日本农村金融体系的运行范式及经验借鉴 [J]. 金融发展研究，2008 (6)：52-55.

2. 政策性金融

对于向农林渔业提供贷款，金融机构并不积极，因为自然条件的变化对农业生产和经营的客观影响，一般金融机构都会规避此类风险贷款。为稳定农林渔业生产，保障农户利益，日本政府于 1945 年通过《农林渔金融公库法》，设立了政策性机构农林渔金融公库，之后又建立了中小企业金融公库等，其资金主要来源于政府财政资金和地方财政支持，通过信贷支持帮助农林渔业发展。

（1）农林渔业金融公库。一些农林渔业者有通过贷款提高生产能力、改善收入水平的需求，但是其较高的风险水平和贷款成本，使得一般金融机构不愿意提供贷款，也难以从农林中央金库获得贷款。建立农林渔业金融公库就是为满足他们的贷款需要，支持其生产致富。农林渔业金融公库的运营资金主要靠日本独特的财政投资融资体制（Fiscal Investment and Loan Program，FILP）解决，即为了提升国民居住福利水平，政府靠国家信用将长期的邮政储蓄资金、福利养老金、国民养老金和简易人寿保险等归集起来，借贷给农林渔业金融公库，公库再以低于财政投融资体制贷款的利率发放贷款（曾琼芳，2014）。贷款资金主要用于建设农林渔生产的基础设施（如土地保护、改良土壤、植树造林、修建鱼池渔港等）和改善农林渔业生产和经营条件。农林渔公库是农协金融系统和商业银行贷款的有效补充，其贷款拥有时间长、利息低的特点，平均贷款期限为 20 年，最长可达 55 年，且贷款利率一般固定，即使在贷款人偿债能力不足的情况下，也可以通过政府补贴利息损失的方法减少贷款利息（夏书亮，2008）。

（2）中小企业金融公库。中小企业普遍具有建立时间短、规模小、风险较大等问题，融资难问题一直困扰着中小企业的发展。日本政府设立中小企业金融公库，旨在向中小企业提供贷款，缓解其融资难题。中小企业金融公库提供的贷款主要有两类：一类是一般贷款，只用于增加设备资金和企业的长期周转资金；另一类是特别贷款。此外，中小企业金融公库还可以向一些与中小企业有关联的公司发放贷款，如中小企业投资育成公司、设备租赁机构、中小企业的上下游企业等。

3. 农业保险

农业保险制度是政府扶持合作金融的又一措施。为改善农村金融环境，降低农村金融风险，日本政府推行并实施了一系列的保险举措：1961

年，颁布了《农业信用担保保险法》，实行农业信用保证、保险制度，实施农业信用补偿制度（丁竹君，2011）；1966 年，成立了全国农业信用保险协会，支持农业信用基金协会更好地行使职能，例如保障协会代替还债事项的顺利落实（岳彩军，2008）；1967 年，颁布了《农业信用保证保险法》，规定产量超过一定额度的农民和农场都必须参加保险，投保人须按照农场大小申报保险额，投保农民应缴保险费由农民和政府共同承担，其中政府承担比例不低于 50%，保险金额按"每公斤保险额"乘以标准产量的 70% 计算，是投保人受灾后能获得的最高赔偿金额（孙培宽，2008）。日本政府这种直接参与保险计划的措施，有利于减轻灾害对农民的影响，提高农民生产积极性。

（1）信用保证制度为机构贷款提供保证。信用保证制度是日本农村信用保险体系中综合性最强、规模最大的保障制度。它由政府主导建立，财政出资占三分之一，其余分别由农协合作金融组织、信农联、农林中央金库出资。农业信用保证制度的保障方式主要是债务保证，即设立专门的保证机构，受借款人的委托，对其债务提供担保，当借款人无法偿还债务时，由保证机构取得代位追偿权，向借款人追偿债务。为了保障农协的援助功能，农协规定将每年吸收存款的 10% 交由中央金库，以专项储备的方式统一运作和管理，对经营出现问题的农协提供低息贷款帮助其走出困境（贾楠，2009）。此外，通过在各都、道、府、县设立的 47 个分支机构，日本农业信用基金协会会员的农业贷款可以得到有效担保。

（2）存款保险制度保护存款人利益。与信用保险不同（如表 8－5 所示），存款保险是政府为了保护存款人利益而为储户提供的一种无偿的保险服务。当吸收存款的金融机构无法维持经营，无力偿还储户存款时，由保险人负责补偿存款人的损失。

表 8－5　　　　　　　　信用保险和存款保险的区别

	信用保险	存款保险
目的	降低金融机构的贷款风险	保护存款人的利益
投保人	放贷机构	储户
保险人	保险公司	保险公司
保险标的	借款人信用	吸储机构的信用
可保风险	债务人不能履约的风险	信用合作联合会流动风险

（三）日本农村金融组织结构的特征

经过多年建设，日本的农村金融的组织结构逐步完善并形成了一种独特的运行机制，具有以下主要特征：

第一，政府主导型的农村金融体系。在降低农村金融借贷交易成本方面，日本政府借助自身的信用积累，对提供涉农贷款的金融机构给予资金补贴和政策优惠，降低农村金融机构的成本，扩大其盈利空间，创造有利环境支持农村金融机构发展。例如，在政策性金融和合作金融方面，政府于1945年和1947年创建并颁布了相关的法律，以财政补贴的形式对合作金融组织运行及农村贷款加以支持，弥补在金融体系运行过程中的损失，并在吸收存款和所得税征收方面为合作金融组织设立了相应的优惠。

第二，合作性和政策性相结合。合作性金融资金来自于农村，服务于农村，具有融资成本低，支农作用突出等特点。通过合作性金融可以充分利用农村资金有效缓解农村融资需求难题，改善农业发展环境，支持农业经济的发展。政策性金融始终指引着政府对农业金融的政策、目标和措施方向，并通过合作金融组织实现。政策性金融机构的职责在于，在合作金融、商业金融无法或者不愿涉及的领域（如资金需求量大、期限长、风险高而收益低的融资需求）解决农业对于资金的需求。合作性金融和政策性金融在农村金融市场中分工不同，各有侧重，二者相互协作，共同支撑着农村经济的发展（夏书亮，2008）。

第三，金融体系中的各机构无隶属关系。日本农村金融体系可分为三个层次，但三个层次之间的机构无行政隶属关系，上级组织只能对下级组织进行指导，为下级组织提供行政服务，而无法干涉下级的经营活动，这一有效的措施使得合作金融体系的运行得到了保障。

第四，社区发展是金融体系的基础。日本的农村金融机构都是以社区发展为基础的，合作机构更是如此。合作组织确立了立足基层、方便农户、便于管理的原则，树立了为社区服务的理念，以社区为基础开展业务，为社区农户提供尽可能完善的金融服务。

第五，保险制度是金融体系中的重要部分。现代保险制度可以有效地降低经济运行风险，在政府主导下，日本建立了比较完善的保险制度，有效地降低了农村金融机构的经营风险，进而促进了农村金融的发展。日本的保险制度涵盖了信用保险、存款保险、贷款担保以及临时性资金调剂援助制度等。

日本农村金融体制的作用在于将国家的产业发展、产业政策与合作金融机构紧密联系，这样的制度安排虽然易于政府对基础行业的扶持，但是也存在明显的缺陷，导致业务范围狭窄、资金利润少和依赖政府优惠等，也增加了政府的财政压力（王定祥等，2009）。

三、法国农村金融体系

法国作为欧洲农业规模最大、最发达的国家，政府十分重视农业发展过程中的资金问题，通过政策性金融机构给予农业大力的资金支持，以促进农业规模扩大，保证农业经济的稳定发展；而农业经济的发展反过来可以支持政策性金融机构的发展，通过增加政策性金融机构的资金，提高贷款人的还款能力，优化农村金融环境，使政策性金融机构不断发展壮大，政策性金融机构和农业经济形成了相互促进、共同发展的良性循环。

（一）法国农村金融体系的建立

19 世纪初，为支持农业发展以及发展中的资金需求，法国政府颁布了《土地银行法》，开始建立农村信贷机构。经过 100 多年的发展，法国逐步形成了"4 + 1"模式的农村金融体系，其中"4"是指 4 家农业信贷机构：法国农业信贷银行、互助信贷联合银行、大众银行和法国土地信贷银行；"1"是指法国的农业保险。农业信贷机构在法国银行体系中占有重要的地位，其中法国农业信贷银行是法国最大银行之一，在法国农村信贷机构中处于主导地位，其吸收的资金和发放的贷款超过另外三家农村信贷机构的总和（刘若斯，2008）。在农业保险中，政府仅对巨灾风险（如农业自然灾害）进行必要的干预，其他风险则通过互助保险公司进行分散。

（二）法国农村金融组织结构

1. 农村信贷机构

法国的农业信贷机构主要为各种性质的互助信贷银行，即以法国农业信贷银行为主体，由互助信贷联合银行、大众银行和法国土地银行共同构成（谷慎等，2014）。这些机构都有着强大的政府支持背景，有商业性、政策性和合作性，其中以合作性为主，是政府推行农村经济政策和财政金融政策的重要工具。

法国农业信贷互助银行被认为是为国家政策服务的银行，资金和发放的贷款能占到农业信贷机构的一半以上。主要有以下原因：

首先，产权明晰，政府干预较少。法国农业信贷互助银行是由农户自发组成、在民间信用合作组织基础上由下而上逐步建立起来的，内生性的制度变迁使得其产权明晰。此外，政府干预也相对较小，这就确保了农村金融机构具有较高的独立性，金融机构能够充分考虑农户需求设计业务、改善服务，更好地满足农户需求。

其次，各组织相互独立，自主经营。法国农业信贷互助银行的组成层级分明，包括中央、省级和地方三个层次的农业互助信贷银行，在政府的支持下，法国农业信贷互助银行将民间信用合作组织作为基础，由下而上逐级建立起来。尽管属于多层次机构，但在法律上是互相独立的，上下级之间只有指导关系，而不存在隶属关系，上级机构不能对下级机构进行干预。

最后，经营权与决策权相分离。法国的农业互助银行体系分为中央、省级和地方三个层次。其中，中央农业信贷银行具有最高管理权，负责管理和监督省级和地方的农业信贷银行，接受农业部和财政部的共同领导；省级农业信贷互助银行的职能是参与农业信贷政策的决策，但是不能开展任何金融业务；地方农业信贷互助银行负责经营业务，这样有效平衡了农村金融机构的政策性要求和自主发展的要求。

2. 农业保险

法国农业保险组织包括互助性保险公司和政策性保险公司两种。其中，互助性保险公司是农民为了保障自己的经济安全而自助发起设立的，以应对火灾、冰雹、牲畜死亡等农业生产经营风险；政策性保险公司主要对商业保险公司无法承保的巨灾风险进行干预，而1980年后政府则投资资助一些专门从事农业风险科学研究的机构的研究工作。

法国农业保险的发展有几个标志性事件：第一，1960年，法国将实行农业保险的实施明确列入法律之中。第二，1964年，为了补偿农民在灾害中的损失，国家农业灾害基金会负责的农业损害保证制度应运而生，其50%的资金来自于政府预算。第三，1982年，在相关法律规定下推出了自然灾害保险。

（三）法国农村金融体系的特征

法国农村金融组织的特点主要包括以下三点。

1. 典型的国家控制型金融模式

法国的农村金融体系由政府主导建立和完善，并在政府的控制和管理下运行，属于典型的国家控制型金融模式。例如，在确定贷款对象方面，农业信贷互助银行按照项目是否符合国家政策和国家发展规划的标准进行判断，如果符合条件，则以贴息的方式给予优先支持（王定祥和李伶俐，2009）。这种体制优劣共存：优点是便于管理，符合相关政策的项目有更多的优先权，政府也会优先将支持和贴息给予符合国家政策和国家发展规划的项目；缺点是信贷互助银行缺乏独立性，信贷互助银行的业务会受到政府政策的干预，导致服务偏离农村经济需要，会导致管理者的消极管理，同时会导致财政补贴的低效率（孙培宽，2008）。

2. "上官下民"独特的金融组织形式

首先，法国农村金融中的政府力量，这点从法国农村金融的国家控制型金融模式中不难看出。其次，农村金融中的民间力量：一方面，法国商品经济的快速发展和农业资本的高度集中离不开发达的信用合作制度①；另一方面，作为农村商品经济的发展的结果，农业经济社会化与专业化也加强了农业内部与农业相关行业之间的经济往来，使合作性金融组织的建立成为必然。

3. 强有力的政策支持

首先，财政支持。第二次世界大战以后，农业投资被法国政府正式列入国家财政预算，通过农业财政支出、社会性支出和农村基础建设支出等方式，使得整体的农村经济环境氛围良好，农村金融的发展也得到有效促进，例如政府向农民直接发放贴息贷款，鼓励农民加大生产性投资；政府补贴金融市场利率与农业优惠贷款利率差额。其次，政策支持。法国政府根据农村金融市场的特点，制定了一系列合理的金融政策，通过良好的政策环境催化良好的市场环境，有力推动了农村金融的发展，例如，按照低利率的优惠措施，符合政府政策和有利于国家发展规划的贷款项目可以得到相应的政策支持。

四、德国农村金融体系

（一）德国农村金融体系的建立

作为欧洲农业信用合作的发源地，德国最早采用了合作制的金融形

---

① 大多数中小农场经济实力较弱、资金短缺，为了在竞争中取得优势，迫切要求建立信用合作的农村金融模式。

式。19 世纪中叶，德国现代的合作金融银行就是在农村合作社和城市工商合作社的基础上发展起来的，而 1847 年牧师莱夫艾森（Friedrich Wilhelm Raiffeisen）创立的农信社标志着德国合作制金融的发端；1954 年，德国政府开始实施对农村信贷利息补贴制度，鼓励金融机构提供农村资金供给，自此德国的合作金融制度更加规范和完善。

（二）德国农村金融组织结构

德国的农村金融组织体系可以分为四部分，其中占主要部分的是合作金融，因此本书着重分析德国的合作金融体系。

1. 合作金融体系

按照区域的大小划分，德国的合作金融体系可以分为中央、区域性和地方性合作银行三个层次。德国作为最早采用合作制金融的国家，形成了独特的合作银行体系，在该体系中，合作金融居于主体地位。德国金融体系可以划分为如表 8 - 6 所示的三个层次，各层机构的企业法人相互独立、自主经营、自我管理。

表 8 - 6 德国农村金融组织结构

金融体系层级	主要的信贷机构	主要职责
第一层	基层合作银行	直接信用合作业务
第二层	GZB 银行、SGZ 银行和 WSZ 银行	保存存款准备金；为基层行提供资金；协调基层行与中央金库；其他融资活动
第三层	德意志中央合作银行	协调银行系统内的资金调剂

德国的农村金融体系分为从中央到地方的三层：

第一层，基层合作银行。全国共有基层合作银行 2 500 家（郭磊和付剑茹，2010），几乎遍布全国各地，其主要职责是直接为社员提供存款、贷款、证券和信用卡业务等金融服务。

第二层，地区性合作银行。德国共有 3 家区域合作银行，分别是 GZB 银行、SGZ 银行和 WSZ 银行（郭磊和付剑茹，2010）。作为服务基层合作银行的机构，这 3 家区域合作银行的主要功能有：保存基层行的存款准备金；在基层行面临资金短缺时为其提供资金；协调基层行与中央金库之间的交流以及其他融资活动。

第三层，中央协调机关。德意志中央合作银行（DG 银行）是德国仅有的一家中央级的合作银行，是德国农村金融体系的最高机构。作为层次最高的机构，DG 银行的主要职能包括：肩负全能银行职责，站在全局角度为各层次银行在系统内部进行资金的调剂，解决地区银行出现的资金短缺问题，协调各机构的业务关系，此外，它还可以将资金投资于地方银行的贷款项目。总之，德意志中央合作银行保障了合作金融体系的效益性和流动性，为整个合作性金融体系的正常运行保驾护航。

2. 其他金融机构

其他金融机构的大部分属于政策性金融机构，其作用在于给合作银行体系提供必要的协助，其中比较有影响力的机构有德意志土地垦殖银行、农业地租银行、土地改良银行、土地抵押信用协会等。

3. 审计机构

审计机构的作用在于受德国联邦金融监管局的委托，审计协会将对合作银行的业务进行审计。

4. 信用合作联盟

作为行业的自律性组织，其职责在于信息的沟通与协作，包括向会员银行提供行业信息，利用自身优势协助会员银行宣传和公关，帮助会员银行做好与政府各部门之间的协调和沟通工作，管理信贷保证基金。

（三）德国农村金融体系的特征

作为世界上最早建立农村金融体系的国家，德国的农村金融体系明显不同于其他国家，具有自己的特色。德国农村金融体系可以分为三个层次，但与众不同的是各层次的合作银行拥有相互独立的法人，银行之间只是股权关系，并不是合作银行系统间的隶属关系。其特征主要包括：

第一，合作金融机构是主导，其他机构做补充。德国农村金融体系包括合作金融、其他金融机构、审计机构和行业自律组织等四部分，其中以合作金融机构为主导。在农村金融市场中，60% 以上的农业资金是由合作银行和信用社提供的，合作金融机构发挥主导作用，其他金融组织起重要补充作用，二者共同作用，相互补充，共同形成了德国的农村金融体系。

第二，合作金融组织的合作性得到切实体现。合作金融的核心原则在于：信用合作组织的所有权属于入股社员，由社员民主管理，并服务于社员，且组织的规模、业务范围和联合层次并不影响这一原则。德国的合作金融体系中的合作银行作为相互独立的经济实体，组织间的界限分明，关系明确，不存在行政隶属关系，只是股权关系。在该体系中，自上而下依次为中央合作银行、地区性合作银行、基层合作银行，上一层为下一层服务，下一层是上一层的股东，政府对各金融机构的干预很少（朱文，2006），在这种层级关系中，合作组织的合作性质得到了充分的体现。

第三，农村金融市场发展得到政府的大力支持。德国政府主要采取了两个方面的措施支持农村金融市场发展：其一，利息补贴。1954 年，德国政府开始对农村信贷进行利息补贴，补贴范围涵盖广，几乎包括了农户生产生活、农业基础设施建设、农村生态环境保护等各个方面，补贴资金根据项目来源或性质不同，可以分为联邦财政或州财政完全承担或是负责一部分支出①。其二，政策支持。政策支持有三种不同的类型：第一类政策支持是货币政策与财政政策的结合，通过降低相关机构的存款准备金率、限定农业贷款的最高利率、利息补贴等方式支持农业贷款机构；第二类是以州立银行②优惠贷款方式支持农业贷款机构；第三类是将长期低息贷款提供给土地改良银行等政策性金融机构（王定祥和李伶俐，2009）。

五、发达国家优化农村金融组织结构的实践经验

从农村金融组织结构的角度分析，各国农村金融组织有着相似之处，但也有着各自突出的特点，综合其主要做法，我们不难总结出一些可以借鉴的经验。

（一）构建了完善的农村金融组织体系

在推动农村经济发展的过程中，西方发达国家普遍都建立起了政策性金融、合作性金融、商业性金融并存的农村金融组织体系：它们分工合理、适度竞争，既满足了农村不同层次的融资需求，相互之间又存在竞争，优化了农村金融环境，有利于农村经济长期可持续的发展。例如，美国的农村金融体系包括了政策性的政府农业信贷、合作性的农场主合作金融的信贷系统、商业性的商业金融和私人信贷，共同构成了美国分工明确、竞争有序的比较完善的农村金融体系。

（二）通过政策性手段支持农村金融发展

政府通过政策性手段支持农村金融组织，对农村金融的发展具有重大

---

① 享受补贴的贷款项目期限原则上不少于 8 年，以此鼓励调动金融机构为农村提供资金的积极性。

② 州立银行为州政府性质的银行，其主要业务包括管理各会员储蓄银行的流动性、协助州政府管理专项资金，为政府的公共项目提供贷款、贴息及无偿拨款。

意义，可以有效地解决农业积累资金速度缓慢、农业对外部资金缺乏吸引力等问题。通过上文的国际比较可以发现，发达国家主要从以下几个方面支持农村金融：一是由财政资金支持农业基础性建设，例如，日本政府提供长期有偿资金保证农林渔业的需求，德国的农业信贷资金来源也几乎全部来自政府拨款；二是以政府信用为农业资金的筹集提供担保，例如，法国和美国由中央银行为长期农业信贷债券提供担保；三是税收优惠政策，法国农业信贷银行不用向政府上缴税费，美国也不对农信社征收营业税和所得税；四是有相应的存款准备金优惠政策，从英国、日本等国的存款准备金比率可以看出，农村金融机构上交的比率低于城市商业银行；五是限制农村资金外流，因商业银行资金投入农业的高成本性，很多机构不愿涉足农村金融市场，各国出台优惠政策来限制支农资金外流，鼓励投入农业，例如，美国修订了农贷利率标准，对商业银行农贷提供利息补贴。

（三）合作性金融机构坚持维护合作性原则

在西方发达国家，合作金融组织体系类似于企业组织的形式，各级以独立的法人实体形式存在，从而形成了自下而上、相互独立的系统，并与商业银行有机结合，不以营利为目的，在业务上采取商业化模式，有效地提高了服务效率。

（四）建立有效法律保障农村经济的发展

为构建农村金融体系，促进农村经济发展，各国都出台了一系列政策性措施，然而这并不足以建设完善的农村金融体系，因此各国在政策性措施的基础上建立了更有效力性和连贯性的法律支持农业的发展，保障农村金融市场的运行。例如，在支持农业发展、保障市场运行方面，日本根据《农林渔业金融公库法》（1945）设立农林渔业金融公库，并以《农协法》引导农业发展，美国也建立了联邦土地银行系统。

（五）制定农业保险制度保障农业可持续发展

农业的重要性在于，农业生产是人们获得生产生活资料的来源，是国民经济的重要基础，各国政府均非常支持农业保险体系对农业发展稳定性的保障性作用，实行了相应的立法扶持，通过法律手段进行保护，对农业保险实行税费减免政策，并且在经济上给予一定补贴。

第二节　发展中国家农村金融组织结构的发展及其经验

在发展中国家，农村金融结构和农村金融市场受到经济发展水平的制约，其结构相对简单，农村金融市场也很不成熟。农村金融市场发展程度低的主要原因在于，大多数发展中国家和地区对农村金融组织发展重视不足，仅是设立金融机构以提供简单的存贷业务，与完善的农村金融组织结构距离甚远。随着经济发展，各发展中国家越来越意识到金融对经济发展的重要作用，为推动农村经济发展，各国都采取了一系列措施建设本国的农村金融体系，推动农村经济发展。发展中国家的农村金融体系建设取得了一些成就，但与发达国家相比还有很大差距，因此，本节以印度、孟加拉国、墨西哥和赞比亚为例，分析发展中国家和地区农村金融结构发展的经验。

一、印度农村金融体系[①]

印度是一个典型的农业大国，也是发展中国家与中国农业经济发展较为相似的国家。在半个多世纪的建设中，农业在一系列"绿色革命"的刺激下得到发展，印度独立以后的农村金融结构有了新的格局，也形成了符合本国实际情况的特色农业经济。总体上看，印度的农村金融机构包括政策性银行、商业银行、保险和合作性信贷机构。

（一）印度农村金融体系的建立

印度农村金融体系的发展可以分为三个阶段，具体如下：

1. 20 世纪 50～60 年代

在 1960 年以前，印度农村金融市场上以合作金融为主。在随后的市场发展中，商业银行在农村金融组织中的地位逐渐提高，但仍无法完全满足农业发展过程中的资金需要，存在很大的供需缺口。于是，为改善印度农村金融市场上的资金借贷问题，从 20 世纪 50 年代初期印度政府即开始实施土地改革，60 年代中期开展"绿色革命"，一直在努力满足农民的生活贷款需要，持续增加农民的生产性贷款。在这一阶段，商业银行并不提供

---

① 资料来源：朱文. 国外农村金融结构分析及对我国农村金融的启示 [J]. 乡镇经济，2006（6）：41-44.

农村信贷，信贷资金主要由合作金融机构提供。

2. 20 世纪 70 ~ 80 年代

1969 年和 1980 年，印度政府分别对银行实施了国有化，通过将银行收为国有的方式，政府拥有对银行的直接控制权，其直接结果是：在农村地区超过半数的商业银行纷纷成立自己的分支机构。1975 年，印度创立了地区农村银行，这一举措对印度当时一系列农村发展计划起到了重要作用。这一期间，为满足农村资金流通的需求，印度政府还对商业性外资银行和私人银行提出了强制要求，要求必须在农村增设网点；为完善农村金融市场的监管体系，颁布法令设立土地发展银行和地区农村银行；为保证充足的资金补充农村金融市场，增加农业信贷供给，政府还明确规定了农村贷款在贷款中所占的比例。

3. 20 世纪 90 年代至今

即使印度的经济发展方向为自由化、私有化、市场化和全球化，但依然坚持着对农业高度保护的政策，并通过实现农业信贷每年增加 30% 等方式，维持对农村经济的大力扶持，推动印度农业产业化，农村经济市场化、现代化，形成了印度特色支农模式①。

（二）印度农村金融组织结构

印度农村金融体系具有多层次、分工明确、相互配合的特点，在不断发展中形成了"6 + 1"领头银行模式，"6"即 6 家农业信贷机构，分别为印度储备银行、印度商业银行、农业信贷协会、地区农村银行、土地发展银行和国家农业农村开发银行，"1"即 1 家农业保险机构——存款保险和信贷保险公司。其中，印度储备银行是印度的中央银行，商业银行是印度农村金融的主渠道。

1. 农村合作金融机构

印度农村合作金融机构的主要作用在于支持农村金融发展，鼓励和促进金融机构参与农村金融市场，按贷款期限不同可分为两大系统，分别是中短期信贷合作金融机构和长期信贷合作金融机构。

（1）中短期信用合作金融机构。20 世纪 60 年代，印度的初级农业信贷合作社迅速扩张，到 1961 年已经超过了 21 万家，其主要业务是向农民

---

① 资料来源：http://www.qstheory.cn/jj/jsshzyxnc/201111/t20111118_ 124747.html.

提供中短期贷款（边编和王朝阳，2008）。中短期信用合作金融机构包括初级农业信用合作社、中心合作银行和邦合银行。

首先，初级农业信用合作社（信用社）。信用社是中短期信用合作金融机构的基层组织，其规模较小，成立较容易，管理中实行一人一票的投票制度。其业务主要是向农民提供中短期贷款，因此可以享受免税优惠政策，此外还可以兼营生产资料的购买和销售。信用社的盈余主要用于信用社的持续发展及一些公共设施的修建。

其次，中心合作银行。中心合作银行的作用类似于服务一定区域内初级信用社的联合机构，主要是通过平衡辖内基金的方式，在较大范围内进行初级合作社和邦合银行的联络工作，使它们能够更好地运营和发展，进而提供更好的服务。

最后，邦合银行。邦合银行是印度各邦信用合作金融机构中的最高机构，其主要职责是平衡和调剂信用合作银行间资金，在提高资金配置效率的同时维护信用合作银行的资金安全。邦合银行为中心合作银行的中短期贷款提供资金支持，其途径主要有政府财政援助、引导外资投入、引导城市资本流入等。

（2）长期信贷合作金融机构。印度土地开发银行是长期信贷合作机构的典型代表，它的设立就是为了满足农业发展中长期信贷资金的需要，其主要资金来源于发行债券。土地开发银行分布于全国各地，而初级农信社则遍布了农村98%以上的地区（丁竹君，2011）。土地开发银行分为区初级土地开发银行和邦中心土地开发银行，二者的资金投向不同。初级土地开发银行的资金主要投向小型农业基础设施建设、农业生产设备更新、改良土壤、种植及养殖业贷款、农村特色工业发展等领域；邦中心土地开发银行主要将资金投向农民购买价值较高的农业设备、偿还国债、赎回抵押土地等领域。区初级土地开发银行和邦中心土地开发银行相互配合，共同为农村金融市场提供长期信贷资金。

2. 政策性金融机构

印度支持农业发展的政策性金融机构主要是地区农业银行及国家农业和农村开发银行，还包括工业信贷和投资公司。

（1）地区农业银行。地区农业银行由政府和商业银行设立，其客户包括小农、边际农（占地少于1万平方米）和小手工业者等，主要是以信贷方式帮助贫困农民发展生产的专业扶贫机构。业务包括：为小农、边际农和小手工业者提供生产贷款；为贫困农民提供维持生活的消费贷款。每个地区由一家商业银行负责承办，不以营利为目的，可享受税收减免优惠。地区农业银行通过为农村地区被忽视的人提供贷款服务，提升印度落后地区的经济发展速度，最终改善其经济发展情况，达到缩小地区贫富差距的目的。

（2）国家农业和农村开发银行。作为印度最高级别的农业政策性金融机构，1982年正式成立的国家农业和农村开发银行的宗旨是，代表印度中央政府和中央银行支持农业的发展。作为政策性银行，它在替代了农业筹资开发公司职能的同时，也将印度储备银行全部的农业信贷功能继承下来，主要职能有两个：一是拥有监督和检查各级农村金融机构的权力；二是行使再融资职能，为信用合作机构、地区农村银行以及商业银行的农村信贷业务提供资金。此外，为了满足农村经济发展的需要，国家农业和农村开发银行也可以通过中间信贷的方式直接提供各种期限的信贷资金。

（3）印度工业信贷和投资公司。作为一家政府拥有80%资本金的信贷投资公司，其主要业务包括：以中长期贷款、投资和租赁等方式投资于固定资产；以全部资金40%的贷款比例服务于农村中小企业，满足中小企业金融服务的需求。

3. 印度农村的商业性金融机构

印度商业银行的重要作用在于，在印度农村金融体系多样化、多层次的背景下，印度农村大约2/3的正式信贷都是由商业银行提供的，其贷款投向于农村的各个方面，例如，以直接贷款的方式满足农民购买牲畜、发展果园种植、购买抽水机、拖拉机等高价值农机具的需求，以间接贷款的方式向农产品销售和加工机构、土地开发银行、粮食采购机构等提供贷款（杨晓玲，2010）。可以说，印度的商业性金融机构在遍布城乡的同时，更为广大农村和边远落后地区的经济发展发挥了重要作用。

4. 印度的农业保险体系

印度农业保险体系由四个国有性质的保险机构构成，即国家保险有限公司、新印度人寿保险有限公司、东方保险有限公司和印度联合保险有限公司。这四家公司主要为农民提供自然灾害与病虫害保险，并提供资金支持，帮助农民有稳定收入。另外，由中央政府和邦政府各出一半资金为小农户和边缘农户提供50%的保费补贴（谷慎等，2014）。印度农业保险有自愿保险和强制保险两类。强制保险的强制性体现为，从银行贷款的农户必须参加农业保险项目；而未获得贷款的农户可按照自愿的原则，结合自身的状况自愿参与保险项目（梁玉，2008），这种保险制度充分发挥了分散农业生产的经营风险和贷款回收的金融风险。此外，在农业保险的发展过程中，印度还推出经济作物保险，并扩大农作物保险计划的范围，加入更多种类的农作物。

（三）印度农村金融体系的特点

印度农村金融组织在长期发展的过程中形成了"6 + 1"的"领头银行"模式，该模式的主要特点是：

1. 国家强制要求金融支持农村地区的发展

首先，印度政府创新性地开展"领头银行"计划。其具体做法是：将一个地区的一家银行作为主导，担负起该地区农业经济发展中的金融服务供给任务，同时，该银行的资金必须投向国家政策规定的优先行业或重点产业（如农业），而其他金融机构则作为必要补充。其次，印度先后颁布了《印度储备银行法案》《银行国有化法案》《地区农村银行法案》等法律，以法律形式对农村金融机构进行强制要求，提高了农村金融的覆盖面。以《银行国有化法案》为例，商业银行的营利动机使其倾向于在城市设立分支机构，为了提高商业银行对边远地区的覆盖，该法案规定将商业银行在城市设立分支机构与在边远地区设立分支机构挂钩：商业银行要在城市设立1家分支机构，需要在边远地区设立2~3家分支机构。

2. 中央银行通过监管保证农村地区信贷投放

为保证农业等有大量融资需求的领域得到充足的信贷投放，印度储备银行制定了优先发展行业贷款制度，要求农业、中小企业、出口等国家优先发展行业的贷款应占商业银行贷款的40%，其中，农业及农业相关产业的贷款比重应占到18%。作为强制的要求，如果商业银行达不到规定的比例，银行必须购买印度国家农业和农村发展银行的债券，或者以低于市场水平的利率将资金存放在国家农业和农村发展银行以供其对地区农村银行进行再融资，从而弥补未达到规定的差额部分，这一规定在很大程度上解决了农村资金外流的问题，在解决农民贷款难的问题中发挥了重要作用。

3. 实施农业保险分散农业经营风险

印度农村保险市场上的保险品种按照其性质可分为自愿保险和强制保险两种。如果农户从银行获得了生产性贷款，则必须购买相应的保险；如果农户未获得过贷款，则可以根据自身状况，购买满足自身风险分散需求的保险。而印度还开发了经济作物保险，将大量农作物种植风险纳入保险保障计划中，这些保险计划在分散农业经营风险、保障农户收入水平方面发挥了重要作用。

二、孟加拉国农村金融体系

孟加拉国是一个人口众多的发展中国家，作为整个经济体系的重要环节，农村经济发展也影响到经济体系的发展。近年来，孟加拉乡村银行，即格莱珉银行（Grameen Bank）作为小额信贷的成功典型，使得发展中国家纷纷效仿，在农村金融体系中建立孟加拉乡村银行小额信贷模式。孟加拉乡村银行充分结合了孟加拉国农村社会的特性和农村地区经济的运行特点，因地制宜，开发出符合孟加拉国农村经济发展需要的农村金融模式，极大地促进了孟加拉国农村经济的繁荣。

（一）孟加拉国小额贷款模式的建立

作为孟加拉国"小额信贷"服务的先驱，银行家、经济学家穆罕默德·尤努斯教授在银行领域开创了独特的小额信贷模式，创立了格莱珉银行，以贫穷人群或被排除在传统金融体系之外的创业者为服务对象，并以创造性的方式实现了向低收入人群提供贷款，让最贫困的人口也能享受到金融服务。

格莱珉银行以穷人为服务对象，取得了巨大的经济与社会效益，其开创者尤努斯教授获得了2006年度诺贝尔和平奖，在金融界引起了强烈反响。这种新模式没有改变以低收入阶层为对象的小额信贷服务方式，同时将覆盖面增加到所有城市和农村中的低收入阶层，从而很好地解决了低收入人群的贷款难问题。最初，格莱珉银行的所有权完全属于政府，银行的资金除了来自于孟加拉国政府之外，还主要来自于包括联合国发展金融组织、福特基金会、挪威援助组织在内的若干非政府组织。20世纪90年代的股权改革之后，格莱珉银行92%的股份为会员等借款人所持有，只有8%的股份由政府持有（刘若斯，2008）；到2012年末，借款人更是拥有

94%的股份，政府仅拥有6%的股份。格莱珉银行资金来源比例变化明显，对低成本资金的依赖程度下降，而商业化资金所占的比重逐步增加，此时的格莱珉银行在继续满足低收入阶层的小额信贷需求的同时也实现了盈利，兼顾了社会效益和经济效益，具备了良好的可持续性。

（二）格莱珉乡村银行小额信贷运作模式

格莱珉银行以商业化、市场化的模式进行资金运作，采用灵活浮动利率的方式，根据客户不同的目标与需求，提供不同的贷款利率，避免了传统的优惠利率政策的弊端，虽然借款人可能会因此面临较高的成本，但是在其承受范围之内。格莱珉银行在提供贷款时不需要任何抵押，而其信贷偿还率却极高，甚至超过了99%，原因在于其实施了一系列有效的措施控制风险。

第一，作为乡村银行运行的基础，借款小组和乡村中心是最基层的运作机构。乡村银行总行以下依次设立区域性的分行、支行以及乡村中心，每个乡村中心有6个小组，每5~6人自愿组成一个借款小组。借款小组和乡村中心最深入农村，对乡村银行的正常运行至关重要。

第二，采用2-2-1顺序放贷，小组长最后得到贷款，贷款者参与中心活动，定期开会，通过中心会议保持业务过程的透明度。组长负责每周收取还款，银行助理参加每周的周会并从组长手中回收贷款，组员除按时参加中心会议外还需每周存5塔卡到小组基金账户。在惩罚制度方面，如果会员一致决定对其处以罚款，将对个别违反纪律的会员进行惩罚。

第三，小额信贷的对象主要是农村妇女，贷款额度较低，多集中在75美元到100美元，贷款利率在20%左右。银行鼓励小组成员将个人资金存入小组的储蓄基金，小组的储蓄基金可用于偿还贷款。为了防止还款中的违约风险，并补充贷款资金的来源，储蓄额在达到600塔卡后，乡村银行的股票就会被要求购买。

第四，银行交叉放贷制度，是指未获贷款的会员，只有在已获贷款的会员遵守乡村银行的规章制度时才能取得贷款，否则无法取得贷款。会员从乡村银行取得的贷款，需要在一周内用于计划项目，如果由于某种原因无法在一周内使用，则必须将这笔贷款存入乡村银行，直至用于计划项目为止。

第五，贷款通过连带责任和强制性存款担保的形式发放。在自愿的基础上，同一社区且经济水平相当的贫困者为一组，共同承担连带责任，如会员出现还贷问题，将使贷款小组失去银行贷款的资格，如出现会员未还清贷款就离开小组，会员有责任偿付欠款。在小组基础上建立客户中心，作为进行贷款交易和技术培训的场所，如果在贷款没有还清的情况下解散整个小组，还款责任则由客户中心承担。

第六，贷款采用分期偿还的方法。以一年的时间为限，分期等额还款，每周收取利息，此外在还清贷款前，贷款购买之物的所有权归银行。这种分期还款方式可以通过按周分期还款和对贷款人形成约束从而提高贷款的偿还率，因此乡村银行的贷款偿还率可高达98%～100%。作为一种贷款偿还的激励机制，银行对按时还款的贷款者将增加其再贷款的额度和降低其贷款利率。

虽然已经取得了巨大的成就，乡村银行并没有停滞不前，乡村银行针对低收入者的需求，不断创新服务模式，力图为穷人提供更加灵活、有效的贷款产品，并且已经取得了一定进展，例如乡村银行开始从事自愿存款和小额保险业务，为获得贷款的穷人提供培训服务等。

三、墨西哥的农村金融体系

墨西哥已经建立了"5 + 1"的相对比较齐全的农村金融体系。"5"是指5家信贷机构，即国家农业银行、商业银行、国家外贸银行、全国金融公司；"1"是指保险机构，即农业保险公司。其主要特点如下：

（一）为农户提供针对性的金融服务

墨西哥根据农户的情况将农户进行分类，安排相应的机构提供具有针对性的服务。例如，现代化的大农场，其盈利能力和还款能力强，信用好，主要由商业银行向其提供贷款服务；中等农场或农户，具有一定的生产潜力，其盈利能力和还款能力较强，信用较好，但是也容易受到重大事故的影响，风险承受能力不如现代化大农场，主要由国家农业银行为其提供优惠贷款服务；贫困农户，盈利能力和还款能力弱，信用差，获得贷款困难，机构放贷成本高，需要由政府通过专门的基金会为其提供低息或无息贷款。

（二）农业政策保险与商业保险共同提供保险服务

墨西哥农村金融市场上的保险公司一类是专营农业保险业务的农业保

险公司，另一类是兼营农业保险业务的商业保险公司。对于农业保险公司，政府通过财政补贴的方式给予支持。农业保险公司的最初资本金全部由财政部提供并承担该公司费用的 25%，同时，农业保险公司还可享受免税的优惠政策。对于商业保险公司，政府对其经营的农业保险业务部分给予政策支持。商业保险公司凭借其经营的农业保险业务部分，可以获得国有农业保险公司分保，并且可以获得政府 30% 的保费补贴。在农村金融市场上的保险业务运营过程中，对于一些种植业、养殖业等关系到农民切身利益的保险业务采取强制执行的措施，而对于农业保险的推广则坚持自愿原则。

四、赞比亚的农村金融体系

赞比亚以利率市场化和解除外汇管制的方法来实现金融自由化，坚持通过金融自由化改善金融服务覆盖范围不足的问题。其特点有：

（一）对于商业银行的业务，政府鼓励但不干预

在考虑到国民贫富差距较大的问题后，政府针对农村地区金融需求较大的特点，鼓励商业银行积极创新农村金融服务业务，扩大金融业务在农村地区的覆盖面。例如，商业银行在政府鼓励下推出"Mzansi 账户"，这是一种功能简化了的存款账户，机构只提供较少的（最基本、最适合农村金融需求的）金融服务，所以办理的手续费等交易成本低，在农户的实际支付能力范围内，因此吸引了大量农户，在"Mzansi 账户"开办仅一周的时间内，金融机构新增的用户数量就达到 180 000 户（胡睿，2008）。

（二）建立"代理银行"，延伸农村金融服务

赞比亚的农村金融机构基础设施落后、农村商业活动水平低、开展农村金融服务成本较高等原因，导致其农村金融机构数量少、农村金融服务缺乏。为克服以上问题，满足农村经济发展需要，赞比亚商业金融机构选择与邮政机构合作，将后者作为"代理银行"，利用其经营网点分布广泛的优势，减少投入成本，不断拓展农村金融服务范围，通过业务外包的形式，由邮政机构代理商业金融机构开展信贷申请、发票支付等业务。对商业金融机构来说，这种安排一方面拓展了商业金融机构在农村地区的业务范围，另一方面节省了商业金融机构在农村地区新设分支机构的成本，大大降低了其开展农村小额信贷业务的运行成本；对于邮政机构来说，这种

安排可以充分利用其网点资源和覆盖面广的优势；对农村地区来说，这种安排使金融覆盖面得到极大拓展，金融可获得性也得到了极大改善。[①]

（三）创建第三方信贷担保，解决抵押难题

在赞比亚推行的农村金融体系建设中，另外一个重要环节是在全国设立第三方信贷担保体系，通过第三方担保化解信贷风险。在第三方信贷担保体系中，金融机构在第三方的担保下提供贷款，直接与第三方签订保险合同，信用好的第三方信贷担保可以有效降低金融机构提供农村信贷的风险，也就降低了其成本。另外，提供担保的第三方会对获得贷款者进行监督，可以一定程度上缓解信息不对称问题，增强农村信贷的可获性。例如，赞比亚"企业发展计划"就是一个第三方信贷担保组织，主要向农户及中小企业提供担保，由赞比亚银行根据合约发放贷款，二者的合作比较成功，实现了互利共赢（José De Martínez，2006）。

五、发展中国家优化农村金融组织结构的经验

随着经济的不断发展，发展中国家农村金融体系也日益完善，逐渐建立起了与其农村发展相适应的金融组织体系，总结以上几个发展中国家的农村金融组织体系建设的经验，主要有：

（一）积极开发创新金融产品

创新金融业务大多与正规金融业务相结合，满足不同层次的经济主体对金融服务的需求。许多发展中国家大力发展微型金融业务，在商业银行的正规金融机构内建立一个专门的部门管理微型金融业务。非洲政府在对金融体制改革的同时，针对贫困及低收入人群推广微型金融业务，孟加拉国等国家开展了小额贷款业务，保障农户农业资金来源。

（二）完善农村政策性金融、合作性金融以及商业性金融并存的多元化农村金融体系

印度农村金融改革经验值得很多发展中国家借鉴，作为农业大国，印度在构建和完善合作性金融组织体系的同时，重视政策性金融在农村金融组织结构中的重要作用，积极发展多样化的商业性金融，从信贷、保险、法律等角度对农村经济给予大力支持。

[①] 资料来源：http://e-nw.shac.gov.cn/wmfw/hwzc/hygl/200802/t20080226_228211.html.

（三）充分发挥小额贷款组织在农户信贷方面的优势

孟加拉格莱珉银行在建立小额贷款组织方面有着大量可以借鉴的经验，格莱珉银行针对农户经济承受能力较弱的特点建立了符合其特征的贷款模式，既加强了农村资金的流通，也通过联保等方式提高了农民的信用水平和担保能力，有利于传统信贷模式在此基础上进行资金供给。

（四）重视非正规金融的作用

非正规金融在发展中国家的农村经济中起着不可忽视的作用，其规模小、优势突出，对市场信息反应快、成本低，更能满足农户的需要。因此，在以上的几个发展中国家中，对于非正规金融的态度不是完全打压而是进行规范和管理，有些国家甚至鼓励其发展，使之能够成为正规金融的重要补充。

第三节　国外农村金融发展的启示

一、完善和促进合作金融的发展

无论是发达国家还是发展中国家，合作金融都成为农村金融市场上的重要组织形式。虽然各国农业经济发展水平不同，农村金融的组织形式也各异，但其农村金融体系建设中基本都包含了合作性金融。各国所建立的合作性金融大都从本国国情出发，拥有相对完善的管理制度和法人治理结构（陈时兴等，2008）。总结国外农村金融体系的发展经验，对中国进一步深化农村金融市场改革，建立完善的农村金融体系具有重要的作用。

（一）建立合理的组织框架

鼓励机构实施多级法人制度，各法人独立经营，保障合作性金融的合作性。首先，从组织体系上建立基层信用社—地区性联合组织或合作银行—中央级联盟或合作银行的"自下而上"的控制制度，充分体现合作经济的特征；其次，在实际经营中充分尊重各组织的独立性，切实做到上下层组织间无隶属关系，政府尽量少干预，上级机构对下级机构进行指导但不干预，在经营过程中充分体现合作性金融机构的合作性质。

（二）健全法律法规，指导合作经济组织的发展

我国农村金融领域的规范调整主要是部门的政策措施，但是在中国共

产党十八届五中全会提出了"全面推进依法治国"的要求下，应逐步转变为以法律形式明确相关主体的责任义务，为农村金融发展提供法律保障（祝红梅，2016）。无论发达国家还是发展中国家，合作性经济组织的建立和发展都离不开政府的指导和帮助（德国、英国、法国、美国、日本等）。相比之下，中国还没有相关的法律对农村合作性经济组织的运行进行规范，在这种情况下，合作性经济组织在与其他市场主体的经济往来中得不到法律保护，很大程度上制约了合作性经济组织自身的发展和对农村经济发展的促进作用。因此，中国应尽快出台和完善相关法律法规，引导、规范、保护合作性经济组织，有关部门也可以根据相关法律法规帮助合作性经济组织解决各种矛盾纠纷，切实保护其合法权益，充分发挥其在农村经济发展中的积极作用。

（三）政府加大扶持力度，促进农村合作性经济组织的发展

总结国际经验可以发现，大多数国家都对合作性经济组织给予了财政、信贷、税收等方面的政策优惠（如德国、美国、法国等）。中国也应该因地制宜地制定能够促进中国农村合作性经济组织发展的政策：首先，妥善处理历史包袱问题，使农村合作性经济组织维持健康；其次，在农村合作性经济组织建立初期，政府可以给予适当的财政补贴、减免税收、信贷利息优惠等支持，保证合作性经济组织从建立之初到能够自负盈亏的平稳过渡；最后，不对合作性经济机构的经营进行过度干预，做到尽量少干预甚至是不干预，但可以适当给予其技术指导等，培养起经济发展的能力（陈时兴等，2008）。

但值得注意的是，必须警惕政府干预过当。从一些发达国家（例如美国、日本等）建设农村金融体系的经验可以发现，在合作性金融机构建立初期，政府通过政策支持可以帮助合作性金融机构顺利发展，而随着其成熟，政府则适当地减少甚至退出机构经营，降低对其业务的干预，给予机构更多的自主权，有利于发挥机构的自主经营能力，增强市场活力。因此也应该坚持以市场为主，政府干预为补充，通过政府干预弥补市场失灵的部分，但要警惕政府不应过度干预，绝不能替代市场作用的发挥，给予农信社充分的自主选择权，减少行政干预（赵可利，2008）。

二、增强政府对政策性金融的扶持力度

为了保证现代农业的健康持续发展，保证国民经济各部门的协调发

展，需要国家进行干预，从农业体系外部向农业注入资金。

（一）拓宽政策性金融机构的资金来源渠道

一般情况下，农村政策性金融机构的资金的主要来源有政府财政资金（美国、日本、德国等）、发行金融债券（美国、法国等）、向其他金融机构的借款（泰国等）、吸收存款（法国等）、邮政储蓄资金（日本等）、向国外借款等方式。各国政府通过各种方式对农村金融机构都给予了有力的财政支持，保证了农业资金的多渠道供给，有力地促进了农业基础性建设。对中国而言，也应该不断拓宽政策性金融机构的资金来源，增强其资金实力，使政策性金融机构在农村经济的发展过程中真正起到引导农业经济发展方向和提高农业经济发展水平的作用。

（二）对农村政策性金融机构给予法律支持和保障

很多国家都很重视对政策性金融机构的法律支持，如法国政府先后颁布了《土地银行法》《农业中间信贷和开发公司法案》；美国、日本等发达国家也普遍建立了比较完善的农业政策性金融法律体系，该体系中包括《农业信贷法》《农产品信贷公司特许法》《农林渔业金融公库法》等法律法规，对农业政策性金融业的监管进行了比较严格的规范，为政策性金融机构提供了许多优惠，强化其支农作用的发挥。因此，中国也应根据目前农发行的实际情况和国家农业金融的支持方式制定相关的法律法规，充分发挥政策性金融机构对农村经济发展的促进职能，如减免税收、注入资金、利息补贴、损失补贴、债务补贴以及实行有差别的存款准备金制度等。

（三）积极推进政策性金融的改革

首先是农业保险制度。美国、法国、印度等国家在建设金融体系过程中，逐渐发现农业保险制度是化解和转移农业风险的一个重要手段。中国也应对农业保险进行立法，一方面通过法律手段对农业保险进行扶持，另一方面通过法律规范农业保险的运营。此外，还可以通过对农业保险减免税、经济补贴等方式提高农业保险供给者的经营积极性，减轻其经营压力。

其次是农发行的改革。从国外的农村金融发展经验可以发现，一个国家的政策性金融可以发挥重要的导向作用。中国需要调整乃至重新定位农发行在农村金融体系中的地位，可以从以下两个方面着手：第一，在资金使用方面，主要投向支持国家政策性项目，如农村基础设施建设、农业基础研究、农业科技创新、粮食安全、农村生态环境建设、扶贫开发项目等；第二，在资金来源方面，要完善资金来源补偿机制，拓宽资金来源渠道，保障资金安全。最终通过对农发行（政策性银行）的改革，使农发行更好地发挥政策性金融的导向作用（梁玉，2008）。

最后，要加快推进农村金融产品和服务创新改革。我国农村金融机构应适应农业规模化生产和集约化创新的经营服务需求，创新农村金融产品和服务创新，如在抵押担保方式方面，推广"三权"抵押贷款方式，即林权、农村土地承包经营权和宅基地使用权；推动农业融资租赁业发展，研究制定针对从事农业金融租赁企业的优惠政策，鼓励金融机构积极开展农业设备、基础设施的租赁业务（雷德雨、张孝德，2016）。

三、通过国家政策引导商业银行增加支农强度

发达国家的农村金融体系都有商业银行的广泛参与，并且在其中发挥着重要的作用。商业银行经营方式灵活、资金来源充裕、管理水平高等特点能够满足农村多样化的金融服务需求。因此，中国要充分重视商业银行在农村金融体系中的作用，引导商业银行扩大其支农范围、强化支农力度。

根据国外经验的启示，中国应该尽快出台相关法律，在严格的风险控制前提下，以法律形式明确商业银行的支农义务，例如，明确要求其在偏远地区建立一定数量的分支机构，要求其存款的一定比例要用于支持"三农"，以此来保证商业银行的支农力度。然后，应制定政策，对开展农村金融服务的商业银行给予政策支持。例如，可以采取以下措施：第一，降低商业性金融机构在农村地区的营业税和企业所得税，以降低其交易成本，从而增强商业性金融机构的盈利能力；第二，允许开展支农业务的商业银行将按存款的一定比例用于购买农业政策性金融债券，政府财政应对商业银行的支农贷款给予一定的利息补贴等；第三，对商业银行开展支农业务的分支机构实行免缴或少缴存款准备金政策等，以此来提高商业银行服务"三农"的积极性。

四、规范民间金融发展方向

（一）引导民间金融组织阳光化，规范其经营范围和方式

政府应逐渐放低农村金融市场的准入门槛，引导民间资本进入到农村

金融体系，对已有的"地下钱庄"、私人合会等逐渐引导，规范其结构和管理体制，允许那些达到法律法规要求的民间金融组织以股份制或股份合作制的形式进行注册、登记，以一个"阳光化"的身份参与到农村金融市场上，允许民间资本参与到农信社、农村合作银行、村镇银行等农村正规金融的改制中，让民间资本可以依靠合法手段在金融市场上获得盈利，同时补充农村金融体系的缺陷（张正平、何广文，2012）。

（二）鼓励民间资金投资合适的农村金融机构

随着农村金融改革的不断深化，农村金融市场准入门槛也不断下降，全国各地涌现出一大批民间金融组织，例如"农户资金互助基金组织""社区金融机构""民营银行"等。这些民间金融组织无论是在规模上，还是在实力上都无法和正规金融机构相比，但其以独特的运作方式为农户提供金融服务，降低了农村金融市场供给不足的程度（陈时兴等，2008）。因此，在农村金融体系创新的过程中，可以通过政策支持、财政补贴等方式鼓励民间资本建立符合农村金融需求的组织，从而更好地服务于"三农"。

五、建立有效风险分担机制

国际经验表明，无论是发达国家还是发展中国家，完善的农业保险体系可以有效地化解和转移农村金融的风险，对农村金融的健康发展意义重大（美国、日本、印度、巴西等）。因此，中国也应建立其相应的保险机制，分散和化解农村金融风险，促进中国农村金融组织体系不断完善，促进农村经济持续健康发展。完善中国农业保险体系可以从以下两个方面着手：

（一）建立完善的政策性保险制度

首先，中国幅员辽阔，各地经济发展水平不同，农业特点不同，极不平衡的现状和农业保险自身的特点，要求建立县一级具有法人地位、以合作保险为主体的政府入股的农业保险组织体系；其次，直接组建政策性农业保险公司；最后，政府实施适度补贴和政策优惠，吸引和鼓励社会各方力量投资与政府一起设立农业保险机构。

（二）开发合适的农业保险险种

中国农业保险在险种设计上应该从实际需求出发，例如种植业保险、养殖业保险、农产品出口履约险等。农业保险保费应采取中央财政、地方财政、农民共同承担的方式，以提高农民投保的积极性，促进保险机构开展保险业务（孙培宽，2008）。

参考文献

［1］鲍静海，吴丽华．德、法、美、日合作金融组织制度比较及借鉴［J］．国际金融研究，2010（4）：48－53.

［2］边编，王朝阳．国外农村金融发展的经验和启示［J］．中国发展观察，2008（11）：56－58.

［3］曾琼芳．日本农村金融制度演变、特征与经验借鉴［J］．世界农业，2014（12）：79－82.

［4］陈时兴，高谨，陈桑．国外农村金融体系的特点及其对我国的启示［J］．当代社科视野，2008（9）：41－44.

［5］丁竹君．国外农村金融供给模式对我国的启示［J］．财会研究，2011（24）：76－79.

［6］谷慎，岑磊，马翰墨．国外农村金融机构体系的考察与经验借鉴——兼论我国西部农村金融机构体系的设计［J］．农村经济，2014（7）：125－129.

［7］郭磊，付剑茹．国外农村金融体系发展的经验与启示［J］．财会月刊，2010（11）：33－34.

［8］胡睿．国外农村金融体系对我国农村金融改革的启示［J］．改革与开放，2008（3）：21－23.

［9］贾楠．日本农村金融制度及对我国的启示［J］．金融与经济，2009（6）：75－76.

［10］雷德雨，张孝德．美国、日本农村金融支持农业现代化的经营和启示［J］．农村金融研究，2016（5）：50－54.

［11］梁玉．国外农村金融支持状况对改善我国农村金融支持的启示［J］．农业经济，2008（9）：78－79.

［12］刘若斯．国外农村金融体系的发展及对我国的启示［J］．中共云南省委党校学报，2008（6）：112－114.

［13］孙培宽．发达国家建立农村金融体系对我国的启示［J］．山东工商学院学报，2008（4）：82－85.

［14］王定祥，李伶俐．发达国家农村金融市场发展的经验与启示［J］．上海金融，2009（7）：61－65.

［15］王旸．与国外农村金融体系的比较及完善我国的农村金融体系的对策［J］．金融经济，2006（16）：53－54.

［16］吴晓俊，谢金楼．国外农村金融发展模式及借鉴［J］．现代金融，2009（3）：7－8.

［17］夏书亮．日本农村金融体系的运行范式及经验借鉴［J］．金融发展与研究，2008（6）：52－55.

［18］谢凤杰，吴东立，陈杰．美国2014年新农业法案中农业保险政策改革及其启示［J］．农业经济问题，2016（5）：102－112.

［19］闫永夫．中国农村金融业［M］．北京：中国金融出版社，2004.

［20］杨晓玲．中印农村金融发展比较研究及启示［J］．金融发展研究，2010（1）：80－83.

［21］于海．中外农业金融制度比较研究［M］．北京：中国金融出版社，2003.

［22］岳彩军．美国农村金融体系构建的经验及其启示［J］．安徽农业科学，2008（1）：2135－2137.

［23］张正平，何广文．国际小额信贷可持续发展的绩效、经验及其启示［J］．金融理论与实践，2012（11）：84－92.

［24］赵可利．日本农村金融发展现状及对中国的启示［J］．世界农业，2008（7）：36－39.

［25］郑良芳．从国外农村金融体制看我国农村金融体制短板——促进我国农村合作金融发展的八点建议［J］．银行家，2009（11）：114－117.

［26］朱文．国外农村金融结构分析及对我国农村金融的启示［J］．乡镇经济，2006（6）：41－44.

［27］祝红梅．美国农村金融市场特点及启示［J］．金融与经济，2016（6）：46－48.

［28］JOSÉ DE LUNA MARTINEZ. Access to Financial Services in Zambia［EB/OL］. Policy Research Working Paper, 2006, http：//elibrary. worldbank. org/doi/book/10. 1596/1813－9450－4061.

附表 1　　　　　　　　　　部分国家农村金融组织体系比较

国别	农业环境	模式	农村金融体系构成	主要特点
美国	世界农业最发达国家，地广人稀，资源丰富	"4+1"需求功能性	由商业银行、农村信用合作系统、政府农贷机构、政策性农村金融和农业保险机构组成	按照农业需求的合理分工设计惠农金融服务体系；政府为农信社提供持续的正向激励措施，包括免征各种税负，建立存款保险，不缴纳存款准备金，允许自主定价等；多层次的保险机构提供比较完备的农作物保险业务
法国	欧洲农业最发达国家	"4+1"国家控制型	由法国农业信贷银行、互助信贷联合银行、大众银行、法国土地信贷银行及农业保险机构组成	在政府主导下建立并运行，受到政府的管理和控制；农业信贷银行采取"上官下民"的组织体系来构造；政府对农业保险进行必要的干预，法国农民为保障自己的经济安全，发起并设立了地方互助保险公司以应付火灾、冰雹、牲畜死亡等风险，政府则负责对商业保险所无法承保的巨灾风险进行必要的干预
墨西哥	农村地区发展不平衡，公共信贷资金不足	"4+1"分类对口型	由国家农业银行、商业银行、国家外贸银行、全国金融公司及农业保险机构组成	将不同情况的农户进行分类并安排相应的机构提供对口的金融服务；农业保险中政策保险与商业保险共存，国家提供一定的政策优惠。国家财政为农业保险公司提供最初资本金。25%的费用，农业保险免征赋税
日本	人多地少、资源匮乏、经济实力较强	"2+1"合作依托型	由政策性金融机构、合作金融机构和农业保险机构组成	政策性金融机构依托合作金融办理支农贷款；受惠于政府的合作金融机构将惠农政策反馈于农村经济领域，其信贷业务以会员为主要对象，不以营利为目的，不要求担保，通过信贷杠杆贯彻国家的农业政策；政府对强制性与自愿性相结合的农业保险提供一定比例的保费补贴

续表

国别	农业环境	模式	农村金融体系构成	主要特点
印度	人多地少、经济相对落后	"6+1""领头银行"型	由印度储备银行、印度商业银行、农业信贷协会、地区农村银行、土地发展银行、存款保险和信贷保险公司组成	在一个地区，确定一个"领头银行"负责该地区的发展开发工作，该银行对国家规定的优先发展行业（如农业）提供金融支持； 用法律的形式确保农村金融服务的覆盖面； 印度储备银行要求商业银行必须将全部贷款的40%投向包括农业中小企业、出口国家优先发展行业，其中农业贷款不得低于18%； 农业保险发挥出分散农业经营风险的重要作用

资料来源：于海. 中外农业金融制度比较研究［M］. 北京：中国金融出版社，2003.

陈思端. 外国农村金融［M］. 北京：中国农业出版社，1996.

黎和贵. 国外农村金融体系的制度安排及经验借鉴［J］. 国际金融研究，2009（1）：36－42.

第九章 优化中国农村金融组织结构的政策建议

由前八章的分析可知，中国农村金融改革已经取得了阶段性成果，农村金融组织结构不断完善，服务能力不断提高，对"三农"的支持不断加大，农村金融市场的多元化、多层次、竞争性初步形成。但正如《国务院办公厅关于金融服务"三农"发展的若干意见》（国办发〔2014〕17号）所指出的，从总体上看，中国农村金融仍存在很多问题，发展相对滞后，仍是整个金融体系中最为薄弱的环节。迄今为止，中国尚未建成多元化、多层次、竞争性的农村金融组织结构，这不仅阻碍了农村金融业的发展，还影响了农村金融机构服务"三农"的能力。党的十八大、十八届三中全会再次强调，要大力发展农村金融，通过农村金融改革，提升农村金融对"三农"的服务能力和水平，为农业适度规模经营、城乡一体化发展等提供更好支撑，实现农村金融与"三农"的互利共赢。正如《国务院办公厅关于推进农村一二三产业融合发展的指导意见》（国办发〔2015〕93号）所指出的，要发展农村普惠金融，优化县域金融机构网点布局，推动农村基础金融服务全覆盖。我们认为，进一步优化中国农村金融组织结构，需要从宏观、中观、微观三个层面着力。

第一节 宏观层面的政策建议

从宏观层面来看，政府应该从农村金融市场逐渐退出，将其职能定位在农村金融环境培育和金融制度供给上，为农村金融机构的发展提供良好的制度环境和政策支持，促进中国农村金融组织结构在发展中不断优化。

一、完善市场进入和退出机制

由于中国农村金融市场组织结构单一，缺乏有效竞争，已经成为农村经济健康发展的一大障碍。优化中国农村金融市场结构，首先要依赖完善的市场进入和退出壁垒规制，进而加强中国农村金融供给市场的竞争。一方面，相对完善的市场竞争机制可以加速农村金融市场上的优胜劣汰，使中国农村金融组织结构向更合理的方向演变；另一方面，合理的市场竞争机制有利于市场中协作和竞争关系的形成，进而形成良好的经济秩序。

从 SCP 范式来看，放宽准入制度，允许包括民间资本和外资等更多形式的资本进入农村金融市场，是建立有效竞争的农村金融市场的必要条件。要实现农村金融机构多元化改革，必须打破中国金融市场的城乡二元化格局，既要加强城区金融机构间的竞争，又要避免农村金融机构的"目标偏离"。优化农村金融市场结构，可以提高农村金融的服务能力和盈利能力；降低农村金融的进入壁垒，允许具备条件的民间金融开展农村金融服务，可促进农村金融市场竞争，在竞争中逐渐形成多元的农村金融供给主体，提高资金配置的竞争效率和规模效益；完善退出机制的规定，减少金融风险和社会问题；规范金融机构的市场竞争机制。

（一）放宽市场准入限制

在农村金融市场的准入方面，政府对农村各类民间组织的准入还有较大的限制。尽管随着农村经济的发展，中国农村金融市场的准入门槛不断降低，但是农村金融的供给还是严重不足，这是导致正规金融之间竞争力十分有限的主要原因。因此，政府应制定相应政策，进一步放宽农村各类民间金融组织的市场准入的限制。例如，2012 年 3 月，国务院常务会议决定设立温州市金融综合改革试验区，将温州市作为进行金融综合改革的试验场，在批准实施的《浙江省温州市金融综合改革试验区总体方案》中，提出将民间资本正式纳入正规金融体系，鼓励加快发展民间金融组织（如村镇银行、贷款公司、农村资金互助社等），制定规范民间融资的管理办法，降低市场壁垒，放宽民间资本准入，鼓励民间资本投资。

基于上述分析，我们认为可逐步采取三项措施：首先，有序地接受比较规范的民间农村金融组织注册登记；其次，根据地区发展情况的不同，设定允许登记的民间农村金融组织规模；最后，加强对已经注册登记的民间农村金融机构的监管。

（二）规范市场退出机制

在农村金融市场的退出机制上，中国迄今尚未建立完整、规范的退出机制，在援助、退出、清算程序等方面都缺乏相应的法律法规，这不利于农村金融机构的竞争，也不利于农村金融市场的稳定。因此，中国应积极推进建立完整规范的农村金融市场退出机制：首先，制定农村金融机构退出市场的程序和规范，彻底消除政府对农村金融机构的"隐性担保"（张正平、何广文，2005）。其次，对于竞争中可能被淘汰的机构，应按照市场原则和退出程序实行破产退出，在充分保护存款人、债权人利益的前提下有效处置破产金融机构的资产。最后，应在制度建设的同时加强农村金融机构破产法规的宣传，一方面可以增强存款人和债权人的风险意识，有利于提高市场约束力（market discipline）；另一方面可以降低破产发生时可能引发的社会动荡。

必须强调的是，在完善市场进入和退出机制的同时，应积极优化县域金融机构网点布局。一方面，稳定大中型商业银行县域网点，增强网点服务功能；另一方面，按照强化支农、总量控制原则，对农业发展银行分支机构布局进行调整，重点向中西部及经济落后地区倾斜。此外，加快在农业大县、小微企业集中地区设立村镇银行，支持其在乡镇布设网点。

二、完善农村保险制度

从美国、日本等国家的经验不难看出，完善农村保险制度在优化农村金融组织结构、加强支农服务等方面都有积极作用。但是，中国还没有一套完备的农村保险制度，特别是在风险防范、风险分散、风险补偿等方面还存在不足，需要进一步的完善。

（一）完善存款保险制度

随着中国农村经济的快速发展，农村金融机构面临的风险更加多样化，除了传统的自然灾害风险，还面临信用风险、经营风险、政策风险等。农村金融机构的特殊性决定其对风险的抵抗能力较低，风险一旦失去控制不仅会使农村金融机构受到打击，而且会使整个农村金融市场产生不稳定因素，造成更大的损失。存款保险有利于降低、转移金融机构的风险，降低由于机构退出而产生的市场退出成本，既可以维护存款农户的利益，还可以维持农村金融市场的稳定，对于农村金融市场持续健康发展意义重大。因此，优化农村金融组织结构，需要建立与之相应的存款保险制度，进而保证农村金融的稳定发展。

进一步完善我国存款保险制度应重点从三个方面着手：首先，要转变政府职能，防止行政干预，分清监管职能与管理职能之间的区别，加强金融监管部门之间的协调运作；其次，要将存款保险制度与退出机制相结合，解决中小存款者的保护和补偿问题；最后，要加快存款保险制度配套法律的立法工作（卢友红等，2009），建立各类金融机构（包括各类农村金融机构）强制性投保制度，构建基于风险调整的存款保险费率征收机制（张正平，2009）。

（二）加强农业保险体制建设和政策支持

首先，丰富农业保险机构主体。可以考虑组建政策性农业保险机构，专门从事农业政策性保险业务，解决农业保险成本高、风险大、效益差等问题；也可以通过补贴、政策优惠等方式鼓励商业保险公司开办农业保险业务，引导农民建立互助合作保险组织。

其次，加快建立风险分散机制。加快建立与农业风险有关的风险分散机制，加大政府财政支持力度，可以有效提高对重大自然灾害等风险的抵抗能力。

再次，完善保费补贴政策。政府可以利用财政、税收、金融、再保险等经济手段为提供农业保险的机构提供保障，支持和促进农业保险的发展；完善保费补贴制度，提高中央财政、省级财政对主要粮食作物保险的保费补贴比例，逐步降低或取消产粮大县的县级财政的补贴比例。

最后，健全农村财产权利体系、完善贷款抵押机制，这将有利于丰富农业保险业务；加强涉农信贷与保险合作，拓宽农业保险保单质押范围。[①]

（三）拓展农业保险的广度和深度

农业保险对提高农业的风险抵御能力、保障农民利益、保障国家粮食安全具有重大作用，总体上看，还需要继续推进如下工作：

首先，扩大农业保险广度。应继续扩大农业保险的覆盖面，重点发展关系国计民生和国家粮食安全的农作物保险、主要畜产品保险、重要"菜

---

① 资料来源：《国务院办公厅关于推进农村一二三产业融合发展的指导意见》（国办发〔2015〕93号）。

篮子"品种保险和森林保险；积极开发新农业保险业务；推广农房、农机具、设施农业、渔业、制种保险等业务。

其次，提升农业保险深度。应不断创新农业保险产品，稳步开展以主要粮食作物、生猪和蔬菜价格等为保险品的保险试点，鼓励涉农保险机构根据各地区特点因地制宜开展特色保险试点。例如，可以开发农业天气保险、农村小额信贷保证保险等新型险种。[①]

最后，政府还应探索建立农业再保险机构，为农业保险机构提供有力的再保险服务；加快建立财政支持的农业保险大灾风险分散机制，增强对重大自然灾害风险的抵御能力。这不仅可以降低农业保险机构的风险，还有助于降低农业保险费率，从而提高农户参保率。

三、完善农村金融监管体制

完善的农村金融监管体制有利于形成健康的农村金融市场和合理的农村金融组织结构，结合中国实际情况，农村金融监管体制还需要从以下几个方面加以完善：

（一）实现差异化监管

不同类型的农村金融机构有不同的组织和运营特征，这些差异可能使它们遭受不同的风险冲击，因此，对不同类型的农村金融机构应该实施差别化监管。

第一，对于非政府组织（NGO）类型的小额信贷机构，由于其非营利性质，监管机构应减少监管甚至完全不监管，充分利用这类机构的自律组织对其进行监管（张正平、林汉川等，2011）。

第二，对于不吸收存款的小贷公司，因为要求其注册为公司法人，银监会可对其相关业务在规模、期限和交易方面进行相应的限制，但应坚持非审慎监管。

第三，对于吸收存款的农村金融机构，监管机构应坚持审慎监管，须对其储蓄与定期存款、资产业务和资产用途等方面进行相应的限制，以控制其风险，保护存款人利益。

---

① 资料来源：《国务院办公厅关于金融服务"三农"发展的若干意见》（国办发〔2014〕17号）。

（二）将监管与扩大金融服务范围结合

可将扩大农村金融服务覆盖范围、增强金融服务可获得性包括在监管目的之内，使监管更加符合农村地区的金融政策和金融发展的需要。

第一，允许多种类型的农村金融机构提供农村金融产品。

第二，允许一些农村金融机构发展为其他机构形态和监管体制。

第三，以提高灵活性但不影响稳定性为出发点对监管规则进行完善，为业务创新预留空间。

第四，在对微小型企业和贫困家庭的风险有更好的理解的基础上，调整监管行为（焦瑾璞和陈瑾，2009）。

（三）探索建立双层监管体制

美国拥有高度分散、多层次的监管体制，设有联邦和州政府两级金融监管机构、五个主要的监管机构，大多数银行由不止一家监管机构负责监管，而其协调机制却非常有效。[①] 但中国目前的监管体制和监管框架却不清晰，例如对小额贷款公司和融资性担保公司的监管部门不一，有的由地方金融办负责，有的则由工信部门负责，没有一个统一清晰的地方金融监管框架、边界不清，导致中央和地方的权责冲突不可避免。

因此，中国必须加快建立中央和地方的双层金融监管体系，即"一行三会"重点监管全国大中型金融机构、由地方监管小微金融机构，"一行三会"则监督指导地方金融监督系统。

（四）完善部际监督协调机制

农村金融风险有其特殊性，相关金融管理部门应按照职责分工，加强农村金融监管，在做好风险识别、监测、评估、预警和控制工作的基础上，进一步完善金融监管部际协调机制，充分发挥部际联席会议制度的作用：一方面，授权国务院或人民银行作为部际协调联席会议的牵头机构，发挥组织、协调职能，定期（如间隔 3 ~ 6 个月）召开协调会议；另一方面，建立部际协调会议信息发布制度，定期发布会议内容简报。

四、完善农村金融法律法规

党中央、国务院高度重视"三农"工作，在 2004 年至 2015 年连续

---

① 资料来源：http://finance.caixin.com/2013 - 10 - 10/100589779.html.

十一年发布以"三农"为主题的"中央一号文件",强调了"三农"问题在中国社会主义现代化建设时期"重中之重"的地位。例如,2012 年 10月 24 日,国务院公布《农业保险条例》,且该条例已于 2013 年 3 月 1 日起施行;2013 年 7 月 16 日,银监会、林业局联合印发了《关于林权抵押贷款的实施意见》;2013 年 12 月 8 日,财政部印发《农业保险大灾风险准备金管理办法》。这些都表明了政府对农业的高度重视和政策上的支持,但是,有关农村金融的法律法规还比较落后,农村金融缺少长期化、制度化、实质化的法律支持。事实上,落后于农村经济发展需要的法律体系阻碍了农村金融功能的有效发挥,政府应采取切实行动,推动不断完善农村金融法律体系,促进改善中国农村金融法律环境。

(一) 完善有关农村金融业务的法律

第一,出台《农业政策性银行法》,对政策性银行进行指导,对政策性银行的业务经营进行规范,完善有针对性的政策性银行监管制度,使政策性银行在中国农村金融中的功能得到有效发挥。例如,可制定《政策性银行法》或《政策性银行管理条例》,明确财政、政策性银行与承贷单位三方的责任,建立企业还贷约束机制,界定政策性亏损与经营性亏损,以法律的形式明确政府运用政策性贷款、企业使用政策性贷款、农发行管理政策性贷款的方式和方法,同时构建科学合理的利益补偿机制。

第二,出台《社区再投资法》,缓解农村资金供给不足的问题。随着大型商业银行撤离农村,农村金融市场资金供给不足的问题更加严重,与此同时,农村经济参与主体对资金的需求却日益迫切。在这种情况下,可借鉴美国经验出台《社区再投资法》,确保从农村地区吸收的存款有一定比例的资金重新流向农村地区。

第三,出台《合作金融法》,用法律引导合作制金融发展,规范和推动合作金融业务的开展,更好地为被排斥在正规金融体系之外的中低收入人群提供金融服务。

第四,出台《农业保险法》,通过立法规范农业保险业务,明确开展农业保险业务的保险机构的经营目标、保障范围、保障水平、组织结构与运行方式等;以法律的形式明确政府在农业保险中的作用、征税范围;以法律的形式指导农民的参与方式、资金运用等。

(二) 完善有关市场运作的法律法规

第一,出台农村金融机构风险处置及退出的法律制度,对农村金融机构破产或解散进行规范，明确金融机构的企业性质，完善农村金融市场的竞争机制，提高资源配置效率。

第二，推进配套相关法律制度建设，包括征信管理、信息披露以及《个人信用法》等配套法律法规的制定，以提高金融法律环境的适应性和稳定性。

第三，完善中介机构管理制度方面的法律法规，一方面，明确并落实对中介机构及其从业人员的责任追究及惩罚的制度；另一方面，对在农村金融市场发展中起到重要作用的中介机构给予相应的优惠和政策支持。

第四，健全和完善农村金融监管法律体系，建立健全农村小额贷款制度和办法，严厉查处违规经营行为；建立对农村金融机构支农服务质量的考核体系和考核办法。

五、加大政策支持力度

《国务院办公厅关于金融服务"三农"发展的若干意见》（国办发〔2014〕17号）明确指出，应健全"三农"政策扶持体系，加大政策支持力度，加快建立导向明确、激励有效、约束严格、协调配套的长期化、制度化农村金融政策扶持体系，为金融机构开展"三农"业务提供稳定的政策预期。具体措施包括：

首先，按照"政府引导、市场运作"原则，可综合运用奖励、补贴、税收优惠等政策工具，重点支持金融机构开展农户小额贷款、新型农业经营主体贷款、农业种植业养殖业贷款、大宗农产品保险，以及银行卡助农取款、汇款、转账等支农惠农政策性支付业务。

其次，按照"鼓励增量、兼顾存量"原则，完善涉农贷款财政奖励制度。一方面，应优化农村金融税收政策，完善农户小额贷款税收优惠政策；另一方面，应落实对新型农村金融机构和基础金融服务薄弱地区的银行业金融机构（网点）的定向费用补贴政策。

再次，完善农村信贷损失补偿机制，探索建立地方财政出资的涉农信贷风险补偿基金。例如，对涉农贷款占比高的县域银行业法人机构实行弹性存贷比，可优先支持开展"三农"金融产品创新。

最后，还应优化涉农贷款统计制度，开展政策效果评估，不断完善相关政策措施，更好地引导带动金融机构支持"三农"发展。

六、加大涉农资金投放^①

首先，积极拓展资金来源。一方面，优化支农再贷款投放机制，向农村商业银行、农村合作银行、村镇银行发放支小再贷款，主要用于支持"三农"和农村地区小微企业发展；另一方面，支持银行业金融机构发行专项用于"三农"的金融债，开展涉农资产证券化试点。此外，还应对符合"三农"金融服务要求的县域农村商业银行和农村合作银行，适当降低存款准备金率。

其次，持续强化政策引导。一方面，应落实县域银行业法人机构一定比例的存款投放当地的政策，积极探索建立商业银行新设县域分支机构信贷投放承诺制度；另一方面，应支持符合监管要求的县域银行业金融机构扩大信贷投放，持续提高存贷比。

最后，不断完善信贷机制。在强化涉农业务全面风险管理的基础上，应鼓励商业银行单列涉农信贷计划，下放贷款审批权限，优化绩效考核机制，推行尽职免责制度，调动"三农"信贷投放的内在积极性。

总之，在完善财政补贴政策、合理补偿成本风险的基础上，继续推动偏远乡镇基础金融服务全覆盖工作，进一步发挥政策性金融、商业性金融和合作性金融的互补优势。

第二节　中观层面的政策建议

建立高效率的金融基础设施并完善相关服务是保证农村金融组织结构稳定的有利条件，这一层面正是中国农村金融的"中观层面"，它涉及从金融基础设施到农村信用环境、技术和网络支持服务以及行业协会发展等多个方面。

一、改善农村金融基础设施

农村金融基础设施是否完善直接影响着农村金融活动的效率的高低，影响着农村金融组织结构的成熟和稳定程度。因此，加强农村金融基础设

---

① 资料来源：《国务院办公厅关于金融服务"三农"发展的若干意见》（国办发〔2014〕17 号）。

施建设比仅仅支持某一个特定的农村金融组织更为重要，它能使整个农村金融体系受益。在推广和普及金融知识、信用评价、农村金融支付工具的同时，政府需要加强整个农村金融基础设施的建设政策，促进农村金融基础设施完善。

（一）改善农村支付服务环境[①]

据中国人民银行统计，截至 2013 年末，农村地区金融机构开立的个人银行账户达 24.1 亿户，发放的银行卡达 15 亿张，基本实现了人人有卡、家家有账户、补贴能到户；超过 8 万个农村金融机构网点接入人民银行支付系统，接入比率超过 70%，其中包含近 4 万家农村合作金融机构网点、1 400 多家村镇银行；农村地区银行机构网点接入其内部清算系统的比率超过 90%；农信银支付清算系统已覆盖全国近 8 万家农村合作金融机构网点；助农取款服务点超过 85 万个，覆盖行政村 48 万余个，消除金融服务空白行政村超过 80%，基本实现了乡村全覆盖。[②] 但是，当前和今后一个时期，改善农村支付服务环境工作仍然存在助农取款服务投入产出不平衡、非现金支付工具应用深度有待拓展等问题，应从以下四个方面推进支付服务环境的建设：

首先，优化县域金融机构网点布局，稳定大中型商业银行县域网点，增强网点服务功能。

其次，推广非现金支付工具和农村移动便捷支付，加快完善支付清算系统，加强农村地区支付服务环境建设。

再次，大力发展助农取款服务，不断拓展银行卡助农取款服务点开办现金汇款、转账汇款、代理缴费等业务，丰富服务功能，提升服务使

---

① 中国人民银行高度重视农村支付服务环境建设，相继制定和实施了一系列支农惠农、改善农村支付服务环境的政策措施。2004 年，人民银行出台了《关于农村信用合作社接入支付系统的指导意见》（银发〔2004〕250 号）；2005 年，人民银行组织开展了农民工银行卡特色服务试点，并于 2006 年向全国逐步推广；2006 年，人民银行发布《关于做好农村地区支付结算工作的指导意见》（银发〔2006〕272 号）；2009 年，人民银行制定了《关于改善农村地区支付服务环境的指导意见》（银发〔2009〕224 号），从账户管理、工具使用、支付系统等方面提出了系统、明确的政策措施要求；2010 年，为便利农村老人足不出村支取"新农保"等各类政府补贴资金，人民银行组织开展了助农取款业务试点，并从 2011 年起向全国推广；2014 年，人民银行发布《关于全面推进深化农村支付服务环境建设的指导意见》，从账户、工具、系统、特色产品、政策扶持、宣传培训、风险管理等各方面提出工作要求。

② 资料来源：http://www.pbc.gov.cn/publish/goutongjiaoliu/524/2014/201409101637101894 55153/20140910163710189455153_.html。

用率。

最后，推进非现金支付工具在农村地区的应用，推进金融服务的电子化处理；扩大手机支付、网上支付在农村地区的覆盖范围；提高 POS 机在农村地区的应用。

（二）发展农村交易市场和中介组织

在严格遵守《国务院关于清理整顿各类交易场所切实防范金融风险的决定》（国发〔2011〕38 号）的前提下，探索推进农村产权交易市场建设，积极培育土地评估、资产评估等中介组织，建设具有一定影响力的农产品交易中心。

（三）保护农村金融消费者权益

在银监会和人民银行指导下，金融机构进一步推进了送金融知识下乡、金融知识进课堂试点等活动，逐步解决农民不敢贷款、不会贷款的问题；畅通农村金融消费者诉求渠道，妥善处理金融消费纠纷；继续开展送金融知识下乡、入社区、进校园活动，提高金融知识普及教育的有效性和针对性，增强广大农民风险识别、自我保护的意识和能力。

（四）完善农村金融基础设施

首先，优先建设有助于控制风险和降低交易成本的金融基础设施，合理有效地利用信息技术和通信技术，改变金融部门面貌。

其次，建立担保基金，支持农村金融机构的贷款，并就担保措施对信贷质量的影响进行定期评估。另外，在设计担保措施时，可以不断降低担保比例，直到不再需要担保为止。

最后，推动会计标准和外部升级，促使金融机构提供更加符合标准的账目、更清晰和更全面的金融信息，改善管理和控制系统。

二、加强信用环境建设

随着农村信用户、信用村和信用乡镇建设的深入开展，截至 2012 年末，约 1.48 亿农户建立了信用档案，9 784 万农户进行了信用评定。[1] 但是，信息不对称导致农村金融机构面临的风险仍然很高。因此，为了能够使机构更好地提供涉农金融服务，使中小型农村企业更容易、更方便地获

---

[1]　资料来源：http://news.hexun.com/2013 – 06 – 28/155585094.html.

得贷款，应该进一步促进农村征信系统的建设，推进借款人员的征信工作，使农村信贷过程向市场化的商业信贷迈进。

（一）完善社会信用体系

第一，加强信用数据库建设。进一步加强农村征信系统建设，推进对县域经济主体（包括法人和自然人）的征信工作，并将其纳入人民银行征信数据库系统，最终建立覆盖全部企业和个人的准确的、完备的信用数据库。

第二，建立信用信息共享平台。不同部门应该通力合作，积极为申请贷款、票据承兑和贴现、开具信用证、保函等金融服务搭建一个信用共享平台，通过这个平台既可以避免虚假信息、约束贷款行为，又可以降低金融机构的信贷成本。

第三，培育农村地区信用服务市场。在完善基础信用信息数据库的基础上，鼓励信用中介机构和涉农金融机构在经营中利用基础信用信息数据库，依据中国农村地区市场主体特点构建信用评估模型，积极开发和创新征信产品，发掘信用信息的增值价值。

第四，建立社会信用正向激励和逆向惩戒机制。完善的社会信用正向激励和逆向惩戒机制，有利于保护债权人的经济利益。

（二）完善信用担保体系

1. 发展多种形式的担保机制

根据美国经验，美国农业部可以为向银行贷款的农业企业提供担保，例如，农业部下属的农业服务署可向贷款者（如银行、农村信用系统机构、信用合作社）提供最高不超过95%的本息担保，既解决了农业企业担保难、融资难的问题，又降低了银行等金融机构的贷款风险度。因此，中国可以试行由政府有关部门为贷款企业提供担保的机制，创新担保方式，加大金融支农力度。[①] 除了借助政府支持外，还可以创新发展其他形式的担保机制，例如协会担保、中介机构担保、企业联保和农户联保等。担保机制的存在可以有效缓解农户和中小企业由于缺乏担保而导致的贷款难问题。

2. 创新农村抵（质）押担保方式

例如，制定农村土地承包经营权抵押贷款试点管理办法，在经批准的

---

① 资料来源：http://www.adbc.com.cn/templates/zhejiang_second/index.aspx?nodeid=498&page=ContentPage&contentid=69018.

地区开展试点①；利用合作经济组织名义对外融资，即合作经济组织为实际担保人；开展农民住房财产权抵押试点；将农户获得的订单作为担保物；在健全完善林权抵押登记系统的基础上，不断扩大林权抵押贷款规模；将农业保险、借款人购买的人身保险等作为担保物；逐步推广大型农业机械设备、运输工具、水域滩涂养殖权、承包土地收益权等作为标的的新型抵押担保方式；加强涉农信贷与涉农保险合作，将涉农保险投保情况作为授信要素，探索拓宽涉农保险保单质押范围。显然，这些新型农村抵（质）押担保方式有利于提高农户获得贷款的可能性。

3. 建立"互助式"融资担保机制

所谓"互助式"融资担保机制，就是在贷款银行、担保公司、会员企业三者之间建立稳定的关系，会员企业利用这个稳定关系对外融资。这种融资担保机制有两大优势：首先，贷款银行可以更全面地了解会员企业的信用、经营状况、所在行业信息等，通过降低贷款银行的信息不对称方面的劣势，可以减少银行信贷过程中的逆向选择问题；其次，会员企业与担保公司、贷款银行组成一个利益共同体，建立了一个良好的信誉机制，使得会员企业更容易获得授信。

（三）提高信用评估服务质量

中国农村金融机构还处于发展的初级阶段，具有贷款方式灵活、审贷时间短等特征，对企业评级的要求较高，导致了专业性的信用评估机构较少，介入农村金融市场的程度很低。

第一，建立符合中国农村金融机构发展的资产评估、信用等级评价、授信额度评定体系，包括针对个人小额贷款的信用评估体系、评分体系和针对农村地区中小企业的信用评估体系。

第二，建立评价成果运用机制，通过信用贷款、抵押贷款、联保贷款

---

① 2016年11月10~11日，中国人民银行在江苏省泗洪县召开全国"两权"抵押贷款试点现场推进会，中国人民银行副行长潘功胜强调，推进"两权"抵押贷款试点工作，重在强化责任，狠抓落实。一是要增强改革意识，切实发挥好地方政府的主体作用。二是要抓紧做好确权登记颁证、产权交易平台建设、抵押物评估处置、风险缓释和补偿机制建设等试点配套相关工作，为试点顺利推进提供基础保障。三是金融机构要完善信贷机制设计、下放信贷管理权限、强化资源配置，因地制宜创新多元化的金融产品和服务。四是要加强中期评估和试点督导，通过评估督导强化各试点县的责任意识，更好推进试点开展。五是要加强对试点典型经验的总结推广和宣传解读。在试点推进中，要注意把握盘活土地资产、引导金融资源投入农村、保障金融机构资产安全等目标约束。

相结合的方式，推进信用体系的动态循环。

三、加强技术与网络支持服务

农村金融机构依赖技术服务机构，这些机构提供专业的培训，并为管理人员提供咨询服务，比如战略制定和员工激励。对于中国农村金融市场来说，技术培训和网络支持是迫切需要的中观层面服务。

（一）改善技术支持服务

第一，借鉴国外经验，成立专门针对农村金融的咨询机构，帮助中国农村金融机构提高自身财务管理水平和其他经营技能。

第二，拓宽技术支持服务的范围，应由财务管理、员工培训、商业进程计划逐渐拓展到新产品开发、市场调研等多个层面。

（二）强化网络支持服务

从国际经验来看，网络支持服务多由网络支持组织（Network Support Organization）提供，它们不仅直接向会员提供服务或者为会员提供帮助，也促进了农村金融机构间的联系。但是，中国农村金融机构对网络支持组织的了解明显不够，只有极少数有外资注入的机构参与了网络技术服务，资源利用极为不充分。

首先，可以通过行业协会促进网络支持组织在中国农村金融机构中的普及，在农村金融机构管理层中树立对网络支持服务的利用意识。

其次，关注和利用国际上已有的网络支持组织的信息披露，了解国际行情，汲取经验。

最后，成立国内农村金融机构服务的网络支持组织，提高农村金融机构的透明度、开发技术和管理技能。

四、推进农村金融机构行业协会建设

尽管政府部门对农村金融机构设立了监管机构，但建立自律性质的行业协会依然很有必要，因为行业协会具有成本和信息两方面的优势：一方面，行业协会能更加有效地规范行业内部各机构间的竞争，使金融组织结构有序合理；另一方面，行业协会能发挥桥梁作用，是联系各金融机构与监管机构的纽带，是促进农村金融组织结构多元化、竞争性的重要一环。虽然中国存在不同类型的农村金融机构，但正规的全国性农村金融行业协会还没有建立。

（一）成立全国性行业协会

第一，按照农村金融机构类型，成立全国性的农村金融行业协会。例如，已经成立的中国小额信贷机构联席会①、中国小额信贷联盟②等，也可以考虑将全国的小贷公司组织起来，成立"中国小额贷款公司协会"。

第二，成立共享信息的行业协会。农村金融机构通过合作项目共同创建信用系统，分享信用信息，分摊信用成本，更加有效地进行运作。

（二）制定明确的行业标准

行业标准和行业协会的行为准则是增加行业透明度的常用工具。制定明确的行业标准，有利于对整个行业进行研究和分析、调整结构、优化行为，为加入行业协会的农村金融机构提供安全、可靠、合理的保证。

根据协会成立的初衷、农村金融机构的类型及地区的不同，制定不同的行业标准。例如，针对非政府组织（NGO）的行业协会和针对小贷公司的行业协会，行业标准不同。

第三节　微观层面的政策建议

根据《国务院办公厅关于金融服务"三农"发展的若干意见》（国办发〔2014〕17 号）所提出的，深化农村金融体制机制改革要落实到金融机构改革之上。首先，要分类推进金融机构改革。在稳定县域法人地位、维护体系完整、坚持服务"三农"的前提下，继续稳步推进农村金融机构改革，积极完善农信社改革，大力支持组建农村商业银行，培育合格的市场主体，更好地发挥支农主力军作用。其次，要丰富农村金融服务机构种类。支持建立与农业发展相关的投资基金；支持组建立足于服务农村经济的金融租赁公司；支持建立开展涉农担保业务的担保机构或担保基金，优

---

① 在中国人民银行的指导下，以小额贷款公司、地方金融办为参与主体的小额信贷机构联席会正式成立于 2012 年末，该机构已经发展成为中国小额贷款公司领域最富影响力的行业协会。

② 2010 年，中国小额信贷联盟正式成立，它是由国内小额信贷机构以及国内外支持小额信贷事业的机构和个人组成的全国性首家小额信贷行业协会，在中国国际经济技术交流中心、中国社会科学院农村发展所等机构的指导下开展工作。

化农村金融组织结构建设，培育竞争性的、适合农村经济发展需要的农村金融市场。《国务院办公厅关于推进农村一二三产业融合发展的指导意见》（国办发〔2015〕93号）进一步提出，发展农村普惠金融，优化县域金融机构网点布局，推动农村基础金融服务全覆盖。据此，下文将从农村金融领域中金融服务供给者——金融机构的角度出发，为优化中国农村金融组织结构提供思路。

一、提升中国农业银行服务"三农"的能力[①]

在中国城市金融中，服务高端客户的边际成本正在大幅度上升，如果机构不改变发展策略，依然紧盯既有的高端客户群体，会使自身的市场范围越来越狭窄，竞争力不断降低。在这种背景下，农行也应该扩宽发展市场，深化农行"三农"金融事业部改革试点，探索商业金融服务"三农"的可持续模式，促使中国农业银行将目光重新聚焦到农村金融市场上。

第一，发挥"网点＋网络"优势。一方面，农行在农村地区拥有大量的网点和分支机构；另一方面，农行所有网点和分支机构基本实现了网络化。"网点＋网络"使得农行拥有巨大的优势，农行可以利用这一优势，为城乡客户提供更加快捷、多样化的金融服务。

第二，实行差异化经营策略。农行与其他商业银行相比，在不同地区的经营模式、发展方向、优势和劣势都不尽相同。因此，为了促进有效竞争，农行应遵循比较优势原则，因地制宜，实行差异化经营策略。

第三，发挥资金雄厚的优势，为小额信贷提供资金批发服务。相对于中国其他农村金融机构而言，农行的资金优势是不容置疑的，但资金优势却并没有充分发挥。因此，结合国际经验，利用农村金融市场的特点，农行可以提供资金批发服务。

第四，协调商业化目标和服务农村金融的公益性目标的冲突，协调涉农业务和非农业务的平衡发展，力争使两种目标和两类业务相互促进、共

---

① 2014年2月，中国人民银行出台了《关于做好家庭农场等新型农业经营主体金融服务的指导意见》，要求中国农业发展银行、中国农业银行、邮政储蓄银行、农村信用社等主要涉农金融机构，紧紧围绕新形势下家庭农场等新型农业经营主体金融需求特点，深入开展调查研究，着力创新农村金融制度，为推进农业适度规模经营和农业现代化提供有效支持。

同发展。

二、持续深化中国农业发展银行改革

作为农村政策性金融的主力军，农发行理应成为农村金融市场发展的有效补充，发挥政策性支农的金融功能。《国务院办公厅关于金融服务"三农"发展的若干意见》（国办发〔2014〕17号）对农发行的发展进行了总体规划，提出要研究制定农发行改革实施总体方案，强化农发行的政策性职能定位，进一步明确了农发行开展政策性业务的范围和执行的监管标准，增加农发行资本金，建立健全农发行的治理结构，提高农发行对农业开发和农村基础设施建设提供中长期信贷的能力。

（一）明确政策性职能定位

作为农业政策性金融机构，农发行的定位决定其应具有以下特点：在支持国家经济发展战略、贯彻国家"三农"政策的前提下，以国家信用为基础，筹措归集支农资金，承担国家政策规定的信贷支农任务，建立和完善补偿机制，按现代银行机制运作，专门负责农村政策性金融业务。值得注意的是，要实现农发行的改革目标，完善农发行在农村金融市场发展中的重要补充作用，必须明确农发行服务"三农"的政策性金融市场定位。

第一，农发行承担政府职能，是农村经济宏观调控主体之一，有责任对农业产业和优质性乡镇企业进行支持与保护，保证国民经济平稳较快发展。

第二，农发行要充分发挥其作为政策性金融机构的功能，引导社会资金投入农村经济，帮助解决农业产业的资金不足问题。

第三，农发行既要立足金融业务又需避免政策性金融的商业化。财政资金往往因为其无偿性而缺乏效益，政策性金融将财政与金融相互结合，引入信贷资金有偿性、高效益的优点，但是，在这个过程中应注意避免过分强调效益而导致政策性金融的商业化。

（二）扩大业务规模和业务范围

建设社会主义新农村对农发行业务规模和范围提出了新的要求，在农业基础设施建设、农村公共事业发展、农业综合生产能力建设、国家粮食安全体系建设、生态环境保护、农业科技推广应用与集约型农业发展等领域①，农发行应该有更大的作用。其具体表现为：

首先，应支持"大农业"（农、林、牧、副、渔等）的发展。扩大农业政策性金融的贷款对象范围，打破体制约束，使符合条件的农业产业都能获得及时充足的政策性贷款；充分利用农发行政策性金融的优势，加大对"大农业"的支持力度，繁荣农村经济，助力社会主义新农村建设。

其次，应按照强化支农、总量控制原则，对农发行分支机构布局进行调整，重点向中西部及经济落后地区倾斜。

最后，应在响应新农村建设资金需求的同时，着眼于未来，着眼于农村经济的可持续发展，增加对农村和农业的中长期开发和综合性开发的贷款投入。农发行是农村金融市场上举足轻重的政策性金融机构，应该发挥更大的作用。

三、积极推进中国邮政储蓄银行的发展

邮储银行作为专门面向居民个人办理储蓄业务的金融机构，具有网点众多、覆盖面广、客户数量大的特点，这为邮储银行"拓展农村金融业务，逐步扩大涉农业务范围"② 提出了不同于其他农村金融机构的新要求：一方面，邮储银行应该认清外部环境，把握机遇，化解威胁，发挥自身优势以弥补现存劣势（张正平，2009）；另一方面，邮储银行应该推进自身改革，从企业发展战略高度重视客户关系管理，以需求为导向创新服务，充分利用邮储银行的优势，提升银行的竞争力。

（一）继续争取国家金融政策支持

首先，争取国家政策支持。一方面，邮储银行是农村金融组织的重要组成部分，在发展农村金融业务、履行服务"三农"职责的过程中③，理

---

① 廖晓军. 大力支持农业基础建设积极推进发展中国特色农业现代化［EB/OL］. http：//www. mof. gov. cn/buzhangzhichuang/lxj/zhongyaohuodong/200805/t20080523_ 34279. html.

② 资料来源：《国务院办公厅关于金融服务"三农"发展的若干意见》（国办发〔2014〕17 号）。

③ 2016 年 8 月，为贯彻中央农村工作会议和中央扶贫开发工作会议精神、落实《中共中央国务院关于落实发展新理念加快农业现代化实现全面小康目标的若干意见》（中发〔2016〕1 号）有关要求，中国邮政储蓄银行正式设立"三农"金融事业部，这有助于提升该行"三农"业务发展战略研究和规划水平，加强"三农"金融业务专业化能力，做好扶贫开发工作，提升普惠金融服务，加快构建专业化为农服务体系。

应享受国家政策的支持；另一方面，争取国家金融政策的支持，可以减少邮储银行改革的阻力，降低开展新业务的成本，有利于提高邮储银行的效益和竞争力，更好地服务于农村经济。

其次，实行独立的财务核算。改革邮政的财务核算制度，对邮政储蓄业务和其他邮政业务实行独立的财政核算，从而准确把握其他邮政业务的盈亏情况。对于其他邮政业务产生的政策性亏损，应建立和完善相应的国家补偿机制，由国家财政给予补偿，减轻邮储银行的负担。

（二）进行业务和服务创新

要提升自身的竞争力，邮储银行必须发展新业务、提高服务能力，其核心是进行创新。要始终坚持以客户需求为导向，以人为本，开发多元化的金融产品，拓展金融服务。

第一，打破"金融产品之间相互冲突"而不愿发展的思想，开发新的金融产品或改变服务模式；扩展服务范围，可以利用自身优势尝试开展类似互相代理清算的业务。这类创新已经得到了一些实际应用，例如，在上海和深圳开展的"柜面通"业务，邮储银行可以效仿。

第二，尝试与其他商业银行合作，利用网点优势代理其他商业银行的产品和服务，以形成和其他商业银行的互补性。邮储银行已经开展了代发养老金、代理基金业务等中间业务，积累了一定的经验，未来可以尝试开展代理清算业务，以此增强盈利能力以及拓宽资金来源。

（三）建立风险管理机制

邮储银行在开展业务和提供服务的过程中会面临各种各样的风险，从安全性和持续发展的角度看，邮储银行必须建立起完善的风险管理机制。完善的风险管理机制应包括业务稽查制度、保证金制度、风险准备金制度等，具体可以从以下三方面着手：

第一，坚持审贷分离、分级审批的原则。邮储银行在进行风险控制时，不仅要执行严格的信用风险控制制度，还要提高前期信用评估的权重；应成立行长领导下的贷款审查委员会，其主要工作包括规划邮储银行的资产负债结构、审议有关业务发展战略的重大决策、明确风险界定并制定合理的量化标准、考核和管理经营中面临的各种风险。

第二，坚持法人授权、权力制衡的原则。各级分支行要在法人授权范围内实施管理，各项权力在制衡的条件下正确运用。

第三，建立风险内部评级办法，量化风险。无论是从事资金批发还是零售业务，邮储银行都会面临信用风险和操作风险，应参照银行业流行的风险管理方法，建立针对风险的内部评级办法控制风险。对风险进行量化可以精确、持续地监控风险，及时预警，提高风险管理的能力和效果。

四、大力推动农村信用社改革[①]

在农信社改革的过程中，政府充当了主要的推动者。从现有省级联社的运作来看，在"乡镇信用社—县级联社—省级联社"框架下，自上而下的行政性控制尤为明显，社员（股东）大会的权力被削弱甚至被剥夺，失去对管理层的监管，这显然有悖于公司治理的基本原则。这种制度设计在经济体制整体市场化的大背景下注定只是一种过渡性的制度安排，需要尽快纠正并完善。《国务院办公厅关于金融服务"三农"发展的若干意见》（国办发〔2014〕17号）提出的改革要求为：在稳定县域法人地位、维护体系完整、坚持服务"三农"的前提下，进一步深化农村信用社改革，积极稳妥组建农村商业银行，培育合格的市场主体，更好地发挥支农主力军作用。完善农村信用社管理体制，省联社要加快淡出行政管理，强化服务功能，优化协调指导，整合放大服务"三农"的能力。

此外，要继续推进农信社体制机制改革，在深化农信社产权、公司治理改革的同时，继续发挥其在贷款业务、人才储备、风险管理等方面的优势，不断增加农信社在农村地区的网点数[②]，在竞争的同时积极寻求与邮储银行等农村金融机构展开合作（张正平，2009）。

（一）处理好农信社与政府的关系

发挥政府在农信社发展中的作用，处理好以下三方面的关系：

第一，调整好政府财政职能和金融职能的关系。如果不分开财政和金融职能，只是片面地要求服务"三农"，不利于农信社的发展，致使农信社无法持续经营。

---

① 本书此处没有讨论已经完成改制的农村商业银行，但事实上这些机构在完成改制后由于种种原因存在较为严重的"脱农""离农"倾向，见附录B中相关的时评。

② 2009年以来，以促进城乡基础金融服务均等化为核心，国家启动了全国偏远地区金融机构空白乡镇金融全覆盖工作，累计解决1 249个乡镇的金融机构空白和708个乡镇的金融服务空白问题。截至2013年6月底，金融机构网点已覆盖了全部县市和绝大多数乡镇，金融服务已覆盖全部乡镇。资料来源：http：//finance. chinanews. com/fortune/2013/06 - 27/4978760. shtml。

第二，调整好地方政府和中央政府对农信社的权责关系。中央和地方的权责不对称增加了农村金融机构的道德风险。首先，通过立法建立制度框架，既发挥政府优势和积极性，又发挥农信社服务农村经济的作用；其次，规定地方政府在本辖区农信社出现支付危机时，承担一定比例的救助资金；最后，在司法体制不完善的情况下，运用行政资源帮助农信社追讨、打击逃债行为。

第三，调整监管者和行业管理者的关系。政府机构的职责必须从管理向监管转变，将农信社的管理权真正交给股东，由股东产生董事会和监事会，并由董事会自主选择经营者。

（二）逐步降低支农成本

从农信社的人均经费、不良贷款占比、农户覆盖率等指标均可以发现，现有的农信社是一个非常昂贵的机构，在贫困地区这样的制度安排过于奢侈。

首先，应该借助信用平台，减少信息的不对称。不良贷款大多是由于道德风险引起的，也有不少是与政府干预和农业风险相关。

其次，提供信贷支农新思路。信贷支农是道德风险的避风港，只要是农户贷款，即使产生风险，信贷员也不承担责任，这是不合理的。为了提高经营能力，信用社应该对信贷支农有新思路，在支农的同时要注重机构的效率。

最后，推动和指导农信社电子化建设，加快农信社和上级联社间网络建设速度，逐步建立农信社内部支付结算网络，改善支付结算渠道。

五、继续推进新型农村金融机构发展

新型农村金融机构主要是指村镇银行、小贷公司和农村资金互助社等，这些新型金融机构在一定程度上增强了农村金融市场竞争性，提高了农村金融机构的运行效率，扩大了农村地区金融服务的覆盖面，对于提升农村金融服务水平发挥了积极作用。发展新型金融机构，应稳步培育村镇银行，提高民营资本的参与度，积极开展面向"三农"的多元化、层次化、有特色的金融服务。各类新型农村金融机构应切实做到立足"三农"，将工作重心放在"三农"上，推动农业和农村经济发展，惠及广大农户。

（一）村镇银行

中国人民银行为支持村镇银行的试点和发展，促进其在"支农支小"

方面发挥更加积极的作用，已经出台了一系列政策措施①。村镇银行应该积极利用相关措施，发挥其在农村地区的金融服务优势。总之，应稳步培育发展村镇银行，逐步提高民营资本持股村镇银行的比例，促使其开展面向"三农"的差异化、特色化服务。

1. 不断推进金融创新，提高核心竞争力

不断推进金融创新是提高村镇银行核心竞争力的关键。一是创新贷款模式，可以扩大联保贷款的适用范围，纳入一些具有法人地位的利益主体，例如中介机构和担保机构等。二是创新抵押担保品，探索抵押、质押的品种和方式，例如，可探索养殖水面使用权、经营权、经济权、订单、动产抵押、权利等作为抵押质押的标的物；可探索农舍抵押、农机具抵押、门店抵押和商家协会联保等贷款方式，积极推行"一次抵押、集中授信、余额控制、循环使用"的管理方法；开展涉农中小企业联保贷款、探索仓单质押贷款、开发支农金融创新产品"信用一证通"等。三是创新贷款产品，积极开展个人创业投资贷款、个人工资保证贷款、车主融资贷款等创新业务。四是实行个性化的金融业务，建立涉及农户和中小企业、乡镇企业项目数据库，制订针对特定企业特点的服务方案等。

2. 积极寻求政策扶持，营造良好的外部环境

一是运用好人民银行给予村镇银行一定的支农再贷款的支持，以加强村镇银行的资金实力，扩大融资规模；二是逐步放松利率管制，允许村镇银行根据当地经济发展水平、区域资金供求状况、债务人可承受能力及风险状况自主确立贷款利率，建立贷款利率的浮动机制；三是对于初创阶段的村镇银行，应该适当减免其营业税和所得税，支持其发展壮大；四是加快建立农业政策性保险机构，提高农业的抗风险能力，为村镇银行的资金安全提供切实保障，并在条件成熟时建立村镇银行的联合银行；五是建立合理的风险补偿机制，对村镇银行服务"三农"和支持新农村建设形成正

---

① 例如，2008年4月，人民银行与银监会联合印发《关于村镇银行、贷款公司、农村资金互助社、小贷公司有关政策的通知》，明确四类新型机构的经营管理和风险监管政策；2009年7月，银监会发布《新型农村金融机构2009—2011年总体工作安排》，提出新型农村金融机构的三年发展规划；2010年6月，财政部发布《中央财政农村金融机构定向费用补贴资金管理暂行办法》，规定中央财政对当年贷款平均余额同比增长、年末存贷比高于50%且达到银监会监管指标要求的村镇银行，按当年平均贷款余额的2%给予补贴。资料来源：http://stock. hexun. com/2010 - 12 - 03/125969803. html.

向激励机制。

3. 大力加强内部控制，促进村镇银行稳健经营

村镇银行由于成立时间较短，资金规模较小，考虑到其经营的高风险性和内控机制不健全等因素，应坚持审慎经营的原则，如资本充足率标准应该适当高于其他类型的银行业金融机构，贷款分类标准要更加严格和审慎，流动性比率应适当提高等。应建立起完善的法人治理结构和银行业组织体系，建立健全内控制度和风险管理机制，提高村镇银行的风险防范能力。

（二）小额贷款公司

2008 年 5 月，银监会和人民银行发布《关于小额贷款公司试点的指导意见》后，在各地方政府主导下，小贷公司试点发展迅速。根据中国人民银行的统计，截至 2016 年 9 月末，全国共有小贷公司 8 741 家，贷款余额 9 293 亿元，前三个季度人民币贷款减少 111 亿元。客观上，小贷公司在引导民营资本开展涉农业务方面发挥了积极作用，同时也在"银小"合作方面获得初步经验，小贷公司在大资金和小客户之间发挥了重要的桥梁作用[①]。进一步促进小额贷款公司发展需要做到如下几点。

1. 明确小贷公司定位

从当前发展的情况来看，小贷公司的主要业务范围还是中小企业贷款，对广大农村地区农户的贷款所占的比例较低。2008 年以来，小贷公司的数量快速增长，但是新成立的小贷公司主要集中在经济比较发达的省份，在急需资金的农村地区却不多，这表明，小贷公司普遍对服务"三农"缺乏热情（张正平等，2011）。因此，有必要明确小贷公司在中国金融市场上的定位。未来小贷公司在金融市场上扮演何种角色，需要立足于小贷公司的自身性质和市场需求进行定位。

2. 细化小贷公司的运作规则

小贷公司成立时间短，发展不成熟，很多重要的运行规则有待细化。例如，小贷公司没有明确的主管部门，在落实政策时往往难以到位。如果由金融监管部门实施主管，管理的重点会是小贷公司的风险控制；如果由行政部门主管，管理的重点则是发展规模、速度。由此可见，不同的主管

---

① 资料来源：中国人民银行农村金融服务研究小组．中国农村金融服务报告（2010）［M］．北京：中国金融出版社，2011.

主体会产生不同的结果。此外，一些规则可能被变相化解了，例如，文件中对于小贷公司注册资本上限的规定，在实际操作中的变通方法很多。由此可见，小贷公司的运作规则还存在很多缺陷，需要进一步明确和细化。

3. 优化外部制度环境

小贷公司的官方定性为"小额贷款公司是由自然人、企业法人与其他社会组织投资设立，不吸收公众存款，经营小额贷款业务的有限责任公司或股份有限公司"，这意味着小贷公司的设立应该适用于一般性公司设立的法律规定，跟工商注册一样，只要符合条件就可以成立小贷公司。但事实是，当前小贷公司的设立由政府批准，其发展数目也由政府控制，这不是小贷公司成长的正常的外部制度环境。另外，在小贷公司向村镇银行转变的相关规定中，应对初始投资者给予优惠政策，放松转变条件。

4. 科学监管，防范风险

中国小贷公司数量众多，但是还没有形成健全的监管体制，监管问题已成为制约小贷公司发展的重大问题。一种可行的解决办法是，由省级政府的金融办委托人民银行县域支行负责具体实施监管。其原因在于，一方面，由于小贷公司并不能吸收存款，小贷公司没有获得金融许可证，不属于银行类金融机构，所以银监会不能将其纳入监管范围；另一方面，当地政府的金融办往往是临时成立的机构，不具备监管的专业能力，监管效果不佳。此外，人民银行县域支行的工作潜能尚有很大的发挥空间，因此，增加人民银行的县域支行对小贷公司的监管职能，不仅可以提高各支行的工作效率，也可以进一步优化支行的相关职能。在风险防范方面，中国小贷公司建立的时间较短，从业者和监管部门都缺乏防范相关风险的经验和能力，为弥补这些不足，缓解和防范风险，应成立自律监管性质的小额贷款协会或者成立小额贷款保险互助机构（张正平等，2012）。

（三）农村资金互助社

作为合作金融的一种新模式①，中国农村资金互助社在其发展过程中存在注册难、资金短缺、管理水平落后等问题。只有解决这些问题，才有

---

① 资料来源：《国务院办公厅关于金融服务"三农"发展的若干意见》（国办发〔2014〕17号）指出，规范发展农村合作金融。坚持社员制、封闭性、民主管理原则，在不对外吸储放贷、不支付固定回报的前提下，发展农村合作金融。支持农民合作社开展信用合作，积极稳妥组织试点，抓紧制定相关管理办法。在符合条件的农民合作社和供销合作社基础上培育发展农村合作金融组织。有条件的地方，可探索建立合作性的村级融资担保基金。

助于其进一步的发展，才有利于优化中国农村金融组织结构，提高农村地区金融业的竞争水平。

1. 加大准入力度，提高监管水平

受地方有关部门对此类组织作用认识限制，以防范金融风险和监管力量不足为由，普遍采取了少批、不批的做法，从而产生了农村资金互助社市场准入"监管"瓶颈。对此，首先要按照资金互助社发展规模、区域范围实行分类监管。对于村级、规模较小的资金互助组织可以采取备案制监管，由县级主管部门备案后再到工商登记。对于乡镇级、规模较大的资金互助组织，经申请符合准入条件的，由银监部门给予准入和监管。其次，提高监管水平。中国银监会加强对地方银监局的指导与培训，提高地方监管机构对农村资金互助社功能与作用的认识，加快市场准入，打破发展农村资金互助社市场行政许可准入的监管瓶颈约束[1]。

2. 加大对从业人员的培训力度，提高经营管理水平

一方面可以建立定期培训机制，定期对农村资金互助社的理事、经理等管理人员及监事和工作人员进行业务培训，提高其金融专业知识水平，提高业务技能，学习内控制度，减少操作风险[2]；另一方面也可以通过引进人才来解决农村资金互助社人才匮乏以及人才质量不高的问题。

3. 积极出台相关扶持政策

建议政府出台的相关政策能够使得农村资金互助社可以同农信社以及农行等金融机构进行平等条件下的公平竞争、包括存款竞争、争取支农再贷款竞争等。另外，建议减少或免除农村资金互助社的各项税收，减轻其经营负担，扶持农村资金互助社不断成长壮大。

此外，按照《国务院办公厅关于推进农村一二三产业融合发展的指导意见》（国办发〔2015〕93 号）的要求，在坚持社员制、封闭性、民主管理原则下，积极发展新型农村合作金融，稳妥开展农民合作社内部资金互助试点。

---

① 资料来源：http：//bank. hexun. com/2011 - 12 - 21/136535776. html.

② 资料来源：ZHANG ZHENGPING, MU CHUNHUI. The Recent Development of Rural Cooperative Finance in China, Brassard, M. - J. and E. Molina, ed. （2012）；The Amazing Power of Cooperatives, Texts selected from the international call for paper proposals （ISBN：978 - 2 - 9813483 - 0 - 2），Québec, International Summit of Cooperatives, 665p. http：//www. sommetinter2012. coop/pdf/pouvoir_des_ coop_ final_ web. pdf.

六、积极拓展非政府组织发展空间

中国农村金融领域的非政府组织（NGO）主要采用孟加拉格莱珉银行模式进行运作，其运作中包含着诸多优势，同样也存在着许多问题。NGO运作的优点主要体现在整贷零还和利率固定，这些优点有利于其最大限度地吸引农户，扩大市场份额，提高其扶贫的覆盖面。但是，NGO运作在微观层面有许多缺点，主要体现在治理机制不完善、整体性风险高以及人才易流失等问题（张正平等，2011）。

（一）扩大机构的经营区域

对于NGO来说，扩大机构经营区域可以降低其整体风险。系统性风险不可避免，但是个别区域面临的非系统风险却可以通过扩大经营区域、分散经营加以分散，降低整体风险。

中国大部分NGO都是在县级部门注册的，且经营范围基本上被限定在县域，这导致了NGO容易受县域风险的影响，一旦产生损失，无处弥补。如果扩大其经营区域到省一级或全国，这样当某区域发生风险并导致损失时，可以通过其他区域的收益来弥补，总体上可以减少NGO面临的风险和损失，促进NGO的财务稳健性和可持续发展。

NGO经营区域的扩大，还可以在一定程度上解决NGO人才需求问题。NGO经营区域的扩大，意味着NGO的机构设置会扩张到经济发达的地区，这样可以有效地解决人才短缺问题。而且，NGO经营区域的扩大，其经营层次会增加，优秀的员工可以得到升迁的机会，可以从贫困地区升迁到发达地区，可以从低级部门升迁到高层。显然，这种升迁的机会，既可以吸引优秀人才，又可以激励自身员工的积极性。

（二）扩大机构的经营规模

要实现经营区域的扩大，必须解决NGO规模过小的问题。如果要扩大经营区域，NGO必然会扩大机构规模，增加管理和服务人员等，由此必然需要加大投资规模，管理成本也会大幅提高，规模过小的NGO根本不具备这样的能力。只有相应地扩大机构的规模，达到一定的经济规模，才有能力承担扩大经营区域的成本，实施管理，支撑机构生存并盈利。但是，要扩大机构规模，就必须提高自身经济实力，必须扩大NGO的资金来源，扩大融资途径。

（三）完善机构的治理结构

首先，确保会员代表大会的职权得到充分发挥。应确保会员代表大会具有最高决策权，通过章程来保障会员代表大会对下列重大事项的决策权。（1）经营决策权。经营方针、经营方案的确定和变更都要由会员代表大会通过。（2）人事任免权。如理事长、理事、监事会成员的选任和罢免。（3）财务管理权。包括财务预算方案、盈余分配方案。（4）资产处置权等。其次，合理确定理事会规模和结构，优化成本，提高理事会工作水平。最后，明确监事会的职能，规范监事的任职资格，强化监事会的独立性和权威性，构建监事会的业绩评估和激励机制。

此外，正如《国务院办公厅关于金融服务"三农"发展的若干意见》（国办发〔2014〕17号）所指出的，还应不断丰富农村金融服务主体，鼓励建立农业产业投资基金、农业私募股权投资基金和农业科技创业投资基金；支持组建主要服务"三农"的金融租赁公司；鼓励组建政府出资为主、重点开展涉农担保业务的县域融资性担保机构或担保基金，支持其他融资性担保机构为农业生产经营主体提供融资担保服务。

综上所述，构建多元化、多层次、广覆盖、适度竞争、可持续发展的农村金融体系，优化农村金融组织结构，必须从以下三个方面着手：健全制度，完善政策；注重基础设施、信用环境和相关服务的配套；增加农村金融机构的种类和数量，营造竞争氛围。总之，进一步优化农村金融组织结构要求将农村金融制度环境的改善和农村金融机构的可持续发展紧密结合起来，这无疑是提高农村金融服务水平乃至促使农村经济发展的根本手段。

参考文献

［1］焦瑾璞，陈瑾. 建设中国普惠金融体系［M］. 北京：中国金融出版社，2009.

［2］廖晓军. 大力支持农业基础建设积极推进发展中国特色农业现代化［EB/OL］. http：//www. mof. gov. cn/buzhangzhichuang/lxj/zhongyaohuodong/200805/t2008052334279. html.

［3］卢友红，彭迪云，许涵. 中国存款保险制度构建：难点破解的思路与政策准备［J］. 深圳大学学报（人文社会科学版），2009（6）：

61 - 65.

　［4］王宇欣，迟宝旭．新型农民资金互助组织的发展现状、问题及对策研究［J］．商业经济，2009（6）：99 - 101.

　［5］张正平，郭永春，王麦秀．小额贷款公司发展中的风险、原因、辨析与对策［J］．农村金融研究，2012（6）：14 - 24.

　［6］张正平，何广文．我国银行业市场约束力实证研究（1993—2003）［J］．金融研究，2005（10）：42 - 52.

　［7］张正平，梁毅菲，唐倩．小额贷款公司"偏向"中小企业：争议与辨析［J］．经济研究参考，2011（20）：32 - 40.

　［8］张正平，林汉川，葛倩倩．促进商业性小额贷款公司可持续发展之政策见解［J］．现代财经，2011（11）：94 - 103.

　［9］张正平，王麦秀，郭永春，圣英．中国小额信贷发展历程研究报告［M］．//中国中小企业发展研究报告2011．北京：企业管理出版社，2011.

　［10］张正平．农村金融市场的竞争——以中国邮政储蓄银行和农村信用社为例［J］．河南社会科学，2009（5）：28 - 31.

　［11］张正平．转轨时期我国存款保险制度的构建［M］．北京：中国经济出版社，2007.

　［12］ZHANG ZHENGPING, MU CHUNHUI. The Recent Development of Rural Cooperative Finance in China, Brassard, M. - J. and E. Molina, ed. (2012). The Amazing Power of Cooperatives. Texts selected from the international call for paper proposals, Québec, International Summit of Cooperatives, 665p. http：//www. sommetinter2012. coop/pdf/pouvoir_ des_ coop_ final_ web. pdf.

附录 1　农村金融系列论文

论文 1　农村金融市场的竞争：
以中国邮政储蓄银行和农信社为例[①]

摘要：2006 年 12 月 22 日，银监会制定发布了《关于调整放宽农村地区银行业金融机构准入政策更好支持社会主义新农村建设的若干意见》，允许设立村镇银行、贷款公司、农村资金互助合作社等新型农村金融机构。2007 年 3 月 20 日，邮政储蓄银行正式成立，至此，我国农村金融市场初步形成了机构多元化的竞争格局。本文以邮政储蓄银行与农村信用社为例，通过比较二者在机构网点、金融业务、经营管理等方面的实力，讨论它们在农村金融市场开展竞争的前景和问题，揭示我国农村金融机构多元化的政策含义。

关键词：邮政储蓄银行　农村信用社　竞争

2006 年 12 月 22 日，银监会制定发布了《关于调整放宽农村地区银行业金融机构准入政策更好支持社会主义新农村建设的若干意见》，在准入资本范围、注册资本限额、投资人资格、业务准入等方面调整和放宽了农村地区银行业金融机构准入政策，推动村镇银行、贷款公司和农村资金互助合作社等新型农村金融机构进行试点。2006 年 12 月 31 日，银监会又正式批准中国邮政储蓄银行开业；2007 年 3 月 20 日，中国邮政储蓄银行正式挂牌成立。

[①]　本文发表于《河南社会科学》2009 年第 5 期，录入本书时稍作修改。

至此，我国农村金融市场已经初步形成了以农村信用合作社、邮政储蓄银行、中国农业发展银行、村镇银行等金融机构为主体的多元化结构，农村金融市场的竞争机制得以引入。那么，农村金融市场的竞争究竟能达到何种程度呢？由于邮政储蓄银行的资金规模巨大且定位于农村市场，邮政储蓄银行的建立势必对农村信用社产生巨大的竞争压力，产生"鲶鱼效应"①。鉴于此，本文选择当前农村金融市场最主要的两个金融机构（邮政储蓄银行和农村信用合作社）作为分析对象，从基础设施、金融业务、经营管理、政策优势等方面比较分析了二者的发展情况，讨论二者在未来农村金融市场上的竞争实力和可能的竞争强度，并分析它们在竞争中存在的合作空间，进而揭示我国农村金融市场上金融机构多元化的政策含义。

一、邮政储蓄基础设施的发展及其与农信社的竞争

（一）机构网点

截至 2006 年末，全国邮政储蓄营业网点已超过 36 000 个，是国内网点数最多的金融机构（毛志鹏，2007）。巨大的网络遍布全国，沟通城乡，其中有近 60% 的储蓄网点和近 70% 的汇兑网点分布在农村地区，成为沟通城乡居民个人结算的主渠道（如表 1 所示），成为沟通城乡居民个人结算的主渠道。

表1　　　　　1999—2005 年邮政储蓄网点分布情况　　　　单位：个

	1999	2000	2001	2002	2003	2004	2005
网点	31 477	31 763	31 704	31 704	31 704	31 704	35 043
电子化	—	25 824	28 219	30 353	31 603	31 603	35 021
农村	20 333	20 548	20 242	20 242	20 242	19 062	20 674

资料来源：《中国金融年鉴》相应各期。②

显然，邮政储蓄可利用其覆盖全国 31 个省（自治区、直辖市），尤其是农村的庞大网络优势和现有的 2 亿多个账户资源，依托已形成全国大联网的综合业务网络、电子汇兑网络和加入银联的"绿卡"，为客户提供方便、快捷的电子化金融服务。截至 2006 年底，邮政储蓄计算机系统运行安

---

① 所谓鲶鱼效应（Catfish Effect），即采取一种手段或措施，刺激一些企业活跃起来投入到市场中积极参与竞争，从而激活市场中的相关企业，其实质是一种负激励。

② 以下各表数据均出自《中国金融年鉴》。

全稳定，跨行交易成功率位居全国前列，交易差错率保持全国最低水平。相比之下，农信社电子化网络建设尚处于起步阶段，手工网点、单机网点、小型区域网络并存，同时，仍然受汇路不畅的制约，服务水平相对较低。因此，邮政储蓄的网络优势将对农信社造成一定的压力①。

（二）人力资源

如表 2 所示，统计了邮政储蓄和农信社在人力资源方面的数据。在1999—2004 年，邮政储蓄部门的从业人员数量都远远多于农信社，而这还不包括邮政储蓄在基层网点上大量的临时工作人员。

表 2　　　　1999—2005 年农村信用社与邮政储蓄从业人员的发展　　单位：人

	1999	2000	2001	2002	2003	2004	2005
农信社	102 284	105 949	628 154	628 154	675 711	651 664	627 141
邮政储蓄银行	186 309	183 442	178 624	198 106	203 904	224 843	—

注：以上数字均指正式职工的人数。

由于邮政储蓄过去"只存不贷"的经营模式，大多数邮政储蓄从业者是从邮政系统"转行"过来的，缺少从事金融业务的经验和知识背景。据统计，邮储从业人员的学历结构中，高中级以下占 79.85%，大专占16.57%，大学及以上仅占 3.58%（赵俊臣，2007）。因此，从目前的情况来看，农信社从业者在金融业务方面的素质更有优势，但是，邮政储蓄银行已经开始重视这个问题，加大了对专业人才的引进和培养，逐步提升人员素质。

二、邮政储蓄金融业务的发展及其与农信社的竞争

长期以来，邮政储蓄在国家政策的倾斜和支持下，通过经营负债业务得到稳定的无风险收益，使其组建银行并开办贷款等资产业务，具有良好的业务发展基础。对邮政储蓄业务发展的分析也证实，邮政储蓄在存款业务、中间业务方面已经获得了长足的发展，积累了丰富的经验和资源，并开始涉足各类资产业务，发展潜力巨大。

---

①　自 2007 年 8 月以来，邮政储蓄银行在广东、深圳获准筹建首批分行开始，银监会先后分4 批批准邮政储蓄银行在全国 31 个省（自治区、直辖市）和 5 个计划单列市筹建 36 家一级分行、316 家二级分行和 20 089 家支行；广东、北京、河南、湖南、陕西等 19 家一级分行，及其部分二级分行和支行已经在当地开业。

（一）存款业务

截至 2007 年 3 月 19 日，全国邮储存款余额已经突破 1.7 万亿元，存款余额居四大国有商业银行之后，列第 5 位，存款余额市场占有率接近 10%（赵俊臣，2007）。

如表 3 所示，邮政储蓄存款业务在 1999—2005 年一直保持着较快的发展态势，其中农村存款余额年增长率都在 20% 以上，邮储存款余额所占的市场份额也呈现不断上升的势头。值得关注的是，由于拥有分布广泛的机构网点，邮政储蓄银行资金来源仍存在巨大的增长空间，这种资金优势是农信社所无法比拟的。

表 3　　　　　　**1999—2005 年邮政储蓄存款（人民币）业务的发展**

类型	1999	2000	2001	2002	2003	2004	2005
储户（万户）	11 092	12 913	15 978	18 997	22 961	28 004	36 431
存款余额（万元）	77 630	45 792 062	59 084 647	73 634 622	89 856 909	108 000 000	135 989 845
农村（万元）	12 626 782	16 326 883	20 248 545	25 118 501	30 661 332	37 683 058	48 616 917
增长率（%）	—	29.30	24.02	24.05	22.07	22.91	29.02
市场份额（%）	6.40	7.12	8.01	8.47	8.67	9.02	9.64

注：增长率是下一年度农村存款余额与上一年度农村存款余额的比值，市场份额是同年度邮储存款余额与全国居民城乡储蓄存款余额的比值。笔者根据《中国金融统计年鉴》计算所得。

（二）中间业务

邮政储蓄的中间业务开展的历史相对较长，业务主要集中在银行卡、汇兑和保险代理三个方面，中间业务不仅为邮政储蓄积累了大量的业务经验、培养了大批的金融人才，还为邮政储蓄带来了可观的经济收入。

1. 银行卡业务

如表 4 所示，邮政储蓄绿卡业务在 1999—2005 年发展极为迅猛：绿卡发行量从 1999 年的 631 万张增加到 2005 年的 3 950 万张，增加了 6.3 倍；自动柜员机的数量在此期间则从 2 843 台增加到 6 827 台，增加了 2.4 倍；取现网点从 8 435 个增加到 34 846 个，增加了 4.1 倍；特约商户由 706 家增加到 4 659 家，增加了 6.6 倍。

表 4　　　　　　　　1999—2005 年邮政储蓄绿卡业务的发展

	1999	2000	2001	2002	2003	2004	2005
当年发行量（万张）	631	584	1 034	1 079	2 165	2 779	3 950
自动柜员机（ATM）（台）	2 843	3 642	4 690	5 132	5 585	6 141	6 827
取现网点（个）	8 435	11 477	20 433	27 074	30 441	32 102	34 846
特约商户（个）	706	4 363	7 103	4 769	2 161	2 394	4 659

表 5 初步比较了 2004 年农信社和邮政储蓄的银行卡业务。从表 5 可以看出，2004 年邮政储蓄的发卡总数几乎是农信社的 6 倍，人民币存款余额是农信社的 20 多倍，ATM 是农信社的 2 倍多，但农信社银行卡的特约商户数量是邮政储蓄的 3 倍多，在笔数和金额上二者则大致相当。因此，总体来看，邮政储蓄银行卡业务较之农信社更有优势。

表 5　　　　　　2004 年农村信用社与邮政储蓄在银行卡业务比较

	发行卡总数（张）	笔数（万笔）	金额（万元）	人民币存款余额（万元）	特约商户（个）	ATM（台）	POS（台）
农信社	12 533 596	1 300.66	1 033 951	3 874 880	8 955	2 536	5 368
邮储	69 624 077	1 321.44	1 033 069	9 800 097	2 394	6 141	4 480

注：农信社的相关数字是以《中国金融年鉴》上统计的泰安信用社等 24 家加总所得。

2. 汇兑业务

如表 6 和表 7 所示，分别描述了 1999—2005 年我国邮政储蓄国内汇兑和国际汇兑业务的发展情况。从表 6 概括的情况来看，邮政储蓄国内汇兑业务在此期间的发展有小幅缩减，以 1999 年和 2005 年为例，无论汇兑网点、开发汇票的数量和金额还是兑付汇票的张数和金额，2005 年均比 1999 年有所下降，但变化幅度很小，基本维持稳定。

表 6　　　　　　　1999—2005 年邮政储蓄国内汇兑业务的发展

	1999	2000	2001	2002	2003	2004	2005
网点（处）	45 713	45 372	44 914	45 035	46 327	40 362	45 536
开发汇票（万张）	22 265	22 392	20 965	20 673	20 159	17 717	16 055
开发款额（万元）	27 895 304	29 191 869	28 504 405	24 537 700	23 264 600	21 331 923	18 934 488
兑付汇票（万张）	21 149	22 202	20 866	19 065	20 159	17 717	16 055
兑付款额（万元）	27 967 028	29 332 513	28 020 689	21 575 100	23 264 600	21 331 923	18 934 488

与国内汇兑不同，邮政储蓄的国际汇兑业务在 1999—2005 年有较大的发展。汇兑网点由 1999 年的 233 处增加到 2005 年的 20 001 处，增加了85.8 倍；出口汇票张数由 1999 年的 713 张增加到 2005 年的 181 629 张，增加了 254.7 倍，汇出金额同期增加了 869.6 倍；进口汇票张数由 1999 年的 50 914 张增加到 2005 年的 936 512 张，增加了 18.4 倍，汇出金额同期增加了 307.12 倍，其间有一定幅度的波动。

表7　　　　　　　　　1999—2005 年邮政储蓄国际汇兑业务的发展

	1999	2000	2001	2002	2003	2004	2005
网点（处）	233	236	473	386	245	5 949	20 001
出口汇票（张）	713	746	2 080	1 681	1 116	1 082	181 629
汇出款额（美元）	258 100	222 022	654 809	516 858	348 187	1 968 400	224 442 849
进口汇票（张）	50 914	48 181	162 317	177 097	199 519	70 091	936 512
汇入款额（美元）	40 048 304	36 028 802	119 000 000	127 000 000	150 000 000	55 722 351	12 299 554 760

3. 代理业务

如表8所示，统计的情况发现，1999—2005 年，邮政储蓄代理业务有较快发展：寿险代理网点由 1999 年的 11 186 处增加到 2005 年的 29 713处，增加了 2.66 倍，代理的寿险保费同期增加了 149.6 倍；财险代理网点由 1999 年的 7 953 处增加到 2005 年的 25 144 处，增加了 3.16 倍，代理的财险保费同期增加了 32.86 倍；与此同时，代理国债业务承销量也增加了1.9 倍。由于邮政储蓄拥有庞大的营业网点，这为它开展各类代理业务奠定了良好的物质基础，也为即将组建的邮政储蓄银行继续拓展中间业务积累了丰富的经验，这是农信社等金融机构所不具备的优势。

表8　　　　　　　　　1999—2005 年邮政储蓄代理业务的发展

	1999	2000	2001	2002	2003	2004	2005
寿险网点（处）	11 186	16 670	17 489	21 006	24 713	27 238	29 713
财险网点（处）	7 953	13 407	13 984	16 046	19 243	21 947	25 144
寿险保险费（万元）	13 680	37 548	84 390	537 285	1 430 834	2 159 130	2 046 258
财险保险费（万元）	5 138	24 240	35 242	48 068	70 346	114 573	168 858
代理国债业务承销量（万元）	210 000	560 000	380 000	240 000	230 000	432 000	400 000

截至 2006 年末，持有邮政储蓄绿卡的客户超过 1.4 亿户，每年通过邮政储蓄办理的个人结算金额超过 2.1 万亿元，在邮政储蓄投保的客户接近 2 500 万户，占整个银行保险市场的五分之一①。可见，邮政储蓄中间业务发展迅猛、增长空间巨大，对农信社有较大的威胁。

（三）资产业务

2003 年 9 月 1 日，中国人民银行下发了《关于邮政储蓄转存款利率有关问题的通知》，对邮政储蓄资金采取了新老资金划断的处理方式，邮政储蓄从此结束了长达 17 年的"只存不贷吃利差"的经营模式，开始尝试对新增存款进行自主运用。目前，邮政储蓄资金运用的渠道包括大额协议存款、买卖政府债券、金融债券和中央银行票据、承销政府债券和政策性金融债券等。② 据统计，邮政储蓄可以自主运用的资金高达 1 万多亿元，截至 2004 年 8 月 30 日，邮政储蓄自主运用的 1 700 亿元资金没有发生一笔坏账，自主运用的资金与相同性质的资金运用收益相比也处于较好的水平（徐海慧，2006）。此外，邮政储蓄在资金运用的质量上还具有先天的优势，因为邮政储蓄没有任何坏账的历史负担。

2006 年 3 月 19 日，经银监会批准，福建、陕西和湖北三省首批试点邮政储蓄定期存单小额质押贷款业务③，向城乡居民特别是广大农民提供资金融通服务，这是邮政储蓄恢复开办以来首次推出的零售信贷业务。截至 2007 年 7 月 31 日，31 个省（自治区、直辖市）共有 347 个地市、2 193 个市县、9 607 个网点办理小额质押贷款业务，其中，县及县以下网点 6 899 个，占全部网点总数的 71.81%（毛志鹏，2007）。但对湖北省试点情况的调查发现，小额质押贷款业务还存在贷款业务各项费用偏高、业务限制较多、管理制度不到位等问题（张静，2007）。

---

① 资料来源：中国邮政储蓄银行网站（www. psrb. com）。

② 银监会已批准国家邮政局邮政储汇局开办同业存款和国际开发机构人民币债券投资业务，这意味着邮政储蓄资金的运用渠道在进一步拓宽。

③ 小额质押贷款业务，是指邮政储蓄机构向借款人发放的、以未到期整存整取定期人民币储蓄存单为质押担保，且到期一次性收回本息的贷款业务。

表9　　　　　　　　邮政储蓄银行业务一览（截至 2008 年 6 月）

业务类型	业务构成
基础金融服务	储蓄、汇兑、绿卡、ATM
个人结算业务	国内及国际汇兑、绿卡异地交易、储蓄异地
理财业务	人民币及外币理财、代销基金、代售国债、代理保险
小额信贷	小额质押贷款、小额贷款业务、个人商务贷款
外汇业务	欧元退税业务、结售汇业务
对公业务	对公结算、对公存款、企业网上银行（即将开展）
协议存款	同业拆借、协议存款、同业存款
其他业务	银团贷款、信用卡

资料来源：中国邮政储蓄银行网站（www. psbc. com）。

2008 年以来，邮政储蓄银行先后在深圳推出商户小额贷款业务、在北京推出针对个体工商户及小企业主的"好借好还"个人商务贷款业务。截至 2009 年末，邮储银行除了可以经营商业银行的各项业务，还获准开展新农村建设专项融资业务。

总之，邮政储蓄银行已经形成了以本外币储蓄存款为主体的负债业务，以国内国际汇兑、转账业务、银行卡、代理保险及证券、代收代付等多种形式的中间业务，以及银行间债券市场业务、大额协议存款、银团贷款和小额信贷为主渠道的资产业务（如表9所示）。

三、邮政储蓄的经营管理及其与农信社的竞争

（一）业务经验

尽管邮政储蓄在过去的 20 余年里吸收存款的量在农村金融体系中名列前茅，但缺乏经营金融业务的经验是其明显的劣势。事实上，尽管 1995 年就建立了全国邮政计算机网络，到 2000 年 11 月底，全国 31 个省（自治区、直辖市）的 1 294 个县、市实现联网，但是，由于邮政储蓄从事其他金融业务的时间不长，过去长期只从事存款和汇兑业务，在其他金融业务方面缺乏经验和人才。对湖北省开展小额质押贷款业务情况的调查也证实邮政储蓄从事金融业务水平有限，缺少信贷经验，且多数人都在兼职（张静，2007）。但是，在组建邮政储蓄银行后，邮政储蓄将实行独立核算，这使得邮政储蓄银行可以集中资源和人才优势，大

力发展邮政金融服务，换言之，邮政储蓄银行具有较强的"后发优势"①。

（二）客户资源

从表面上看，虽然农村金融市场发展空间巨大，但邮政储蓄银行要开发农村市场，还需要做长期的工作。这是因为，在县一级企业需要贷款的客户当中，按现在国有商业银行的贷款要求，可以发放贷款的企业少之又少。正是在这种金融资源缺少的环境下，商业银行不敢轻易放贷，纷纷撤离农村市场，当然，从另一角度看，这也为邮政储蓄和农信社的发展腾出了空间、创造了机会。

但必须注意的是，邮政储蓄银行要全面进入农村金融市场，首先应对农民的流动性风险有全面的估计，并有必要的措施应对这种风险。以重庆农信社为例，在最近一次对丰都5 000多户农民的调查中，其中有三四成的农民举家出去打工，最坏的情况是借了农信社的贷款几年不还。因此，"邮政储蓄在这样的情况下进军农村市场，没有如农信社一样丰富的农村信贷经验和详实的客户资料，仅凭一时冲动去盲目占领市场，将会面临很大的问题。"

（三）风险监管

为防范金融风险，2005年，银监会向邮政储汇局派出检查组1 284次，检查机构12 425个，仅次于农信社、农村商业银行和国有商业银行。2006年4月，中国银监会监管四部挂牌成立，其中的一项重要职责就是对邮政储蓄机构实施监管和风险防范，积极推动邮政储蓄银行组建，督促邮政储蓄加大资金返回农村的力度。2006年6月，国家开发银行与邮政储汇局签订了《全面合作协议》，国家开发银行将利用现有的审贷系统帮助邮政储蓄银行控制贷款风险。2006年12月31日，银监会在批准邮政储蓄银行开业的公告中指出，邮政储蓄银行将与其他银行一样，在机构、业务和高管人员等方面依法纳入银行监管体系，并实行以资本充足率为核心的审慎监管，最终目标是将邮政储蓄银行建成一个资本充足、内控严密、营运安全、竞争力强的现代银行。然而，邮政储蓄银行目前的资本金仅200亿元，与其他银行和农信社的差距非常大，严

---

① 事实正是如此，邮政储蓄银行组建以来，大规模招聘有经验的金融从业者，并会同中国银行业协会进行员工培训，以提高银行员工的专业素质。

重制约了其抗风险能力。

此外，从风险监管的角度来看，邮政储蓄必须改革过去的吸收存款方式。据报道，长期以来，邮政储蓄在一些乡一级的邮政代办点中有很大一部分是"夫妻店"。其经营方式是：邮局把这些代办点辖区内的吸收存款业务交给私人处理，并给予现金奖励。这种做法违反了金融法规，还造成了对农村存款的不正当竞争。此外，"夫妻店"式的网点潜伏着巨大的金融风险：由于对"夫妻店"的监管缺乏财务、核算制度，一般账目无从查起，而金融案件的发生往往有较长的滞后期，这样造成的损失将会很大。尽管目前邮政储蓄的"夫妻店"具有零成本、不做账的优势，但应当看到，随着邮政储蓄银行的组建，对其金融监管也会逐渐规范。

显然，邮政储蓄银行正式进入农村金融市场以后，必然受到更严格的监管，而进入农村市场就必须彻底改变"夫妻店"网点的做法。然而，重建立网点和获得信誉将耗费时间和成本。在目前农村复杂的金融市场环境中，虽然邮政储蓄网点众多、资金雄厚，但由于没有在农村放贷的经验和成熟的经营机制，加之初期面临市场和管理的巨大的困难，因此，我们认为，短期内农信社并不会因为邮政储蓄的发展而受到较大影响。

四、邮政储蓄的政策优势及其与农信社的竞争

（一）品牌优势

事实上，邮政储蓄始终具备农信社所不具备的品牌集团优势。邮政储蓄借助"中国邮政"的品牌效应和集团化的系统支持，形成了自身的品牌集团优势。一方面，由于历史沿革，邮政储蓄借用了"国家信用"，使广大客户形成了"邮政储蓄是国家行政部门或事业单位，而不是企业的错觉"；另一方面，邮政储蓄已形成了全国一体化的机构体系，使其具备系统资源整合与集团化经营的优势，并且，按照确定的改革方案来看，组建后的邮政储蓄银行将延续这种优势。而农信社局限于社区性地方金融机构的定位，在广大客户特别是中高端客户中，品牌形象不佳。并且，农信社管理体制长期未能理顺，即使在深化农信社改革后，仍然是以省为单位"各自为政"，品牌缺乏整体感和号召力。

（二）历史包袱

长期以来，邮政储蓄的资金一直都存放在人民银行，没有进行放贷业务，所以多年来没有一分钱的坏账，无任何历史包袱。而在这方面，农信社天生不具有优势，农信社有 50 多年的经营历史，历史包袱较为沉重：从"农业学大寨"到"农田基建""大办沼气""大办乡镇企业"，其间产生的不良贷款大部分没有得到解决。农信社资产质量偏差，经营包袱沉重，还额外承担了保值储蓄贴补、政策性农业贷款、乡镇企业贷款、行政指令贷款损失以及收购合作基金会、城市信用社带来的沉重负担，虽然按报表数而不是真正的清产核资数进行了 50% 的资不抵债额专项票据置换，但总体负担仍然较重。

（三）政策倾斜

一些农信社从业者认为，国家为扶持邮政储蓄银行的发展，可能会采取一定的扶持措施。例如，可能在存款准备金率、存贷利率、经营范围、业务品种、税收政策、监管要求等方面给予邮政储蓄银行比农信社扶持政策更加优惠的倾斜政策，若真如此，无疑会进一步加剧邮政储蓄银行与农信社竞争力不对等的状态。事实上，邮政储蓄银行拥有 1.7 万亿元的巨额资本并不是最重要的竞争砝码，因为对农信社目前的发展来说，资金同样不是困难，农信社最担心的是邮政储蓄在进入农村金融市场时国家给予政策上的特殊扶持。试想，如果新成立一个邮政储蓄银行来发放农业贷款，各方面的政策还都比农信社优惠，加上邮储在资金上占有绝对的优势，这势必导致农信社的发展处在极为不利的位置。不过，从过去的一年发展来看，政府并没有可以给予邮政储蓄银行政策优惠。

五、邮政储蓄银行与农村信用社：竞争中的合作

由上文的分析可以看出，邮政储蓄银行的成立，将会与农信社在多个业务领域争客户、争市场，展开富有积极意义的竞争。其实，农信社与邮政储蓄间的竞争早就在广大的农村中展开，不过，它们以往争夺的主要是存款和汇兑业务，随着邮政储蓄银行的组建，今后二者在农村金融市场的竞争将进一步延伸到各类贷款业务[①]，竞争将更加全面和激烈。

---

① 赵俊臣（2007）认为，邮政储蓄银行与农信社在如下领域存在竞争：各类小额贷款业务、向农村"输血"的金融活动、与扶贫办的合作业务、参股村镇银行等新型农村金融机构。

值得关注的是，邮政储蓄银行的建立引发与农信社间的激烈竞争只是问题的一个方面。另外，应当谋求邮政储蓄银行和农信社在农村金融市场合作的可能。其实，我国政府决心组建邮政储蓄银行的一个理由就在于，通过适当的制度设计，邮政储蓄存款就能较多的留在地方，邮政储蓄银行可以通过与农信社开展业务合作，为农村经济发展作出贡献。例如，邮政储蓄银行在农村放贷过程中可以考虑与农信社展开合作，双方可以取长补短，实现双赢。因为它们有良好的合作基础：例如，农信社有对农户的评级体系，有熟悉农户的信贷人员，而邮政储蓄银行缺少信贷人员，对农户没有建立资信评定档案等，但却有庞大的农村基层网络和巨大的存款资金余额。①

就目前来看，农信社与邮政储蓄可能开展的合作是：邮政储蓄可以委托农信社向"三农"发放贷款；农信社可以依托邮政储蓄银行完备的清算体系进行结算等。未来，邮政储蓄银行在总结国有商业银行大量不良贷款教训的基础上，可以通过利用与邮政储蓄在客户信息方面实现共享，以期在争取客户以及管理信贷风险、业务营销等方面提高资金运用的质量。②

六、主要结论及政策含义

本文分析了邮政储蓄在基础设施、金融业务、经营管理和政策优势等方面的情况，从这些方面初步比较了它与农村信用合作社展开竞争的实力，主要结论是：

一方面，邮政储蓄银行在机构网络和存款来源上拥有明显的优势，同时还具备没有历史包袱、可能获得政策倾斜的优势，但在资产运用尤其是贷款业务方面、金融人才储备和培养方面、经营贷款业务和进行风险管理方面显然不如农信社成熟，因此，在短期内邮政储蓄银行难以与农信社展开有效的竞争，但在长期二者必然成为农村金融市场上最主要的竞争对手，引发全方位的激烈竞争。

另一方面，我们还应当看到，邮政储蓄银行与农信社在服务"三农"、开展金融业务的过程中仍然存在大量的合作领域。研究两个主要的农村金

---

① 资料来源：贺江兵. 邮储行 PK 农信社［N］. 财经时报，2006 – 03 – 13.
② 银监会在批准邮政储蓄银行开业的公告中亦指出，邮政储蓄银行将通过加强与政策性银行和农村合作金融机构全面开展业务合作，提高农村金融服务的覆盖面和满足度。

融机构合作的空间，并通过适当的制度安排确保合作有序的展开，对农村金融市场的发展具有积极的意义。

从政策层面上看，上述结论对我国农村金融市场改革具有重要的政策含义：

首先，应当持续推进农村金融机构的多元化。长期以来，学者们呼吁应构建一个机构多元化的农村金融体系（何广文，2004），邮储银行的建立和村镇银行等新型农村金融机构的准入，可以视为农村金融市场机构多元化的实质推进，对我国农村金融市场引入竞争机制具有重要意义。本文以邮储银行和农信社的比较分析证实，农村金融市场初步形成了富有积极意义的竞争格局，有利于缓解农村金融供给不足、竞争不充分等难题。因此，政府应当继续推进农村金融机构多元化，进一步放宽农村金融市场的金融机构准入条件，逐步放开"民间金融"，鼓励更多的资本以各种灵活的形式进入农村金融市场，提高竞争水平。

其次，进一步深化农村金融机构改革。本文的分析发现，邮储银行存在金融人才匮乏、业务经验不足、风险控制能力差等弱点，农信社存在历史包袱沉重、产权不明晰等不足，这些问题都将制约各自未来的发展，从而影响农村金融市场竞争机制的有效发挥。因此，要在农村金融市场引入有效的竞争机制，仅有机构多元化是不够的，还需要进一步推进农村金融机构改革（例如，完善农村金融机构的公司治理结构，提高风险控制能力等），让进入农村金融市场的金融机构成为真正的"鲶鱼"，切实改善农村金融市场的竞争状况。

最后，积极推动农村金融机构竞争中的合作。我们发现，邮政储蓄银行与农信社之间不仅存在广泛竞争的领域，还存在着巨大的合作空间，发掘这种合作的潜力进而推动竞争中的合作，将有利于农村金融市场的长远发展。因此，在提高农村金融市场竞争水平的同时，政策制定者还应当积极推动各类农村金融机构开展合作，共同改善农村地区金融服务的质量。

总之，对政策制定者而言，未来农村金融市场的竞争与合作，都需要制定相应的政策措施加以引导和规范，以确保这种竞争与合作走上正常的轨道，这无疑将是农村金融领域一个值得继续研究的课题。

参考文献

[1] 程志云等 . 邮政储蓄银行遭遇盈利难题 [N] . 经济观察报，

2006 - 03 - 13.

　　[2] 何广文. 中国农村金融转型与金融机构多元化 [J]. 中国农村观察, 2004 (2): 12 - 20.

　　[3] 何广文等. 中国农村金融发展与制度变迁 [M]. 北京: 中国财政经济出版社, 2005.

　　[4] 贺江兵. 邮储行 PK 农信社 [N]. 财经时报, 2006 - 03 - 13.

　　[5] 李晓美等. 邮政储蓄改革对农村信用社意味着什么? [N]. 金融时报, 2005 - 04 - 07.

　　[6] 刘民权等. 中国农村金融市场研究 [M]. 北京: 中国人民大学出版社, 2006.

　　[7] 毛志鹏. 邮储银行小额质押贷款业务开局良好 [N]. 经济日报, 2007 - 11 - 28.

　　[8] 王正耀, 彭琦等. 邮政储蓄改革的变迁与邮政储蓄银行设立的再思考 [J]. 金融理论与实践, 2006 (4): 13 - 16.

　　[9] 谢太峰. 邮储银行: 谁是目标客户? [N]. 人民日报 (海外版), 2006 - 10 - 18.

　　[10] 徐海慧. 邮政储蓄银行: 期待成金融生力军 [N]. 国际金融报, 2006 - 10 - 31.

　　[11] 张杰. 中国农村金融制度调整的绩效: 金融需求视角 [M]. 北京: 中国人民大学出版社, 2007.

　　[12] 张静. 邮政储蓄小额质押贷款情况调查 [J]. 中国金融, 2007 (1): 55 - 57.

　　[13] 张正平, 何广文. 改革后邮政储蓄的资金流向何方 [J]. 调研世界, 2005 (10): 38 - 40.

　　[14] 张正平. 邮政储蓄抽走了农村资金吗? [N]. 经济学消息报, 2005 - 07 - 06.

　　[15] 赵俊臣. 推动邮储银行与农信社在乡村展开有益竞争 [EB/OL]. http://www.tecn.cn.

　　[16] 中国人民银行: 中国金融统计年鉴 (2000—2006) [M]. 北京: 中国金融出版社.

论文 2　外资参与中国农村金融市场的历程、影响及展望（1990—2011 年）[①]

摘要：外资在中国农村金融市场的发展过程中发挥着重要的作用，尤其是中国加入世界贸易组织（WTO）以来，外资参与中国农村金融市场的力度进一步加大。本文系统分析了外资参与中国农村金融市场的历程，深入剖析了外资进入对中国农村金融市场的影响，并对外资深度参与中国农村金融市场、实现双赢发展提出相应的政策建议。

关键词：外资　农村金融市场　影响　展望

随着中国对外开放和农村经济改革的持续推进，外资参与中国金融市场的深度不断加强，自 20 世纪 90 年代以来，外资开始进入中国农村金融市场，伴随着中国农村金融改革的不断深化，外资参与中国农村金融市场的力度持续增强，遗憾的是，对外资参与中国农村金融市场相关问题的研究并不多见。为此，本文分析了外资参与中国农村金融市场的历程及其特征，进而探讨外资进入中国农村金融市场带来的深远影响，最后为中外双方在中国农村金融市场实现合作、共赢的发展提出了政策建议。

一、外资参与中国农村金融市场的历程

众所周知，外资在中国金融市场发展过程中发挥着重要的作用，但在农村金融市场上外资的发展却相对缓慢，根据外资参与中国农村金融市场的不同模式，大致可划分为三个阶段。

（一）2000 年以前：外资参与形式以公益性扶贫为主

2000 年以前，在中国农村金融市场上的外资多为国际组织，尤其以公益性国际组织（NGO）居多，往往通过与中国扶贫基金会合作向贫困地区提供小额信贷（如表 1 所示）。

[①]　本文发表于《农村金融研究》2012 年第 3 期，录入本书时稍作修改。

表1   1990—2000 年外资进入中国农村金融市场概况

年份	外资机构名称	小额信贷资金总量	涉及县城数（个）	平均每县小额信贷量（万元）
1992	香港乐施会	641 万元	1	641
1995	澳大利亚国际开发署	70 万元	1	210
	美国乡村银行会	140 万元		
1995	联合国开发计划署	821 万美元	48	137
1996	澳大利亚开发署	205 万美元	4	411
1996	爱德基金会	122 万元	1	122
1996	联合国儿童基金会	650 万美元	25	208
1999	联合国人口基金组织	225 万美元	15	120

资料来源：程恩江、徐忠．中国小额信贷发展报告［EB/OL］．［2006 - 10 - 31］．http：//www. caijing. com. cn/2006 - 10 - 31/100012830. html.

总体上看，这一阶段国际组织参与中国农村金融市场有两个显著特征。

1. 资金规模较小

小额信贷是国际组织参与中国农村金融的主要形式，无抵押无担保的小额信贷对项目实施地区的经济发展有积极作用。表 1 的统计表明，1992—1999 年，国际组织每年提供的信贷资金总量并无明显增加趋势，平均每个小额信贷项目实施县的资金规模在 200 万元人民币左右。显然，与中国农村的资金需求相比，这些小额信贷项目资金规模还比较小。

2. 覆盖范围较窄

在中国的 2 860 多个县中，国际组织的扶贫项目所涉及的县城数量十分有限，多数扶贫项目仅在一个县域内实施，其中，联合国开发计划署提供的扶贫项目最多，也仅涉及中国的 48 个县，这表明，此阶段外资对中国农村市场的覆盖面还是相当窄的。此外，国际组织的小额信贷项目多选择在四川、青海等经济落后地区，分布不均匀。

总之，这一阶段外资参与中国农村金融市场的层次较低，这是由三个方面的原因导致的：首先，中国对外开放尚处于较低的层次，中国金融市场（包括农村金融市场）还没有向外资开放，外资进入难度较大；其次，国际组织实施的小额信贷项目多为一次性项目，难以大规模开展活动，而且，这些国际组织有自己的服务宗旨①，参与农村金融活动仅为其发展目标之一；

① 例如，联合国儿童基金会的宗旨是促进儿童的成长教育，国际鹤类基金会是为保护世界鹤资源等。

最后，中国农村经济发展水平低下，对商业性外资的吸引力有限。

（二）2000—2006 年：外资参与形式以公益性扶贫为主、商业性经营为辅

2000 年以后，尤其是 2001 年 12 月中国正式加入 WTO 后，一些外资企业开始涉足中国农村金融市场，外资参与中国农村金融市场的形式、性质、覆盖区域均有所改变（如表 2 所示）。

1. 参与形式由主要提供技术转向综合提供资金、技术和培训

为中国提供扶贫捐助的多为公益性国际组织（如福特基金会），它们在早期多通过提供技术支持帮助中国减贫，但 2005—2006 年进入中国农村的拜耳公司、康宁公司等则注重综合提供资金、技术和培训服务。值得注意的是，外资农业保险公司经过长期蛰伏，2004 年正式进入中国农村保险市场。

2. 参与机构的数量及其覆盖面明显扩大

2000 年以来，涉足中国农村金融市场的外资机构数量有明显增加，除了早期的公益性国际组织外，一些商业性企业（如拜耳公司）也参与到中国农村扶贫事业中来。尽管总体上国际组织提供的资金规模呈现下降趋势，但与 2000 年以前外资的金融活动集中于偏远地区相比，这一阶段的外资开始覆盖中东部的部分地区，如山西、福建等（如表 2 所示），外资覆盖面有逐渐扩大的趋势。

这一阶段外资的零星商业性经营活动意在为后续外资进入中国农村市场探路，因为 2001 年中国正式加入 WTO 后还有 5 年的过渡期，过渡期内中国政府对外资参与中国金融市场乃至农村金融市场仍有较多的管制。

表 2　　　　　　　　2000—2006 年外资参与中国农村金融市场概况　单位：万美元

年份	外资机构名称	活动形式	资金量	活动地域
2001	联合国儿童基金会	贷款资本金	148	云南玉龙县
	香港嘉道理基金会	资金支持、扶贫	250	山西左权
2003	拜耳公司	资金支持、辅助培训	—	左权、福安、霞浦
	国际鹤类基金会	贷款资本金、技术支持	—	贵州威宁县草海
2004	法国安盟保险公司	注入资金，设立分公司	—	四川成都
2005	孟加拉乡村银行基金会	贷款资本金、技术支持	10	辽宁康平、贵州兴仁
	联合国开发计划署	贷款资本金、技术支持	5 000	兴仁、仪陇、赤峰等
	康宁公司	资金支持、辅助培训	4.8	霞浦、盐田

续表

年份	外资机构名称	活动形式	资金量	活动地域
2006	欧盟	资金支持	25	海南昌江县
	香港嘉道理基金会	资金支持	1 000	湖北怀安、湖南双牌
	康宁公司	修路	3.6	福建霞浦
	拜耳公司	技术培训	—	贵州六枝

资料来源：程恩江、徐忠（2006），中国扶贫基金会网站。

（三）2006 年以来：外资参与形式以商业性经营为主

2006 年 12 月，在中国银行业完成加入 WTO 的 5 年过渡期全面开放的同时，中国银监会发布了《关于调整放宽农村地区银行业金融机构准入政策的若干意见》，按照"低门槛、严监管"的原则，鼓励各类社会资本（包括境内外金融资本、产业资本和民间资本）进入农村金融市场，这为外资进入中国农村金融市场提供了明确的政策支持。在此背景下，以外资银行为主体的商业资本开始大规模进入中国农村市场，主要采取独资和参股两种模式。

1. 独资模式

表 3 统计了 2006 年以来外资独资模式进入中国农村金融市场的情况。外资银行在进入中国农村金融市场时多采用独资模式，有设立村镇银行和小额贷款公司两种形式。以汇丰为例，截至 2011 年 7 月，已在中国设立了 17 家村镇银行和 1 家小额贷款公司，其网点覆盖中国西部、中部、华东、华北和东北地区。与汇丰银行倾向于选择业务较综合的村镇银行模式不同，美信、富登信实、花旗等外资金融机构倾向于选择小额贷款公司模式。

表3　　　　　外资以独资模式进入中国农村金融市场概况

类别	外资	设立时间	新型农村金融机构
村镇银行	汇丰银行	2007 – 12	湖北随州曾都村镇银行
		2008 – 01	福建永安村镇银行
		2008 – 09	重庆大足村镇银行
		2009 – 02	北京密云村镇银行
		2009 – 03	广东恩平村镇银行
		2009 – 12	重庆丰都村镇银行
		2009 – 12	大连普兰店村镇银行
		2010 – 11	重庆荣昌村镇银行
		2010 – 09 – 06	湖北天门村镇银行
		2010 – 12 – 22	湖南平江村镇银行
		2011 – 07 – 01	山东荣成村镇银行

续表

类别	外资	设立时间	新型农村金融机构
村镇银行	渣打银行	2009 – 02	内蒙古和林格尔村镇银行
	澳新银行	2009 – 09	梁平澳新村镇银行
	东亚银行	2010 – 11	陕西富平东亚村镇银行
小额贷款公司	美信	2007 – 01	四川南充美信小额贷款公司
	渣打银行	2007 – 12	新疆阿克苏地区小额贷款公司
	花旗银行	2008 – 12	湖北荆州公安小额贷款公司
		2009 – 03 – 18	湖北咸宁赤壁小额贷款公司
		2009 – 01 – 13	大连瓦房店小额贷款公司
	富登信实①	2009 – 01 ~ 2010 – 08	四川 9 家小额贷款公司：荷花池；双流、龙泉、郫县、新都；邛崃、彭州、新津、温江
	汇丰银行	2010 – 03	湖南娄星区小额贷款公司
	亚洲联合财务公司②	2009 – 03	江苏宿迁市宿豫区国际机遇农村小额贷款有限公司
		2010 – 05	沈阳金融商贸开发区亚联财小额贷款有限公司
		2010 – 07	天津亚联财小额贷款有限公司
		2010 – 11	成都亚联财小额贷款有限公司
		2011 – 03	云南省亚联财小额贷款有限公司
		2011 – 03	大连保税区亚联财小额贷款有限公司
	新加坡淡马锡集团	2011 – 04 – 26	重庆富登小额贷款有限公司
		2011 – 04 – 27	湖北富登小额贷款有限公司
	日本邦民株式会社	2011 – 05 – 10	沈阳普罗米斯小额贷款有限公司

资料来源：根据谭荔（2009）、任燕（2010）和中国金融网相关信息整理。

　　值得关注的是，外资进入中国农村金融市场往往有明确的规划。例如，汇丰银行 2006 年 3 月资助清华大学 1 000 万元进行为期三年的中国农村金融研究项目以了解中国农村金融市场现状，最后选择在盛产蘑菇并远

---

　　①　富登信实由新加坡淡马锡控股旗下的富登金融控股出资成立，2008 年在我国注册登记。
　　②　亚洲联合财务有限公司成立于 1991 年，在香港信贷市场处于领导地位，具有专业的小额贷款管理技术。

销海外的湖北随州设立首家村镇银行网点；渣打银行则选择新疆这个国内重要的棉花生产基地作为其小额贷款公司的落脚地。

2. 参股模式

许多外资金融机构选择参股模式进入中国农村金融市场（如表4所示）。参股模式的优势在于：可以借助本土金融机构的网点优势，在短时间内获得客户资源，迅速进入市场。外资通过参股模式进入中国农村金融市场有三个特点。

表4　　　　　外资以参股模式进入中国农村金融市场概况　　　　单位:%

时间	中资农村金融机构	外资金融机构	外资持股比例
2006 - 01 - 19	杭州合作银行	荷兰合作银行	10
		国际金融公司	5
2007 - 09 - 27	上海农商银行	澳新银行	20
2007 - 11	天津滨海农商行	国际金融公司	10
2009 - 08	四川仁寿民富村镇银行	国际金融公司	19.90
2010 - 07 - 16	中国农业银行	CRMC[1]	12.79
		摩根士丹利	16.31
2010 - 08	哈尔滨巴彦融兴村镇银行	国际金融公司	10
2011 - 02 - 18	湖北蕲春中银富登村镇银行	淡马锡公司	10

资料来源：中国金融网及各银行网站。

（1）外资持股比例接近政策上限。为了争取最大的利益，外资银行在参股农村金融机构的过程中，其持股比例往往接近中国银监会设定的20%的政策上限[2]。例如，荷兰合作银行和国际金融公司（IFC）共同持有杭州合作银行15%的股份，澳新银行持有上海农村商业银行19.9%的股份，CRMC和摩根士丹利持有中国农业银行29.1%的股份。

（2）外资参股多种类型的农村金融机构。从表4来看，外资参股了多种类型的中国农村金融机构，这体现了外资不同的利益诉求：参股新型农村金融机构门槛较低，更容易获得中国政府的政策支持；参股农信社可以

---

① CRMC（Capital Research and Management Company）隶属于美国资本集团（The Capital Group）。

② 《境外金融机构投资入股中资金融机构管理办法》（2003年）规定，单个境外金融机构向中资金融机构投资入股比例不得超过20%；多个境外金融机构对非上市中资金融机构投资入股比例合计达到或超过25%的，对该非上市金融机构按照外资金融机构实施监督管理。

有效地利用其网点优势，迅速进入农村市场；参股中国农业银行这种大型银行，不仅可以获得股份溢价的收益，还能较快占领市场。

（3）外资与中资机构有多种合作方式。例如，渣打银行与溢达集团结成战略合作伙伴关系，为新疆阿克苏地区的农户提供小额农贷，合作内容包括设计贷款结构、建立信用评估体系等多个方面；中国银行与淡马锡控股以对等合资控股公司形式开设村镇银行；渣打银行与中国农业银行在多个业务领域确定了合作目标，双方将合作开发相关业务领域产品；西班牙桑坦德银行、澳洲联邦银行将分别与中国建设银行、杭州银行合资组建村镇银行。

综上可知，经过 20 多年的发展，外资参与中国农村金融市场的形式、内容、规模、方式均有了显著变化，在参与深度和广度上均有所提升。参与形式已经由早期开发性国际组织的扶贫捐助逐渐转变为外资银行的商业投资；参与内容由早期单一的资金支持转向多样化的资金、技术和培训服务；参与规模和覆盖面持续扩大，合作方式也日益多样化。

二、外资进入对中国农村金融市场的影响

（一）外资进入的积极影响

1. 带来了先进的管理经验和技术

外资金融机构往往拥有丰富的金融产品开发经验，建立了科学、规范的信贷管理体制和风险控制制度，中资农村金融机构在管理模式、信贷技术、风控能力等方面与其有较大差距。国际金融公司、汇丰银行、花旗集团等外资金融机构纷纷进入中国农村金融市场，由此也带来了先进的管理经验和技术。例如，2007 年，法国沛丰（PlaNet Finance）与哈尔滨银行开展合作，向其提供包括小额信贷政策咨询、人员培训、信贷技术支持等多个方面的援助；2008 年 6 月，德国技术合作公司（GTZ）与平遥日升隆小额贷款公司建立合作伙伴关系，GTZ 向日升隆投资 15 万欧元，同时在贷款管理、风险控制等方面提供技术支持。

2. 拓展了农户融资渠道

一方面，外资进入中国农村金融市场，通过独资或参股形式设立农村金融机构，直接拓展了农户的融资渠道。例如，渣打银行于 2007 年 12 月在新疆乌鲁木齐与溢达棉业投资有限公司、阿克苏溢达农业发展有限公司

联合开展小额农贷试点项目，开创了仅基于农户信誉、不需要抵（质）押和担保进行放贷的先河；汇丰银行于 2008 年 9 月设立了重庆大足汇丰村镇银行，推出了"企业＋农户"价值链融资模式，包括信用、抵（质）押和保证贷款等不同贷款类型。另一方面，外资进入中国农村金融市场后，在其竞争压力下，中资农村金融机构积极开发新型信贷产品、加大信贷投放力度，进一步扩大了农户融资渠道，缓解农户融资难题。

3. 有助于中国农村金融改革的深化

外资进入中国农村金融市场不仅加快了中国农村金融改革的步伐，还有助于推动农村金融改革的深化。一方面，外资进入有助于提高中国农村金融的整体素质和竞争能力。如前所述，外资参与中国农村金融市场的形式由 NGO 的扶贫捐助逐渐转变为外资银行的商业投资，参与内容从早期的单一提供资金转向综合提供资金、技术和培训，外资农村金融业务范围逐步扩大，给中资农村金融机构带来巨大的竞争压力，迫使其不断改善经营管理、提高服务质量，从而推动中国农村金融改革的进程。另一方面，世界银行、亚洲开发银行等国际组织还直接为中国农村金融改革提供政策咨询，外资银行则以战略投资者、参股和独资等形式直接影响中资农村金融机构的经营和发展，推动在体制、机制、技术、理念等方面的革新。

（二）外资进入的消极影响

1. 抢占了中国农村金融市场份额

外资银行积极进入中国农村金融市场的一个直接后果是，农村金融市场份额被抢占。以花旗、汇丰为代表的外资银行不仅在中国农村设立了多家村镇银行和小额贷款公司，并积极入股中资农村金融机构。在中国县域农村市场上，外资大规模进入前，农村信用社几乎垄断了所有的金融业务，外资农村金融机构进入后往往重点关注县域农村金融市场，利用其在品牌、资金、技术、管理等方面的优势与农村信用社争夺市场和优质客户，甚至导致农信社优秀人才的流失。以曾都汇丰村镇银行为例，其 2009 年上半年贷款量较 2008 年下半年增长了约 1 倍，从业人员较开业之初增加了 2 倍（杨斯媛，2009）。

2. 抑制了部分农村金融机构的发展

外资进入中国农村金融市场也会抑制部分中资农村金融机构的发展。

在利用外资方面，中国在 20 世纪 80 年代推行"以市场换技术"战略①的教训值得反思，外资大规模进入中国农村金融市场，中资农村金融机构不一定能获得外资银行核心的管理经验和技术，部分农村金融机构的发展还可能受到抑制。例如，渣打银行在新疆与溢达农业发展有限公司合作发放小额信贷的同时，还向当地农户传授科技知识，之后便有贷款农户转投渣打寻求金融服务，直接危及当地农信社的业务发展。因此，在引进外资过程中不应盲目地、过多地给予外资优惠政策，以免不但不能获取先进的技术和管理经验反而压制本国银行的发展（黄静，2010）。

3. 加剧了农村金融市场的潜在风险

外资大规模进入中国农村市场带来的潜在金融风险也不容忽视，主要体现在两个方面：一方面，中外资农村金融机构在存款、客户、人才等领域的争夺日趋激烈，一些中资农村金融机构迫于竞争压力可能会从事风险更高的业务，增加农村金融市场的波动性；另一方面，外资的进入增强了中国农村金融市场与国际金融市场的联系，同时也增加了中资金融机构受到国际金融危机传染的风险性。正如朱淑珍等（2007）指出的，面对中国农村金融业缺资金、求发展的现状，引入外资的确是一条捷径，但从长期看，外资并不是救世主，只有通过不断总结国外农村金融改革成功的经验并为我所用，才是一条最根本的发展之路。

三、外资深度参与中国农村金融市场展望

展望未来，中外双方在中国农村金融市场上势必面临更加激烈的竞争，那么，二者如何实现优势互补、合作双赢呢？下文分别从中外双方的角度提出政策建议。

（一）中国应采取的对策

1. 进一步开放农村金融市场

2006 年末，银监会出台了农村金融新政，从机构种类、资本限制等方面调整放宽了农村地区银行机构的准入政策，"积极支持和引导境内外银行资本、产业资本和民间资本到农村地区投资、收购、新设以下各类银行

---

① "以市场换技术"战略的主要目标是通过开放国内市场引进外商直接投资，引导外资企业的技术转移，获取国外先进技术，并通过消化吸收，最终形成中国独立自主的研发能力并提高技术创新水平。

业金融机构"，这标志着中国开放农村金融市场进入了一个新的阶段。但是，从构建现代农村金融制度的需要来看，内资、外资等资本的有效参与十分必要，未来应进一步加大中国农村金融市场的开放力度。

（1）进一步扩大农村金融业务的范围。一方面，随着农村经济社会发展，"三农"的内涵和外延发生了深刻变化，农村金融需求日益呈现多层次、多元化趋势；另一方面，国际经验则表明，低收入群体不仅需要小额信贷服务，还需要小额储蓄、汇兑、结算、保险等微型金融服务。因此，有必要进一步扩大农村金融业务的范围，鼓励农村金融机构积极创新农村金融服务，在支持农业专业合作社发展，林权、土地经营权和农房等抵（质）押贷款等方面积极探索，更好地为"三农"提供金融服务。[①]

（2）进一步放宽农村金融市场的准入政策。在机构设立上，鼓励引导包括外资在内的各类资本设立更多的村镇银行、小额贷款公司等新型农村金融机构；在股权投资上，进一步放宽投资金融机构的资本地域限制，鼓励引进国内外战略投资者，大力支持异地股东投资农村中小金融机构，鼓励内外资银行并购重组农村金融机构[②]；在经营地域上，鼓励股份制商业银行和城市商业银行在县域设立分支机构，支持符合条件的农村中小金融机构跨区域设立县域分支机构和新型农村金融机构；在持股比例上，适当提高自然人和法人对县域金融机构的持股比例，逐步提高外资银行等金融机构并购重组高风险农村中小金融机构的持股比例。

2. 引导更多的中资机构进入农村市场

2000 年以来，在四大国有商业银行撤并县域金融机构网点的同时，外资却在积极谋求进入中国农村金融市场，二者形成了巨大的反差。未来中国农村金融市场若为外资所主导，形成"农村包围城市"之势（李卢霞等，2009），可能会危及中国金融安全。为此，应当引导更多的中资金融机构进入农村金融市场，通过"与狼共舞"实现发展壮大。具体建议包括：

---

① 2008 年，人民银行发布了《关于加快推进农村金融产品创新和服务方式创新的意见》，首先在中部六省、东北三省开展农村金融创新试点工作。2010 年 7 月，人民银行联合银监会、证监会、保监会发布《关于全面推进农村金融产品和服务方式创新的指导意见》，推动建立农村金融产品和服务方式创新的长效机制。

② 2010 年 8 月 6 日，银监会发布了《关于高风险农村信用社并购重组的指导意见》，旨在指导各地在地方政府扶持的同时，充分运用市场化手段，通过并购重组化解农村信用社风险，进一步提高农村金融体系的稳健性，提升"三农"和小企业金融服务水平。

（1）建立在农村地区增设金融机构（网点）的正向激励机制。为引导更多的中资金融机构在农村地区增设金融机构或营业网点，需要从以下两个方面着手建立正向的激励机制：一方面，通过适当的财税政策进行引导，对在农村地区新设的金融机构或营业网点给予适当的税收减免；另一方面，着力提升城市金融市场竞争水平，促进金融机构服务目标"下移"，从而改善农村金融市场竞争状况，形成城乡金融协调发展的格局（张正平等，2011）。

（2）加大金融机构服务"三农"的支持力度。农村金融业务存在风险大、交易成本高等问题，要引导更多中资金融机构进入农村金融市场，政府必须加大支持力度：一方面，强化金融政策支持，对服务"三农"的金融机构在存贷款利率、存款准备金率、再贷款、再贴现等方面给予更加优惠的政策，鼓励农村金融机构从事贴现、信托等创新型金融业务；另一方面，进一步强化财税政策支持，继续加大对涉农贷款、涉农机构的财税补贴或减免力度[①]。

最新的政策动向令人欣慰。2011 年 3 月 30 日，中国银监会发布了《关于进一步推进空白乡镇基础金融服务工作的通知》，提出要继续引导银行业金融机构到金融机构空白乡镇设立营业网点，力争 2011 年在全国实现对 500个机构空白乡镇的覆盖；与此同时，在继续落实好现有各项扶持政策的基础上，进一步协调出台农村金融机构在网点选址、费用补贴、税收减免、风险补偿等方面新的优惠政策，充分发挥政策的正向激励引导作用。

3. 完善外资参与中国农村金融市场的法规

2000 年以来，随着外资进入中国金融市场规模的不断扩大，中国先后出台了若干相关法规，其中一些与外资进入农村金融市场关系密切（如表5 所示）。但是，进一步完善外资进入农村金融市场的相关法规仍是十分必要的。一方面，这些法规主要是针对外资在我国城市金融市场行为的；另一方面，这些法规间也存在一些重叠和冲突，例如，外资村镇银行在农村开展经营活动时，在设立之初就需要获得经营人民币零售业务的资格，但

---

① 2009 年 4 月，财政部下发了《中央财政农村金融机构定向费用补贴资金管理暂行办法》；2010 年 5 月，财政部和国家税务总局联合发布了《关于农村金融有关税收政策的通知》。这两项财税支持政策对农村金融市场的发展产生了积极推动作用，但在扶持范围、扶持力度等方面还有待进一步完善。

《外资银行管理条例》第三十四条规定，"外资银行要全面经营人民币零售业务，必须在中国市场开业三年以上"。那么，外资村镇银行是否遵守《外资银行管理条例》的规定呢？因此，随着外资进入农村金融市场规模的扩大，迫切地需要制定一些针对外资在农村地区金融市场活动的专门法规，在加强监管的同时更有效地利用外资促进农村金融市场的发展。短期内，建议由中国人民银行牵头建立一个专门部门负责搜集、整理、处理相关法规间存在的矛盾和冲突；长期来看，应当起草并出台针对外资进入农村金融市场的专门法规。

表5 外资参与中国农村金融市场涉及的主要法规

年份	法规名称及颁布时间
2001	《外资银行管理条例（修订版）》（2001.12）
2002	《外资银行管理条例实施细则》（2002.1）；《外资金融机构驻华代表机构管理办法》（2002.7）
2003	《境外金融机构投资入股中资金融机构管理办法》（2003.1）
2006	《外资金融机构行政许可事项实施办法》（2006.1）；《外资银行管理条例》（2006.11）；《关于调整放宽农村地区银行业金融机构准入政策更好支持社会主义新农村建设的若干意见》（2006.12）
2007	《村镇银行管理暂行规定》（2007.1）；《贷款公司管理暂行规定》（2007.1）；《农村资金互助社管理暂行规定》（2007.1）
2008	《关于小额贷款公司试点的指导意见》（2008.5）
2010	《关于高风险农村信用社并购重组的指导意见》（2010.8）
2011	《关于调整村镇银行组建核准有关事项的通知》（2011.7）

资料来源：根据中国银监会网站信息整理。

（二）外资应采取的对策

外资深度参与中国农村金融市场符合中外双方的共同利益，因此，外资应抓住当前有利的政策时机进行长远布局，着力提升参与中国农村金融市场的深度和广度。

1. 抓住有利政策时机增加机构（网点）数量

2006年12月20日，银监会发布的农村金融改革"新政"从多个方面调整放宽了农村地区银行业的准入政策，中国农村金融市场开放进入了新阶段。2011年2月13日，国务院办公厅出台了《关于建立外国投资者并购境内企业安全审查制度的通知》，但上述审查制度对外资并购农村金融机构并无限制。总体上看，当前外资参与中国农村金融市场面临着十分有利的政策环境，外资应抓住有利的政策时机增加机构（网点）数量。例如，截至 2010 年底，中国已组建各类新型农村机构 509 家，其中开业 395 家（村镇银行 275 家、贷款公司 9 家、农村资金互助社 35 家），筹建 114 家（中国人民银行，2011），这与银监会提出的"到 2011 年将建立村镇银行 1 027 家、贷款公司 106 家、农村资金互助社 161 家"的发展目标有较大距离，这为外资进一步增加机构（网点）、优化布局提供了非常有利的政策时机。

2. 着力提升参与中国农村金融市场的深度与广度

（1）外资应积极拓展农村金融业务范围。外资往往拥有丰富的金融产品设计和推广经验，应当积极谋求扩大农村金融业务范围，例如，外资应在独资或参股的农村金融机构中结合当地农村金融需求特点积极推出各类新型农村金融产品（尤其是针对农户和农村中小企业的微型金融产品），申办汇兑、结算、信托等中间业务。此外，外资还可以通过积极参与各类农村金融发展研讨会、金融机构行业协会等形式加强与各级政府、农村金融机构、农业企业的联系，不断提升自身的影响力，谋求更大的业务发展空间。

（2）外资应积极推进与中资机构的合作。一方面，通过参股模式建立农村金融机构。对于外资来说，进入中国农村金融市场要解决的首要问题是建设营业机构（网点），而选择参股模式更加简便易行。这是因为，外资如果选择独资模式建立农村金融机构，将不得不独自面对审批缓慢、交通不便、员工难招募等诸多问题，而在参股模式下，外资可充分借助中资金融机构熟悉政策、了解市场等优势，降低进入市场的成本。另一方面，建立广泛的合作交流途径。在中国农村金融市场上，外资与中资机构间并非只有竞争关系，二者有很大的合作空间，例如，外资往往在产品开发、风险控制等方面拥有优势，外资可以通过参与行业协会、人力资源培训等方式建立广泛的合作交流途径。

总之，外资已经成为中国农村金融市场的重要参与力量，对中国农村金融市场的发展发挥了重要的作用，其积极影响和消极影响均不可忽视。展望未来，在一个可以期待的更加开放的中国农村金融市场上，中外双方应该秉持互信、互利、共赢的原则积极开展竞争，通过更加频繁、密切、多样化的合作实现共同发展。

参考文献

［1］程恩江，徐忠．中国小额信贷发展报告［EB/OL］．［2006 - 10 - 30］．http：//www.caijing.com.cn/2006 - 10 - 31/100012830.html.

［2］黄静．外资银行进入与转轨国家东道国银行效率——基于中东欧国家及 DEA 方法的研究［J］．世界经济研究，2010（1）：33 - 37.

［3］李卢霞，董理．解读外资银行的农村战略［J］．上海投资，2009（1）：13 - 15.

［4］任燕．从外资银行"入村"现象反思我省农村金融发展战略［J］．金融与经济，2010（1）：87 - 88.

［5］谭荔．浅析外资银行"试水"农村金融及中资银行应对策略［J］．生产力研究，2009（4）：114 - 115.

［6］杨斯媛．"洋银行"农村圈地外来和尚难念经［N］．第一财经日报，2009 - 07 - 31.

［7］张正平等．小额贷款公司"偏向"中小企业：争议与辨析［J］．经济研究参考，2011（20）：32 - 40.

［8］中国人民银行农村金融服务研究小组．中国农村金融服务报告 2010［M］．北京：中国金融出版社，2011.

［9］中国银监会．中国银行业对外开放报告［R］．http://www.cbrc.gov.cn.

［10］朱淑珍等．外资银行入驻我国农村金融市场缘由及思考［J］．经济纵横，2007（2）：12 - 14.

论文 3　农村金融机构的互联网化：
现状、问题、原因及对策[①]

摘要：近年来，互联网金融的快速发展与扩张给农村金融机构开展业务带来了前所未有的机遇和挑战。本文重点关注银行类农村金融机构，首先分析了农村金融机构发展互联网金融（传统业务的信息化和业务的互联

---

①　该文发表于《农村金融研究》2016 年第 7 期。

网化）的现状以及发展中存在的问题，然后阐述问题形成的原因，最后从实施互联网金融战略、完善风险控制机制等方面提出政策建议。

关键词：农村金融机构　互联网化　互联网金融

一、农村金融机构①互联网化的现状

（一）传统业务的信息化

1. 管理手段电子化

随着信息技术的不断革新和互联网技术的发展，中国农业银行、中国邮政储蓄银行、农商行、农信社等农村金融机构均已建立了功能全面、覆盖面广的金融业务网络系统，主要包括综合业务系统、征信查询系统、信贷管理系统等。而且，近年来，移动互联网在农村金融机构中也得到了广泛应用。例如，一些农商行、农信社的信贷员可以通过 iPad 等移动设备将客户信息直接传输至总行后台，青岛农商银行等基本实现了在田间地头通过电子设备提交贷款申请、发放贷款等业务的操作。

2. 业务经营电子化

农村金融机构通过互联网以及新技术的应用基本实现了业务经营的电子化，使得机构的运营效率大幅度提高。一方面，实现了机构联网经营。截至 2014 年末，中国农业银行在境内的分支机构已经达到 23 612 个，实现全部网点的联网和业务数据集中，在全国范围内布放 ATM 近 122.7 万部，累计发放借记卡 7.25 亿张；中国邮政储蓄银行拥有近 4 万个实现联网经营的营业网点，布放 ATM 近 6.6 万部；中国农业发展银行拥有县（市）级分支机构达 1 673 家；农信社、农商行在这方面也取得了巨大的进步，以青岛农商银行为例，2014 年全行共发行各类银行卡 318.59 万张，拥有营业网点 343 家，布放 ATM 近 700 台。②电子渠道与实体网络的互联互通、协同发展，形成了线下实体银行与虚拟银行齐头并进的新格局。

---

① 农村金融机构是指以面向农民和农业生产、经营、加工和流通等为主营业务的经营性组织以及提供信贷服务的金融机构。在我国，农村金融机构一般包括农村信用社、农村商业（合作）银行、中国农业银行、中国邮政储蓄银行以及村镇银行、农村资金互助社、贷款公司、小额贷款公司等。

② 资料来源于各银行 2014 年年报。

另一方面，电子银行业务快速发展。随着手机的普及以及互联网的发展，农村金融机构先后推出了手机银行、短信银行、微信银行等一系列创新产品。电子银行对缓解农村金融网点不足、填补金融服务空白具有重要意义。农村客户在网上银行或手机银行上能开展支付、转账、理财产品的购买等业务，便利程度大幅提高。随着电子银行业务功能的不断完善，未来的电子银行将成为全面整合资源和信息流的智能服务终端，为客户提供产品更加丰富、更加便捷的金融服务。例如，截至 2014 年末，中国农业银行电子银行客户总量达到 6.43 亿户，电子渠道交易笔数 556.92 亿笔，电子银行业务替代率达到 89.6%；中国邮政储蓄银行客户达到 1.15 亿户，交易笔数达到 40.7 亿笔，电子银行业务替代率达到 63.4%；上海农商银行电子银行客户达到 195.3 万户，交易笔数达到 1.39 亿笔，电子银行业务替代率达到 69%。[①]

（二）业务互联网化

2015 年 7 月 18 日，中国人民银行等十部委发布的《关于促进互联网金融健康发展的指导意见》指出，互联网金融是传统金融机构与互联网企业利用互联网技术和信息通信技术实现资金融通、支付、投资和信息中介服务的新型金融业务模式，不仅包括依托互联网信息技术的金融业态创新，也包括传统金融的互联网化，如互联网支付、P2P 借贷、众筹融资以及第三方金融服务等。面对互联网金融的冲击，农村金融机构积极创新业务，努力提升传统业务互联网化水平，改善金融服务的效率和质量。

1. 开通快捷支付功能

随着农村商品化程度和劳动力转移就业的增加，农民对支付、结算等基本金融服务的需求不断增强。农村金融机构为此推出了全新的便捷支付产品。用户可在网站通过选择相应银行的快捷支付方式，在确认预留信息、输入动态密码等操作后即可完成支付。此外，运用移动互联技术，开发模块化、应用场景广的 APP 应用程序加载到智能手机上，使客户同样可以通过手机完成交易支付。中国农业银行、中国邮政储蓄银行、北京农商银行、天津农商银行等多家农村金融机构与银联商务、拉卡拉、支付宝等

---

① 资料来源于各银行 2014 年年报。

第三方支付平台合作，积极布局农村电子渠道，有效促进自身在电子支付方面的发展。

2. 建立电子商务平台

根据《2015年度中国农村电子商务模式调查报告》，过去三年，农村居民对网购模式的接受度达到84.41%，人均网购消费金额为500~2000元。在这种背景下，农村金融机构积极构建自己的电子商务平台，不仅可以增加收入的多样性，还可以通过后续的金融服务增加客户对银行的黏性。表1统计了部分农村金融机构电子商务平台建立的情况，反映了近年来农村金融机构自设电商平台的发展。值得注意的是，一些规模较小的农商行受限于自身的人力、物力，往往选择通过与现有的电商平台合作建立网上商城，如巴彦淖尔河套农商行与巴团网合作、安徽省农村信用社与京东商城合作等。

表1 部分农村金融机构电子商务平台建设情况

机构	电商平台名称	上线年份
中国农业银行	e商管家	2014
中国邮政储蓄银行	邮乐网	2009
北京农商银行	网上商城	2011
上海农商银行	鑫e购	2013
青岛农商银行	鑫动青岛	2014
天津农商银行	优农乐选网上商城	2014
浙江省农村信用社	丰收购	2015
江西省农村信用社	网上商城	2015
江苏省农村信用社	贷记卡积分商城	2014
河北农村信用社	金螺丝商城	2014

资料来源：笔者整理。

3. 构建直销银行

直销银行是指几乎不设立实体业务网点，通过信件、电话、传真、互联网及互动电视等媒介工具，实现业务中心与终端客户直接进行业务往来的银行（韩刚，2010）。相比于"网上银行""电话银行""手机银行"等并没有脱离实体网络而独立存在的业务模式，直销银行具有独立的组织架构和人员配备，其业务拓展和营销不以实体网点和物理柜台为前提和基础，因此具有人员精、机构少、成本小等显著优势，能够为顾客提供比实体网点更优惠的利率和费用更低廉的金融产品及服务。2015 年以来，已经有多家农村金融机构拓展直销银行业务，通过结合自身的特点和优势，探索出三种符合其市场定位的经营发展模式：一是特色品牌模式，由银行机构自主开发经营，与集团的传统银行品牌有所区分，如江南农商银行、东莞农商银行的直销银行属于此类；二是"大平台＋小银行"模式，如即将上线的福建农信直销银行由省联社开发和设计，各家农信机构可根据各自需求和实际情况进行产品销售和开发，并通过全省平台进行直销银行产品销售和推广；三是"抱团取暖"模式，综合集中农村商业银行、农村信用社的特点和优势建设直销银行，走差异化之路，如上海农商银行引入江西省农信联社等数家农信机构搭建的直销银行平台（尚勤，2015）。

4. 建立 P2P 平台

利率市场化、金融脱媒、开放民营银行等因素改变了农村金融的环境，而互联网金融公司低成本的存款和高收益的资产导致了农商银行主流客户群体的流失，不少农村金融机构在存款增长和贷款投放上面临越来越大的压力。面对这样的情形，不少农商行转变思维推出了自己的 P2P 平台。农商行 P2P 平台的优势在于按照银行标准审核信息的真实性和有效性，能够有效降低投融资风险。表 2 整理了部分农村金融机构 P2P 平台的设立情况。

表 2　　　　　　　　　部分农村金融机构设立 P2P 平台的情况

机构	P2P 平台	基本情况
九台农商银行	网融 e	"网融 e"是九台农商银行网上贷款平台的服务品牌，包括"信融 e""乐融 e"和"商融 e"三种产品，分别针对个人信用贷款、个人消费质押贷款以及个人生产经营性贷款
潍坊农商银行	潍融 E 平台	"潍融 E 平台"主打普惠金融服务品牌，首期设立了"潍票通、潍惠农、潍创业、潍薪融"四大系列投资项目，投资端最低 1 000 元起投，期限 1 至 36 个月不等，适合于不同层次的理财群体；融资端主要满足借款额在 300 万元以下的"三农"、小微企业及工薪阶层的借款需求
颍淮农商银行	e 惠农商	"e 惠农商"是颍淮农村商业银行搭建的一个专业、安全、高效、透明的投融资平台，其投资项目预期年化收益率多为 6%～8%，较少数在 8%以上，另外投资项目的期限包括 90 天以下、90～180 天以及 180～360 天三类，以满足不同层次客户的需求

续表

机构	P2P平台	基本情况
襄垣农商银行	"金斗云"投融资平台	"金斗云"投融资平台由襄垣农商银行与中融金（北京）科技有限公司共同打造。截至2016年3月，平台已经完成23期投资项目的运营工作，项目金额从27万~1 000万元不等，项目的收益率均在7%左右
青岛农商银行	鑫动e贷	"鑫动e贷"由青岛农商银行和上海瞬为金融信息服务公司联合打造，可投项目的金额包括100万元以内、100万~500万元、500万~1 000万元以及1 000万元以上四类；借款人的还款方式也包含每月付息到期还本、每月等额本息还款、到期还本付息三种方式
长春农商银行	易融财富	"易融财富"平台为长春农商银行与中融金（北京）科技有限公司合作开发。自上线以来，平台已经完成4期投资项目的运营工作，项目金额多为100万元以下，项目期限均在两个月以内，预期的投资收益率达到11%
连云港东方农商银行	东方宜贷	"东方宜贷"是东方农商银行与聚钱袋合作的互联网金融项目平台，包括商易贷、薪易贷以及车易贷三种产品。截至2016年3月，平台已经完成200余个投资项目的运营，项目金额从几千元至几十万元不等
泗阳农村商业银行	E阳贷	"E阳贷"投融资平台是泗阳农村商业银行与中融金（北京）科技有限公司联手打造的互联网投融资平台，平台项目主要包括薪易贷、房易贷、商易贷三种，分别针对工薪阶层、物业主及私营业主三类客户

资料来源：笔者整理。

5. 开展互联网小贷业务

在互联网时代，网络技术为融资活动提供了可能，互联网小贷正是基于网络的互联互通和网络技术开展的一种小贷业务模式。2011年，阿里巴巴小额贷款公司的"淘宝订单贷款"经浙江省监管部门、工商局等单位组成的联席会议评估验收，并获准将网络贷款对象扩大至全国，从而获得了国内首张电子商务领域的小额贷款公司营业执照，互联网小贷从此产生。阿里小贷以阿里巴巴、淘宝、天猫平台内积累的海量交易数据为放贷依据，无须抵押和担保，贷款金额通常在100万元以内。所有贷款流程都在网上完成，基本不涉及线下审核，最短放贷时间仅需三分钟。此后，京汇小贷、大北农小贷以及拉卡拉小贷等一些互联网小贷公司陆续成立并开展业务，农业银行等银行类农村金融机构也开展了纯线上的自助信贷服务。

互联网小贷公司利用互联网技术建立信用审核模型，其线上审批效率高、成本低并且打破了地域限制，实现了跨区经营，相比于传统的小额贷款公司具有更大的优势。

二、农村金融机构互联网化存在的问题

（一）大同小异，同质化竞争严重

迄今为止，大多数农信社、农商行在农村市场上仍局限于传统业务，对互联网的利用多表现在"助农自助取款点""卡贷通""网银"等普通的形式上，业务形式大同小异。在传统存贷款业务上，农信社、农商行与各大商业银行已经形成了同质化竞争，而利率市场化和互联网金融产生了"马太效应"[1]，导致强者更强，甚至可能出现一批中小银行金融机构倒闭。[2] 以直销银行为例，农村领域面临的特殊金融环境和特殊客户群体，决定了农商行、农信社直销银行的建设实践和发展不同于国际和国内其他银行。而目前农村中小金融机构直销银行建设中"伪造"现象比较突出，很少有针对农村金融特定群体和客户的产品，使得直销银行的推广范围难以拓展（尚勤，2015）。

（二）认识不足，缺乏长远规划

虽然农村金融机构越来越重视发展互联网金融业务，其业务建设也取得了一些成绩，但总体上缺乏前瞻性的长远规划，认识不足、盲目跟风情况严重。农信社、农商行开发 P2P 平台业务的一个重要原因就是模仿大型银行，但其可能并没有认识到商业银行现有的管理链条长，可能导致交易成本过高、运营效率低下、客户体验较差等情况出现（雷舰，2015）。另外，在实际运营过程中，某些农村金融机构花费大量精力建立 P2P 平台，但上线项目较少，甚至项目上线之后，出现流标、无人投资等情况（何广文，2016）。事实上，我国互联网金融发展的时间还比较短，一些农村金融机构的高管对其冲击的切身体会及认识还不足，亟须推动机构合理发展互联网金融业务。

---

① 马太效应（Matthew Effect）是指强者越强、弱者越弱的现象。

② 张正平. 金融互联网化 相互包容共生——中国银行业协会互联网金融研讨会纪要［J］. 新金融，2013（12）：4 – 8.

（三）经营成本高，投资回收期长

近年来，农村金融机构的总资产规模不断扩大，在银行业金融机构总资产中的比重也不断上升。但在大数据、"互联网＋"的战场上，农村金融机构与大型商业银行等仍存在较大差距，农村金融竞争也日渐白热化，农村金融机构在农村投入与收益的悖论更加明显。一方面，机构在农村的服务、设备等投放方面的力度加大，经营成本增加；另一方面，相比于城市，农村电子化金融设备的使用率仍处在一个较低水平，在缺少政策支持的情况下，农村电子化金融服务设备的投资回收期要远高于城市（郭兴平，2010）。此外，农村需求过于分散，机构通过电商交易积累数据是一个漫长的过程，数据的可用性也是一个难点。由此可见，经营成本的增加以及投资回收期较长对农村金融机构在农村发展互联网金融业务造成了一定的影响。

（四）各自为政，缺乏总体布局

尽管一些省份内资源整合力度较大，但从全国范围看，各省农信社、农商行仍处于孤立状态，各自为政，交流合作较少。对于传统的农信社而言，开展互联网金融业务需要投入大量的人力物力。由于缺乏交流合作，各地的农信社、农商行之间出现大规模的低水平重复性建设，互联网金融业务的发展也出现较大差异，发展不平衡。在实际交易过程中，某些农村金融机构甚至出现有电商平台，但没交易或者交易量很少的情况（何广文，2016）。目前，北京农商银行、上海农商银行、青岛农商银行等机构的互联网金融业务发展处于行业前列，相比之下其他地区的农信社、农商行则发展缓慢。考虑到不同地区客户对业务的差异性需求，为更好地发展互联网金融业务，全国农信社、农商行需要进行总体布局，促进共同发展。

（五）产品单一，竞争力不强

农村金融机构对互联网金融相关业务的开发起步较晚，产品较为单一，对银行业的贡献度还有待提升，网上银行、移动支付等互联网金融产品与同行业还存在较大差距。以电商平台为例，如果信息产品在当地的微信等渠道上发布后，电商平台产品销售量会大幅增加，可见实际的客户较少直接关注银行的电商平台（何广文等，2015）。此外，"互联网＋农村"已开始抢夺部分农村金融市场，许多电商企业都准备在农村开设线下站点，如阿里巴巴的"千县万村"计划和京东的"3F"战略①，都是采取"消费者商品下乡、农产品进城并同时协同推进金融业务"的发展策略。这对农村金融机构所建立的电商平台必然会造成很大影响。农村金融机构在进行平台建设时只有充分挖掘自身的优势，才能赢得客户资源。

三、农村金融机构互联网化问题出现的原因

（一）银行文化与互联网文化冲突

大多数银行互联网平台的运作是基于银行传统的管理体系，但不可否认，互联网文化与银行文化间存在巨大的反差。互联网具有"开放、平等、协作、分享"的精神（吴晓求，2015），而大多数的农村金融机构作为国有企业，受到国有企业文化的影响，其日常经营受到的约束较多。另外，互联网企业注重创新，而银行更偏重于控制风险。目前，我国互联网金融的发展仍处于不成熟阶段，互联网金融业务的试错性特征明显；强调创新的互联网文化势必与强调风控的银行文化存在内在的冲突。客户选择银行提供金融服务时，很大程度上依赖于银行的信誉。以电商平台为例，客户选择银行系电商平台的重要原因是银行的良好信誉，但如果银行在发展电商平台的过程中，商品销售出现问题或是物流过程出现纰漏，客户很可能降低对银行的信誉评估，起到相反的作用。

（二）对互联网金融的发展认识不足

农村金融机构对互联网金融所代表的新理念及其发展趋势认识不足，缺乏危机感和紧迫感，导致对互联网金融相关的新业务、新技术推广不利。区别于传统银行，互联网金融比拼的是产品、体验、营销三大综合实力（黄秋华，2014），而互联网金融业务往往具有简洁的操作流程、良好的客户体验、广泛的增值应用等优点，相比之下农村金融机构所提供的服务明显处于劣势。以中国农业银行为例，其各部门条块分割、各自为战，渠道协调不足，在客户体验、数据挖掘、营销维护、产品研发等方面与互联网企业还存在一定的差距。但必须指出的是，互联网只是一种技术手段，农村金融机构在运用的过程中，需要明确互联网的功能不在于"颠覆"，而在于提高效率，互联网金融业务只是对传统业务的补充（王国刚

① 即工业品进农村战略（Factory to Country）、农村金融战略（Finance to Country）和生鲜电商战略（Farm to Table）。

等，2015）。

（三）天然存在的"长尾"风险

互联网金融大大拓展了交易的可能性边界（谢平等，2012），农村金融机构对互联网金融业务的拓展也使其可以服务更多的农村人群，而这些总量上占大多数的人群明显具有"长尾"特征，拥有天然的"长尾"风险。一方面，农村客户的金融知识少、风险承担能力弱，属于金融客户中的弱势群体，这与农业的天然弱质性有关：农业生产和再生产具有生产单位分散、比较收益低、农产品供给弹性大、需求弹性小等特征，农作物的生产周期较长，供给结构调整滞后于市场需求等因素进一步使得"丰产不丰收""谷贱伤农"等损害农户利益的现象频繁发生，农村居民收入增长乏力。另一方面，农村居民的投资规模小且分散，使得农村金融机构对互联网金融业务的拓展成本高于收益，导致部分机构对发展新业务的动力不足。

（四）难以摆脱的体制约束

在我国，农村金融机构的主体有中国农业银行、中国邮政储蓄银行、农村信用社和农村商业银行，它们都属于国有企业，存在很多难以摆脱的体制约束。以农村信用社/农村商业银行为例，首先，作为县域金融机构，农信社经营的最大矛盾表现在无法通过跨区域经营来满足客户日益增长的全方位金融需求（程远，2015），与互联网的开放性产生冲突，一定程度上限制了机构互联网金融业务的发展。其次，我国绝大多数省份实行的是省联社模式，省联社高度集中的行政管理不可避免地对基层农信社或农村商业银行的自主经营产生干扰。何广文等（2015）指出，各省市的农商行虽已经成为独立的法人主体，但仍是在省联社统一领导下运作，缺乏自行开发系统的能力；在开展互联网金融业务时，省内不同地区的业务需求可能存在差异，而由省联社开发的统一的模式可能导致资源浪费或供给不足等现象发生。

（五）监管缺失形成不公平竞争

由于互联网金融监管法规迟迟没有出台[①]，一方面导致了互联网金融领域"跑路"、非法吸储、洗钱等恶性事件时有发生；另一方面，还在互

---

① 例如，直到2015年12月28日，《网络借贷信息中介业务活动管理暂行办法（征求意见稿）》才正式发布。

联网企业与农村金融机构之间形成了不公平的竞争环境。这直接体现为：互联网企业发展互联网金融业务几乎没有任何监管约束，对风险有较高的容忍度，而农村金融机构几乎在互联网金融业务上的任何尝试都需要得到监管部门的批准，风险容忍度极低。在这种不公平的竞争环境下，农村金融机构发展互联网金融的成本大大增加，创新的激励则被极大地削弱，例如，农信社发展直销银行业务，不仅需要得到省级联社的首肯，还需要银监部门的批准，业务申请从提交到正式批准往往耗时数月。与此形成鲜明对比的是，互联网企业则可以根据市场变化迅速开发、推出新业务，并能在较长的时期内容忍新业务发生风险、不挣钱。

（六）复合型人才紧缺

互联网金融作为一种全新的金融模式，融合了金融、通信、IT 等多个行业，需要大量复合型人才。但是，实践中具备 IT、通信从业经验的金融从业者却十分稀少，农村金融机构在这方面也明显处于劣势。例如，互联网金融门户十分注重网站内容与页面的设计，因为其盈利的核心在于流量以及转化率。只有通过不断创新搜索方式、简化操作流程、提供内在价值高的金融产品，才能真正增加用户黏性。相比专业的电商平台，农村金融机构所建的电商平台明显缺乏高素质的 IT 团队，存在的问题较多，如平台的布局与导航索引直观性不强、商品的标识与介绍不够精细、站内搜索精度不高、产品更新速度滞后等。

四、农村金融机构的应对策略

（一）有效实施互联网金融战略

"互联网 +"是农信社适应农村金融新常态的迫切要求（蔡湘，2015）。首先，农村金融机构管理人员需要清楚地认识互联网金融所代表的新理念、新趋势，改变目前盲目跟风、缺乏危机意识的现状。其次，将互联网金融的实施计划提升至战略水平，提升对互联网金融的发展力度。例如，通过课程的形式加强对农村居民的金融以及互联网知识的教育，解决农村客户天然存在的"长尾"问题。最后，农村金融机构要明确自身在发挥互联网金融中决策链条短、立足县域等比较优势，细分客户群，坚定小微企业和"三农"客户的市场定位，做到农村各区域网点的合理分配，有效实施差异化的经营策略。

（二）大力加强创新，提升服务水平

发展互联网金融需要强烈的创新意识，农村金融机构只有不断地创新才能更好地提升竞争力。一是创新银行文化。由于传统金融机构文化与互联网文化存在冲突，在互联网时代，金融机构必须创新企业文化才能跟得上互联网的节奏。例如，农村金融机构可重新定义机构的经营使命，在日常管理中竭力营造开放、平等的工作环境，从而更好地与互联网文化对接。二是创新金融产品。农村金融机构应密切关注农户金融需求的变化，充分利用互联网、大数据、云计算等工具，重点围绕农户经营规模化、专业化、产业化、合作化的发展趋势创新金融产品，提供更具针对性的金融服务。三是创新服务方式。大力发展手机银行、直销银行、微信银行等新业务，推出"网上预约""网上申贷"等服务，持续提升农村金融机构电子化替代率，提供线上线下相互协调的服务方式，简化业务流程，提升运营效率。

（三）加强与互联网企业的合作

农村金融机构与互联网企业之间不仅是竞争对手，也可以是合作伙伴。首先，可以共享客户资源和信息。例如，一些互联网企业在从事电子商务过程中积累了大量的客户资源和信息，但面对农村地区这种优势可能并不明显，与此对应的，农村金融机构则拥有丰富的农村客户资源和信息，两者存在合作的基础。其次，可以共享网点资源。农村金融机构在农村地区拥有大量的物理网点，可利用这些网点与互联网企业在开展相关业务时进行业务合作。最后，可以开展技术合作。互联网企业在 IT 技术、电商平台建设与维护等方面有专业的团队，农村金融机构则在农村信贷风险管理等方面有丰富的经验，二者可以相互学习，取长补短。

（四）完善风险控制机制

互联网与传统金融业的结合，为银行转型提供了新的发展机会，但同时也带来了新的风险。从农村金融机构来看，首先需要按照市场需求，设置精细化的条块管理机构，细分市场，分块耕作，培育不同层次、不同行业的稳定客户群（石瑞超，2015），构建有利于协调发展的组织架构，处理好互联网金融业务与传统金融业务间的关系。其次，需要不断完善风险控制流程，构建全面风险管理体系，建立阻隔风险传递的防火墙。从外部环境来看，出台并完善互联网金融法规是十分必要的。一方面，应进一步

明确金融机构和互联网企业从事互联网金融业务的监管规则，建立有利于公平竞争的法规环境；另一方面，已经出台的互联网金融法规还有待时间检验，几部法规之间的协调问题值得重视。

（五）加强对复合型人才的培养和引进

互联网金融领域的竞争在一定程度上表现为人才的竞争（冯娟娟，2013），农村金融机构在人力资源上显然处于弱势地位。农村金融机构应该加大对复合型人才的引进力度，在招聘时对复合型人才有所偏重。例如，开展与高校之间的合作，鼓励高校毕业生前往机构进行实习和工作或者创造条件引进出国留学的海外高质量人才。另外应加强对机构员工的培训，包括对机构中金融专业人才的科技知识培训和科技专业人才的金融知识培训，例如，派遣员工参加专业培训或前往领先的机构学习，打造一支既懂互联网又懂金融和管理的专业人才队伍。

参考文献

［1］张正平. 金融互联网化 相互包容共生——中国银行业协会互联网金融研讨会纪要［J］. 新金融，2013（12）：4-8.

［2］蔡湘."互联网＋"与农信社金融服务［J］. 中国金融，2015（21）：79-80.

［3］程远. 农信社要融入互联网金融［J］. 中国金融，2015（12）：102.

［4］冯娟娟. 互联网金融背景下商业银行竞争策略研究［J］. 现代金融，2013（18）：14-16.

［5］郭兴平. 基于电子化金融服务创新的普惠型农村金融体系重构研究［J］. 财贸经济，2010（3）：13-19.

［6］韩刚. 德国"直销银行"发展状况的分析及启示［J］. 新金融，2010（12）：23-26.

［7］何广文，何婧. 农商行电商平台发展［J］. 中国金融，2015（20）：64-66.

［8］何广文. 基于互联网的农村金融发展机遇与挑战［EB/OL］. http://zhongchou.hexun.com/2016-01-17/181851766.html.［2016-01-17］.

［9］黄秋华. 以互联网思维引领互联网金融创新发展——以中国农业银行为例［J］. 农村金融研究，2014（1）：4-9.

［10］雷舰．商业银行介入 P2P 网贷业务的战略模式与实现机制探析［J］．商业经济研究，2015（10）：80－82.

［11］任刚举．社会信用体系建设对农村金融机构的影响分析［J］．征信，2012（2）：45－48.

［12］尚勤．直销银行：农村金融创新实践新领域［J］．中国农村金融，2015（17）：14－17.

［13］石瑞超．互联网金融大潮下农商行转型之策［J］．中国农村金融，2015（11）：85－86.

［14］王国刚，张扬．互联网金融之辨析［J］．财贸经济，2015（1）：5－16.

［15］吴晓求．互联网金融：成长的逻辑［J］．财贸经济，2015（2）：5－15.

［16］谢平，邹传伟．互联网金融模式研究［J］．金融研究，2012（1）：11－22.

论文 4　互联网金融服务"三农"的现状、问题、原因和对策[①]

摘要：随着互联网在农村地区、农业生产、农民生活的全面渗透，涉农领域将成为互联网金融服务的下一个蓝海市场。互联网金融在"三农"领域的应用为农村发展带来了新的机遇，但也出现了一些问题。本文聚焦互联网金融服务"三农"的相关问题，分析了中国互联网金融服务"三农"的现状以及出现的问题，并深入分析导致问题的原因，最后从完善互联网金融监管体制、加强基础设施建设等方面提出建议。

关键词：互联网金融　"三农"　电商平台　P2P　众筹

一、互联网金融服务"三农"的现状[②]

中国社会科学院发布的《中国"三农"互联网金融发展报告

---

① 本文已被《农村金融研究》录用，即将刊出。
② 在本文中，互联网金融是指由电商或 IT 企业基于互联网开展的金融业务。

（2016）》指出，自 2014 年起，中国"三农"金融缺口超过 3.05 万亿元，以网络借贷为代表的互联网金融手段，将成为缓解中国"三农"领域的金融供给短缺问题的主要出路（李勇坚、王弢，2016）。的确，随着农村地区基础设施的不断完善，以阿里、京东等为代表的互联网公司结合自身优势纷纷涉足"三农"。截至 2016 年 7 月初，阿里巴巴的农村淘宝战略卓有成效，已经在全国 29 个省份 300 余个县开业[①]。同为电商巨头的京东也表现突出，2014 年 12 月，京东提出了解决农业问题的"3F 战略"[②]；2015 年 9 月 8 日，京东金融发布农业产业链信贷品牌"京农贷"。截至 2016 年 8 月初，京东乡村推广员人数已达到 27 万，覆盖 27 万个行政村；京东县级服务中心超过 1 500 家，"京东帮"服务店布局超过 1 500 家[③]。表 1 整理了主要互联网企业服务"三农"的情况。

表 1　　　　　　　　　主要互联网企业服务"三农"的情况

业务类别 企业	支付	贷款	理财	保险	众筹	征信
百度	百度钱包	百度小贷 百度财富 百度有钱	百度金融 百度财富 百度百赚	百安保险	百度众筹板块	接入人民银行征信系统；自有的交易和支付行为数据
阿里	支付宝 旺农付	蚂蚁小贷 旺农贷	余额宝	众安保险 旺农保	蚂蚁达客 淘宝众筹	芝麻信用分
腾讯	微信支付 财付通	投资人人贷、微粒贷	理财通 佣金宝	众安保险设立寿险公司	腾讯乐捐	腾讯征信设立硅谷大数据实验室
京东	网银在线 京东支付	京东白条 京农贷	妈妈理财 京东小金库	京东保险	京东众筹 京东东家	大数据征信布局、申请征信牌照

资料来源：笔者整理。

　　农户由于抵押物不足、融资额度小、信息获取成本高、风险高等特

---

① 资料来源：http://news.163.com/16/0704/16/BR54AKN000014JB5.html.

② 京东的"3F 战略"，包括工业品进农村战略（Factory to Country）、农村金融战略（Finance to Country）和生鲜电商战略（Farm to Table）。

③ 资料来源：http://business.sohu.com/20160808/n463210408.shtml.

点，传统金融机构不愿向此类客户贷款，存在着需求不能满足的情况。根据西南财经大学与中国农业银行联合发布的《中国农村金融发展报告（2014）》，中国农村家庭正规信贷的可得性为 27.6%，低于 40.5% 的全国平均水平；未能获得银行贷款的 72.4% 的农村家庭中，有 62.7% 的农村家庭虽然需要资金但是没有向银行申请，有 9.8% 的家庭向银行提出申请贷款但被拒绝。由此可见，在传统金融体系下，农户的融资需求存在较大缺口，农村金融市场有很大发展空间，P2P 和众筹具有很大发展潜力。

阿里巴巴、京东等互联网巨头以电商为切入点开展涉农金融服务，同时，P2P、众筹等新兴互联网金融模式下的部分平台也开始涉足农村市场。

（一）P2P 网络借贷

中国 P2P 网络借贷主要有四种模式：（1）传统模式——搭建网站，线上撮合，以"拍拍贷"为代表；（2）债权转让模式——线下购买债权，将债权转售，宜信公司"宜农贷"即为这种模式；（3）担保模式——引入保险公司为交易担保，如"人人贷"；（4）平台模式——引入小贷公司的融资需求，典型如"有利网"（王紫薇等，2012）。如表 2 所示，近年来，中国 P2P 网贷平台数量快速增长。

表 2　　　中国 P2P 网贷平台数量及增长速度（2010—2016 年 8 月）

年份	2010	2011	2012	2013	2014	2015	2016 - 08
平台数量（个）	15	50	148	523	1 575	3 858	4 213
增长率（%）	912.80	614.70	271.40	253.40	201.10	144.95	9.20

资料来源：http://shuju.wdzj.com/industry - list.html.

随着 P2P 这种新兴网络融资模式的发展，部分平台开始涉足农村金融领域。表 3 统计了一些 P2P 平台服务"三农"的情况。

表 3　　　　　　　　部分 P2P 平台服务"三农"的情况

平台名称	宜农贷	翼龙贷	开鑫贷
成立时间	2009 年	2007 年	2012 年
运营模式	公布通过信用审核的借款人信息，以供出借人选择	同城 O2O 模式①	采用线上与线下相结合的模式
成交总额	2.06 亿元	397.35 亿元	220 亿元

---

① 同城 O2O 模式：借贷双方的交易完全在线上开展，借款用户需满足以下条件：长期居住、有固定资产。当城市有翼龙贷运营中心时，借款者才能在此申请贷款，且由当地运营中心负责贷前与贷后的调查管理工作。

续表

平台名称	宜农贷	翼龙贷	开鑫贷
借款金额	3 000 元至 5 000 元	6 万元至 12 万元	不少于 2 万元
还贷期限	多为 12 个月	最长 2 年	多为 1 年
主要借款对象	"三农"范畴中的贫困人群和低收入者	"三农"家庭、个体工商户、小微企业主等	中小微企业及"三农"客户
信用风险防控	通过小组联保、个人担保形式控制风险	线下加盟商管理信贷风险,由加盟商提供保证金担保	强势的国有背景,由合作的小贷公司对平台融资进行担保
平台特点	公益项目居多,只收取少量服务费以维持运转	借款用户只有在设有翼龙贷运营中心的城市才能申请借贷	国有准公益性社会金融服务平台

资料来源:笔者整理。

(二) 农业众筹

农业众筹是用众筹商业模式(crowd funding)来解决农业生产等过程中的融资问题,具有针对性强、效率高的特点。农业众筹有三种模式:股权型、权益型和公益型(朱翔,2015)。股权型农业众筹一般以土地使用权和企业股权为激励吸引投资;权益型农业众筹大多直接以项目产品作为回报,如淘宝众筹;公益型农业众筹一般是投资者基于公益慈善参与投资,不期待任何回报。根据众筹家①数据研究院发布的《2016 中国农业众筹发展研究报告》,截至 2015 年 10 月 30 日,共有 2 250 个农业众筹项目分布在 88 个众筹平台上,实际融资额已经高达 30 934.01 万元。表4 统计了 2 250 个农业项目的众筹类型,可见不同类型众筹项目的概况。需要说明的是,因公益型农业项目较少,表4 仅包括股权型和权益型众筹项目的情况。

表 4　　　　　　　　　　　农业众筹项目的发展情况

项目类型	数量(个)	成功数(个)	失败数(个)	项目成功率(%)	预期融资额(万元)	实际融资额(万元)	融资成功率(%)
股权型	55	21	17	55. 26	10 650. 00	13 557. 80	127. 30
权益型	2 194	1 371	156	89. 78	11 872. 39	17 376. 21	146. 36

资料来源:http://www. zhongchoujia. com/article/94a3f5c3 - d931 - 4d0e - 8ada - 0a20b210131d. html.

---

①　众筹家(www. zhongchoujia. com)是第三方众筹交易服务平台,提供包括领投基金、项目云库、项目优选、数据研究、服务资讯等在内的一系列综合服务。

由表 4 可知：（1）农业项目多以权益型为主，权益型项目有 2 194 个，约为股权型项目的 40 倍；（2）股权型农业项目成功率和融资成功率均低于权益型农业项目；（3）股权型农业项目数虽少，但 21 个成功项目的实际融资总额高达 13 557. 80 万元，1 371 个权益型农业项目实际融资额为 17 376. 21 万元；（4）股权型农业项目平均预期融资额远高于权益型项目。

表 5 统计了农业众筹项目的主要发布平台，该表是根据平台发布的农业项目数由多到少排序、取前十位构成的。

表 5　　　　　　　　　　农业众筹项目的主要发布平台

平台名称	所在地	农业项目数（个）	项目成功率（％）	平台类型	是否为农业专业平台
众筹网	北京	834	99. 58	综合型	否
淘宝众筹	浙江	741	100	综合型	否
苏宁众筹	江苏	83	100	权益型	否
点筹金融	广东	79	100	权益型	否
轻松筹	北京	65	0	综合型	否
大家种	北京	51	39. 22	权益型	是
有机有利	山东	32	100	权益型	是
九九众筹	山东	28	47. 83	权益型	否
人人天使	北京	18	94. 12	综合型	否
贷帮众筹	广东	17	35. 71	综合型	否

资料来源：http：//www. zhongchoujia. com/article/94a3f5c3 – d931 – 4d0e – 8ada – 0a20b210131d. html.

由表 5 可知：（1）众筹网和淘宝众筹两个平台的农业项目（合计 1 575 个项目）占到总数的 70. 00％，是农业众筹的核心平台，其中排在第一位的众筹网上的农业项目占总数的 37. 07％，其龙头地位显而易见；（2）农业专业平台发展缓慢，表 5 中农业专业平台仅有 2 个，其中作为农业专业平台的大家种，项目成功率仅为 39. 22％，大多数项目已失败；（3）有机有利是农业专业平台中发展较好的，截至 2015 年末，项目成功率达 100％，属于权益型众筹平台，平台所在地山东是农业大省，为有机有利发展农业众筹提供了诸多便利；（4）根据 2015 年 6 月的数据，仅有 20 家众筹平台发起农业项目，而 2015 年下半年发起农业项目的众筹平台达到

88 家，多家众筹平台开始进入农业这一细分市场。

（三）互联网理财

互联网理财是指投资者通过互联网享受理财平台所提供的相关服务，取得各类相关信息，权衡自身所拥有的资产特点、现实的外部环境等，将资产收益最大化作为目标的一系列活动（杨琦，2015）。随着农村经济的不断发展，农户手中的闲置资金越来越多，但传统银行投资门槛高，农户享受不到相关理财服务，闲散资金无处安置。因此，互联网理财在农村具有广阔的发展空间，表 6 整理了部分服务"三农"的互联网理财平台的情况。

表 6 部分互联网理财平台服务"三农"的情况

平台名称	庄稼理财	"三农"金服	农村宝
成立时间	2015 年 10 月	2015 年 6 月	2015 年 12 月
平台简介	庄稼理财是宜民普惠旗下为投资者提供金融信息服务的平台	以第三方中介身份为"三农"提供投资渠道及便民产品服务	深圳惠卡金融服务有限公司旗下的互联网投融资平台
预期年化收益率（%）	10	12	14.6
累计投资额（万元）	57.3	22 176.02	—
已投资人数（人）	8 608	101 572	—
理财产品	庄稼一号、庄稼二号	"三农"宝 A 计划、B 计划、C 计划	农村宝商城；惠卡机器人手抓项目
风险防控	由中国安盟保险公司保证意外安全，并提供风险保证金支持	用人民银行、芝麻信用、拉卡拉、腾讯征信等大数据做风险评分，建立农户信用档案	建设银行提供 2 000 万元风险保障金，惠卡金融服务对每笔投资提供 100% 本息保障

资料来源：笔者整理。

（四）互联网保险

互联网保险是指保险公司或新型第三方保险网以互联网和电子商务技术为工具支持保险销售等经营管理活动的经济行为（唐金成等，2014）。2016 年初召开的全国保险监管工作会议披露，2015 年全国农业保险保费总额高达 374.7 亿元，逾 2.3 亿户次农户参与其中，总风险保障额达 2 万亿元；农产品价格保险试点扩展到 26 个省份，承保农作物增加到 18 种。事实上，随着移动互联网和农村电子商务的发展，互联网保险也逐步深入农村。

互联网在农业保险上的应用体现在两个方面：一方面，依托电子商务平台销售农业保险。例如，2015 年，蚂蚁金服农村保险业务覆盖的农村用户数达到 5 800 万人，同比增长率高达 42%。2016 年 3 月，蚂蚁金服联合安信农保先后推出农资农具品质保证险和农作物风力指数保险，并在淘宝天猫平台正式上线①。另一方面，运用互联网技术开发研究农业新险种。例如，中华保险与国家农业信息中心共同建立农业保险地理信息联合实验室，因地制宜地设计新的农业险种。

二、互联网金融服务"三农"存在的问题

（一）农民金融知识缺乏

农民等地理上受到排斥的人群很难有效地利用互联网金融，因为受到金融知识不足、接受能力差等问题的制约，相比城市人群，这类人群移动电话、电脑的拥有量少且使用能力差，相关费用承担能力也差。毫无疑问，这些问题制约着互联网金融在农村地区特别是偏远地区金融普惠作用的发挥（马九杰等，2014）。

（二）平台相似度高

无论是 P2P，还是支付宝、微信支付等第三方支付工具，余额宝、微信理财通等互联网理财平台，以及有机有利、大家种等众筹平台，各类互联网金融业态内均存在业务类型内容趋同、没有自己的特色和准确定位等问题（季家友，2015）。以众筹为例，国内众筹网站相似度极高，即使有些众筹网站宣称专注于某一类创意农业项目，但在其子类下并没有明确的市场细分，没有形成清晰的产品逻辑。

（三）信息收集成本较高

何广文（2016）指出，由于多种原因，农村信息比较不对称，或者说信息收集成本比较高，所以在农村做金融面临的主要问题就是信息不对称，由此导致了严重的融资难问题②。互联网金融服务"三农"时，获取信息的成本是总成本的重要组成部分。例如，P2P 网贷平台的交易主要依靠客户提供的身份证明、财产证明、缴费记录、熟人评价等信息评价客户的信用。然

---

① 资料来源：http：//www. brjr. com. cn/thread – 234477 – 1 – 1. html.
② 何广文：《农村互联网金融正是一杯苦咖啡》，2015—2016 年度微金融 50 人论坛年会，2016 年 1 月 7 日。

而，一方面，这些信息极易造假，容易给信用评价提供错误的依据；另一方面，纵然是真实的证明材料，也存在片面性，从中无法全面了解客户的信息，难以作出正确的、客观的信用评价。尽管农村的需求确实是存在的，但需求过于分散，需要积累大量的数据，而这种数据的积累是很漫长的过程，这种交易数据的可用性（转化为信贷资源）也需要一个过程。

（四）对互联网金融信任不足

金融服务的安全性是弱势群体尤为关注的因素，接受金融服务的前提是要确保资金和交易的安全（李敏，2015）。然而，当前互联网金融发展还处在初级阶段，各类互联网金融平台数量快速增长，质量参差不齐，各类诈骗事件层出不穷，且农户缺乏防范意识，识别能力差，这在一定程度上加剧了农户对互联网金融的不信任感。

（五）监管缺失

监管缺失主要指互联网金融相关的法律法规和监管机构的缺失。2015年7月18日，中国人民银行等十部委发布了《关于促进互联网金融健康发展的指导意见》，2016年8月24日，中国银监会、工信部等公布《网络借贷信息中介机构业务活动管理暂行办法》，网络借贷监管首次有了政策依据，但互联网金融监管领域实质性的法律法规等仍较为欠缺，且实施效果有待观察。此外，由于互联网金融服务"三农"过程中涉及的对象较多，在政策实施过程中存在部门协调、政策冲突、措施重叠等问题，因此差别化监管政策也有待进一步明确和完善（尹振涛等，2016）。其实，监管缺失的深层次的原因是，当前分业经营、分业监管的制度安排与互联网金融天然具有强大的混业经营基因存在冲突，由此导致了监管体制的不适应性和监管法规的滞后性。

三、互联网金融服务"三农"问题的形成原因

（一）农村信息化基础设施建设滞后

网络、电脑和智能手机是互联网金融发展的依托和基础。与城市相比，无论在质量还是数量方面，农村地区硬件设施均存在较大差距。虽然近年中国农村地区基础设施建设投入较大，网民数量急剧增加，电脑与智能手机的普及率呈现较大幅度提升，但与农村居民的庞大基数相比，这一比率仍然较低。

（二）农村地区信用体系建设滞后

当前中国农村地区社会信用体系建设是比较滞后的，仍有很多农户和农村企业没有进入征信体系。中国人民银行征信中心数据显示，截至 2016 年 8 月，人民银行征信系统收录了约 9 亿自然人、2 100 多万户企业的信息。具体来说，农村征信体系建设还存在如下问题：第一，信用信息评价体系缺乏整体规划。第二，农户信用信息缺乏统一的共享平台。目前，政府间合作不强，未能实现征信系统的对接，各自形成信息孤岛，作用不大。第三，农村信用体系建设缺乏持续的资金、人才和技术投入。第四，农村信用体系建设缺乏可操作的法规。虽然已经出台了《征信业管理条例》等法规，但结合各地实际情况的地方性法规和规章极少（许为民，2015）。以上问题导致中国农村信用体系建设进程缓慢，也进一步阻碍了农村信用环境的改善。

（三）互联网平台创新质量不高

第一，存在"伪创新"现象，缺乏金融合规意识，用互联网创新掩盖各种违法违规行为；第二，创新缺乏实用性，表现为创新能力不足，业务流程不健全，技术漏洞导致安全问题等；第三，部分互联网平台的所谓创新，脱离实际经济场景，无法解决金融痛点。这在一定程度上降低了农户对互联网金融的认可度，不利于互联网金融的发展。

（四）农村地区复合型人才匮乏

互联网金融服务"三农"是一个涉及多部门、多领域的系统性工程，不仅需要具有专业知识进行网络推广、平台管理等工作，还需要具有较强的分析能力对数据进行整合分析，更需要熟悉农村经济基本情况，这对在农村地区发展互联网金融的人才提出了更高要求。然而，目前，中国在农业信息收集、分析方面的人员严重不足，导致大量的信息资源无法有效开发，而且，农村贫困地区人员整体素质不高，对互联网等现代信息技术的理解和认知能力不足（黄勋敬等，2015）。事实上，在一些农村地区，不仅人才缺乏，甚至还出现人才严重流失的现象，这进一步加大了互联网金融服务"三农"的难度。

四、政策建议

（一）加强信息化基础设施建设

网络、基站建设是重要的信息化基础设施工程，特别是在农村地区，投资回报率低、回收周期长，仅仅依靠市场机制难以实现全覆盖。为此，政府应继续加大信息化基础设施建设的力度，以政府引导、市场参与的方式进一步扩大其投资规模，尽快实现网络、基站等基础设施在广大农村地区的全覆盖；同时，为鼓励贫困农户使用网络和手机，可通过向农户提供一定的财政补贴的方式降低农民使用网络和手机的成本，为推进农村地区互联网金融业务的发展提供有利的硬件条件。

（二）完善互联网金融监管

一方面，建立更加有效的"一行三会"联席会议制度，建议必要时将公安部、工信部等单位纳入联席会议，强化对互联网金融的监管，为实现跨产品、跨市场、跨机构的全方位多维度监管提供组织保障（赵刚等，2016）。另一方面，着力完善互联网金融监管法规。以 2016 年 8 月末银监会发布的《网络借贷信息中介机构业务活动管理暂行办法》为例，对网络借贷信息中介机构及其业务内容的界定与中国 P2P 的实际情形差异巨大，对准入门槛的设定则过于宽泛等，有待进一步完善。此外，当前拟定的几部互联网金融法规均是独立存在的，对互联网金融业态间（如 P2P 与众筹、与第三方支付等）的交叉考虑不多，容易形成新的监管空白。

（三）推进农村征信体系建设

中国征信体系以政府为主导，市场起推动作用。2015 年初，中国人民银行印发了《关于做好个人征信业务准备工作的通知》，征信工作加快推进，互联网征信机构开始发力。值得注意的是，人民银行征信中心信息的主要来源是银行，农村地区信息的采集仍比较困难。为加快农村征信体系建设，应重点关注以下四个方面：第一，开展农村信用体系标准化建设的宣传和引导；第二，鼓励各地尽快制定农村信用体系行政规章或地方性法规；第三，注重农村信用体系建设人才队伍培养（赵力，2015）；第四，建设统一的征信平台，鼓励互联网征信机构在农村地区的发展。

（四）鼓励互联网金融机构创新产品

在服务"三农"的过程中，互联网金融机构创新金融产品是提升服务质量、扩大服务覆盖面的重要手段：一方面，对于不同特点的农户，开发品种多样、针对性强的金融产品；另一方面，注重非营利性网络借贷产品的开发，增强对弱势群体的金融扶持力度（林宏山，2014）。

（五）加强金融知识宣传教育

金融知识的匮乏已经成为阻碍农村地区互联网金融发展的一大障碍，

为此，应进一步加大宣传教育的力度，增强农民对金融尤其是互联网金融的理解和认知。一方面，各地人民银行和监管部门应制订金融知识宣传教育的工作计划，通过广播、电视、报纸、手机、网络等多个途径普及金融知识，宣传互联网金融的相关政策；另一方面，监管部门应积极总结当地互联网金融发展的案例，通过树典型（正面或反面的）、搭平台等形式促进农民正确认识互联网金融，为互联网金融的发展铺平道路。

参考文献

［1］何广文. 农村互联网金融正是一杯苦咖啡［EB/OL］.［2016 - 01 - 19］. http：//mt. sohu. com.

［2］黄勋敬，黄聪，赵曙明. 互联网金融时代商业银行人才管理战略研究［J］. 金融论坛，2015（5）：62 - 70.

［3］李敏. 互联网金融视角下农村普惠金融的实现机制、难点及对策［J］. 浙江金融，2015（12）：14 - 19.

［4］李勇坚、王弢. 中国"三农"互联网金融发展报告（2016）［M］. 北京：社会科学文献出版社，2016.

［5］林宏山. 互联网金融助推普惠金融发展探讨［J］. 上海金融，2014（12）：38 - 40.

［6］马九杰，吴本健. 互联网金融创新对农村金融普惠的作用：经验、前景与挑战［J］. 农村金融研究，2014（8）：5 - 11.

［7］唐金成，韦红鲜. 中国互联网保险发展研究［J］. 南方金融，2014（5）：84 - 88.

［8］王紫薇，袁中华，钟鑫. 中国 P2P 网络小额信贷运营模式研究——基于"拍拍贷""宜农贷"的案例分析［J］. 新金融，2012（2）：42 - 45.

［9］许为民. 农村信用体系建设的难点问题及解决路径［J］. 征信，2015（3）：49 - 52.

［10］杨琦. 互联网金融理财产品的创新优势及发展探究［J］. 金融与经济，2015（5）.

［11］尹振涛，舒凯彤. 我国普惠金融发展的模式、问题与对策［J］. 经济纵横，2016（1）：103 - 107：44 - 46.

［12］赵刚，杨立凤. 互联网金融助力普惠金融发展探究［J］. 金融经济，2016（2）：38－39.

［13］赵力. 农村信用体系规范化建设探析［J］. 征信，2015（3）：53－55.

［14］朱翔. 农业众筹悄然兴起［J］. 农经，2015（4）：36－38.

附录 2 农村金融时事评论系列

时评 1 重庆农产品小贷公司凸显"四新"[①]

2013 年 1 月 6 日，由重庆市供销合作社下属企业重庆市农产品集团牵头，与重庆市农资集团、16 家区县供销合作社、以 MARVEL TALENT HOLDINGS LIMITED 为代表的外资方共同出资组建重庆市首家农产品小额贷款有限公司。据悉，该公司主要定位于向农民专业合作社和涉农龙头企业提供信贷服务，利用熟悉农业生产经营的优势设计和经营有针对性的金融产品，依托覆盖全市农村的供销网络，探索破解农业、农村融资难的新办法，开拓为农服务、助农增收的新途径。

值得关注的是，截至 2012 年 9 月末，重庆市已经建立了超过 149 家小额贷款公司，从业人数 2 783 人，实收资本 223.82 亿元，贷款余额 256.54 亿元，覆盖全市 40 多个区县，有力地促进了中小企业及各地经济发展。在这种背景下，重庆市农产品小额贷款公司的成立具有多重积极意义。

首先，标志着农产品特色小额贷款公司发展的新阶段。2012 年 6 月 8 日，浙江省首家特色农产品小额贷款公司——杭州市西湖区御丰小额贷款有限公司正式挂牌成立。该公司由杭州龙井茶业集团等股东出资组建，有效解决了西湖区广大茶农、茶叶加工企业和创业者的融资难题。2012 年 10 月 22 日，深圳市农产品股份有限公司全资子公司深圳市海吉星投资管理股份有限公司、参股公司深圳市农产品融资担保有限公司共同投资成立深圳市农产品小额贷款有限公司。重庆市农产品小额贷款公司是全国第三家特色小额贷款公司，标志着农产品特色小额贷款公司的发展进入了新阶段。

[①] 本文发表于《中国城乡金融报》，2013 – 01 – 23。

其次，开拓了外资参与小额贷款公司的新方式。自 2005 年底中国人民银行进行小额贷款公司试点以来，尤其是 2008 年 5 月《小额贷款公司管理指导意见》颁布后，全国小额贷款公司呈现井喷式发展，民间资本是小额贷款公司的主要投资者，外资也积极参与，花旗银行、渣打银行、亚洲联合财务公司、新加坡淡马锡集团等知名外资金融机构纷纷发起设立小额贷款公司。与此前外资独资设立小额贷款公司的方式不同，重庆市农产品小额贷款公司的股东采取的是中外合资方式，这标志着外资参与小额贷款公司进入了新的阶段。

再次，建立了农民专业合作社、龙头企业融资的新模式。一方面，由于我国农村金融体系的诸多缺陷，农民专业合作社、龙头企业往往面临着较大的融资困难，成为阻碍农村专业化组织和农业企业发展的重要瓶颈；另一方面，过去几年中小额贷款公司的组建多以民营企业为主要投资人，以城区、城乡结合部的中小企业为主要贷款对象，这意味着，小额贷款公司与农村专业合作社、龙头企业往往没有信贷业务往来。显然，由于重庆市农产品特色小额贷款公司是以农资企业、农产品供销合作社作为股东发起设立的，其主要定位是向农民专业合作社和涉农龙头企业提供信贷服务，这无疑建立了一种新型融资模式。

最后，树立了小额贷款公司服务"三农"的新榜样。据第三届中国小额信贷机构联席会年会披露，截至 2012 年底，我国小额贷款公司数量已超过 6 000 家，从业人员超过 6.5 万人，贷款余额超过 6 000 亿元，同比增长 52%，高出同期人民币贷款增速 37 个百分点，其新增贷款余额已相当于一个中型商业银行的信贷规模。然而，小额贷款公司在快速发展的同时也一直面临着偏离"三农"、违背政策初衷等批评，重庆等地农产品特色小额贷款公司的出现，开辟了小额贷款公司服务"三农"的新路径，为全国小额贷款公司服务"三农"树立了一个新的榜样。

总之，我们对重庆市农产品特色小额贷款公司的未来发展充满期待。

时评 2　民资进入农金市场成效有待实践检验[①]

2012 年 5 月 26 日，为贯彻落实《国务院关于鼓励和引导民间投资健

---

① 本文发表于《中国城乡金融报》，2012 - 06 - 06。

康发展的若干意见》，鼓励和引导民间资本进入银行业，加强对民间投资的融资支持，银监会正式出台了《关于鼓励和引导民间资本进入银行业的实施意见》（以下简称《意见》）。《意见》明确表示，民间资本进入银行业与其他资本遵守同等条件，支持符合银行业行政许可规章相关规定，公司治理结构完善，社会声誉、诚信记录和纳税记录良好，经营管理能力和资金实力较强，财务状况、资产状况良好，入股资金来源真实合法的民营企业投资银行业金融机构。

令人欣慰的是，《意见》也进一步放宽了民间资本参与农村金融市场的准入门槛。《意见》明确表示：支持民营企业特别是符合条件的农业产业化龙头企业和农民专业合作社等涉农企业参与农村信用社股份制改革或参与农村商业银行增资扩股；支持民营企业参与村镇银行发起设立或增资扩股；支持农民、农村小企业作为农村资金互助社社员，发起设立或参与农村资金互助社增资扩股；支持符合规定的小额贷款公司可依法改制成村镇银行。

毫无疑问，《意见》明确支持民间资本投资农村金融机构的精神值得肯定，但笔者更关注的问题是，《意见》能在多大程度上发挥引导民间资本进入农村金融市场的效果？仅从《意见》中涉及农村金融机构的内容来看，至少有以下三个疑点：

第一，《意见》并未完全贯彻国务院关于鼓励和引导民间投资的精神。在《国务院关于鼓励和引导民间投资健康发展的若干意见》中明确提出，"允许民间资本兴办金融机构，鼓励民间资本发起或参与设立村镇银行、贷款公司、农村资金互助社等金融机构"。但银监会颁布的《意见》并没有完全贯彻上述精神，一方面，仍不允许民间资本兴办农村商业银行等农村金融机构；另一方面，对民间资本如何进入贷款公司完全没有提及。

第二，《意见》对民间资本进入各类农村金融机构仍有较大限制。从《意见》中涉及农村金融机构的相关内容看，银监会对民间资本进入各类农村金融机构有明显不同的态度：一方面，民间资本仅能以参与者身份介入农村信用社、农村商业银行、村镇银行的相关改革活动中；但另一方面，可以民间资本发起设立或参与农村资金互助社增资扩股。

第三，《意见》对民间资本进入农村金融机构的政策并没有实质意义上的突破。一方面，民间资本仍无法发起设立村镇银行。《意见》将村镇银行主发起行的最低持股比例由原来的不低于20%降低到15%，同时明确村镇银行进入可持续发展阶段后，主发起行可以与其他股东按照一定的原则调整各自的持股比例，但并未打破村镇银行必须由商业银行充当发起人这一备受诟病的制度。另一方面，由民间资本发起设立的小额贷款公司改制为村镇银行的规则未变，小额贷款公司改制村镇银行的条件过于"苛刻"，不利于小额贷款公司的可持续发展，也不利于民间资本继续投资小额贷款公司。

由此可见，就引导民间资本进入农村金融市场而言，银监会颁布的新规不仅没有完整地体现国务院的有关精神，而且也没有实质意义上的突破，其政策效果值得怀疑。而且，对于民间资本进入农村金融市场、发起设立或参股农村金融机构，还有更深层次的问题值得思考。

一方面，民间资本进入农村金融机构后能实现财务盈利吗？以村镇银行为例，由于农村地区收入少、存款少等，一部分村镇银行至今仍然在生死线上挣扎。据媒体报道，截至2011年末，中国建设银行共设立了16家村镇银行，总资产为68.42亿元，但16家村镇银行在2011年仅实现净利润0.24亿元，平均每家村镇银行盈利仅为150万元；而中国民生银行设立的18家民生村镇银行，目前仍有一半处于亏损状态；交通银行控股的新疆石河子交银村镇银行于2011年5月开业，半年亏损500万元；华夏银行旗下也有两家村镇银行的净利润为负。显然，如果没有配套的制度建设或改革举措，面对持续亏损或盈利有限的投资机会，民间资本投资农村金融市场的积极性是难以保持和提高的。

另一方面，民间资本进入农村金融机构后能坚持服务"三农"吗？毫无疑问，民间资本是以追逐利润为根本目标的，这些逐利资本之所以进入农村金融市场是看中了农村金融机构经营金融业务的巨大利润空间。在我国的农村金融市场上，农户聚居分散、交通不便、信息不对称等原因，导致农村金融业务往往面临较高的交易成本、较低的回报率，这也是常常被用来解释中国农业银行、农村信用社等农村金融机构长期亏损的一个原因。因此，在缺乏有效约束的情形下，民间资本进入农村金融机构后可能使其偏离服务"三农"的方向。

总之，就涉及农村金融市场的内容而言，银监会新规并没有实质意义上的突破，在缺乏配套制度和改革措施支持的情况下，新规引导民间资本进入农村金融市场进而完善农村金融体系、服务农村经济发展的作用有待观察。

时评 3 农商行异地扩张须防预期风险①

2011 年以来，农村商业银行纷纷发起设立村镇银行，成为农村金融领域一个值得关注的现象。据媒体报道，重庆农商行已成功在江苏张家港、四川大竹、云南大理发起设立村镇银行。2012 年拟在云南、福建发起设立 7 家村镇银行，计划 3 年内发起设立 22 家村镇银行；近日，由上海农商银行主发起并控股的首家跨区域村镇银行——宁乡沪农商村镇银行正式开业。这也是长沙地区开设的首家村镇银行。

相比于大多数商业银行，尤其是国有商业银行组建村镇银行的步伐而言，农村商业银行如此青睐发起设立村镇银行的确引人关注，其原因包括以下几个方面。

首先，发起设立村镇银行是农村商业银行实现规模扩张的重要途径。在现有的政策框架下，农村商业银行设立分支机构或跨区域经营都存在较大的困难，但是，对农村商业银行而言，固守一地显然难以满足其做大、做强的内在盈利动机，追求更大的发展规模是提升竞争力、增强盈利能力的必然考虑。发起设立村镇银行不仅可以实现扩大经营规模的要求，更能实现其跨区域经营的宏大理想。这种动机在 2011 年 7 月 27 日银监会出台《关于调整村镇银行组建核准有关事项的通知》，调整了组建村镇银行的核准方式、鼓励批量设立村镇银行的政策背景下得以进一步加强，这正是重庆农商银行、上海农商银行、广州农商银行等当前大规模发起设立村镇银行的主要原因。

其次，发起设立村镇银行是农村商业银行获取政策红利的必然选择。一方面，为缓解农村金融供给不足、加快新型农村金融机构的发展，财政部和国家税务总局对金融机构发放的"三农"贷款给予明确的税收减免优惠；另一方面，在当前中国人民银行实施的差异化货币政策下，农村信用社的信贷额度和存款准备金率比村镇银行要高。通过大规模发起设立村镇

---

① 本文发表于《中国城乡金融报》，2012 – 02 – 22。

银行，农村商业银行不仅可以获得国家税务部门给予的税收减免优惠，还可以让更多的资金享受更加差异化货币政策的"红利"，可谓一举两得。

问题在于，农村商业银行在发起设立村镇银行方面是否具有优势？换言之，如此大规模地设立村镇银行，农村商业银行能否确保其稳健经营？

不得不承认，与其他商业银行相比，农村商业银行发起设立村镇银行具有明显的优势：一方面，农村商业银行组建村镇银行具有信息优势。农村商业银行是由原来的农村信用社改造而来的，掌握农业生产规律，熟悉农村市场环境，了解农户需求特点，较之那些长期在城区活动的商业银行而言，农村商业银行无疑具有显著的信息优势。另一方面，农村商业银行组建村镇银行具有能力优势。由于农村商业银行长期在农村地区开展业务，已经初步形成了符合农村经济特点的业务种类，构建了契合农村金融风险的管理体系，较之其他商业银行而言，农村商业银行更具有组建村镇银行的能力优势。

当然，不能忽视农村商业银行如此大规模发起设立村镇银行可能带来的潜在风险。初步分析来看，除了村镇银行面向农村地区经营可能存在较高的信用风险、市场风险外，以下三个方面的潜在风险更加值得关注。

首先，过快的扩张可能导致"管理不协调"。农村商业银行在营利动机的推动下，有较强的激励持续扩大经营规模，一些农村商业银行甚至提出，计划在2～3年的时间内在不同地区（甚至包括跨省）建立20～30家村镇银行。尽管村镇银行投入的资金规模较小，牵涉的人员有限，但如此快速的扩张尤其是跨地区的扩张，难免让人担心农村商业银行的管理协调能力是否足够，如果管理不当，协调不到位，难免会适得其反，潜在的管理风险不可忽视。

其次，过度的扩张可能导致"规模不经济"。从一些农村商业银行公布的发展计划来看，虽然不能肯定这种扩张速度是否属于过度扩张、是否会导致规模不经济，但对于员工素质、信息化水平和管理能力尚待提升的农村商业银行而言，有理由相信其规模经济的边界应该更容易达到。因此，有必要对农村商业银行的扩张所可能导致的规模不经济保持警惕。

最后，持续的扩张可能面临政策风险。一方面，当前银监会鼓励批量设立村镇银行的政策是以《通知》这种部门法规的形式发布的，这就意味着其法律地位不高，在适当的情况下该项政策可能会被终结，所以期望通过设立村镇银行持续扩大经营规模是不现实的。另一方面，银监会对发起村镇银行实行挂钩准入制度，要求主发起人如在百强县或大中城市市辖区发起村镇银行，须与国定贫困县或者中西部地区分别实行 1:1、1:2 挂钩，这种挂钩准入政策使得农村商业银行发起设立的村镇银行将面临潜在的管理风险和市场风险。

由此可见，农村商业银行如此青睐发起设立村镇银行并非盲目的冲动，其背后有着扩大经营规模、提升竞争能力的考量。但其必须高度关注这种特殊的扩张方式带来的潜在风险，在谋求发展的同时更要注重提升管理能力，方能实现可持续发展。

时评 4　农商行上市应谨防服务"三农"缺位[①]

2010 年 12 月 16 日，重庆农村商业银行正式在香港主板市场挂牌交易，从而成为内地第一家上市的农村商业银行，揭开了我国农村商业银行进军资本市场的大幕。张家港、吴江、常熟、江阴等农商行的 IPO 申请也获中国银监会批准，接下来将进入中国证监会的发行审核程序。同时，北京、上海、广东等地的多家农商行也在筹备上市事宜。

农村商业银行之所以对上市兴趣高昂，关键在于它不仅能满足融资需求，还有助于加快建立现代金融企业制度，具体而言，上市对于我国农村商业银行具有重要的意义。

首先，提高资本充足率，完善公司治理。上市是农商行提高资本充足率、改善公司治理，进而提高抗风险能力的关键一步。自 2006 年 12 月银监会调整放宽农村地区金融机构准入政策以来，包括花旗、汇丰在内的外资金融机构纷纷进入我国农村金融市场，为农商行带来巨大的挑战，纵观银行综合实力的各项指标，仅仅资本充足率一项，农商行就与外资银行存在不小的差距。因此，有必要通过上市、资本化运作使筹资更加方便高效，借助资本市场的力量完善农商行的内部治理结构，通过提高自身的资产质量和盈利水平来增强其资本金的自我积累能力，为扎根农村经济、以服务"三农"为宗旨的农商行寻找一条改革新路。

[①]　本文发表于《中国城乡金融报》，2011 - 10 - 12。

其次，规范信息披露，优化激励机制。农商行上市后，根据证券监管部门对上市公司的要求，必须规范信息披露制度，必须增强信息披露的透明度。具体来说，农商行必须定期规范地进行信息披露，包括年报、中报、重大事项等，这将督促上市后的农商行进行自我约束；在增强信息透明度的基础上，农商行将接受更加严格的会计、审计督察，促进农商行的规范、健康运作。而且，农商行上市将有助于其优化激励机制。资本市场中的融资规则使股价表现与经营者的收益联系在一起。因此，资本市场上的这些关系将激励管理层更加积极地改善银行的经营管理，优化银行的资产质量，提高银行的经营业绩。

最后，促进规范化经营，实现可持续发展。企业上市有比较严格的要求和条件，农商行在酝酿、申请、筹备上市的过程中，必须不断缩小自身状况与上市标准之间的差距，积极优化改善自身条件。在申请上市的程序中，严格的上市审批制度有利于促进农商行重视并切实抓好自身规范建设。此外，农商行上市还为跨区域经营夯实基础，促进可持续发展。上市后的资本运作和多元化的资本管理手段将为其购并其他金融企业增添可行性与便利，有助于农商行将自己的网点探触到本地以外的其他区域，实现优势互补，还可以根据区域间不同的产业特征合理配置其金融资产，规避市场风险的同时，扩张经营规模，增强盈利能力。

然而，由于农商行自身条件不足，使其上市之路还面临诸多障碍。首先，盈利水平不高。根据《银监会 2010 年报》数据计算，2009 年和 2010 年，农商行的资产利润率分别约为 0.8% 和 1.0%，低于同期我国商业银行资产利润率 1.0% 和 1.1% 的平均水平。其次，不良贷款率较高。2010 年，农商行不良贷款余额为 270.8 亿元，不良贷款率为 1.9%，在各类银行中是最高的，远远高于商业银行 1.1% 的平均值。再次，股权结构复杂。按 2010 年 9 月公布的《关于规范金融企业内部职工持股的通知》，公开发行新股后内部职工持股比例不得超过总股本的 10%，单一职工持股数量不得超过总股本的 1‰或 50 万股（按孰低原则确定），否则不予核准公开发行新股，而截至 2010 年底，张家港农商行内部职工持股比例最高，为 19.47%，江阴农商行、常熟农商行和吴江农商行则分别为 11.96%、15.05% 和 13.53%，均超过了 10% 的规定。值得关注的是，近期有关拟上市农商行总资产规模需达到 700 亿元人民币的消息更让农商行上市变得遥不可及。据统计，截至 2010 年底，我国共有农商行 85 家，总资产规模为 27 670 亿元，平均资产规模仅为 274 亿元，其中仅有北京农商行和成都农商行两家资产规模超过 700 亿元。

不仅如此，农商行上市更大的挑战在于，完成上市后该如何平衡利润最大化与服务"三农"两大目标？要知道，农商行是以农村信用社和县（市）联社为基础，由辖内农民、农村工商户、企业法人和其他经济组织共同发起设立的股份制地方性金融机构，是独立的企业法人，其主要任务是为当地农民、农业和农村经济发展提供金融服务，促进城乡经济协调发展。简言之，农商行是定位于服务"三农"的基层农村金融机构。然而，农商行一旦上市，资本市场更加有力的约束必然促使其高度关注经济利润最大化，此时服务"三农"与追求利润最大化的矛盾可能被放大，如何做好两者之间的平衡、实现经济效益与支农的互利共赢等课题，对农商行来说是一个比较大的挑战。如果不能恰当地处理，如果目标和策略制定不明确，将严重影响其上市以后的经营，从而陷入两难境地。

总之，农村商业银行以建立现代农村金融机构为发展目标，上市毫无疑问应该是农商行发展的必由之路。然而，我国农村商业银行总体上还存在较多问题，与上市还有一段距离，尤其是上市后如何平衡利润最大化与服务"三农"间的矛盾与冲突，成为摆在农村商业银行上市征程中不得不面对的重要挑战。

时评 5　以良好制度安排助推村镇银行稳健发展[①]

近段时间以来，有关村镇银行发展的话题分外引人关注，主要集中在两个方面。

一方面，银监会积极推动组建村镇银行。2011 年 7 月 27 日，银监会发布了《关于调整村镇银行组建核准有关事项的通知》，对组建村镇银行的核准方式进行了调整，由现行银监会负责指标管理、银监局确定主发起行和地点并具体实施准入的方式，调整为由银监会确定主发起行及其设立数量和地点，由银监局具体实施准入的方式。按照银监会的解释，通过村

---

① 本文发表于《中国城乡金融报》，2011－09－07。

镇银行核准方式的调整，有利于遴选优质主发起行，更好地实现规模化、批量化发起设立村镇银行，也有利于优化村镇银行布局。

另一方面，村镇银行发展面临多重困境。首先，与几乎同时起步的小额贷款公司相比，村镇银行发展速度是极为缓慢的。截至 2010 年 6 月末，小额贷款公司已由初期的 5 省、7 家试点公司发展为覆盖全国、3 366 家的庞大规模，而村镇银行迄今仅组建了 500 多家，与银监会提出在 2011 年底设立 1 027 家的目标还有较大距离。其次，各地还普遍面临着商业银行（尤其是大中型商业银行）发起设立村镇银行积极性不高、村镇银行规模小、网点少、社会认知度低、吸收存款难等现实困难，盈利状况不佳，竞争能力不强，发展前景令人忧虑。

简言之，对于村镇银行来说，尽管"政府热情高涨"，但"市场反应平淡"。在笔者看来，政府与市场对待村镇银行态度的差异无疑是对村镇银行发展困境的最好注解，但有趣的是，这同时也为破解其发展难题提供了答案。

从制度变迁理论的角度看，作为一种新型农村金融机构，村镇银行产生与发展的过程完全就是一种"自上而下"的强制性制度变迁，因为村镇银行从一开始便是在银监会的强力推动下产生、发展的，村镇银行在登记注册、运营管理等方面的制度设计也带有十分明显的行政色彩，在这种制度安排下，村镇银行只是大型商业银行在农村地区的一个小型"复制品"也就不足为奇了。更为严重的是，在政府强制性制度变迁模式下，农村金融市场高交易成本、高风险、低盈利率的特点与商业银行追求低风险、高收益的盈利导向之间的巨大矛盾并没有因此消失，反而会以某种潜在的形式表现出来：一是各类商业银行尤其是大型商业银行缺乏组建村镇银行的积极性；二是尽管村镇银行被要求"扎根"农村、服务"三农"，但村镇银行内在地却存在着"偏离"农村、追逐大客户、富裕客户的强烈激励。

在笔者看来，在政府推动的强制性制度变迁模式下，村镇银行的产生与发展都带有强烈的政治使命，却唯独缺乏尊重商业银行市场化运行规律、契合农村金融市场固有特征的诚意，政府与市场间缺少相互协作的机制，这就是当前村镇银行发展困境的主要原因。

基于上述分析，破解村镇银行发展难题的可行策略在于：

从长远发展来看，必须协调政府与市场间的内在冲突，逐步减少政府力量、还原村镇银行市场主体"草根金融"的本性。已有的实践表明，村镇银行被赋予了太多的政治使命，忽视了商业银行作为发起人的利益，"自上而下"的制度安排使其丢失了"草根金融"的属性，由此必然导致发展的困境。因此，要从村镇银行制度安排的源头着手，不断减少政府的行政干预，让"自下而上"的市场主体逐渐成为主导力量，例如，在满足监管要求的前提下，应进一步放宽对村镇银行发起人的限制，鼓励更加多元化的市场主体发起设立村镇银行。

从短期策略来看，应该强化对村镇银行的政策支持，加大宣传力度，增强社会认知度，提升市场竞争力。例如，应推动村镇银行尽快接入人民银行结算系统，支持加入银联，鼓励发行信用卡，在降低运营成本的同时提供更加多元化、更加便捷的金融服务；当前信贷紧缩的大环境进一步恶化了村镇银行吸收存款、信贷投放的能力，可以考虑在利率和存贷比方面给予更加灵活的政策；在不断改善自身管理、产品、服务的基础上，村镇银行应通过各种途径加大自身宣传力度，提升在农村金融市场的认知度和影响力。

总之，破解村镇银行的发展难题，不仅需要村镇银行自身的努力，更需要政府在制度安排上有所取舍，逐步建立起与市场主体间激励兼容的协作机制。

时评 6　利用农村信息化推进农村金融发展[①]

自 2005 年到 2010 年，我国连续 6 年的"中央一号文件"均强调要发展农村信息化，2010 年"中央一号文件"更是明确提出，"推进农村信息化，积极支持农村电信和互联网基础设施建设，健全农村综合信息服务体系"。正是在这样的政策背景下，农村信息化建设的步伐越来越大，农村电子商务发展势头迅猛。

一方面，农村互联网覆盖面不断扩大。以 2009 年为例，共有 4 228 个乡镇和行政村开通了互联网，开通互联网的乡镇比重从上年底的 98% 提高到 99.3%，开通互联网的行政村比重从上年底的 89% 提高到 91.5%。

---

① 本文发表于《中国城乡金融报》，2011 - 07 - 20。

　　另一方面，信息下乡活动进展迅速。目前，已在 15 个省份的 1.3 万余个乡镇开展信息下乡活动，全国三分之一的乡镇建立了乡村信息服务体系，信息内容、信息业务和信息终端的进乡入村初显成效。

　　社会科学文献出版社发布的《中国信息化形势分析与预测（2010）》也明确指出，随着农业和农村信息化的发展，农业、农村电子商务将进入蓬勃发展时期，农村网民将成为我国网民增长的"主力军"，农村互联网普及率远低于城镇，市场潜力巨大。农村市场蕴藏着巨大的电子商务应用需求，调查显示，近年来农村网民使用网络购物和网络支付的比例稳定增长，显示出农村网民对电子商务认可度的提升和实际应用比例的提高。未来几年，农村网民将成为中国网民增长的重要来源，也是中国互联网未来发展的潜力所在。

　　但是，目前我国农村电子商务的发展仍旧处于探索阶段，还面临着观念转变较慢、认识不到位、农民上网比例低、农业网站分布不均匀、利用程度低、农村电子商务基础设施薄弱和农村电子商务人才缺乏等困难和问题。总的来看，我国农村电子商务发展受阻的原因，主要包括农村硬件设施还不够完善、农村企业信息化程度较差、信用制度还不健全、农产品物流配送不健全等，因此，未来农村电子商务发展的着力点应当是相当明确的。

　　值得关注的是，在中央政策和地方政府积极推动农村信息化、发展农村电子商务的同时，也为农村金融的改革与发展创造了契机。

　　一方面，农村信息化和电子商务的发展为农村金融业的改革奠定了基础。"没有信息化，就没有金融业的现代化。"这句话是对信息化与金融业关系的最好诠释，它意味着，信息化是金融业务流程再造的基石，信息化的发展可以帮助金融业从根本上重新思考和设计现有的业务流程。事实上，对于我国农村金融改革，农村信息化建设是绕不开的基础设施铺垫，加快农村金融改革，农村信息化自然会获利。

　　另一方面，农村金融机构可以利用农村信息化和电子商务增强服务能力。电子商务是信息流、资金流、物流的综合，以农村信用社为例，完全可以利用这三个"流"来提升服务能力：首先，服务于广大"三农"和中小企业的农村信用社掌握着大量的客户信息，可以把他们的产品进行发布、推广，对他们的生产能力与资金情况进行真实性评估，让更多的人知道他们的产品，让更多人去相信他们；其次，每个做生意的企业或个人都会在不同程度上遭受流动资金短缺的困扰，当农信社掌握了客户大量真实性信息后即可对他们进行不同程度的授信与开具信用证等服务；最后，农村信用社网点分布广泛，在海、陆、空地理位置上占绝对的物流优势，可以考虑以团体名义对所服务的客户提供相对优惠的物流费用。

总之，农村金融机构应当抓住当前农村电子商务发展的大好机遇，在农村信息化建设中不断夯实业务发展的基础设施，利用电子商务增强服务"三农"的能力，加快推进农村金融改革与发展的步伐。

时评 7　民生银行进军农村金融市场的思考[①]

2011 年 2 月 14 日，民生银行发布公告显示，该行董事会已通过决议，将新设立文化产业金融事业部及现代农业金融事业部。这标志着，民生银行将在此前设立冶金、交通、能源、地产四大行业事业部的基础上，新设两个事业部着力拓展文化产业和现代农业。

值得关注的是，一方面，民生银行瞄准的这两个行业均为传统商业银行并不感兴趣的领域；另一方面，这两大行业也是我国"十二五"期间得到政策扶持的重点领域。民生银行此举可谓意味深长，深谋远虑。

从农村金融研究者的立场看，笔者对民生银行正式进军农村金市场充满期待。

首先，民生银行拓展农村金融业务势必对国内其他股份制商业银行产生示范作用。

长期以来，农村金融业务因为额度小、期限短、风险大、交易成本高、收益率低等，是传统商业银行不愿意涉足的领域，然而，这种情况正悄然发生改变：一方面，随着我国近年来新农村建设的推进，农村基础设施和农村信贷环境均有明显改善，同时政府还对农村金融业务给予可观的政策优惠；另一方面，商业银行所热衷的城市金融业务竞争日趋激烈，寻找新的业务增长点也成为各家商业银行的重要课题。

在这种背景下，民生银行设立现代农业金融事业部开拓农村金融市场

---

① 本文发表于《中国城乡金融报》，2011 – 02 – 23。

也就不奇怪了，而且，民生银行"带头"进入农村金融市场后，国内其他股份制商业银行很可能会跟进，届时，由来已久的城乡金融二元分割局面将逐步消除，城乡协调发展的一体化金融市场将逐步形成，这对我国"三农"问题的解决将产生积极的推动作用。

其次，民生银行进入农村金融市场势必对既有的农村金融市场机构产生竞争效应。

当前，在我国县域农村金融市场上，农业银行、邮政储蓄银行、农村信用社以及村镇银行等新型农村金融机构构成了供给主体。从表面上看，农村金融机构种类已经多元化，但在很多农村地区，农信社仍然是实际占有垄断地位的农村金融机构。总体上看，我国农村金融机构数量少、网点不足、竞争不激烈、产品单一等弊病仍广泛存在，近年来，通过设立新型农村金融机构、准入小额贷款公司、组建邮政储蓄银行以及农业银行重新回归农村金融业务等改革举措，上述问题虽然有所缓解，但问题依然存在。

民生银行作为国内知名的全国性股份制商业银行，拥有资金实力雄厚、业务经验丰富、人力资源充足、风控能力较强等显著优势，进入农村金融市场后势必给既有的农村金融机构带来巨大的竞争压力，从而进一步提升农村金融市场的竞争水平，这对增加农村金融供给、改善农村金融服务、建立现代农村金融制度具有重要的意义。

在充满期待的同时，笔者对民生银行涉足农村金融市场也不无担忧：民生银行能否克服农村金融业务难以盈利的难题？尽管此前民生银行在信贷领域已经取得了令人瞩目的成绩，并且近年来在面向中小企业、微型企业、个体工商户贷款方面的积极探索也积累了一定的经验，但农村金融业务仍然与其既有的业务类型存在较大的差异，这也是农村金融往往不受重视、成为一个世界性难题的重要原因，更何况我国农村金融市场具有更加复杂多变的特性。为此，民生银行以及后续跟进的其他银行都必须做好充分的准备，需要在产品设计、风险控制、薪酬体系等方面进行一系列改革。在这方面，中国农业银行回归农村金融市场后的操作经验或许值得借鉴。

总之，我们期望民生银行进入农村金融市场能够掀起我国农村金融发展的新一轮高潮，在服务"三农"的同时，逐步推进城乡金融市场的一体化进程，确立现代农村金融制度，并最终建立具有中国特色的普惠金融体系。

时评 8　丽水农村信用体系建设的突破与反思①

2010 年 8 月 24 日至 25 日，"全国农村信用体系建设工作现场交流会"和"社会信用体系建设部际联席会议"在浙江丽水市召开，丽水市也因其在农村信用体系建设方面的巨大成功而备受关注，包括人民银行在内的相关政府部门对丽水经验作出高度评价，一些业内学者认为，丽水市的做法在全国广大农村落后地区具有示范和推广意义。

作为浙江省的农业大市，丽水拥有 210 万农业人口，占总人口数的 84.5%。长期以来，丽水同全国其他农村地区一样，农户由于缺少有效抵押担保物和信息不对称问题，农村信用体系不健全，农民贷款难问题十分严峻。自 2003 年以来，该市积极探索农村信用体系建设的新途径，逐步形成了以农户资产评估、信用等级评价、贷款授信额度"三联评"，信用贷款、抵押贷款、联保贷款"三联动"，政府、银行、农户"三联手"为主要形式的农村信用体系建设，成功地让长期以来困扰当地农民增收的贷款难、融资难问题得到了有效解决。

毫无疑问，丽水建设农村信用体系的成功让人备受鼓舞，其成功经验更值得认真研究。在笔者看来，丽水市农村信用体系建设的成功可以归结为实现了三大突破。

首先，成功突破了农户信用评级难题。长期以来，难以评估农户的信用级别往往成为金融机构拒绝给农户放贷的一个重要原因。丽水市由人民银行丽水市中心支行制定农村信用等级评价管理办法，统一评价标准，随后由金融机构工作人员、村干部及村民代表 17 265 人组成的 3 453 个农户信息采集小组、198 个农户信用评价小组和 3 个业务指导小组，全面开展农户信息采集和信用等级评价工作。根据农户的资信状况等，建立农户信用信息档案，将农户信用等级综合评定为三个等级，并对获得"信用户"资格的农户发放"信用证"。截至 2009 年底，丽水市 42.03 万个农户中有 32.63 万户拥有了"信用证"（占比 77.6%），农户凭借"信用证"可以方便地从各大银行及农村信用社贷款，成功突破了农户信用评级难题。

---

① 本文发表于《中国城乡金融报》，2010 – 11 – 10。

　　其次，成功突破了农户抵押担保难题。由于农户普遍缺少符合金融机构要求的抵押物或担保物，再加上严重的信息不对称问题，从降低风险的角度考虑，金融机构往往倾向于减少对农户的贷款，这是导致农户贷款难的另一个重要原因。丽水市通过实施农村信用体系建设工程，建立"农村信用数据库"并保持实时更新。在"农村信用数据库"的基础上，各金融机构根据农户的信用等级、资产状况、贷款需求以及金融机构自身资金实力等情况，对其核定相应的贷款综合授信额度，并采取"一次核定、随用随贷、余额控制、周转使用"的管理办法，简化贷款手续，提高贷款效率。对于小额信用贷款，在核定的信用贷款限额内，不需要提供担保、抵押，凭"信用证"和有效身份证件就可以到贷款授信机构的营业网点直接办理贷款，不需贷前调查和层层审批。

　　最后，成功突破了政府、银行、农户联动难题。事实上，对农户实施信用评级、建立农村信用数据库以降低金融机构放贷过程中信息不对称程度，这些做法并非创新之举，而是很早之前就被相关政府部门和银行所倡导的做法，很多地方也曾经努力推行这些做法，但由于难以贯通政府、银行、农户之间的种种"鸿沟"，建设农户信用评级和农村信用数据库工作往往止步不前。丽水市为推动农村信用体系建设工作，成功地实现了政府、银行、农户"三方联手"：在上级行和当地政府的大力支持下，由市人民银行制定农村信用等级评价管理办法；信用评级结果报县（市、区）农村信用体系建设领导小组审查后，由各县（市、区）农村信用体系建设领导小组对获得相应信用等级的农户进行命名，并颁发"信用证"；各县（市、区）农村信用合作联社负责向当地人民银行推荐，经当地人民银行审核，并报经县（市、区）农村信用体系建设领导小组审查同意后予以命名和授牌。

　　然而，丽水市在建设农村信用体系建设进行有益的探索并取得巨大成功的同时，有两个问题也非常值得我们去反思。

　　其一，丽水经验在多大程度上能够为其他地方所借鉴？正如前文所分析的，丽水市推进农村信用体系建设的做法并非创新之举，很多地方曾经或者正在推进农户信用评级工作，但能如同丽水市真正把该项工作推进到位的并不多，由此我们不得不担心：丽水经验能在其他地方复制吗？丽水经验能在多大程度上为其他地方所借鉴呢？或者，我们更应该反思的是，那些已经或正在进行农村信用评级工作的地方为何不能取得丽水市那样的成功？在笔者看来，学习丽水市进行农户信用评级的具体做法固然十分重要，但更重要的恐怕是学习丽水市是如何突破建设农村信用体系中政府、银行、农户之间的"鸿沟"进而实现三方联动方面的宝贵经验。显然，如果不能实现三方联动，所谓的丽水经验也是难以借鉴的。

其二，丽水的成功是否意味着传统银行信贷模式能够解决农村融资难题？近年来，在探索农村融资难题的过程中有人提出观点认为，依靠抵押物或担保物的传统银行信贷模式难以从根本上解决农村融资难题，因为商业性金融机构天生具有"嫌贫爱富""嫌小爱大"的逐利本性，农户不仅缺少合格的抵押物或担保物，而且单笔信贷资金额度小、交易成本高，不符合金融机构商业经营的"二八法则"。丽水市通过扎实的农户信用评级工作建立了实时更新的"农村信用数据库"，金融机构可据此向农户发放贷款，那么，丽水的成功是否意味着传统银行信贷模式能够解决农村融资难题呢？主要有两个理由让我们难以轻松地作出肯定的答案：一方面，金融机构难以消除的"抵押担保物崇拜"以及各地进行农户信用评级的重重困难，仍将成为阻碍农户信贷可得性提高的主要原因；另一方面，从世界范围内方兴未艾的小额信贷运动来看，小额信贷大有取代传统银行信贷的趋势。

总之，浙江丽水市在建设农村信用体系方面实现了诸多突破，取得了巨大的成功，我们不仅要总结并借鉴其成功的经验，更要深刻反思丽水成功的原因、可复制性以及改革意义。

时评9　建机制　降门槛
打开竞争性农村金融市场通路[①]

日前，在中国人民银行和中国银监会联合召开的"加快推进农村金融产品和服务方式创新试点工作座谈会"上，中国人民银行副行长刘士余再次强调，"要全面推进农村金融产品和服务方式创新工作，大力发展富有竞争性的农村金融市场"。

---

① 本文发表于《中国城乡金融报》，2010 – 01 – 27。

事实上，"培育富有竞争性的农村金融市场"的话题并不新鲜。早在2009年初发布的"中央一号文件"中就有类似的表述："在加强监管、防范风险的前提下，加快发展多种形式新型农村金融组织和以服务农村为主的地区性中小银行""鼓励和支持金融机构创新农村金融产品和金融服务，大力发展小额信贷和微型金融服务，农村微小型金融组织可通过多种方式从金融机构融入资金"。

尽管话题已不新鲜，但在2010年"中央一号文件"即将发布的前夕，这一议题再次得到中国人民银行和银监会联合会议的强调，已经足以说明该问题对我国农村金融改革的重要性了。更加值得关注的是，如果仔细比较2009年"中央一号文件"的表述与此次会议中刘士余副行长的阐述，我们又能发现一些细微的差异。

一方面，这次会议突出强调了农业银行以及其他商业银行在增强农村金融市场竞争性方面的作用。应该说，要求农业银行在农村金融市场发挥骨干作用，与过去的一年中国农业银行在组建"'三农'金融事业部""实现面向'三农'与'商业运作'的有机结合"等重要的改革进展密不可分；而"鼓励国家控股的大型银行和各商业银行通过多种方式开办农村金融业务"的表述，无疑是对过去一年里商业银行涉足农村金融市场的肯定。

另一方面，这次会议明确定位了农业发展银行的业务功能。会议强调，"农业发展银行要继续深化内部改革，加大对农村改革发展、重点领域和薄弱环节的信贷支持，大力开展农业开发、土地规模化整理和农村基础设施建设中长期信贷业务"。对农业发展银行业务功能定位的阐述，也许为其未来的改革指明了方向。

除了上述差异之外，相同点在于农信社、小额贷款组织、微型金融服务、村镇银行等新型农村金融机构以及农业担保和农业保险对于培养富有竞争性农村金融市场的重要性再次得到强调，这说明，构建多元化的农村金融机构体系仍然是未来政策的重点。

然而，我们却遗憾地发现，关于培育富有竞争性的农村金融市场，这次会议"粗心地遗漏"了两个重要的角色：邮政储蓄银行和民间金融。事实上，在过去的一年里，邮政储蓄银行在体制、机制、产品、服务、网点等方面已取得了可喜的进展，成为我国农村金融市场上不可忽视的新力量，并对农信社的垄断地位发起了冲击，"鲇鱼效应"初步显现；至于民间金融，尽管"只贷不存"的商业性小额贷款公司为民间金融商业化打开了一个窗口，但随后发布的转制村镇银行的"苛刻条件"和期望中的《放贷人条例》迟迟无法落地，让民间金融"阳光化"的前景再次蒙上了阴影。

尽管培育富有竞争性金融市场并非新鲜话题，但再次重提却意味着已有的改革努力还远未实现期望的政策目标。那么，在当前情形下，究竟该如何进一步培育富有竞争性的农村金融市场呢？结合目前的改革进展和现实条件，我们认为，不妨从如下两个方面着手。

首先，建立正向激励机制，继续推进既有农村金融机构的改革。农业银行在改制上市的进程中，"'三农'金融事业部"如何实现"面向'三农'"与"商业运作"的有机结合？邮政储蓄银行在全面推进小额贷款业务的前提下，如何夯实其服务"三农"的根基？农信社产权改革已经初步完成，下一步改革的着力点在哪里？农业发展银行又该如何扩大服务范围？村镇银行、小额贷款公司等新型农村金融机构均面临着可持续发展难题，未来该如何布局？以上问题事关各类农村金融机构的发展壮大，当然非常重要，但如何使这些农村金融机构真正履行服务"三农"的承诺、承担其相应的社会责任则更为重要。我们认为，只有建立正向激励机制才能确保农村金融机构真正"扎根农村"，这不仅需要财税政策、货币政策、监管政策等多项政策的组合配套，还需要不断推进农村基础设施建设、改善农村地区信用环境，不断减低农村金融服务的交易成本。

其次，降低市场准入条件，持续吸引各类商业资本进入农村市场。在过去的几年里，有关部门在降低市场准入条件方面已经做出了大量的努力，先后准入了小额贷款公司、村镇银行、贷款公司、农村资金互助社等新型农村金融机构，并使得外资商业银行和国内商业银行进入农村金融市场成为现实，目前大有"星火燎原之势"。但是，迄今为止，小额贷款公司仍面临着严峻的发展难题，村镇银行似乎变成了控股商业银行的分行，贷款公司和农村资金互助社有限的数量则暗示着"难成大事"，外资和商业资本进入农村市场也还停留在试验阶段。所有这些情形的出现，并不意味着新型农村金融机构的失败，相反，从强化市场竞争的角度看，这些问题的解决还需要通过设立更多的各类新型农村金融机构来实现，因为规模的扩大和数量的增加势必将加速相关规范和扶持政策的出台，促进新型农村金融机构走上规范化、规模化的可持续发展之路。

时评 10　从需求的角度看我国农村金融供给的差距[①]

当前，我国农村金融市场已经初步形成了多机构共存的格局，各类农村金融机构相互竞争的大幕正逐步拉开。尤其让人期待的是，随着各类新型农村金融机构试点范围的不断扩大和邮政储蓄银行、国家开发银行以及汇丰银行等正规金融机构纷纷进军农村金融市场，我们似乎看到了农户融资难题被破解的曙光。

毫无疑问，近年来的农村金融改革已经取得了十分喜人的成绩，成绩自然是值得肯定的，然而，我们不得不承认，当前我国农村金融市场的根本问题并没有得到很好的解决——农户的金融服务需求还没有得到有效地满足，农村金融供给与需求之间还存在较大的差距。为了更好地确立进一步改革的方向，为农村金融机构提供更加合理的指导意见，我们有必要从农村金融需求的角度来分析农村金融供给的差距。

限于篇幅，这里我们不妨以农户的小额信贷为例展开分析。从相关的农村金融文献来看，一般来说，农户尤其是贫困农户对小额信贷这种金融服务的需求具有如下几个特点。

首先，贷款额度较小。就当前我国各类农村金融机构提供的小额信贷而言，额度小正是其主要特征，大部分机构的小额信贷额度控制在 1 万元以内。然而，2007 年银监会在出台扩大农村金融市场准入政策后进一步将农村小额信贷额度上限提高（发达地区最高为 30 万元，欠发达地区最高为 5 万元），这对部分融资需求额度大的农村金融需求者而言是个利好消息。但从微型金融目标之一的覆盖深度（用人均贷款余额/GNP 表示，衡量的是微型金融惠及贫困人口的程度，该比值越低表示覆盖深度越大）加以考量，我们会发现，小额信贷额度上限的提高可能会促使这些农村金融机构竞相"垒大户"，这无疑会降低其覆盖深度，从而偏离微型金融服务农村贫困人口的根本目标。

---

① 本文发表于《中国城乡金融报》，2008 - 11 - 05。

其次，贷款及时可得。农户对小额信贷提出的及时可得性要求包含了两个层面的含义：一是"及时"，这要求小额信贷的手续要尽量简单，减少审批材料、实地调查等中间环节的时间，采取无抵押、替代抵押或小组联保等方式发放贷款；二是"可得"，即农户能比较容易地获得贷款权，机构给予所有农户公平、公正的信贷权利，不存在歧视或偏袒，不会导致一部分人信贷权利的丧失。对比当前我国农村小额信贷的现状来看，无论是"及时"还是"可得"，农户对小额信贷需求的要求都没有得到很好地满足。一方面，贷款审批周期往往较长；另一方面，由于人际关系的作用，导致一些拥有经济机会的农户无法获得小额信贷，这从农村金融市场上活跃的"地下金融"中可以获得印证。

再次，贷款持续可得。农户尤其是贫困农户，希望能够持续地获得金融服务，以捕捉各种经济机会或应对疾病、灾难导致的收入波动。这一方面要求微型金融机构能够提供持续的小额信贷金融服务；另一方面也要微型金融机构自身能够长期存在，这恰恰是微型金融的另一个目标——可持续目标（包括财务可持续和机构可持续两个方面）。尽管我国农村开展小额信贷业务已经 10 余年了，但由于提供小额信贷的金融机构数量相对农村广袤的市场而言还十分有限，更何况大部分机构都只是最近几年才进入农村市场，小额信贷业务还处在试点推广阶段，大部分农户还不能获得金融服务，只有少量农户可以获得持续的小额信贷服务。

最后，贷款用途灵活。传统商业银行贷款往往限定贷款的具体用途，并根据贷款用途监督贷款的使用，这种要求在农村金融中经常成为农户丧失贷款资格的原因。从国外微型金融发展的趋势来看，不再限定贷款用途或即使限定贷款用途也并不具体审核如何使用成为一个基本趋势。其原因在于，一方面，农户面临各种不确定的冲击，很难将小额贷款限定在一个用途上，生产资金和消费资金混同是贫困农户的一个重要特点；另一方面，限定贷款用途会使农户难以灵活地抓住各种经济机会，提高了还贷的难度。当前，我国农村金融机构提供的小额信贷，大多沿袭传统商业银行的信贷模式，限定贷款用途甚至禁止农户灵活运用信贷资金，这种产品设计大大降低了农户使用小额信贷的效用，无形中也提高了违约的可能性。

由此可见，当前我国农村金融机构提供的小额信贷服务还不能有效地满足农户的金融需求，供需之间还存在较大的差距。其原因主要在于：农村金融机构在提供金融服务前对农户金融需求的特征缺乏真正的了解，导致金融产品设计偏离了农户的偏好，违背了农户生产消费的基本特征。基于上述分析，我们可以从两个方面来改进农村金融供给服务的效果。

一方面，要继续加大农村金融供给的力度，引导更多的金融机构进入农村市场，扩大各类新型农村金融机构改革试点的范围，逐步放开农村民间金融，构建一个多层次、多种类、正规金融与民间金融相互补充的普惠金融体系。毫无疑问，竞争是提高服务效率的有效手段，从宏观层面着力提高农村金融市场的竞争水平，将会有效地改善金融供给在数量和质量上的不足，更好地符合农村金融需求的特点。

另一方面，应当鼓励和引导农村金融机构大胆进行产品创新、机制创新，提供更加多样化的金融产品和服务，给予农村金融机构更加宽松的政策环境，包括更大的利率定价权、更灵活的贷款抵押政策（如农地使用权抵押）等，加快建设农村金融供给所需的各种基础设施，例如构建农村征信体系、修路建桥、铺设通信线路等，为降低农村金融机构开展业务的交易成本创造条件。

"雄关漫道真如铁，而今迈步从头越。"我国农村金融改革已经取得了初步的成效，树立了正确的改革方向，但后续改革的任务还十分艰巨，要进一步缩小农村金融供给与需求之间的差距，更好地满足农户的金融需求，就应当从需求的角度去寻找原因、拟定对策。

后　　记

　　本书的写作起源于 2009 年学院学科建设的一项计划，尽管后来该计划搁浅了，但我的写作计划坚持了下来。幸运的是，2011 年我将已经完成的部分书稿整理成册于 2012 年成功获得了教育部哲学社会科学研究后期资助项目（12JHQ028）的资助，经过努力，2015 年该项目顺利通过结项评审。在完成结项后，结合结项评审专家的意见和农村金融的最新发展，我用两年多的时间对原书稿进行了大刀阔斧的修订，形成本书。

　　首先，大幅提高书稿的规范性。按照图书出版的要求，我对书稿中的标题、序号、标点符号、图表、外文姓名、英文词汇、脚注、参考文献等内容进行系统的修订，使本书从形式上符合出版的条件。

　　其次，竭力提升书稿的科学性。按照教育部哲学社会科学研究后期资助项目的结项要求，我尽可能地对书稿中涉及的数据、文献、政策进行补充和更新，并进一步对实证分析和理论分析中的模型进行了完善，使本书有更严谨的逻辑、更强的解释力。

　　最后，尽量增强书稿的前瞻性。作为一本研究中国农村金融问题的专著，书稿力求在理论和实证分析时能站在学术研究的前沿，在引经据典的同时充分考虑中国农村金融市场的具体情况展开研究工作；书稿力求在进行政策分析时能"超越"现有政策框架，给出更有说服力的解释和更具前瞻性的政策建议，使本书具有理论研究和实践操作的双重价值。

　　必须说明的是，本书得以顺利完成，首先要感谢我的同事、北京工商大学经济学院副院长张伟副教授，他完成了本书第三、第七章的初稿。特别感谢我校金融学科带头人、研究生院院长杨德勇教授的大力支持，还要感谢经济学院前院长李宝仁、书记周莉以及金融系同事栗书茵、葛红玲、刘毅、马若微等同事的热情鼓励，同时也要对我的博士生导师、著名农村金融专家何广文教授和我的博士后合作导师、对外经济贸易大学的林汉川教授表达谢意。此外，在本书的写作过程中，我的研究生梁毅菲、唐倩、王麦秀、郭永春、胡夏露、穆春会、贾仲伟、杨丹丹、魏楠、陈玉喜等人先后参与了不同章节的部分初稿的写作、修订工作，在此一并表示感谢。

最后，我想对我的妻子和儿子说声抱歉，在书稿大幅修订的这几年里，恰好经历了妻子怀孕、生产以及幼子成长，这也是他们母子最需要关爱、照顾的时间，我为自己因为修订书稿而疏忽他们表示歉意，也要对他们的宽容表示诚挚的感谢！

2016 年 11 月 28 日
于航天桥